Emanuel Leite

O fenômeno do EMPREENDEDORISMO

Editora Saraiva

Editora Saraiva

Rua Henrique Schaumann, 270 – CEP: 05413-010
Pinheiros – TEL.: PABX (0XX11) 3613-3000
Fax: (11) 3611-3308 – Televendas: (0XX11) 3613-3344
Fax Vendas: (0XX11) 3268-3268 – São Paulo – SP
Endereço Internet: http://www.saraivauni.com.br

Filiais

AMAZONAS/RONDÔNIA/RORAIMA/ACRE
Rua Costa Azevedo, 56 – Centro
Fone/Fax: (0XX92) 3633-4227 / 3633-4782 – Manaus

BAHIA/SERGIPE
Rua Agripino Dórea, 23 – Brotas
Fone: (0XX71) 3381-5854 / 3381-5895 / 3381-0959 – Salvador

BAURU/SÃO PAULO (sala dos professores)
Rua Monsenhor Claro, 2-55/2-57 – Centro
Fone: (0XX14) 3234-5643 – 3234-7401 – Bauru

CAMPINAS/SÃO PAULO (sala dos professores)
Rua Camargo Pimentel, 660 – Jd. Guanabara
Fone: (0XX19) 3243-8004 / 3243-8259 – Campinas

CEARÁ/PIAUÍ/MARANHÃO
Av. Filomeno Gomes, 670 – Jacarecanga
Fone: (0XX85) 3238-2323 / 3238-1331 – Fortaleza

DISTRITO FEDERAL
SIA/SUL Trecho 2, Lote 850 – Setor de Indústria e Abastecimento
Fone: (0XX61) 3344-2920 / 3344-2951 / 3344-1709 – Brasília

GOIÁS/TOCANTINS
Av. Independência, 5330 – Setor Aeroporto
Fone: (0XX62) 3225-2882 / 3212-2806 / 3224-3016 – Goiânia

MATO GROSSO DO SUL/MATO GROSSO
Rua 14 de Julho, 3148 – Centro
Fone: (0XX67) 3382-3682 / 3382-0112 – Campo Grande

MINAS GERAIS
Rua Além Paraíba, 449 – Lagoinha
Fone: (0XX31) 3429-8300 – Belo Horizonte

PARÁ/AMAPÁ
Travessa Apinagés, 186 – Batista Campos
Fone: (0XX91) 3222-9034 / 3224-9038 / 3241-0499 – Belém

PARANÁ/SANTA CATARINA
Rua Conselheiro Laurindo, 2895 – Prado Velho
Fone: (0XX41) 3332-4894 – Curitiba

PERNAMBUCO/ ALAGOAS/ PARAÍBA/ R. G. DO NORTE
Rua Corredor do Bispo, 185 – Boa Vista
Fone: (0XX81) 3421-4246 / 3421-4510 – Recife

RIBEIRÃO PRETO/SÃO PAULO
Av. Francisco Junqueira, 1255 – Centro
Fone: (0XX16) 3610-5843 / 3610-8284 – Ribeirão Preto

RIO DE JANEIRO/ESPÍRITO SANTO
Rua Visconde de Santa Isabel, 113 a 119 – Vila Isabel
Fone: (0XX21) 2577-9494 / 2577-8867 / 2577-9565 – Rio de Janeiro

RIO GRANDE DO SUL
Av. A. J. Renner, 231 – Farrapos
Fone: (0XX51) 3371- 4001 / 3371-1467 / 3371-1567 – Porto Alegre

SÃO JOSÉ DO RIO PRETO/SÃO PAULO (sala dos professores)
Av. Brig. Faria Lima, 6363 – Rio Preto Shopping Center – V. São José
Fone: (0XX17) 3227-3819 / 3227-0982 / 3227-5249 – São José do Rio Preto

SÃO JOSÉ DOS CAMPOS/SÃO PAULO (sala dos professores)
Rua Santa Luzia, 106 – Jd. Santa Madalena
Fone: (0XX12) 3921-0732 – São José dos Campos

SÃO PAULO
Av. Antártica, 92 – Barra Funda
Fone: PABX (0XX11) 3613-3666 – São Paulo

302.475.001.001

ISBN 978-85-14446-0

CIP-BRASIL. CATALOGAÇÃO NA FONTE
SINDICATO NACIONAL DOS EDITORES DE LIVROS, RJ.

L551f

Leite, Emanuel, 1955-

O fenômeno do empreendedorismo / Emanuel Leite. - São Paulo : Saraiva, 2012.

ISBN 978-85-02-14446-0

1. Empreendedorismo - Administração. 2. Incubadoras de empresas - Brasil. 3. Indústria de tecnologia de ponta - Brasil. 4. Empresas novas - Brasil. 5. Pequenas e médias empresas - Administração. 6. Empresários. 7. Empreendedores. I. Título.

12-0962 CDD-658.11
CDU-658.016.1

17.02.12 17.02.12 033206

Direção editorial	Flávia Alves Bravin
Coordenação editorial	Alessandra Marítimo Borges Ana Paula Matos Gisele Folha Mós
Produção editorial	Juliana Rodrigues de Queiroz Rita de Cássia da Silva Daniela Nogueira Secondo Rosana Peroni Fazolari
Marketing editorial	Nathalia Setrini Luiz
Suporte editorial	Najla Cruz Silva
Arte e produção	Casa de Ideias
Capa	Casa de ideias
Produção gráfica	Liliane Cristina Gomes
Colaboração especial	Professor Dr. Joaquim Borges Gouveia
Impressão	Corprint Gráfica e Editora Ltda.
Acabamento	Corprint Gráfica e Editora Ltda.

Contato com o editorial
editorialuniversitario@editorasaraiva.com.br

1ª edição

SaraivaUni

Agradecimentos

Um pesquisador é quase tão bom quanto seus professores, fontes e musas. Tive sorte nesses três quesitos. Centenas de empreendedores contribuíram para este livro, cedendo amavelmente seu tempo para entrevistas, compartilhando ideias ou indicando-me outras pessoas com quem conversar sobre o fenômeno do empreendedorismo, enriquecendo ainda mais o trabalho.

Não posso citar todos aqui, mas gostaria de agradecer particularmente aos meus adorados filhos Waldimir Neto, Emanuel Júnior e Emmanuelle, que merecem mais gratidão do que posso lhes oferecer.

A Waldimir Maia Leite e Aida Ferreira Leite, meus queridos pais.

A Ronildo Maia Leite, pelo estímulo.

Ao estimado professor doutor Borges Gouveia, cuja inspiração intelectual transmitiu-me apoio, ideias, orientação, colaboração segura e constante, fatores que foram decisivos na condução dos trabalhos apresentados neste livro.

Sobre o autor

Emanuel Leite é pós-doutor em Inovação e Empreendedorismo, doutor em Ciências da Engenharia pela Universidade do Porto, mestre em Administração pela Universidade Federal da Paraíba e graduado em Administração pela Universidade Federal de Pernambuco.

Atualmente, é professor adjunto da Universidade de Pernambuco e da Universidade Católica de Pernambuco.

Contato com o autor:
eleite@editorasaraiva.com.br

Prefácio

Se já tem ou deseja ter um micro ou pequeno negócio, este livro foi escrito pensando em você. Ele é produto de várias horas de trabalho, longas pesquisas e aplicações práticas sobre o tema, e tem como objetivo desenvolver seu lado empreendedor.

O fenômeno do empreendedorismo vem se espalhando pelos quatro cantos do mundo, em ritmo cada vez mais alucinante. E o número de indivíduos que desejam criar o próprio negócio no Brasil cresce dia a dia, muitos deles impulsionados pelo Programa Brasil Empreendedor.

O candidato a empreendedor tem de vencer uma verdadeira corrida de obstáculos para concretizar seu sonho de ser dono do próprio negócio.

Este livro, ao mesmo tempo que discorre sobre o espírito empreendedor, a inovação e a incubação de empresas, tem também a missão de despertar em você a força do espírito empreendedor – o empreendedorismo adotado como opção de vida será a alternativa profissional para muitos indivíduos nos próximos anos.

Vivemos a era do poder da informação, dos negócios online, da força das ideias audaciosas... e da sorte. As ideias são a nova moeda do mundo empresarial.

Quem tem um sonho depara-se com duas opções: fazer o que é necessário para colocá-lo em prática ou arranjar muitas desculpas para não o fazer. E esta última é a única alternativa que pode fazer a pessoa se arrepender para o resto da vida.

O empreendedor sabe que tentar e falhar é, no mínimo, aprender; não chegar a tentar é sofrer a perda incalculável do que poderia ter conseguido.

Não se deve esquecer que inovação não é apenas um termo técnico, mas econômico e social. Seu critério não é somente a ciência e a tecnologia, mas uma mudança no cenário econômico ou social, uma transformação no comportamento das pessoas, seja como consumidores, seja como produtores, cidadãos, estudantes e professores. Essa é uma das lições de Peter Drucker.

Agradeço a todos os empreendedores que gentilmente reservaram um tempo em suas ocupadas agendas para repartir conosco suas experiências inovadoras.

O autor.

Empreendedorismo e inovação: requisitos para criar riqueza no futuro

Nos próximos anos colocar-se-ão enormes desafios decorrentes da atual situação econômica mundial, resultante dos processos de globalização cujas consequências ainda estão longe de se encontrarem analisadas e conhecidas.

Nesse conjunto de novas situações, cada um ver-se-á obrigado a definir um outro paradigma de competitividade, baseando-se em um modelo assente na capacidade de conceitualizar, analisar e perspectivar o desenvolvimento de novos produtos, serviços ou negócios em vez da satisfação de encomendas de terceiros, cujo racional passa sempre pela produção de grandes quantidades com custos muito esmagados.

Essa alteração de paradigma implica maior capacidade científica e tecnológica dos recursos humanos nas empresas e do país, tornando o conhecimento um vetor de competitividade absolutamente decisivo. Implica também a capacidade de desenvolver uma nova cultura empresarial, baseada na inovação, na competência, no empreendedorismo e no modelo em rede.

Tais características têm de fazer parte dos sistemas nacionais de ensino, formação profissional e educação ao longo da vida. É absolutamente necessário promover o surgimento de uma nova classe empresarial voltada para negócios de base tecnológica e com uma crescente componente de informação e conhecimento de rápida aplicação, seguindo o desenvolvimento sustentável.

Nesta década, a competitividade dos países e das empresas tem se assentado na informação, no conhecimento e na competência dos seus recursos humanos, e por isso os fatores de competitividade decisivos passaram a ser a inovação, a tecnologia e a capacidade estratégica e de organização das pessoas e das empresas.

A mobilidade e a autonomia de saber fazer e de fazer efetivamente serão decisivas para que o crescimento econômico seja sustentável a longo prazo. E isso só é conseguido com cidadãos mais educados, mais cultos, com uma forte componente ética e de responsabilidade social, e claramente mais empreendedores.

O modelo assente na concorrência foi progressivamente substituído por um modelo de cooperação e partenariado com a procura da satisfação de novas oportunidades, com fim de se criar novos produtos e serviços, novas possibilidades de negócios e fazer crescer a atividade econômica, sem que a nossa classe empresarial tivesse capacitada a alterar a sua postura e a mudar o paradigma de concorrência para uma postura de cooperação e desenvolvimento de novos produtos e serviços com maior valor acrescentado.

A evolução dos negócios e das atividades econômicas na última década tem levado, cada vez mais, a uma procura de soluções globais para os produtos com uma incorporação de serviços, exigindo maior formação acadêmica, científica e profissional dos trabalhadores.

A competitividade e a inovação colocam às empresas do nosso país um conjunto de desafios, dos quais se destacam:

- uma cultura do saber científico e tecnológico;
- **um espírito empreendedor e de capacidade de inovação**;
- capacidade de autoaprendizagem ao longo da vida, criando estímulos para a melhoria da produtividade individual e de grupo/equipe;
- capacidade estratégica e de visão sobre novas oportunidades de negócios ou novas atividades;
- capacidade de liderança, de organização por processos e de gestão por projetos.

Esse processo evolutivo dos negócios ao longo das últimas décadas tem implicado que novos conceitos e tecnologias sejam utilizados sempre motivados pelas crescentes abertura dos mercados e internacionalização da economia, devido à globalização dos produtos e serviços, e pela necessidade de criação de uma visão sistêmica e integrada da empresa, assim como de uma crescente flexibilidade dos processos produtivos, e de uma cada vez maior diversificação dos produtos e serviços.

O desenvolvimento econômico sustentado é, sem qualquer sombra de dúvida, assente na capacidade de gestão da tecnologia e no domínio da utilização das novas tecnologias. É por meio de tais técnicas que se induz inovação de forma sustentada, tornando o acesso à tecnologia e a capacidade de a gerir de forma eficaz e eficiente elementos fundamentais para as empresas serem mais competitivas e com sucesso mais duradouro.

Mas a ruptura de um sistema tecnológico permite a entrada de novas empresas concorrentes em mercados que, até então, eram dominados por empresas detentoras do conhecimento das tecnologias maduras existentes no ciclo técnico-econômico anterior. Aumentando, assim, a probabilidade de entrada no mercado de novos empreendedores.

Os novos modelos de organização, planejamento, direção, gestão, produção e operação das empresas, baseados em redes cada vez mais complexas, permitem a focalização no cliente determinando a melhor relação preço/qualidade, os ciclos de desenvolvimento de novos produtos e serviços mais curtos, uma necessidade de resposta rápida aos clientes, e ainda a customização, personalização e diferenciação dos novos produtos e serviços das empresas que assentam seu modelo de competitividade nos recursos humanos, na inovação e no empreendedorismo dos seus colaboradores.

Joaquim Borges Gouveia.
Professor catedrático da Universidade de Aveiro;
Diretor do Departamento de Economia, Gestão e
Engenharia Industrial da Universidade de Aveiro (DEGEI).

Introdução

O objetivo deste livro é estudar o espírito empreendedor, particularmente o desenvolvimento das estratégias de criação de empresas de base tecnológica via incubadora, considerando o agente central desse fenômeno o empreendedor, o criador de empresas nas várias vertentes do espírito empreendedor, que podemos também denominar inventor – fundador de empresas.[1] É o estudo do papel do inventor-empreendedor no processo de desenvolvimento econômico na invenção e inovação tecnológicas.

As inovações na área dos materiais sintéticos são marcadas principalmente pelo papel desempenhado pelos inventores-empreendedores, simbolizados por Baekeland (*bakelite*), Chardonnet (*rayon*), Parkes e Hyatt (*celluloid*), ao passo que, no caso das indústrias de plásticos e no setor eletrônico, por sua própria natureza, é rara a possibilidade de se falar sobre o inventor de quaisquer produtos de forma individual.

Nesse tipo de indústria, as etapas mais prósperas das realizações ocorrem primeiro nos laboratórios de pesquisa, e somente depois é que os produtos são gerados em escala comercial, dependendo, assim, da contribuição de muitos cientistas e engenheiros de diversos países durante um considerável período. São parte de um sistema que envolve um grande número de componentes, os quais estão sujeitos a transformações e aperfeiçoamentos.[2]

Os cientistas-empreendedores e os inventores-empreendedores desempenham um papel relevante no surgimento das empresas de base tecnológica, pois um expressivo número de inovações geradas nas últimas décadas teve por trás esses indivíduos que investiram tempo e recursos na pesquisa de produtos inovadores. Nesse processo inovador, a figura do inventor-empreendedor tem papel-chave, tendo em vista que a necessidade pode ser a mãe de todas as invenções, porém a procriação ainda requer um parceiro.

---

1 REICH, R. *The next american frontier*. New York: Times Books, 1983. p. 2.

2 FREEMAN, C. *The economics of industrial innovation*. Cambridge: The MIT Press, 1982. p. 49.

O processo de inovação exige uma combinação de conhecimentos técnicos, financeiros, de gestão e, principalmente, de marketing. É o crítico papel do empreendedor (qualquer coisa que simboliza o indivíduo ou a combinação de virtudes de vários deles para exercer o papel de criador de empresas de base tecnológica via incubadora).

É a combinação da tecnologia com o mercado no intuito de prever os desejos e necessidades dos clientes antes dos concorrentes e assegurar que recursos adequados serão alocados para o desenvolvimento e lançamento de produtos/serviços. Esta é a chave do sucesso do empreendedorismo. O cenário socioeconômico que atualmente se desenha revela que é cada vez maior a importância da inovação tecnológica como um dos sustentáculos do crescimento econômico e da geração de empregos. É necessário estudar alternativas que façam chegar ao mercado os produtos ou serviços que os empreendedores-inventores desenvolvem em ritmo cada vez mais acelerado.

Os empreendimentos de base tecnológica têm no conhecimento, na invenção e na inovação sua forma de atuação privilegiada. A tecnologia, especialmente a de informação, elimina milhões de postos de trabalho; contudo, espera-se que o número de colocações criadas, que requerem melhor qualificação e oferecem maior remuneração, preencha a lacuna dos que desapareceram. Os empreendedores-inventores distinguem claramente a invenção da inovação.

A invenção pode ser vista como uma ideia nova ou uma concepção generalizada da pesquisa e do desenvolvimento, porém esta invenção somente torna-se uma inovação quando é colocada no mercado sob a forma de produto ou serviço.[3]

O impacto da inovação está transformando de forma radical o tecido empresarial, com profundas repercussões socioeconômicas. Assistimos a uma mudança para um novo modelo de desenvolvimento industrial, a desindustrialização ou terceirização do emprego?

No Brasil, bem como em Portugal, já se observa a existência de diversas empresas de tecnologia avançada. Essas unidades empresariais surgiram espontaneamente em localidades com clima favorável, proporcionado pela presença de infraestrutura científica e tecnológica, disponibilidade de recursos humanos qualificados e proximidade a polos industriais, constituídos de setores mais

---

3 MARTIN, M. *Managing innovation and entrepreneurship in techonology based firms*. New York: John Willey & Sons, 1994. p. 4.

dinâmicos, como os de informática, aeroespacial, de biotecnologia e de mecânica de precisão, dentre outros.[4]

Constata-se no mundo todo o arranque de um conjunto de iniciativas para estimular e apoiar a criação de empresas de base tecnológica.

Tanto no Brasil como em Portugal já podem ser encontradas experiências que se apoiam na criação de empresas de base tecnológica via incubadora.[5]

É fundamental que as micro, pequenas e médias empresas, como importante fonte de criação de emprego e revitalização do tecido industrial mundial, ampliem sua participação e assumam papel de grande relevância no desenvolvimento da pesquisa e das tecnologias.[6]

O surgimento de programas de apoio à criação de empresas, como os centros de incubação de empresas, tem como principal objetivo o fomento e a viabilização de projetos empresariais apresentados por jovens à procura do primeiro emprego, ou ainda por pessoas que já tenham iniciado a atividade empresarial, mas que queiram apostar na modernização das unidades.

Essa iniciativa pretende estimular e apoiar o surgimento de empresas de base tecnológica via incubadora, cujo processo de nascimento e perfil dos criadores, e as dificuldades por eles enfrentadas, são ainda pouco conhecidos.

A pesquisa do tema – como os empreendedores/criadores de empresas de base tecnológica criam suas empresas via incubadora – é uma excelente oportunidade para estudar como esses empreendedores estão (re)desenhando a economia e o que as grandes empresas podem aprender com essa experiência. É o espírito empreendedor presente nas atitudes e no comportamento dos gestores dessas micro, pequenas e médias empresas que estão gerando empregos e renda.

Ainda é escasso o conhecimento dos indivíduos predispostos a correr o risco de investir tempo, recursos financeiros e materiais na criação de empresas de

4 SANTOS, S. Aglomerado de empresas de alta tecnologia: uma experiência de entrepreneurship. *Revista de Administração de Empresas*, São Paulo, 24(1), p. 67-75, jan./mar. 1989.

5 MEDEIROS, S. J. A. *Polos, parques e incubadoras*: a busca da modernização e competitividade. Brasília: CNPq, IBCT, SENAI, 1992. p. 17-245.

6 GOUVEIA, J. B. et al. *Parque de Ciência e Tecnologia do Porto*. Porto: Fundação Gomes Teixeira e Universidade do Porto, 1991. p. 20-34.

base tecnológica via incubadora. Por hora, os principais componentes desses empreendedores são os conhecimentos teóricos e práticos que acumularam ao longo de suas vidas profissionais.

O próprio processo de criação de empresas de base tecnológica via incubadora é algo que ainda não está muito claro, o que pode ser percebido pelos altos índices de mortalidade dessas empresas.

A carência de estudos dedicados a explorar aspectos relacionados a esse tipo de empresa, e sobre a figura do principal agente condutor deste processo, o empreendedor, resulta na falta de informações sistematizadas sobre como conhecer os candidatos e as potencialidades necessárias para enfrentar essa empreitada e que, além disso, reúnam boas chances de torná-las empreendimentos bem-sucedidos.

A falta de disponibilidade de dados sobre o perfil de quem está criando empresas de base tecnológica via incubadora na atualidade, e em que condições este evento vem ocorrendo, dificulta a definição de possíveis alternativas concretas de ação nesse campo.

Uma das razões dessa falha, entre muitas outras, pode ser atribuída ao pouco interesse dos órgãos governamentais de apoio à assistência gerencial em orientar novos empreendedores que manifestem desejo de criar uma empresa de base tecnológica via incubadora, principalmente quando se trata de primeira aventura na área empresarial. Não são conhecidos, ainda, mecanismos para identificar quem deve merecer apoio, e quais condições devem ser oferecidas.

Sem dúvida, a tarefa de criar um empreendimento de base tecnológica via incubadora é muito mais árdua do que a de assessorar uma que esteja funcionando, por maiores que sejam as dificuldades que enfrente no momento da análise. A falta de percepção do que venha a ser a criação de uma empresa de base tecnológica alocada e uma incubadora, onde o conhecimento é o seu maior ativo, faz com que as instituições financeiras e as empresas de capital de risco tenham dificuldades em alocar recursos nesses tipos de empresa.

Tendo em vista que estamos vivendo uma era em que os indivíduos terão trabalho e não empregos, a criação de novas empresas, especialmente de base tecnológica, pode representar uma alternativa eficaz de ação a ser considerada.

As principais etapas do livro

O objetivo principal do trabalho é estudar o fenômeno dos empreendedores/criadores de empresas de base tecnológica, via incubadora.

Baseando-se em atitudes, valores, motivações e percepções dos empreendedores estudados, quatro eixos foram aprofundados. O primeiro eixo se refere ao estudo da literatura consagrada sobre os conceitos de valores, atitudes e comportamentos. Foram elucidadas as principais abordagens realizadas pelos diversos pesquisadores, os critérios de medidas utilizados, os atributos de cada um dos itens utilizados e a influência sobre o comportamento dos empreendedores entrevistados.

O segundo eixo estuda os empreendedores/criadores de empresas de base tecnológica via incubadora. O referencial teórico fundamental para a compreensão do papel desempenhado pelo empreendedor no processo de criação de sua empresa e suas características resulta da consulta de uma extensa bibliografia. Trata-se de observar os empreendedores/criadores de empresas.

O terceiro e quarto eixos tratam do processo de incubação de empresas. Uma extensa pesquisa bibliográfica permitiu definir conceitos de empresa de base tecnológica, sua importância para o desenvolvimento socioeconômico, bem como suas dimensões física, econômica e social. Cada uma dessas dimensões permite definir, com exatidão, os problemas e a atividade desses empreendimentos, especialmente os problemas ligados aos empreendedores.

A dimensão física permite, essencialmente, definir, por meio de um critério aceito pelos pesquisadores, o que é uma empresa de base tecnológica criada via incubadora.

A dimensão econômica mostra a importância das micro e pequenas empresas no desenvolvimento de um país ou região. Por sua vez, a dimensão social apresenta as respostas dos empreendedores/criadores de empresas de base tecnológica via incubadora de Portugal e do Brasil aos problemas sociais.

A análise do ambiente mais abrangente indireto, bem como o ambiente próximo e direto, fornece informações úteis para a compreensão dos problemas específicos que tocam os empreendedores/criadores de empresas de base tecnológica via incubadora.

Resumindo, o primeiro e segundo eixos referem-se aos elementos conceituais e teóricos, aos principais objetivos da pesquisa: os conceitos de valores e de atitudes e a noção de ser empreendedor/criador de empresa de base tecnológica.

O terceiro e quarto eixos referem-se aos objetos que constituem o quadro de análise: as micro e pequenas empresas criadas via incubadora e o ambiente no qual elas se inserem.

Figura I.1 O processo de criação de empresas de base tecnológica via incubadora

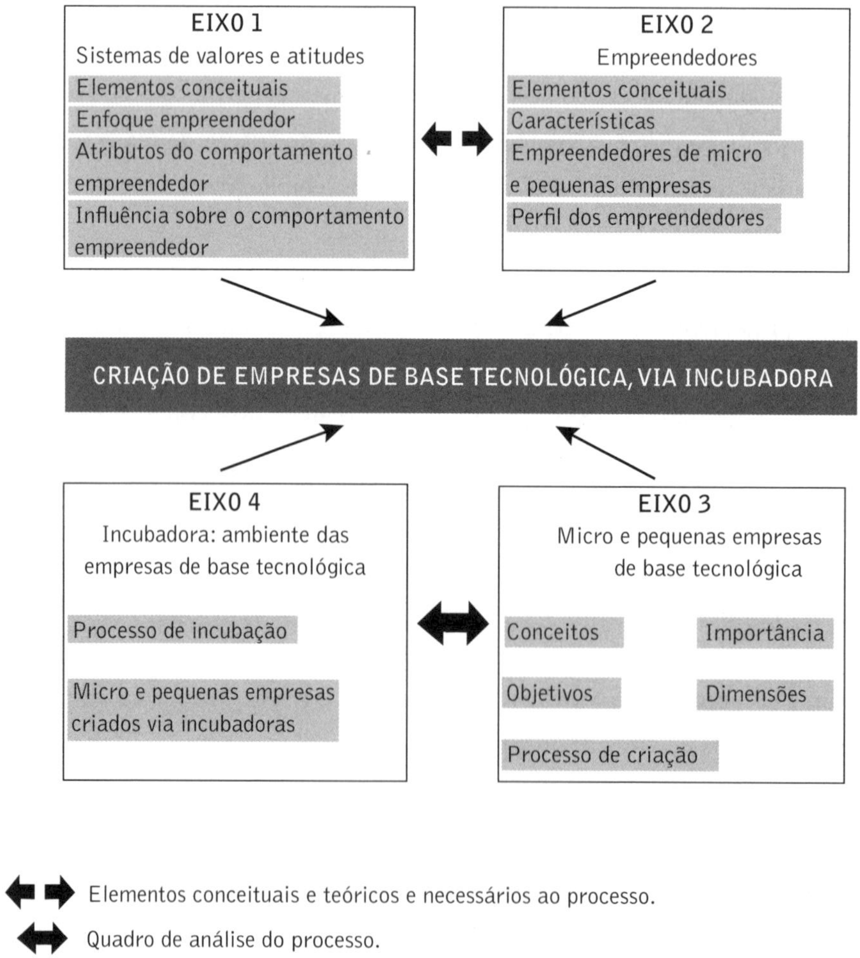

Fonte: Elaborada pelo autor.

Este livro aborda os quatro eixos da seguinte forma:

Eixo 1: Sistemas de valores e atitudes – elementos conceituais, enfoques, métodos de pesquisa, atributos e influências sobre o comportamento: toma-se como base os três princípios teóricos do pensamento empreendedor: Drucker, McClelland e Schumpeter. Um estudo acerca do espírito empreendedor pode ser elaborado sob várias perspectivas. Sob uma perspectiva econômica, como faz Schumpeter, com seus trabalhos sobre a destruição criativa baseados na perspectiva psicológica, sob o ponto de vista de McClelland, que aborda a teoria de necessidades (afiliação, poder e realização), ou sob a perspectiva do *management* na visão de Drucker.

Este livro é concebido e elaborado tendo como fundamentação teórica a visão de Schumpeter sobre o empreendedor, a perspectiva da necessidade de realização de McClelland e a ótica do empreendedorismo de Drucker, visando estudar a figura do empreendedor/criador de empresas de base tecnológica que aloca seu empreendimento em uma incubadora.

Eixo 2: Empreendedores – características, elementos conceituais, empreendedores de micro, pequenas e médias empresas: o empreendedor é um indivíduo que tem uma ideia, é influenciado pelo contexto ambiental no qual está inserido e gera bens e serviços, que são objeto de julgamento pelo mercado.

O perfil do empreendedor/criador de empresas é definido pelas seguintes características: aceitação moderada de risco como função da capacidade de decisão; atividade instrumental vigorosa e/ou original; responsabilidade individual; conhecimentos dos resultados (*feedback*); previsão de possibilidades futuras; aptidões de organização; interesse em ocupações como função de seu prestígio e risco.[7] Neste estudo, denominou-se empreendedor o indivíduo ou grupo que toma a iniciativa de criar uma nova empresa.

O inventor/empreendedor/criador de empresas de base tecnológica via incubadora deve participar do processo de criação da empresa e concretizar a sua iniciativa empresarial, legalizando a empresa criada e participando, posteriormente, de sua direção.

7 MCCLELLAND, David C. *The achieving society*. New York: D. Van Nostrand Company, 1961. p. 205-258.

Mancuso e Shapero fornecem subsídios para a montagem deste estudo.[8] O empreendedor é um "criador ou fundador de empresa" – daí então por que estudar os inventores/fundadores/empreendedores/criadores de empresas – e a inovação que está na base dessa nova empreitada. É importante chamar a atenção para o fato de que para efeitos deste estudo não foram considerados empreendedores aqueles indivíduos que iniciam ou criam empresas delegando, contudo, sua direção a outros indivíduos.

Eixo 3: Micro e pequenas empresas de base tecnológica (conceitos, objetivos, importância e dimensões: estuda-se o empreendedor/criador de empresas de base tecnológica, tornando-se necessário definir alguns elementos, a começar pela concepção de empresa.

Recorre-se, nesse instante, ao conceito largamente utilizado pelos economistas que afirmam que empresa é uma unidade básica do sistema econômico, cuja função é produzir e/ou comercializar bens ou serviços com finalidades lucrativas.[9]

Schumpeter definiu o conceito catalisador do *empreendedor*, explanou com rara competência as condições que levam uma economia ao equilíbrio por meio do *fluxo circular* de elementos institucionais, fatores de produção, valor e moeda.

Ao analisar o aspecto dinâmico que rompe o fluxo, o empreendedor é visto como inovador, sendo que age na esfera industrial e comercial, tendo como objetivo a realização de novas combinações como motor da destruição criativa.

Os instrumentos econômicos do empreendedor são o capital, o crédito e o lucro empresarial. O crédito é "essencialmente a criação de poder aquisitivo colocado à disposição do empreendedor". O capital é "a alavanca que deve possibilitar ao empreendedor dominar os bens concretos de que este necessita". O lucro é definido como o *superávit do custo*, que resulta da realização de combinações e que desaparece quando o bem novo se integra no fluxo circular.

---

8 MANCUSO, J. *Entrepreneurship and venture management*. New Jersey: Prentice-Hall, 1987. p. 61-73; SHAPERO, A.; SOKOL, L. Social dimensions of entrepreneurship. In: KENT, C. et al. (Eds). *Encyclopedia of entrepreneurship*. Englewood Cliffs: Prentice-Hall, 1982. p. 72-90

9 SCHUMPETER, Joseph A. *Capitalismo, socialismo e democracia*. Trad. de Sérgio Góes de Paulo. Rio de Janeiro: Zahar, 1985. p. 30-159.

Essas definições são muito pouco ortodoxas, o que tem angariado severas críticas por economistas mais conservadores. Todavia, as suas conotações lhes imprimem um caráter dinâmico de grande fascinação, sobretudo para quem esses instrumentos foram criados – para o empreendedor.

A teoria do juro, na visão de Schumpeter, assenta-se em três princípios. Primeiro, o juro é descrito como sendo "parte daquelas amplas ondas no mar dos valores econômicos empilhadas pelo desenvolvimento". Em segundo lugar, e de acordo com esta definição, o juro deve originar-se do lucro empresarial. Finalmente, Schumpeter aponta que apenas parte desses lucros se reverte em juro, o qual, ao contrário do lucro, não está ligado a bens concretos, sendo, além disso, de natureza contínua, isto é, não temporária.

Uma das maiores contribuições schumpeterianas é a teoria dos ciclos econômicos. A essência dessa teoria é descrita como o efeito do aparecimento em massa de novas empresas sobre as condições de vida das (empresas) antigas e as condições ajustadas da economia, levando-se em conta o fato de que a nova iniciativa, geralmente, não surge dentro dos acontecimentos existentes, mas aparece como novidade que oprime as organizações existentes por meio da concorrência, alterando todas as condições a ponto de exigir um processo de readaptação.

Anos mais tarde, Schumpeter denomina esse ciclo de "processo de destruição criação" que "incessantemente revoluciona a estrutura antiga e incessantemente cria uma estrutura nova".[10] Responsável por esse processo é, em última análise, apenas um fenômeno: o espírito renovador do empreendedor.

O sistema teórico schumpeteriano pode ser facilmente interpretado como teoria do ciclo da capacidade empreendedora devido ao encadeamento lógico explicativo do desenvolvimento do sistema capitalista: inovação, novos empreendimentos industriais, novas empresas, novo homem – o empreendedor e, por fim, a necessidade de crédito.

Pode-se afirmar que o desenvolvimento econômico é motivado pela existência de grupos empreendedores dotados de qualificação, distintos pela liderança social, os quais encaminham com êxito uma combinação de fatores de

---

10 SCHUMPETER, J. A. *Capitalismo, socialismo e democracia*. Trad. de Carla Santos. Rio de Janeiro: Zahar, 1984. p. 98-211; BROCKHAUS, Robert H. Entrepreneurship research: are we playing the correct game? *American Journal of Small Business*, 12(3), p. 55-61, Winter 1988.

produção. Essa capacidade de liderar é um traço marcante na personalidade do empreendedor.

A questão da liderança emerge com bastante vigor no momento em que se trata da capacidade de criar, gerir com competência um empreendimento, principalmente os de base tecnológica.

Eixo 4: Incubadora: ambiente das micro e pequenas empresas de base tecnológica – processo de incubação das micro e pequenas empresas incubadas: por contexto ambiental externo e interno compreende-se o ambiente interno da empresa (que exerce forte influência sobre o empreendedor/criador de empresa de base tecnológica via incubadora) e o ambiente externo (onde seu produto/serviço será submetido ao crivo das forças de mercado).[11]

O macroambiente está em contínuo processo de mudança, no qual atuam forças tecnológicas, econômicas, sociais, políticas e culturais responsáveis por impulsos, a partir dos quais ocorrem as transformações.

Diante desse quadro, é fundamental destacar o papel inovador exercido pelo empreendedor de empresa de base tecnológica via incubadora, visto que somente a empresa inovadora desenvolverá e contribuirá para a efetivação das mudanças que estiverem ocorrendo. As revoluções gerenciais modificam os fatores de competitividade.

O empreendedor/criador de base tecnológica via incubadora está inserido em um contexto ambiental, constituído por elementos como o governo, concorrentes, fornecedores, clientes, sindicatos, comunicação, dentre outros que se influenciam mutuamente, formando desse modo um sistema complexo.

Características ambientes – como o processo de comunicação e os incentivos à competição entre os concorrentes – são importantes no processo de inovação. O ambiente e as condições que o regulam exercem forte influência sobre o trinômio (pessoa – processo – produto/serviço), ora como estímulos ora como forças inibidoras.

A onda empreendedora que presenciamos hoje e que varre o mundo é fruto de uma transformação do ambiente social que permitiu o surgimento de indivíduos com espírito empreendedor.

---

11 ZACCARELLI, S. B. *Ecologia das empresas*: um estudo do ambiente empresarial. São Paulo: Atlas, 1980. p. 20-60; PINE II, B. J. *Personalizando produtos e serviços*: customização maciça. Trad. de Edna Emi Onoe Veiga. São Paulo: Makron Books, 1994. p. 70-150.

Existindo condições ambientais favoráveis – crescimento econômico, políticas governamentais de incentivo, expansão do mercado, dentre outras, é certo que o número de empresas criadas tenda a se ampliar.[12] Assim, pode-se afirmar que o objeto central do livro é o empreendedor, sendo este o principal agente responsável por desencadear o fenômeno de criação de empresas de base tecnológica.

Esta obra preocupa-se em estudar as características e motivações que levam um indivíduo à iniciativa empresarial, e tem o intuito de delinear o perfil desse empreendedor de empresas de base tecnológica via incubadora.

Procurou-se da mesma forma, com base no levantamento da percepção dos empreendedores pesquisados, colher informações sobre a experiência de criar uma empresa e estudar as forças impulsionadoras e inibidoras exercidas pelo contexto ambiental sobre o empreendedor.

O estudo do espírito empreendedor

A criação de empresas de base tecnológica via incubadora é um fenômeno imprescindível para a manutenção e renovação do tecido econômico de todas as sociedades orientadas pela livre-iniciativa e concorrência de mercado. Como unidade de geração de riquezas, a empresa recém-criada representa de imediato a oferta de novos empregos, amplia a gama de produtos ou serviços para o Estado por meio da geração de impostos. O nascimento de novas empresas é o testemunho concreto da vitalidade de uma economia e do dinamismo de uma sociedade.

O desencadeamento do processo de criação de empresas deve-se à iniciativa de pessoas empreendedoras dispostas a assumir o risco empresarial. A partir de uma ideia, baseada na percepção de uma oportunidade de mercado já existente ou que ainda possa ser desenvolvida, esses indivíduos mobilizam recursos produtivos sob a forma da criação de uma empresa.

A importância da ação dos empreendedores e do fenômeno criação de empresa por eles provocados são objeto de reconhecimento das diferentes teorias econômicas, que defendem que as novas empresas surgem de forma expontânea e natural, motivadas pelo lucro e devido à existência de um mercado.

12 THUROW, L. *Head to head*: the coming global battle among Japan, Europe and America. New York: Marrow, 1992. p. 150-200.

Em função da crise econômica, que resultou em desemprego para muitos países, o fomento à criação de novas empresas passou a ser considerado por alguns governos uma alternativa para criação de postos de trabalho e mesmo como ação de reposição e renovação de empresas desaparecidas ou enfraquecidas pela nova realidade econômica.

A seguir é apresentado o "Modelo de estudo do processo de criação de empresas de base tecnológica via incubadora" que serviu de parâmetro para este livro.[13]

Figura I.2 Modelo de estudo do processo de criação de empresas de base tecnológica via incubadora

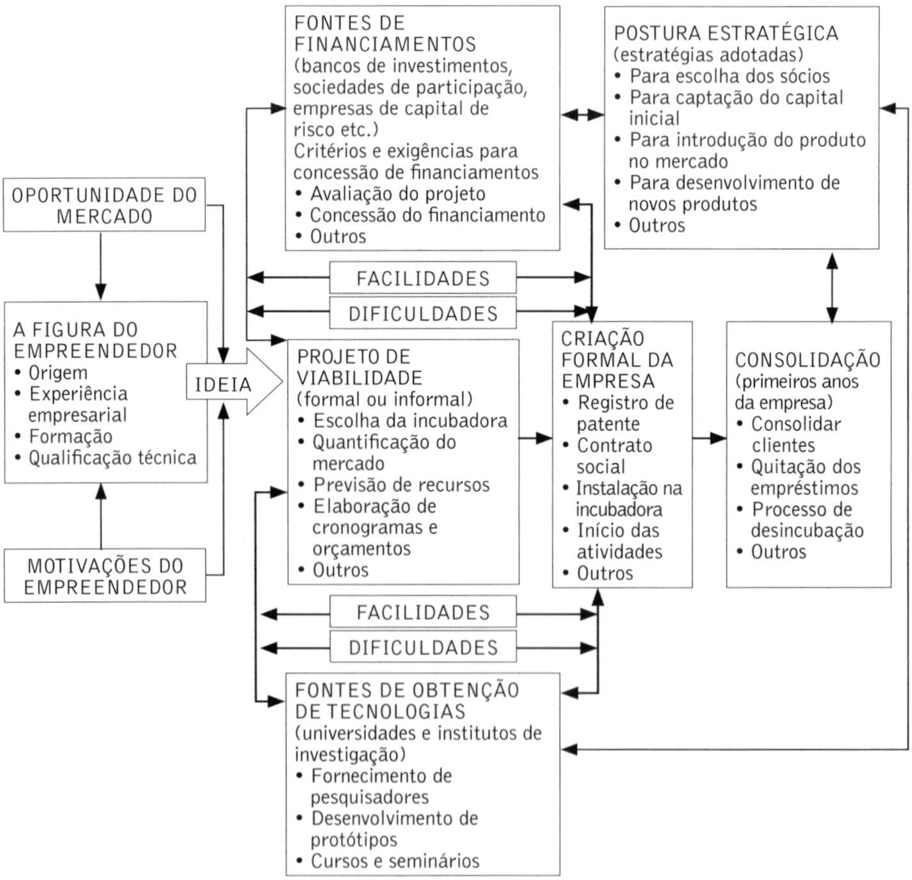

13 Este modelo foi desenvolvido tendo como base o seguinte texto: Modelo de estudo da criação de empresas de tecnologia avançada. In: SANTOS, Sílvio Aparecido dos. (Coord.). *Criação de empresas de alta tecnologia, capital de risco e os bancos de desenvolvimento*. São Paulo: Pioneira, 1987. p. 49. Modificações e adaptações são de inteira responsabilidade do autor deste livro.

Para resumir

O modelo de pesquisa deste trabalho foi concebido para estudar empresas que não se enquadram na Primeira ou Segunda era Tecnológica, mas sim na Terceira Onda. A filosofia de negócios desses novos empreendimentos não é a linha de montagem, a fábrica gerada pelo modelo da Revolução Industrial: o novo paradigma é o *campus* universitário, o parque de ciência e tecnologia e a incubadora – um lugar onde ideias são geradas e circulam livremente.

O exame da literatura nacional e internacional disponível demonstra que as pesquisas e os trabalhos desenvolvidos com o objetivo de aprimorar os conhecimentos relativos ao empreendedor de empresas de base tecnológica encontram-se bastante avançados, principalmente nos Estados Unidos e Europa. A inspiradora experiência norte-americana pode ser ilustrada por dois exemplos que se tornaram modelos para europeus e brasileiros: Vale do Silício, na Califórnia, e Rota 128, em Massachussetts.

No entanto, apesar dos esforços de pesquisadores e teóricos para elaborar teorias detalhadas sobre o empreendedor – estudando o seu comportamento ou descrevendo algumas de suas características –, grande parte dos estudos seguiu uma orientação geral, gerando conclusões genéricas sobre o perfil do empreendedor criador de empresas de base tecnológica via incubadora.

Há poucas pesquisas realizadas com um enfoque específico, que considere as diferenças entre o porte e o setor de atividades das empresas em que atuam os empreendedores criadores de empresas de base tecnológica.

Por outro lado, o processo de criar empresas de base tecnológica via incubadora é diferente e necessita, por isso, de estudos e pesquisas mais abrangentes, que permitam maior compreensão do papel desempenhado por seu empreendedor nessa difícil empreitada.

Sumário

Capítulo 1

Um panorama do empreendedorismo

O estágio de desenvolvimento econômico de um país ou de uma região pode ser avaliado também em função de suas atividades na área da inovação e criação de empresas de base tecnológica.

A revolução tecnológica da última metade do século XX gerou grandes mudanças econômicas e industriais no mundo inteiro. O que talvez seja um pouco menos óbvio para nós são as mudanças tecnológicas subjacentes nas estruturas econômicas de produção, distribuição e concorrência.

Ao longo dos anos, o homem identificou períodos de extremo progresso e mudanças em sua sociedade, não apenas localmente, mas como um fenômeno global. Podemos constatar que o progresso técnico alcançado pelo homem nos últimos 25 anos do século XX, chamado de "a Terceira Onda",[1] foi um processo decisivo e complexo para a humanidade, tal como foram a Primeira Onda – a Revolução Agrícola – e a Segunda Onda – a Revolução Industrial.

Os ciclos das inovações podem ser caracterizados por uma crescente aceleração. A quantidade de conhecimento científico acumulado na última década ultrapassa todas as descobertas precedentes na História humana. A cada 18 meses, aumenta-se significativamente a capacidade de operação dos computadores. A cada 12 meses, o alcance da internet é ampliado. As manchetes dos veículos de comunicação quase diariamente anunciam avanços nos setores de informática, telecomunicação, exploração espacial, entre outros.

Na esteira dessa revolução, indústrias e estilos de vida estão sendo descartados para cederem lugares a novos. No entanto, essas rápidas e assombrosas mudanças não são apenas quantitativas, mas sim apontam para o nascimento de uma nova era.

---

1 TOFFLER, A. *A terceira onda*. Rio de Janeiro: Record, 1980.

Durante grande parte da História só tivemos condições de observar, como circunstantes, a bela dança da natureza. Hoje, ao contrário, vivemos o ápice de uma transição, passando de espectadores passivos da natureza para cativos coreógrafos.

O progresso na informática, nas tecnologias da informação e nas telecomunicações após a segunda metade do século XX unificou o mundo de forma mais transparente, porém não menos complexa. Se o final do século XX pode ser reconhecido como a era dos computadores, com absoluta segurança o século XXI poderá ser conhecido como o berço da biotecnologia.

De acordo com a Organização para a Cooperação e Desenvolvimento Econômico (OCDE), biotecnologia é:

> a aplicação dos princípios científicos e da engenharia ao processamento de materiais, através de agentes biológicos, para prover bens e serviços ou a biotecnologia. É qualquer técnica que se utiliza de seres vivos ou suas funcionais para a prestação de bens e serviços em escala industrial.

A genética começa a se transformar em produto de consumo, colocando vidas como negócios. Isso deve mudar para sempre a realidade das empresas de alimentos, saúde, medicamentos e de seguro. O impacto da genética nos negócios pode ser percebido nos seguintes setores:

- Alimentos industrializados – descobertas sobre como a dieta influencia o funcionamento dos genes levaram ao desenvolvimento de uma nova área de pesquisa nas grandes indústrias de alimentos. A área nutrigemônica das empresas pesquisa a relação entre os genes e a percepção de sabor. O objetivo é criar produtos para atender à variação de paladar dos consumidores.
- Seguros – informações sobre o potencial que as pessoas têm para desenvolver doenças poderão ter grande reflexo no setor de planos de saúde e seguros. Nos Estados Unidos e na Europa já existem leis que garantem o sigilo das informações genéticas de pacientes. As empresas do setor trabalham para encontrar um meio-termo nas negociações com os governos.
- Biotecnologia agrícola – os produtos agrícolas geneticamente modificados já são comuns entre os principais produtores de grãos do mundo (Estados Unidos, China, Argentina, Brasil e Índia). As pesquisas mais recentes buscam alterar o mínimo da estrutura genética original para diminuir a rejeição dos consumidores.

- Indústria farmacêutica e medicamentos personalizados – um dos ramos mais promissores, no qual os produtos são desenvolvidos com base em informações genéticas. A maioria dos grandes laboratórios farmacêuticos realiza pesquisas na área.

No final do século XX, vimos a tecnologia e seus efeitos atuarem como se não existissem fronteiras nacionais. A transferência de novas tecnologias para lugares distantes de onde foram efetivamente criadas e a interligação entre empresas das mais diversas partes do planeta criaram um novo ambiente competitivo.

Pode-se dizer que, sob certo ponto de vista, o mundo está sendo reinventado. Existe uma lógica curvilínea no universo, que é sempre decrescente em seu término.

Os multiplicadores das novas tecnologias posicionam-se contra o desemprego, mas há quem afirme o contrário. Existem muitas formas de combate ao desemprego, de maneira que não basta alardear a criação de novos postos de trabalho e, com isso, mais oportunidades para a população desempregada.

A tecnologia, com suas especializações e inovações, vem aumentando os empregos na área médica, e esse fenômeno deve continuar nos próximos anos. Hoje, os hospitais empregam médicos especializados em cirurgias a laser, em biorressonância, engenheiros clínicos, nutricionistas, responsáveis pela comissão de controle à infecção hospitalar, entre outras novas especialidades.

O investimento permanente em recursos humanos pode representar a diferença entre acompanhar a mudança ou ficar "paralisado" perante a competitividade dos mercados. Em economias abertas e competitivas, quem investe permanentemente no aperfeiçoamento da equipe e no desenvolvimento de novos produtos/serviços e tecnologias tende a enfrentar melhor o choque das mudanças.

Este início de século está totalmente associado às conquistas científicas e tecnológicas. O homem conseguiu integrar povos e nações e fomentar o comércio internacional. Graças às telecomunicações, multiplicou a velocidade do trabalho e agora caminha rapidamente para a manipulação dos genes, de forma a obter substâncias que lhe possam ser úteis.

Os grandes fenômenos da segunda metade do século XX são quase todos consequência de avanços tecnológicos. A diminuição das tarifas telefônicas internacionais e os enormes avanços da informática foram alguns dos fatores que impulsionaram a globalização.

As mudanças que desde meados da década de 1980 afetam as economias em nível mundial, bem como a crescente globalização dos mercados, provocaram um aumento da concorrência entre as empresas. Os fatores críticos de sucesso para um negócio alteraram-se, então, radicalmente.[2]

O sucesso de uma empresa em um mercado global e competitivo passa, essencialmente, pela sua diferenciação em relação à concorrência. E a mudança dos fatores de sucesso é uma das variáveis que os empreendedores devem ter em mente neste século.

Constata-se a existência de três épocas diferentes que marcam a evolução dos critérios de competitividade: a era da produção em massa, a era da qualidade e a era do consumidor virtual, cada uma delas claramente caracterizada por diferentes fatores de exigências.

O cliente é o principal mentor dessas exigências, que vão se alterando de acordo com suas necessidades. Se na chamada era da produção em massa o custo, a disponibilidade e o aproveitamento das economias de escala eram fatores preferenciais, tudo isso se alterou quando o consumidor começou a ter uma maior preocupação com fatores como a confiança, a segurança, a durabilidade do produto. Foi a evolução natural para a chamada era da qualidade. Atualmente, a situação alterou-se ainda mais.

Na era do consumidor virtual as preocupações de empreendedores e consumidores perpassam a presença global, disponibilizada principalmente pela internet.

A globalização é um fenômeno evidente e inegável que, em grande parte, se deve ao grande avanço tecnológico das últimas décadas, o que permitiu uma velocidade de comunicação inédita, mas já insuficiente para as atuais demandas.

Uma das consequências naturais da globalização é a entrada em novos mercados, muitas vezes com novos produtos ou segmentos de consumidores. O fato é que os empreendedores/criadores de empresas de base tecnológica sabem que novos desafios a serem superados surgem a todo instante e que, para vencê-los, terão de estar atentos a essa tendência mundial. Estamos numa verdadeira corrida de obstáculos.[3]

---

2 BROCKHAUS, Robert H. Entrepreneurial research: are we playing the correct game? *American Journal of Small Business*, 12(3), p. 55-61, Winter 1988.

3 FERRO, J. R; TORKOMIAN, Ana Lúcia. A criação de pequenas empresas de alta tecnologia. *Revista de Administração de Empresas*, 28 (2), p. 43-50, abr./jun. 1988; ALBRECHT, Karl. *The northbound train*: finding the purpose, setting the direction, shaping destiny of your organization. New York: Amacom, 1994.

Desde o início da teoria econômica, com Adam Smith, até muito recentemente, os economistas explicavam o desenvolvimento das nações como resultado de três variáveis: mão de obra barata, matéria-prima abundante e capital disponível para investimentos. Hoje, sabe-se que existem ainda duas outras variáveis, provavelmente mais importantes que as demais: a tecnologia e o empreendedorismo (ou espírito empreendedor).

O empreendedor/criador de empresas de base tecnológica precisa ter uma clara visão de seu sucesso e tomar uma direção para chegar lá. Ele tem que saber que trem pegará. É o desafio de transformar ideias em produção. É vencer o desafio de passar de pesquisador a empreendedor.

Para atingir esse objetivo, o empreendedor deverá seguir um modelo estratégico para o sucesso – tem de descobrir algo que diferencie o seu negócio dos outros, procurando, dentre outras coisas:

- formular uma visão baseada na realidade;
- definir os valores centrais e a filosofia de sua empresa;
- criar uma declaração da missão da empresa que seja precisa, concisa e inspiradora;
- avaliar um conceito unificado para criar valor para seus clientes.

São necessários impostos mais baixos e leis trabalhistas mais flexíveis para criar um ambiente onde os empreendedores floresçam e o desemprego diminua.

O Brasil, Portugal e outros países paulatinamente percebem a importância das micro e pequenas empresas de base tecnológica como chave para o crescimento e a prosperidade de suas economias.

E o progresso tecnológico, aumentando a produtividade, pode até levar à substituição de mão de obra por novas máquinas, por exemplo. Essa "destruição criativa", como a chamou Schumpeter, é a característica do formidável impulso inovador do capitalismo. Mudanças trazem vantagens para uns e desvantagens para outros.

É preciso apostar, cada vez mais, nos empreendedores/criadores de empresas de base tecnológica via incubadora. Ainda que a capacidade de empreender seja um conceito difícil de definir, os economistas reconhecem sua importância desde a análise do desenvolvimento econômico feita por Joseph Shumpeter, no século XX. Indivíduos com visão, dispostos a arriscar seu próprio dinheiro e o de outros investidores em novos produtos, são o motor que combina capital humano e físico, estimulando o crescimento econômico e o progresso.

Um ambiente que favorece empreendimentos de sucesso tem como característica uma "destruição criativa" permanente, nos termos do próprio Schumpeter, o que significa que a prosperidade das novas empresas – que em parte destrói os mercados de concorrentes estabelecidos – ajuda a economia. Países que protegem os mercados e ganhos de empresas já existentes impedem a destruição criativa, tão essencial ao progresso.

O mercado recompensa o mérito, a capacidade, a coragem de correr riscos, a sorte e o sucesso dos empreendedores por meio de remunerações, lucros, ganhos de capital e dividendos. Os prêmios diferem entre si, porque o desempenho também não é o mesmo. Ganhos desiguais são a prova de que o mercado está cumprindo a sua missão.

Os intelectuais não gostam do mercado porque não consideram a riqueza o resultado de um processo de criação, como a arte e a literatura. Eles consideram a riqueza roubada – quando acumulada – e banal – quando herdada. A riqueza para eles é um conceito finito; como os recursos "não renováveis", as pessoas que enriquecem são as que já repetiram o prato antes que as outras pudessem comer sua primeira porção.

Os intelectuais simplesmente não conseguem relacionar a riqueza de um empreendedor ao processo de criação/destruição criativa.

O ataque à "cobiça", à vontade de crescer e prosperar dos empreendedores é, na realidade, um ataque contra a liberdade de empreender. Empenhar-se na defesa desse direito é uma forma de defender a liberdade humana.

É preciso mudar a atitude e o comportamento das pessoas, tanto na vida particular como na profissional, para que possam assumir postura mais empreendedora e positiva diante da vida empresarial. Há pessoas que sofrem muito para mudar do *status* de empregado para empreendedor, e são submetidas a um grande *stress* por isso.[4]

Embora algumas culturas encorajem a capacidade empresarial mais do que outras, todas elas têm reservas de talento que vêm à tona quando o ambiente é propício

4 COOPER, A. C.; DUNKELBERG, W. C. Entrepreneurial research: old questions, new answers and methodological issues. *American Journal of Small Business*, 11(3), p. 11-23, Winter 1987.

para os negócios. É preciso resgatar a figura do empreendedor que assume riscos, como nos alerta David McClelland.[5]

As viagens de descobrimento portuguesas nos séculos XV e XVI são comparadas aos programas especiais de hoje – ambos são vistos como esforços dos estados nacionais que visam explorar o desconhecido e abrir novas fronteiras.

É muito grande o número de pessoas – no Brasil, em Portugal e no resto do mundo – que acreditam que ganharão muito dinheiro começando um novo negócio em uma incubadora de empresas de base tecnológica. A maioria fracassará ao tentar levar adiante suas ideias. Ainda assim, essa vontade conduz a uma economia para novos apogeus quando encorajada por uma atmosfera regulatória favorável e baixos impostos sobre lucros, ganhos de capital e rendimentos.

Ser empreendedor significa ter capacidade de iniciativa, imaginação fértil para conceber as ideias, flexibilidade para adaptá-las, criatividade para transformá-las em oportunidade de negócio, motivação para pensar conceitualmente e capacidade para perceber a mudança como oportunidade.

Não é apenas com espírito empreendedor, intuição e muita vontade de trabalhar que se faz o sucesso de uma empresa. Além de ter coragem para se arriscar, muitas vezes em um setor produtivo ainda não explorado, o empreendedor/criador de empresa de base tecnológica via incubadora precisa levar muito a sério a gestão de seu negócio. O mercado, invariavelmente, acaba devorando os amadores.[6]

A importância da aplicação da tecnologia e do empreendedorismo no desempenho e na competitividade das empresas de base tecnológica é indiscutível. Atualmente, novos produtos e processos dão às empresas a possibilidade de compensar seus recursos escassos ou debilidades. Eles são superados pela utilização da tecnologia e da inovação. Se repararmos na competição na maioria dos setores da economia, veremos que vence quem melhor souber utilizar uma tecnologia. Ela diminuiu muito a importância dos antigos fatores de produção, antes considerados fundamentais.

Um país será verdadeiramente desenvolvido na medida em que souber criar um ambiente no qual as empresas tenham condições de melhorar e inovar mais rápido

---

5 MCCLELLAND, David. *The achieving society*. New York: D. Van Nostrand Company, 1961. p. 205-258.

6 IBRAHIM, A. B., GOODWIN, J. R. Perceived causes on success in small business. *American Journal of Small Business*, 11 (2), p. 9-20, Fall 1986.

que suas rivais estrangeiras. Em outras palavras: as empresas precisam de condições que lhes permitam inovar, o que invariavelmente se dá pelo emprego adequado das tecnologias existentes.

A estratégia é aprender. O desenvolvimento de formas de organização que privilegiam a aprendizagem ainda é muito novo no universo administrativo-empresarial. As empresas em processo de aprendizagem – as chamadas *learning organizations* – começaram a se estruturar como tal e a se multiplicar só nos últimos dez anos. "Aprender mais depressa do que os rivais é a única vantagem competitiva duradoura."[7]

O que levou as empresas japonesas a trilharem um caminho de sucesso na sistematização da aprendizagem foi a definição de novas culturas organizacionais, que evoluíram segundo os seguintes estágios:

- de 1946 a 1964 – aprendendo a produzir (*just-in-time*);
- de 1964 a 1973 – aprendendo a produzir com qualidade (TQC);
- de 1973 a 1985 – aprendendo a inovar (integração da tecnologia);
- de 1985 até os dias de hoje – perseguindo a inovação sistêmica (convergência das tecnologias).

As empresas de base tecnológica procuram como, onde e quando inovar, e nessa busca esbarram com uma realidade simplista e factual: não existe inovação sem criatividade. E a criatividade deve ser cada vez mais estimulada. É a valorização do capital humano como fator decisivo do próximo milênio.

E essa é a questão-chave para o empreendedor de empresas de base tecnológica, no Brasil e em outros países. Hoje, o importante é saber empregar, adequadamente, as tecnologias existentes e ser capaz de perceber o advento das tecnologias emergentes. Ou seja, é evidente que não se cogita para o Brasil e Portugal papéis de liderança no surgimento de tecnologias emergentes; mas esses países podem buscar e utilizar adequadamente as tecnologias disponíveis no cenário internacional.

O que realmente importa nos dias de hoje não é onde a tecnologia foi criada, mas sim como ela é aplicada. Todos os países, atualmente, têm acesso à mesma

---

7 SENGE, Peter. *The fifth discipline* – The art & practice of the learning organization. New York: Currency Doubleday, 1990.

tecnologia, seja na indústria, seja no setor de serviços, na medicina ou até mesmo na área militar.

As tecnologias também estão alterando a organização do trabalho, à medida que avançam e modificam os seus processos. É o fim da estabilidade laboral. Alguns homens adaptam-se, outros não.

A complexidade do sistema econômico reforça a tese da seleção das espécies de Darwin: os empreendedores altamente capacitados, preparados, prosperam; os capacitados sobrevivem; já os incapacitados são as maiores vítimas do processo de transformação no mundo das organizações.

Estabilidade laboral e emprego para toda a vida são conceitos cada vez mais distantes do cotidiano dos indivíduos. O futuro é hoje imprevisível.

Em diferentes circunstâncias, é comum ouvir falar sobre a substituição dos homens pelas máquinas. Foi assim durante a Revolução Industrial e o cenário se repete no virar do milênio, em um contexto em que a mão de obra menos qualificada torna-se dispensável em função da introdução de tecnologias da informação em grande parte dos processos produtivos.

Presenciamos o advento da Sociedade da Informação, e a medida de todas as coisas é, cada vez mais, a capacidade de compreender e utilizar o valor agregado, disponibilizado pelos novos instrumentos de trabalho, entre os quais se destacam o computador, as redes de comunicações e as telecomunicações (tecnologia da informação). A máquina em si não é a novidade, mas sim o que ela passa a proporcionar no que se refere à organização do trabalho.

Os produtos e serviços ofertados pelas empresas de base tecnológica possuem, sobretudo, alto valor acrescentado e são reconhecidos pelo alto grau de tecnologia sofisticada e capital intelectual incorporados, e, portanto, não competem apenas em termos de preço. São empreendimentos baseados no conhecimento.

Hoje, a nova fronteira é a economia global. Investir em novas tecnologias, na formação de profissionais, implantar métodos sofisticados de treinamento para aproveitamento desses avanços, aperfeiçoar os controles de qualidade e criar sistemas de informações voltados para a pronta adequação de oferta, preços e produção às condições do mercado podem ser uma forma de responder às oportunidades proporcionadas pela globalização.

As empresas de base tecnológica foram as primeiras a perceber a importância dos computadores e das tecnologias da informação e telecomunicações e a investir maciçamente no setor.

O empreendedor/criador de empresas de base tecnológica substituiu a fabricação de bens de consumo pela produção de bens sofisticados em setores baseados no conhecimento, o segmento de mais rápido crescimento na economia mundial, independente de sua aplicação no setor industrial.

As realizações desses empreendedores se devem a uma cultura que valoriza a iniciativa, a inovação, o pragmatismo e o individualismo, valores que podem ser legados às próximas gerações de empreendedores e se transformar em fonte de inspiração a milhões de indivíduos no Brasil.

É preciso estimular os espíritos independentes, empreendedores e pioneiros, acalentar todos aqueles que manifestem interesse em criar seu próprio negócio. Ser receptivo à energia e ao talento em ascensão. E, nesse cenário, pode-se afirmar que os empreendedores criadores de empresas de base tecnológica estão mais bem adaptados para a atual economia, baseada no conhecimento e em constante mutação.

Numa sociedade cada vez mais terceirizada, onde quase todas as atividades já não dispensam o uso do computador e das vantagens por este proporcionadas, faz cada vez mais sentido a existência de mão de obra com competência adequada às novas exigências profissionais disponível no mercado.

Sob essa ótica, as novas tecnologias são responsáveis pela passagem da era do taylorismo ao pós-taylorismo, da burocracia à adhocracia, da especialização à polivalência, da era da produção em massa à era da produção flexível. Para resumir, da sociedade industrial à sociedade da informação.

Ser empreendedor é o sonho de muita gente. Contudo, isso não é fácil. De fato, deixar a segurança proporcionada por um emprego estável, pelo cheque que não falta ao fim do mês, abdicar dos benefícios oferecidos pelas empresas (carro, seguro de saúde, cartão de crédito, formação diferenciada, bônus anuais, ações da empresa etc.) são atitudes difíceis, que não se tomam de ânimo leve. A decisão torna-se ainda mais pesarosa quando se tem filhos, paga-se a prestação de um imóvel, tem-se o sonho de comprar aquele barco ou aquela casa no campo ou quando se planeja fazer uma grande viagem.

No entanto, será que dar o salto para deixar de ter um patrão e tornar-se patrão de si mesmo é assim tão difícil? Será que a barreira é intransponível?

Figura 1.1 Espírito empreendedor

ANTES	AGORA
Formação acadêmica	Nenhuma formação acadêmica específica
Envolvimento puramente técnico	Sede de novidades tecnólogicas
Pouco entrosamento com as demais áreas da empresa	Faro para os negócios
Visão voltada para soluções rotineiras dos problemas	Visão global do negócio da empresa
Espírito pesquisador	Espírito empreendedor

Fonte: Elaborada pelo autor.

Faz-se necessário, assim, uma aposta na formação de base do "empreendedorismo" de uma maneira geral, em especial por parte daquelas pessoas que se encontram na situação de desemprego.[8]

A quem compete esse papel fomentador? À sociedade, como um todo, onde se integram, naturalmente, as organizações e empresas.

É preciso fugir do lugar-comum de convocar o Estado para capitanear esse processo de mudança. "De todas as coisas organizadas, é o Estado, em qualquer parte ou época, a mais mal organizada de todas", foi o que nos ensinou Fernando Pessoa.

O célebre poeta lusitano nos alertou que: "Quanto mais o Estado intervém na vida espontânea da sociedade, mais risco há, se não positivamente mais certeza, de a estar prejudicando... de estar entrando em conflito com as leis naturais, com leis fundamentais da vida...".

Agora, pode-se perceber que o sucesso da indústria de software não foi motivado pela regulamentação do governo e, sim, pela liberdade e pelo desejo de aprender, inovar e se superar.

8 RONSTADT, R. The educated entrepreneurs: a new of entrepreneurial education is beginning. *American Journal of Small Business*, 11(4), p. 37-53, Spring 1987.

A trajetória de sucesso da indústria de software vai continuar – se a inovação não for (re)estruturada, regulamentada pelo governo.

As empresas de base tecnológica participam de um jogo onde existem muitos vencedores e perdedores e muita margem para errar e com isso adquirir experiência. Essas empresas estão sujeitas à disciplina do mercado.

É preciso fomentar a cidadania empresarial, por meio do apoio aos indivíduos com espírito empreendedor, para que possam utilizar suas capacidades e colocar em prática sua criatividade e iniciativa, ligar o produto do conhecimento com a atividade empreendedora e renovar constantemente a organização e seu produto/serviço, mesmo que isso exija perceber que se tornarão obsoletos.

Lança-se aqui o desafio a várias organizações, especialmente àquelas que se socorrem das mais modernas tecnologias para facilitar o acesso das pessoas desempregadas à formação em "empreendedorismo" voltado para as empresas de base tecnológica.

Ou seja, em vez de anunciar que iria criar postos de trabalho para ajudar a combater o desemprego, as organizações, responsáveis por essa questão, devem privilegiar o processo de aprendizado e propor-se a apoiar a formação de pessoas, desempregadas ou não, na área de novas tecnologias da informação, colocando à disposição meios técnicos e *know-how* de gestão de empreendimentos de base tecnológica, constituindo assim um sistema de formação e reconversão profissional ao longo da vida ativa dos indivíduos, por meio da criação de escolas de empreendedorismo.

Este livro reflete a importância que as micro e pequenas empresas de base tecnológica passaram a ter no desenvolvimento econômico e social do Brasil, de Portugal e no mundo inteiro nos últimos anos.

Empreendedores – principalmente os de micro e pequenas empresas – utilizam sua capacidade de trabalho e tenacidade para criar valor, riqueza e postos de trabalho. Vão muito além das pessoas que precisam trabalhar para sobreviver ou das que almejam cumprir uma vocação. É obvio que ninguém nasce grande, mas não há verdadeiro empreendedor que se contente com poucos riscos e raras oportunidades.

Atualmente, estudantes universitários, docentes e pesquisadores, cujo único objetivo era, até então, um emprego administrativo em uma grande empresa ou universidade/instituto de pesquisa, sonham com planos de uma empresa própria.

As empresas de base tecnológica criadas via incubadora podem ser definidas como um empreendimento que congrega design, desenvolvimento ou produção de um novo produto/serviço ou processo por meio da sistemática aplicação de conhecimento técnico e científico existente, empregando largamente o "estado da arte" das técnicas de gestão utilizadas atualmente.

Para atingir esses objetivos, a empresa de base tecnológica precisa:

- ser jogadora global (praticar a globalização);
- ser inovadora (utilizar novas tecnologias);
- ser vencedora (buscar constantemente a excelência);
- defender a abertura dos mercados (acreditar no comércio livre);
- basear-se na economia de mercado – não aceitar que o Estado dite regras nem venha a intervir na economia (acreditar na desregulamentação);
- ser proprietária e controladora do negócio (apoiar a economia privada).

É importante que o empreendedor tenha consciência de que não pode fazer tudo sozinho e, com isso, isolar-se do mundo. Ao se apaixonar por determinada ideia, é comum que o novo empresário fique cego e deixe de pensar sobre o que se passa à sua volta. Antes de se lançar em uma aventura, é pertinente uma sondagem sobre a receptividade do futuro projeto no mercado.

Um empreendedor especializado conhece muito sobre determinada área, mas faltam-lhe conhecimentos econômicos e financeiros para gerir os fundos, apoios, analisar investimentos e o sentido do marketing, ou seja, saber se comunicar com o cliente. Muitas vezes, por não dominar esses fatores e não ter ninguém que o ajude, uma boa ideia pode acabar comprometida. No contexto do mercado atual, é essencial existir especializações, pois atravessamos uma época em que as tecnologias do saber dominam.[9]

Especializar-se e, de forma criativa, transferir essa tecnologia do saber para um projeto empresarial é o objetivo do empreendedor. O risco maior dessa superespecialização é perder o sentido prático, que permite a mediação da tecnologia para um serviço útil à sociedade. Portanto, evitar a qualificação em uma área

9 KENT, C.; WOOTEN, S. Privatization: the entrepreneurial response. In: KENT, Calvin (Ed.). *Entrepreneurship and privatization of government*. New York: Quorum Books, 1987. p. 145-157.

muito específica, sem nenhuma utilidade prática, é um cuidado que deve ser tomado pelo empreendedor.

A iniciativa de abrir um negócio partindo de uma especialização não é suficiente, é preciso que exista um encontro com as necessidades do mercado. Há então que se determinar as necessidades específicas de um segmento e oferecer um produto ou serviço que atenda às mesmas. É imprescindível ainda ter em mente as realidades que traduzem essas necessidades e desejos dos clientes antes de enveredar por determinada especialização. Antes de tomar qualquer iniciativa, deve-se partir do mercado e avaliar o que ele precisa, utilizando informação com origem no consumidor.

O empreendedor/criador de empresas de base tecnológica via incubadora sabe que deve manter sempre as seguintes posturas:

- ser realista e não criar muitas expectativas;
- trabalhar com as necessidades dos potenciais clientes e não tentar impor a tecnologia;
- desenvolver aptidões de gestão e marketing do seu negócio;
- não tentar enriquecer rapidamente e canalizar os lucros para a expansão do negócio;
- começar pequeno com objetivos grandes, designadamente internacionais;
- ser persistente e não se desviar do seu conhecimento. Acreditar que é possível ir além dos limites.

Os especialistas empreendedores têm o faro aguçado para tirar partido do saber singular e se lançarem num negócio próprio. Conhecem bem uma área de negócios e criam uma empresa para fornecer ideias, produtos e serviços. Com muita persistência e coragem, nunca desanimam. Sabem como poucos o quanto pode valer uma especialização e como deve ser trabalhada para se transformar em lucro.

É preciso colocar em prática o círculo virtuoso riqueza humana-competitividade-riqueza econômica.[10]

---

10 GAZETA MERCANTIL. Documento dos líderes (relatório), *Gazeta Mercantil*, São Paulo. p. 4.

Figura 1.2 O círculo virtuoso

Fonte: Elaborada pelo autor.

Outro fator que impulsiona o empreendedorismo é a criação do próprio posto de trabalho, em um cenário em que a procura de emprego (especialmente o primeiro) se apresenta cada vez mais difícil, não apenas pelo maior grau de exigência, por parte de quem recruta, mas também devido à forte concorrência entre os candidatos.[11] De que forma isso acontece? Colocando a imaginação e a criatividade para trabalhar e apostando no espírito de iniciativa e empresarial que reside em cada um de nós.

No mercado haverá sempre lugar para ideias com valor, que possam dar origem a projetos de criação de negócios com sucesso. É preciso ser inovador, ter determinação e ser persistente.

É indispensável criar mecanismos para impulsionar a característica empreendedora que se traduzam em maior e melhor capacidade de iniciativa e em mais

11 BIRLEY, S. The role of the new firms: births, deaths, and job generation. *Strategic Management Journal*, 7(4), p. 361-376, Jul./Aug. 1986.

autonomia daqueles que pretendem criar o próprio negócio e se integrar na vida empresarial.[12]

A oportunidade é uma "criatura" amistosa e muitas vezes imperceptível. Perigosa somente quando ignorada pelos empreendedores. Ela precisa ser protegida, explorada, preservada, dinamizada e aumentada. Em síntese, é a soma de uma necessidade com as condições para satisfazê-la.

O *welfare state* europeu reduziu consideravelmente o grau de necessidade das pessoas. Não por acaso, hoje faltam empreendedores criativos na maioria dos países europeus.

Os empreendedores de sucesso sabem como identificar e aproveitar as oportunidades, tomando-as não como *risco*, mas como destino. Hoje é preciso estar atento às oportunidades. Os empreendedores têm a livre determinação. A ideia de risco só faz sentido quando os empreendedores têm a possibilidade de escolha.

O empreendedor é um artista, um criador. Alguém que cria novos produtos, novos empregos, novas coisas. E nunca para. Ele não cria apenas porque quer, mas também porque sente grande necessidade de realização.

Agora, de forma esquematizada, apresentamos um conceito de espírito empreendedor resultante de uma visão integrada entre percepção da atitude e comportamento empreendedor (como expressam os teóricos Schumpeter, McClelland e Drucker).

Figura 1.3 A visão integrada de Schumpeter, McClelland e Drucker

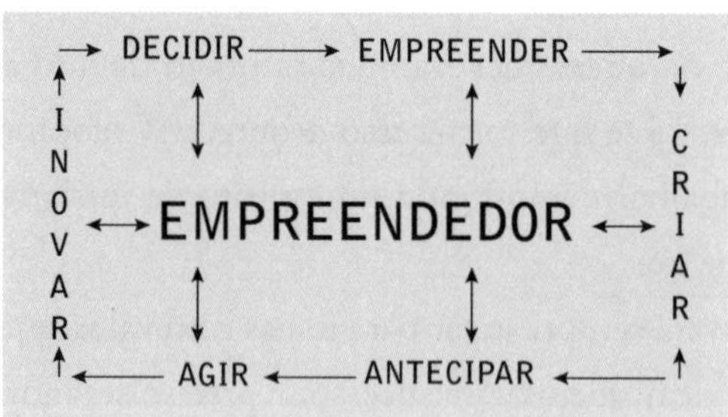

Fonte: Elaborada pelo autor.

12 As ações do Serviço Brasileiro de Apoio à Micro e Pequena Empresa (Sebrae), no Brasil, e da Associação Nacional de Jovens Empresários (ANJE) e das Novas Empresas e Tecnologias (NET), de Portugal, são exemplos de como apoiar as micro e pequenas empresas.

As empresas de conteúdo tecnológico obedecem ao seguinte processo de nascimento e crescimento, como descrito abaixo:

- a concepção do produto;
- a largada para a produção;
- os primeiros negócios;
- o crescimento da empresa;
- a estabilização gerencial e comercial;
- a expansão.

Em geral, os capitalistas de risco entram na terceira ou quarta etapa, quando o empreendedor já demonstra claramente a dimensão empresarial de sua iniciativa. Daí a necessidade de concatenar esforços com empresas de capital de risco para garantir as duas primeiras etapas.

As palavras-chave que ajudam o empreendedor/criador de empresas de base tecnológica a enfrentar o século XXI são:

- flexibilidade;
- atualização permanente;
- motivação, envolvimento e compromisso;
- criatividade;
- inovação;
- atitude pró-ativa e empreendedora;[13]
- abertura à mudança e disponibilidade;
- capacidade de adaptação;
- orientação para a resolução de problemas;
- tenacidade e resistência a situações estressantes.

Ser empreendedor significa:

- ter a oportunidade de trabalhar em todas as áreas do negócio;
- controlar o próprio destino;
- gerir seu tempo;
- lidar diretamente com os clientes.

---

13 BURCH, J. G. Profiling the entrepreneur. *Business Horizons*, 29(5), p. 13-16, Sept./Oct. 1986.

Os empreendedores também enfrentam dificuldades no exercício de suas funções, como:

- demitir funcionários,
- trabalhar com sócios;
- contratar empregados;
- ter que oferecer formação aos empregados.

O capitalismo mostra uma imensa capacidade de se renovar: as novas tecnologias, as nações emergentes e o espírito selvagem dos empreendedores criam, continuamente, novas empresas.[14]

É preciso saber explorar a capacidade de absorver conhecimento de cada funcionário. Não esquecer que é isso que nos caracteriza como uma sociedade cognitiva. As tarefas exclusivamente manuais tendem a assumir cada vez menos importância e a desaparecer gradativamente.

No passado, com exceção de algumas poucas profissões – como médicos e advogados –, trabalhar por conta própria significava *status* menor. No cenário atual, isso tornou-se desafio e conquista de donas de casa a doutores formados pelas melhores universidades do planeta – todos envolvidos na corrida para "abrir seu próprio negócio" e conquistar um espaço prestigiado e confortável.

Para ser empreendedor é necessário acreditar na liberdade de iniciativa, preferir a competição ao conforto da autarquia estatal e enxergar a própria capacidade de decisão como um elemento vital da existência humana.

A todo momento nascem novas empresas, resultados da iniciativa de indivíduos dotados de espírito empreendedor que se dispõem a assumir os riscos inerentes ao próprio empreendimento, pois "não sabendo que era impossível, vão à luta e fazem acontecer".

A atitude é um pequeno ato que estabelece uma grande diferença. Há pessoas que vivem com a impressão de que as oportunidades lhes escapam por entre os dedos. Muitas vezes, olham para trás e espantam-se com as coisas que deixaram de fazer.

Por que será que existem certos tipos de pessoas que apoiam e outros que rejeitam novas ideias, mesmo estando com informações iguais?

---

14 BURROUGHS, Helen J.; THOMPSON, M. Kay. Small business is America's future. *Business America*, 110(9), p. 2-10, May 8, 1989.

Os empreendedores percebem novas ideias como grandes oportunidades. A sua segurança econômica não está fundamentada em um emprego, mas no próprio potencial de produzir, pensar, aprender, criar e se adaptar. Essa é sua verdadeira independência financeira.

A excelência operacional é o bilhete para entrar no jogo, mas não é suficiente para poder vencê-lo. É preciso que os empreendedores/criadores de base tecnológica via incubadora estejam aptos a tomar as rédeas dos negócios, preparados para assumir as complexas responsabilidades de administração no limiar do século XXI turbulento, competitivo, globalizado, desafiador, onde sobrevivem as melhores organizações, aquelas que cultuam a excelência.

Os empreendedores de empresas de base tecnológica são pessoas de qualidade rara, da qual emerge algo de sólido e verdadeiro, em contratendência ao mundo de hoje, onde tudo é ficção e aparência. Ser, e não parecer – esse é, verdadeiramente, seu dote maior.

Nos mais diversos meios de comunicação social, hoje são frequentes comentários sobre a necessidade de uma nova geração de empreendedores, para que os desafios e oportunidades de empreendimentos de base tecnológica que surgem possam ser encarados.

A mudança da estrutura produtiva de um país ou região não acontece do dia para a noite, nem é gerada espontaneamente: existe, no geral, um não aproveitamento do capital de conhecimentos de certas instituições, de produção de saber – universidades e institutos de pesquisas –, que repassam suas descobertas para o sistema produtivo. O desenvolvimento de uma rede de micro e pequenas empresas de base tecnológica, criadas via incubadora, poderá constituir um eficaz instrumento de política econômica, intermediando a relação entre as universidades e os institutos de pesquisa e a indústria, revitalizando assim todo o aparelho produtivo.

Essas relações, ainda que marginais, no contexto de contribuição do PIB, podem induzir efeitos propulsores, nomeadamente em períodos de descontinuidade como o que vivemos, e que podem, genericamente, caracterizar-se como seguem:

- abandono, por parte da generalidade dos países industrializados, do modelo tradicional de crescimento baseado no paradigma dos fatores de produção (trabalho, terra, recursos naturais e capital), que fazem que deixe de se privilegiar certas indústrias; as empresas de base tecnológica são vítimas deste processo. Faz-se necessário que sejam acrescentados aos tradicionais fatores de produção a figura do empreendedor e o processo de *empreendedorismo*. O novo conceito baseia-se na inovação (seja ao nível do processo, seja do produto) e no *empreendedorismo*, que em muitos casos impõe uma ruptura com setores anteriormente apoiados;

- a dinâmica proporcionada pela descontinuidade tecnológica, em que o diferencial poderá constituir-se uma vantagem competitiva sustentável, se permanentemente mantido e aprofundado;
- ciclo de vida dos produtos cada vez mais curtos – os produtos passam rapidamente da juventude à maturidade, e mesmo ao declínio, e exigências, cada vez maiores, de investimentos em pesquisa e desenvolvimento.[15]

A inovação é o sangue da longevidade empresarial, e converte-se em fator de êxito quando a pesquisa e o desenvolvimento se integram e alimentam o processo de transformação que garante o desenvolvimento empresarial. Isolada, a pesquisa perde suas propriedades competitivas.

"Os homens trilham quase sempre estradas já percorridas", escreveu Nicolau Maquiavel, o genial florentino, para dizer que as pessoas buscam sempre o caminho que lhes é familiar por acomodação ou medo. Os empreendedores/criadores de empresas agem de forma totalmente diferente: criam seu próprio caminho. Produzem uma alegria renovada a cada passo bem-sucedido, e sem ela nada fazem. É aí que começa uma história de intensa insatisfação com o sucesso. O empreendedor/criador de empresas de base tecnológica via incubadora é amaldiçoado pelo talento e pela sorte. Esse é o seu destino: prosperam com base na inovação e na mudança. Estão sempre dispostos a experimentar novas tecnologias. A resistência à mudança é sua maldição.

O que poderia mudar, em duas décadas, está se renovando agora, em dois anos. A velocidade dramatiza ainda mais a profundidade da mudança. O empreendedor de empresas de base tecnológica que não mudar morre.

Estamos em um momento de mudança, em que grandes oportunidades são criadas. O emprego, no sentido clássico, que era o antigo sonho da maioria dos

15 IBRAHIM; GOODWIN, 1986, p. 41-50.

indivíduos, perde espaço e configura-se um novo mundo, em que, de uma forma ou de outra, todos precisam ser mais empreendedores.

Num ambiente de maior competição, a exposição de cada um ao risco aumentou, bem como as chances de fazer mais dinheiro. Vivemos tempos interessantes. Uma época em que o cérebro vale muito mais que o capital inicial para abrir uma empresa. É o valor da ideia. Não é por acaso que Bill Gates não fabrica computadores. Vender o que vai dentro deles é um negócio muito melhor.

Vive-se a incansável procura por um nicho de mercado, pois a tecnologia não é o único grande capital contemporâneo. É preciso também apostar no marketing.

Quando se compete na crista da onda da inovação, é preciso estar preparado para pagar o preço do fracasso, por mais competente que seja o empreendedor. Pode ser desagradável ter de admitir, mas não há saída quando se lidera um processo de inovação. Se o empreendedor não comete erros, ele não está assumindo riscos, e isso significa que não está indo a lugar algum.

A criação de empresa de base tecnológica constituirá, provavelmente, o embrião e o motor das transformações radicais que já se manifestam no aparelho produtivo e, no futuro próximo, poderão desempenhar um papel decisivo na dinamização, tanto da economia brasileira como da mundial, a exemplo do que se assiste em algumas regiões do mundo. "Negócios empreendedores tratam o empreendimento como um dever. Eles são disciplinados com relação a ele... Eles estudam-no... Eles praticam-no."[16]

As empresas de base tecnológica criadas via incubadora apresentam algumas importantes vantagens comparativas:

- existência de *know-how* superespecializado;
- produtos/serviços de alta qualidade;
- flexibilidade estrutural;
- ligação a centro de excelência;
- proximidade/conhecimento de clientes – se organizam em redor do cliente, e não de acordo com a sua lógica interna; o cliente é a razão de ser de seu

16 DRUCKER, Peter F. *Innovation and entrepreneurship*: practice and principles. New York: Harper & Row, 1985. p. 150.

negócio, não importa em que negócio a empresa está; o sucesso depende da capacidade de resposta às mudanças de necessidades e desejos dos seus clientes – e para isso tem de se manter em constante contato com eles;

- mercado em forte crescimento e tecnologia de ponta;
- capital humano – a falta deste material seria como se a humanidade ficasse sem o minério de ferro durante a Revolução Industrial.

O conhecimento é um ativo muito importante nas empresas. Passamos de uma fase em que o principal ativo das empresas era o capital, depois passou a ser a mão de obra e agora não é nenhum deles, é a informação. E a informação, já se dizia há algum tempo, é um dado provido de sentido. É o conhecimento, não é mais do que o estágio a seguir: são informações baseadas nas quais podemos decidir e empreender ações. Resumindo a uma frase: "o capital intelectual constitui a matéria intelectual – conhecimento, informação, propriedade intelectual, experiência – que pode ser utilizada para gerir riqueza".[17]

O empreendedor/criador de empresas de base tecnológica é um filho da revolução do saber, que a cada dia aumenta o seu quociente de inteligência, lançando mão das seguintes estratégias:

- investimento em ativos de capital intelectual (patentes, base de dados, *know-how*, marcas etc.) partilhados pelo coletivo;
- organização descentralizada com maior capacidade de decisão, a nível local e perante os clientes;
- cultura interna fomentadora do espírito empreendedor;
- cooperação total entre os envolvidos no processo – sócios, acionistas, empregados, clientes, fornecedores, distribuidores –, funcionando como uma verdadeira comunidade de interesses, como um autêntico "*cluster*";
- participação alargada de todos os membros da organização nos processos de formulação estratégica da empresa;
- cultivo de fatores dinâmicos internos, como a liderança, a estratégia e um ambiente favorável à mudança;
- sistemas de recompensas baseados na performance, com participação acionária e nos lucros.

17 STEWART, Thomas. *Intellectual capital*. New York: Doubleday/Currency, 1997.

Para contextualizar a importância do tema, podemos afirmar que as quatro principais revoluções ocorridas no século XX podem ser assim sintetizadas:

- A revolução política e o "revolucionário profissional". Marx foi o primeiro a entender as dinâmicas internas do capitalismo industrial, tema que Schumpeter magistralmente retoma em *Capitalismo, socialismo e democracia*.
- A revolução da gestão e o gestor profissional. Alfred Sloan, o líder da General Motors, foi o "prático" e Peter Drucker, o "teórico".
- A revolução do saber e o empreendedor da "terceira vaga". Joseph Schumpeter foi o teórico e Bill Gates um dos criadores da Microsoft, o protótipo do empreendedor da "terceira vaga" mais bem-sucedido até hoje. Schumpeter enxerga na contínua "destruição criativa" a essência do capitalismo, como uma força revolucionária solta no mundo, que vem transformando tudo num passo que, a cada instante, ultrapassa o que até então foi pensado.
- A revolução do comportamento. Motivação, atitudes empreendedoras e as mulheres, em que Margaret Thatcher foi a protagonista e David McClelland seu "guru".

Este livro permite uma reflexão sobre a figura do empreendedor inovador que foi deixado na penumbra durante muito tempo, para ressurgir, com força, na década de 1970. Hoje, mais do que nunca, criar o próprio emprego é fundamental para a sociedade. Em termos específicos, busca-se estudar o empreendedor/criador de empresas, tendo em vista:

- pontos fortes e fracos – perfil de ativos que a empresa/empreendedor detém (tecnológicos, intangíveis, financeiros etc.) e a descrição das características socioeconômicas dos empreendedores/criadores de empresas;
- a envolvente ambiental – identificação das facilidades e dificuldades para a criação de empresas de base tecnológica via incubadora;
- sistemas de valores e atitudes – correspondem às motivações e necessidades dos empreendedores que colaboram com o trabalho;
- ameaças e oportunidades – definem o campo de atuação dos empreendedores com os riscos, mais as eventuais recompensas;
- expectativas sociais – correspondem ao impacto das decisões sociais na empresa criada.

Capítulo 2

A perspectiva econômica do fenômeno do empreendedorismo

2.1 Introdução

Podemos afirmar que um empreendedor é um indivíduo que se lança em novas empreitadas empresariais, é criativo, arrojado e procura sempre fazer coisas diferentes.

Empreendedores são um dos ativos mais importantes de qualquer economia. Invariavelmente, as micro e pequenas empresas costumam responder pela maior fatia na geração de empregos e por substancial parte do PIB nos mercados mais desenvolvidos. Tarefa difícil é chegar a ser uma delas. Os empreendedores são ágeis, persistentes e, geralmente, trabalham com um tipo de capital intangível: boas ideias. Empreendedorismo (também chamado de espírito empreendedor), terra, trabalho e capital são os quatro pilares de uma sociedade fundamentada na livre-iniciativa.[1]

2.2 O conceito de empreendedor e empreendedorismo segundo Schumpeter

Entrepreneurship, na língua inglesa, é derivado de *entreprendre*, termo utilizado no século XVII, na França, para denominar um indivíduo que assumia o risco de criar um novo negócio.

Os termos *entrepreneur* e *entrepreneurship* apresentam problemas de tradução para os principais idiomas, a partir de sua origem – o francês –, e para a língua portuguesa não foi diferente.[2] *Entrepreneur* poderia ser traduzido como "empresário".

1 HOLT, David. *Entrepreneurship*. Englewood Cliffs: Prentice Hall, 1992. p. 3

2 DRUCKER, Peter F. *Inovação e espírito empreendedor*. Trad. de Carlos Malferrari. São Paulo: Pioneira, 1985. p. XIII-XIV; CARLAND, J. W. et al. Distinctions between entrepreneurial and small business ventures: an empirical investigation. *International Journal of Management*, 5(1), p. 98-103, 1988.

Todavia, para Drucker e outros autores, o termo é empregado para designar empreendedor, e não necessariamente um empresário.

No tocante a *entrepreneurship*, existe uma forte corrente a favor da adoção, em português, da tradução "espírito empreendedor", pois é o que melhor se adapta aos casos em que a palavra é empregada.

Numa visão mais profunda, todo empreendedor de sucesso é um caso verdadeiramente inspirador e relevante: ser um representante do espírito empreendedor significa gerar negócios bem-sucedidos ao transformar visões em realidades lucrativas. Coletivamente, os empreendedores criam milhões de empregos e atendem a milhões de clientes. No nível individual, geram milhões de reais em lucros, mas o ponto essencial se torna uma forma de manter resultados, não a história daquilo que realizam.

Os empreendedores estão engajados em um processo que o economista Joseph Schumpeter descreveu como "destruição criativa", que consiste em romper com velhos hábitos com o intuito de gerar novas respostas às carências e desejos do mercado. Eles forçam situações com o objetivo de mudar as coisas para melhor. São construtores compulsórios: quando começam, não param mais.

Qualquer indivíduo de qualquer organização pode aprender como ser um empreendedor: não existe nenhum mistério. Os segredos são a inovação e o espírito empreendedor. Essas duas características são tarefas que podem ser organizadas – é preciso que sejam organizadas, ou seja, são um trabalho sistemático.

O espírito empreendedor é algo muito mais profundo do que se pode imaginar.[3] Está em indivíduos que criam negócios inovadores e prósperos, e pode emergir sob as mais diversas formas e tamanhos.

Os empreendedores possuem algumas características peculiares. Numa análise um pouco mais profunda, eles são mais propensos a aceitar riscos, possuem a habilidade para lutar e decifrar a sua vida profissional e lidar de maneira produtiva com a falta de um quadro mais nítido do que vem pela frente. Muitos têm o objetivo de imprimir sua marca em tudo o que criam. E, enquanto uma ação motivada apenas

---

3 O texto no qual fundamenta-se essa ideia é de ATCHISON, S. D. An entrepreneur can be a professional manager, and a professional manager can be an entrepreneur. But not every manager can be entrepreneur. *Enterprise Business Week*, p. 104-112. Edição especial sem data.

pelo ego pode ser destrutiva, o *empreendedor* cujo ego não esteja completamente envolvido nas questões relacionadas à empresa é um verdadeiro portador desse espírito ativo.

As tarefas do *empreendedorismo* podem e devem ser organizadas. A disciplina envolvida na gestão do crescimento e da inovação é crucial para o sucesso.

Alguns empreendedores possuem habilidades inatas, mas muitos necessitam aprendê-las, adquiri-las. E em uma época em que empreendedores como Bill Gates ou David Packard tornaram-se exemplos para todos aqueles que querem criar uma empresa de base tecnológica, as escolas de negócios de todo o mundo procuram desenvolver, dar os primeiros passos, na tentativa de oferecer cursos de formação de empreendedores.

As micro e pequenas empresas estão destinadas a se tornarem ainda mais importantes, à medida que as redes eletrônicas facilitam a busca por clientes e que as grandes empresas continuam a (re)estruturar suas operações. É cada vez maior o contingente de pessoas que trabalham em micro e pequenas empresas.

O computador pessoal nivelou a concorrência sob muitos aspectos, dando às micro e pequenas empresas instrumentos comparáveis aos das grandes. Hoje em dia, o dono de uma micro ou pequena empresa pode fazer tudo – contabilidade, atendimento ao cliente, vendas, marketing, design gráfico e até mesmo desenvolvimento de produtos – com a ajuda de um computador pessoal, desde que equipado com o software apropriado. Isso porque o PC, assim como o proprietário de uma microempresa, é uma banda inteira tocada por uma pessoa só.

A realidade enfrentada pelo empreendedor está baseada em uma perspectiva em que a criatividade não depende de inspiração, mas sim de árduo estudo, um ato de vontade. Assim como a pesquisa sistemática pode resultar na *invenção*, também não apenas pode como deve haver uma busca premeditada por oportunidades para inovar. Quem souber onde e como encontrá-las poderá intitular-se empreendedor.[4]

---

4 QUESNAY, François. *Economia*. Trad. de Paulo Vaz. São Paulo: Ática, 1984. p. 10-89; DRUCKER, Peter F. *Innovation and entrepreneurship*: practice and principles. New York: Harper & Row, 1985. p. 19.

2.3 O empreendedor na perspectiva dos economistas

O empreendedor antes era considerado simplesmente um rendatário, que alugava uma propriedade por um preço fixo e produzia determinado *output* com certos fatores e certos preços. Como afirmou o economista francês J. B. Say por volta de 1800, o empreendedor deslocava recursos econômicos de uma área de alta produtividade e maior produção.

2.3.1 A inovação e a atividade empreendedora

A mais fecunda reflexão sobre o processo de redução de postos de trabalho *versus* a criação de empregos não é encontrada nas recentes pesquisas acadêmicas ou nos dados estatísticos elaborados por prestigiados institutos de pesquisa. Ela brotou da cabeça de um dos maiores economistas deste século – Joseph Schumpeter – mais de 50 anos atrás.[5]

A principal característica do sistema capitalista, na percepção de Schumpeter, era a destruição criativa, que ele definiu como um processo orgânico, de permanente mutação industrial, que incessantemente revoluciona a estrutura econômica *a partir de dentro*, simultaneamente destruindo a velha e criando uma nova estrutura. Esse processo de destruição criativa seria a principal qualidade do capitalismo.

A destruição criativa pode ser considerada responsável pelo fechamento de fábricas e pela eliminação de postos de trabalho. Porém, é também capaz de orientar os agentes econômicos para adaptar-se às mudanças tecnológicas e preferências dos clientes.

Aqui, faz-se necessário recuperar o sentido schumpeteriano do conceito *entrepreneur* (empreendedor), baseado no saber e no conhecimento. Os verdadeiros heróis do futuro serão os que construírem as novas empresas.[6]

É a virada tecnológica para a sociedade do saber. Vivemos um período de transição para uma nova era, dominada pela indústria da massa cinzenta, que não estão confinadas a uma localização obrigatória, são geograficamente livres e móveis.

---

5 SCHUMPETER, J. Alois. *Capitalismo, Socialismo e Democracia*. Trad. de Sérgio Góes de Paula. Rio de Janeiro: Zarhar, 1984. p. 98-211; CARLAND, J. W. Who is an entrepreneur? Is a question worth asking. *American Journal of Small Business*, 12(4), p. 33-39, Spring 1988.

6 THUROW, Lester. *The future of capitalism*. New York: William Morrow, 1996. p. 100-129.

Na visão de Schumpeter, o início de um processo de desenvolvimento econômico acontece precisamente no âmbito da produção, em consequência de acontecimentos que, muitas vezes, alteram de maneira profunda os velhos sistemas produtivos.

Essas mudanças podem ser assim classificadas: em primeiro lugar, a introdução de um novo bem, isto é, um produto ou uma nova característica aos consumidores. Em segundo lugar, a implantação de um novo método de produção, que ainda não tenha a sua eficiência comprovada pela experiência dentro de determinado ramo produtivo e que não derive, necessariamente, de qualquer descoberta científica, mas que possa, simplesmente, consistir num novo método de tratar comercialmente uma mercadoria. Em terceiro lugar, a abertura de um mercado "novo" para determinada indústria, no sentido de que os produtos dessa indústria nunca tenham tido acesso a ele, independentemente do fato de este mercado ter ou não existido anteriormente. Em quarto lugar, a conquista de uma nova fonte de matérias-primas ou de produtos semiacabados, independentemente do fato de esta fonte existir anteriormente. Finalmente, o estabelecimento de nova organização de determinada indústria, como a rotura de uma posição de monopólio.

Essas alterações são designadas pelo termo *inovações*. Além disso, chama-se de *ato empreendedor* a introdução de uma inovação no sistema econômico e de *empreendedor* o agente que executa esse ato. A empresa e o empreendedor são componentes específicos do desenvolvimento e de todo inexistente no estado estacionário, no qual a direção da produção implica apenas uma atividade de rotina que não se distingue de qualquer outro tipo de trabalho.

A ótica schumpeteriana discute a inovação não somente sob o prisma do papel do empreendedor, mas também como um fato endógeno, que influencia as mudanças econômicas por meio das *empresas de base tecnológica*.

A advertência do economista sobre a substituição do velho pela criação da nova estrutura industrial encaixada com a análise do comportamento empresarial é valiosa para qualquer estudioso que tencione investigar as transformações pelas quais o setor industrial passa.

Na concepção schumpeteriana, o empreendedor pode ser descrito como um agente de mudanças, de transformação, no ciclo econômico. Mas os economistas clássicos, como Smith, Ricardo e também Marx, não dedicam muita atenção a essa figura, não expressam o papel do empreendedor como importante, distinto, em suas análises.

O desenvolvimento tecnológico também tem papel de destaque na obra de Schumpeter. Ele foi introduzido para explicar o desenvolvimento econômico como uma evolução econômica. Schumpeter foi um dos primeiros economistas a teorizar os ciclos econômicos e o desenvolvimento tecnológico.

Na teoria do desenvolvimento econômico de Schumpeter, pode-se observar que ele dedica especial atenção aos efeitos dos produtos e processos inovativos no desenvolvimento econômico. O estudioso faz uma distinção muito clara entre invenção e inovação. Para entender o impacto econômico da tecnologia, ele distingue o processo de inovação como um fator exógeno do caráter endógeno da inovação.

Também segundo Schumpeter, a destruição criativa retrata a verdadeira face do dinâmico e evolucionário capitalismo. Isto pode ser visto pela natureza, em que não há somente uma forma ou método de mudança, porém nunca pode ser estacionário.

Schumpeter enfatiza o dinâmico na competição relacionada com a inovação, que vai além do preço, da qualidade ou do esforço no setor de vendas, porque ele provém de novas tecnologias e formas inéditas de organização industrial.

As transformações econômicas são induzidas por essas novas combinações, que atuam no fenômeno da destruição criativa como um processo de transformação radical e reformulação do antigo. A sistemática da destruição criativa altera a estrutura existente e promove a criação de novas indústrias, as quais ultrapassam as existentes.

No século XIX, a atividade do empreendedor podia ser vista como um terceiro fator de produção, juntamente com a terra e o trabalho. Hoje, o elemento decisivo do trabalho criativo é desempenhado pelo empreendedor, o indivíduo que concretiza as novas combinações. Em outras palavras, o empreendedor é a personificação da inovação.

Nesse sentido, é importante também destacar que, na concepção de Schumpeter, um empreendedor não é necessariamente um inventor, mas utiliza a tecnologia disponível em seu negócio. Empreendedores de sucesso poderiam obter êxito sendo apenas capitalistas, empregados de uma empresa. No entanto, eles preferem continuar como empreendedores, mesmo enfrentando reveses e insucessos.

O empreendedor schumpeteriano tem um comportamento racional, no sentido de explorar prosperamente e objetivamente as possibilidades de inovação. Todavia, age com a emoção no que se refere aos objetivos que busca alcançar e segue em frente sem nunca estar satisfeito com os resultados obtidos.

Figura 2.1 Representação gráfica do modelo de Schumpeter de *entrepreneurial innovation*

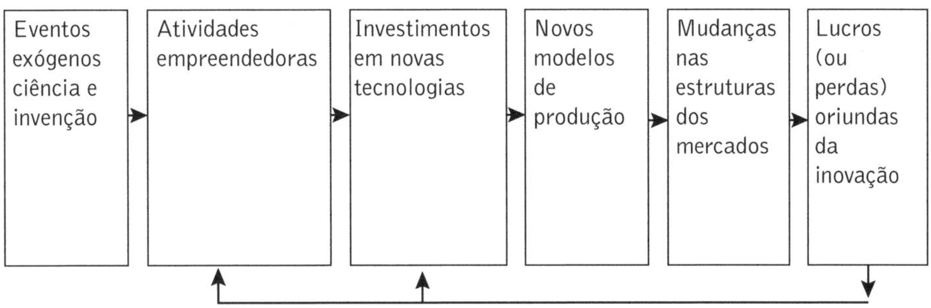

Fonte: FREEMAN, 1988, p. 44-46.

2.3.2 O lucro como fonte propulsora do empreendimento

A finalidade da atividade empreendedora é a satisfação dos desejos e necessidades dos indivíduos, materializados pela obtenção do lucro. O lucro é o combustível da ação empreendedora, é o que impulsiona o empreendedor a avançar cada vez mais na luta pela sobrevivência e pelo crescimento do empreendimento.[7]

O empreendedor é quem exerce a função empreendedora, correndo todos os riscos a ela inerentes, sendo essencial sua presença na economia para que haja indivíduos dispostos a investir, a apostar seus recursos e carreiras para obter o

7 "Entrepreneurial profit is the expression of the value what the entrepreneur contributes to production in exactly the same sense that wages are the value of expression of what the worker produce. It is not a profit of exploration any more than are wages", frase de Schumpeter que foi transcrita em *Success*, 202 (10), p. 13-14, July/Aug. 1995.

crescimento econômico responsável pela geração de riquezas, empregos e renda para as pessoas participantes desse processo. "Quem está na rede mundial de computadores apenas pelo dinheiro está pelo motivo errado", é o que nos ensina Jerry Yang, um dos criadores do Yahoo.

Enquanto vários povos veneram aqueles que atingem o sucesso e tornam-se milionários, o brasileiro costumava tratar seus empreendedores de sucesso quase que com indiferença. "Quase como indivíduos cuja fortuna fosse antes anomalia do que triunfo: triunfo merecedor de consagração nacional."[8] Mas essa situação vem mudando rapidamente.

Alertamos que todos os empreendedores tendem a perceber que o lucro é algo necessário para a sobrevivência de uma empresa. Contudo, sua importância não é maior do que o objetivo final de qualquer empreendimento, que é criar e manter o cliente.

Essa constatação não vai ao encontro do que pregam os antigos manuais de administração. Esses textos estão "fora de moda". Para que seu empreendimento obtenha sucesso, o empreendedor deve rejeitar as doutrinas clássicas, apregoadas pelas escolas de administração.

2.4 O empreendedor e a inovação: a contribuição de Schumpeter

Sob a ótica schumpeteriana, a inovação comporta, geralmente, a construção de novas organizações ou, pelo menos, uma transformação radical nas antigas organizações. Isso não é absolutamente indispensável, mas é importante ter em mente que todas as inovações que não apresentem as características acima mencionadas são inovações de menor relevo, ou seja, que não qualificam o processo de desenvolvimento.

A criação de novas organizações pode se dar com o nascimento de novas empresas ou a ampliação de antigas. O processo sistemático de inovação pode ser representado pelo esquema seguinte:[9]

8 FREYRE, Gilberto. *Pessoas, coisas e animais*. 2. ed. Porto Alegre: Globo, 1981. p. 369-374.

9 ROTHWELL, Roy; ZEGVELD, Walter. Reindustrialized and technology. Essex, England: Longman, 1985. p. 507.

Figura 2.2 Modelo interativo do processo de inovação

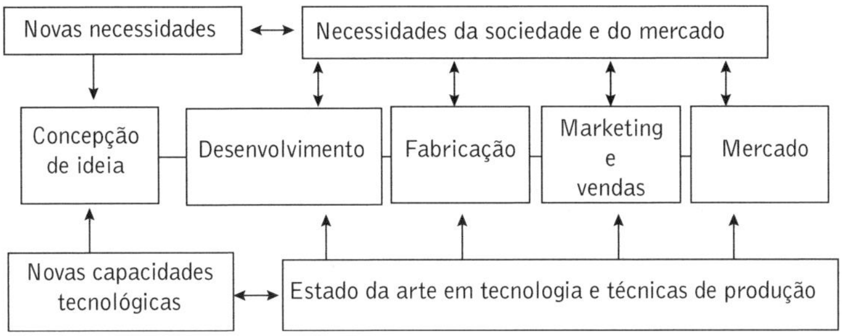

Fonte: ROTHWELL; ZEGUEL, 1985, p. 507.

O mundo dos negócios é muito dinâmico e as forças do mercado estão em constante mutação, como podemos observar na figura a seguir:[10]

Figura 2.3 *Feedback* e interação no processo de inovação

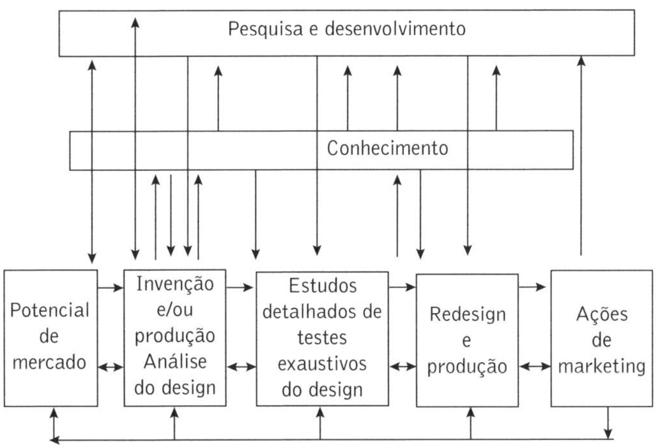

Fonte: KLINE; ROSENBERG, 1986, p. 290; DUCAN, 1988, p. 16-21.

10 KLINE, S. J.; ROSENBERG, N. An overview of innovation. In: LANDYU, R.; ROSENBERG, N. (Eds). *The positive sum strategy*. Washington: National Academy Press, 1986. p. 290; DUCAN, W. Jack et al. Intrapreneurship and the reinvention of the corporation. *Business Horizons*, 31 (3), p. 16-21, May/June, 1988.

A inovação permite distinguir duas fases na história do capitalismo: a primeira, denominada "capitalismo concorrencial", e a segunda, representada pelo "capitalismo das grandes empresas".

A primeira fase é caracterizada por empresas de dimensões não excessivamente grandes, em relação à amplitude do mercado. A introdução de inovações implicava, geralmente, a criação de novas empresas.

Na segunda fase, pelo contrário, eram mais difundidas as unidades de grandes dimensões, as quais alimentavam o processo inovador sem implicar a criação de novas empresas que concorressem com as velhas.[11] A figura seguinte resume graficamente o que afirmamos:

Figura 2.4 Representação sistemática do modelo schumpeteriano de inovação gerada por uma grande empresa

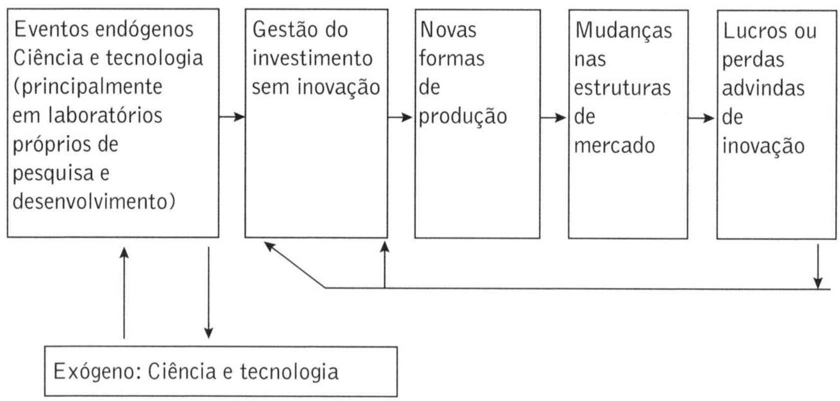

Fonte: FREEMAN, 1982, p. 213.

A verdadeira concorrência existente na economia capitalista não é a existente entre pequenas empresas que produzem a mesma mercadoria, mas aquela que as empresas inovadoras, nas quais se desenvolve a atividade empreendedora, exercem em confronto com as outras. Não é a concorrência que existe entre bens idênticos produzidos todos do mesmo modo, mas sim a que os produtos novos impõem aos antigos.

11 SCHUMPETER, 1984, p. 98-211.

Esta situação concorrencial foi denominada por Schumpeter como o processo da destruição criativa, designação que evidencia que a concorrência efetiva é dada pelos efeitos das inovações sobre as empresas existentes.

A relação entre a inovação, a criação de novos mercados e a ação de empreendedores está claramente descrita nos textos de Schumpeter. É, contudo, o produtor que, via de regra, inicia a mudança econômica e os consumidores, se necessário, são por ele "educados". Eles são, por assim dizer, ensinados a desejar novas coisas, ou coisas que diferem de alguma forma daquelas que têm o hábito de consumir. Daí a denominação de *destruição criativa*, ou seja, a substituição de artigos, produtos e hábitos por novos. A definição desse conceito foi um importante passo dado por Schumpeter ao descrever o processo do desenvolvimento econômico.

Ao examinar o lucro empresarial, o economista apresenta algumas reflexões sociológicas sobre a impossibilidade de os empreendedores transmitirem geneticamente a seus herdeiros as qualidades que os conduziram ao êxito. Assim, compara o extrato mais elevado da sociedade a um hotel repleto de gente, alertando, porém, para o fato de os hóspedes nunca serem os mesmos.

Isso decorre de um processo em que os que herdam a riqueza do empreendedor estão geralmente tão distanciados da batalha de vida que não conseguem aumentar ou simplesmente manter a fortuna herdada.

2.5 Fundamentos para uma prática gerencial empreendedora

A última coisa que se espera, nos dias de hoje, é o surgimento de mais uma teoria de administração. Por isso, este trabalho, desenvolvido sobre *espírito empreendedor* e suas aplicações e repercussões no processo de criação de empresas de base tecnológica via incubadora, não teve como objetivo desenvolver novas teorias de administração.

O foco recaiu sobre o inegável fato de que o *espírito empreendedor* tem se tornado a maior força econômica do mundo. Entre os anos de 1870 e 1920 registrou-se um enorme surgimento de empresas e produtos, como em nenhum outro período na história dos negócios. Presenciou-se nessa época também uma grande onda de *empreendedorism*.[12]

12 REICH, R. B. *The work of nations*: preparing ourselves for 21st century capitalism. New York: Alfred Knopf, 1991. p. 120-157.

As maiores empresas do mundo estão cambaleando sob o ataque furioso de novas e ferozes concorrentes. Todavia, surpreendentemente pouca atenção tem sido dedicada às fundamentais práticas gerenciais dos *empreendedores*.

Uma organização empreendedora apresenta características importantes. Uma delas é saber que os verdadeiros negócios da empresa são o produto e o consumidor.

É preciso também ser rápido e saber que a inovação é a arma de qualquer empresa contra os seus concorrentes.

Uma empresa empreendedora deve estar constantemente inovando e se movimentando rapidamente no mercado. Nessas organizações, existem pessoas que trabalham de maneira extremamente eficaz por vontade própria, e não porque isto lhes é exigido ou cobrado.

Essas características costumam se diluir nos ambientes das grandes empresas, e é importante que consigam trazê-las de volta. Planejar e acertar preços não são as coisas mais importantes em uma empresa, mas sim práticas simples, que devem ser exercidas todos os dias. Ser bem-sucedido é não se esquecer de fazer as coisas simples o tempo todo.[13]

2.5.1 A economia do empreendedorismo

Os índices econômicos demonstram claramente que quase todo crescimento das maiores economias mundiais está sendo gerado pelas micro, pequenas e médias empresas, que geralmente possuem um perfil jovem e uma estrutura bastante compacta, de modo a manter seu espírito empreendedor original.

As empresas de grande porte e com vasta experiência no mercado estão sendo derrotadas, vencidas na luta pela inovação, ultrapassadas no lançamento de novos produtos e na satisfação dos clientes, dentre outros itens que servem para avaliar a performance de uma empresa por seus clientes.

A geração de empregos mantém um alto grau de dependência em relação à força criadora dos empreendedores: surgem oportunidades de colocação em empresas de todo tipo, principalmente as de alta tecnologia.

13 FARRELL, Larry. *Entrepreneurship:* fundamentos das organizações empreendedoras. Trad. de Paula Nascimento. São Paulo: Atlas, 1993. p. 20-120; EL-NAMAKI, M. S. S. Encouraging entrepreneurs in developing countries. *Long Range Planning,* 21(4), p. 98-106, Aug. 1988.

A economia explica por que os anos 1980 são frequentemente referenciados como a década dos empreendedores. A economia do empreendedorismo está desempenhando relevante papel no desenvolvimento econômico pelo estímulo à inovação e à concorrência. Mas quem são esses empreendedores? Para alguns, são aqueles que montam novas empresas que prosperam e geram novos empregos.

A teoria econômica proporciona uma excelente base para sistematizar o pensamento e fornecer uma definição de empreendedorismo que clarifique sua especial importância. Ao fazer isso, dá aos empreendedores um senso de propósito e acompanhamento de sua relevância no decorrer dos tempos.

Duas questões específicas da teoria econômica nos interessam especificamente neste momento:

- como a sociedade cria novas riquezas? Sem novas riquezas, com o crescimento populacional, a riqueza *per capita* declina. Mas nenhuma sociedade que deseje melhorar seu padrão de vida encontra meios fáceis de continuamente incrementar sua riqueza. Daí o papel fundamental dos empreendedores;
- de que forma a sociedade distribuirá a riqueza entre seus membros? A menos que haja alguma forma de distribuição de riqueza quantitativa, os menos privilegiados serão prejudicados, e a sociedade não terá estabilidade.

O capitalismo é um sistema econômico caracterizado pela propriedade privada dos meios de produção – não somente terra e edificações, mas também equipamentos, patentes, informações, e assim por diante –, ou seja, habitualmente os proprietários geram atividades lucrativas com base em seus negócios.

No cerne de sua definição, o capitalismo é, sem sombra de dúvida, o meio onde as oportunidades de livre invenção e criação de novos produtos e serviços estão sempre presentes, abertas para todos.

O primeiro a formular a concepção do capitalismo foi Adam Smith, em sua obra clássica *The wealth of nations*, publicada em 1776. Smith percebeu o capitalista como um proprietário, um gestor que combinava os recursos básicos – terra, trabalho e capital – em um bem-sucedido empreendimento industrial.[14]

---

14 SMITH, Adam. *The wealth of nations*. London: Penguin, 1970. p. 20-50.

Empreendedores representam o mecanismo de criação e distribuição de riqueza, processo denominado por Schumpeter como "destruição criativa", porque os empreendedores criam novas riquezas por meio da destruição das estruturas de mercado existentes.[15]

O estudioso formulou sua teoria da criação destrutiva por meio da observação do mundo real ao longo da primeira metade do século XX. Porém, seus ensinamentos são ainda muito válidos como um todo, principalmente nos Estados Unidos. Exemplos de criação destrutiva podem facilmente ser observados no inovador e competitivo mercado de produtos ligados à informática.

Não obstante, a destruição criativa não para com o processo inovador do microcomputador. Outra onda de inovações, na área de marketing e distribuição, surge pelas mãos dessa indústria, nos anos 1980.

Outro aspecto que é importante ser destacado aqui é que a inovação cria nova demanda e os empreendedores são o veículo que a insere no mercado. Em outras palavras, esses agentes econômicos são proprietários de novos empreendimentos que introduzem inovações nos atuais mercados e dessa maneira corroem os mercados existentes, pois suas inovações aumentam a demanda e criam novas riquezas.[16]

E empreendedores distribuem riquezas entre sócios e empregados (o caso da Microsoft, em que a maioria dos empregados tem ações da empresa, é o mais elucidativo) e fornecedores aumentam seus rendimentos.

Bons exemplos desse processo podem ser levantados na história da indústria de computadores. A Digital Equipament (DEC) foi formada como uma *entrepreneurial venture*, em 1957. A Data General, fundada da mesma forma em 1968, é outro caso interessante. Ambas fabricam minicomputadores que gradualmente foram tomando uma parcela do mercado de diversos fabricantes de *mainframes*. Entretanto, a DEC e a Data General tornaram-se vítimas da próxima onda de inovações na área dos computadores: microcomputadores introduzidos pela Apple. O ciclo da destruição criativa continua eternamente.

A teoria schumpeteriana da destruição criativa, com o empreendedor como ator central desse processo, gerando o caos no mercado, é o que move a inovação.

---

15 SCHUMPETER, 1984, p. 98-211.

16 FERRO, José Roberto; TORKOMIAN, Ana Lúcia V. A criação de pequenas empresas de alta tecnologia. *Revista de Administração de Empresas*, 28(2), p. 43-50, abr./jun. 1988.

Sob esse prisma, o mercado é dinâmico, dependente das contínuas mudanças no comportamento de compradores e vendedores.

Se os empreendedores desempenham um papel tão importante na sociedade, por que isso não foi percebido antes de 1980? A admiração pela grande empresa induziu as pessoas a aceitarem a teoria de que a sociedade eventualmente viria a ser dominada pelas corporações.[17]

Durante os anos 1970, pairava a crença de que as grandes empresas trabalhariam em parceria com o governo e os sindicatos para administrar uma nação. Isso ocorreria porque a existência de grandes organizações – com sua produção mais eficiente e em larga escala, empregando gestores profissionais que mantinham valores similares centrados na vida organizacional – levaria ao desaparecimento das micro e pequenas empresas.[18] Os empreendedores estão, por incrível que pareça, ausentes da obra *O novo estado social*, de Galbraith.

A visão de uma sociedade sendo dominada por grandes empresas é consistente com a teoria neoclássica, que trata a economia de escala comum como componente necessário. Para a economia de escala, "o custo médio de uma unidade fabricada diminui quando mais unidades são fabricadas".

A crença na grande corporação como única opção se deu também devido ao crescimento da especialização do trabalho, equipamento e de máquinas, fenômeno que envolveu também a organização da produção. Essas reformulações estruturais tornaram a empresa enorme e geraram dificuldades de gestão.

Os estudiosos da economia estão atualmente trabalhando para construir uma nova teoria que incorpore a figura do empreendedor ao capitalismo. O estudo de uma tipologia é o primeiro passo em direção ao estabelecimento de uma nova teoria.

Tipologias organizam o conhecimento, pois criam categorias que ajudam a explicar as relações e geram o desenvolvimento da teoria. Desse modo, as tipologias podem surtir como um guia para elaboração de uma política de desenvolvimento e alternativas empreendedoras na ausência de estabelecimento de uma teoria completa.

---

17 SCHUMPETER, 1984, p. 176-211; GARTNER, William B. Who is an entrepreneur? Is the wrong question. *American Journal of Small Business*, 12(4), p. 11-32, Spring 1988.

18 GALBRAITH, J. K. *O novo estado industrial*. Trad. de Sonia Lima. São Paulo: Nova Cultural, 1985. p. 10-250.

Para estudar empreendimentos empresariais, incluindo as micro e pequenas empresas, são utilizados vários critérios. Os mais tradicionais são: tamanho da empresa, ramo da indústria (produção ou serviço elaborado), tipo de propriedade, idade e localização.

Nenhum desses critérios prevê a análise de informações adequadas para identificar algumas *destruições criativas* entre os milhões de pequenos negócios que existem. Destruidores criativos emergem em todas as indústrias de todos os tamanhos, tipos de propriedade, idade e localização.

No desenvolvimento de uma nova tipologia para a percepção do papel dos empreendedores na economia do conhecimento, os economistas precisam: (1) identificar os destruidores criativos; (2) determinar onde estão as oportunidades inovadoras, bem como estudar as melhores formas e o *timing* mais adequados para introduzi-las no mercado; (3) esclarecer as necessidades do empreendedor; e (4) guiar a política econômica para aperfeiçoar o sucesso do empreendedor.

Sobreviver não é, em si mesmo, um indicador de sucesso ou contribuição econômica. Muitos proprietários de empresas medem o seu sucesso em termos de sobrevivência e crescimento. O crescimento vem lentamente, muitas vezes anos mais tarde, em geral quando há um crescimento ou recessão na economia.

2.5.2 As premissas do empreendedorismo

Todas as evidências que foram apresentadas até agora suscitam algumas interessantes questões. O que exatamente proporciona às pequenas empresas mais agilidade, flexibilidade e enormes vantagens competitivas?

O que acontece a todas as teorias sobre a economia de escala, o dogma da dominação da participação no mercado, dentre outras suposições relacionadas com o sucesso das empresas? É uma lei imutável da natureza que toda vez que uma empresa cresce esteja sujeita a tornar-se lenta, transformando-se em um dinossauro? Como pode uma grande empresa equilibrar-se entre a burocracia e seu espírito empreendedor?

O espírito empreendedor, no velho estilo, e não nas novas técnicas de administração, é a base do sucesso da inovação tecnológica, do rápido crescimento das empresas. Isso é verdade tanto para as grandes como para as pequenas empresas, em qualquer parte do mundo.

Muitas das grandes empresas normalmente substituem seu espírito empreendedor pela burocracia profissional, ou seja, a prática empreendedora dentro de uma grande empresa geralmente é sufocada pelas teias da burocracia.

Quanto maior o tamanho da empresa, mais encorajada é a burocracia, mas o fator crítico é que o gestor profissional da atualidade, frequentemente tendo cursado Administração de Empresas, em geral nunca aprendeu ou experimentou a utilização, a prática, dos fundamentos básicos da gestão de uma empresa, como fazem os empreendedores na condução de seus negócios. A origem desta questão é perfeitamente previsível como uma etapa do ciclo de vida da empresa não é somente a sua dimensão.

As empresas altamente burocratizadas não estão aptas para competir em uma economia dinâmica, e raramente conseguem sobreviver a um ataque mais forte de seus concorrentes. Quando o espírito empreendedor é posto de lado em uma empresa, os seus bem-intencionados gestores e empregados lutam para a implantação de procedimentos burocratizantes. Melhores controles são instituídos, mais sistemas de planejamento são desenvolvidos, descrição de tarefas são escritas e (re)escritas.

Espírito empreendedor (empreendedorismo) pode ser descrito, ministrado, reinstalado em uma empresa. Empreendedores são tipicamente descritos, em termos psicológicos, como portadores de uma poderosa força misteriosa, internamente impulsionadora, além dos padrões normais do ser humano. Isso é puro disparate.

Eles apenas comportam-se de outra maneira, optam por fazer as coisas de maneira diferente dos burocratas. Esse comportamento pode simplesmente ser descrito, aprendido e assimilado. E todos os empregados de qualquer empresa podem adotar um alto grau de empreendedorismo em suas atividades. Não há nada de misterioso, super-humano ou excepcional nesse tipo de comportamento.

Há fortes semelhanças entre o período compreendido entre os anos 1870 e 1920, marcado pela explosão dos negócios e o surgimento de novos produtos e empresas, e este em que estamos atuando hoje, com o surgimento de inúmeros negócios, nas áreas de telecomunicações, biotecnologia, computadores etc., movidos por aqueles que têm espírito empreendedor.

A razão de ebulição atual nos negócios é que os empreendedores realizam as tarefas que são realmente básicas e necessárias para o bom funcionamento de um empreendimento e as executam de forma simples e com muita força de vontade para acertar, ao contrário das grandes organizações, que se guiam pelos trâmites burocráticos.

Como já foi dito anteriormente, a importância dos empreendedores, principalmente daqueles que empreendem pequenos negócios de alta tecnologia para a economia de qualquer nação, é fundamental. Quando os empreendimentos são iniciados, seus idealizadores normalmente têm um elevado espírito empreendedor. Mas como mantê-lo, quando a organização cresce?

2.5.3 Empreendedorismo = Espírito empreendedor + Liberdade de ação + Oportunidade

Para reconstruir suas instituições em torno das novas realidades provocadas pela Era da Informação, urge que as nações promovam ações de apoio ao empreendedorismo.

A palavra *entrepreneur* não só deve ser lembrada por sua designação de correr riscos, não somente pela capacidade de ganhar dinheiro ou tornar-se rico. Ela simboliza muito mais do que isso. Significa a atitude psicológica materializada pelo desejo de iniciar, desenvolver e concretizar um projeto.

Diante dessa perspectiva, pode-se afirmar que o empreendedorismo, o espírito empreendedor, é algo que transcende os campos dos negócios e da economia. É necessário conhecer em profundidade os principais fatores impulsionadores do progresso das sociedades, pois, agindo dessa forma, pode-se descobrir a chave da melhoria do padrão de vida das pessoas.

A iniciativa individual faz parte da natureza humana. A sociedade é guiada por indivíduos que são inerentemente dirigidos pelas suas iniciativas individuais. Quando se liberta o ser humano para que ele possa se tornar um empreendedor, o resultado é uma interessante combinação entre a iniciativa individual e as necessidades do mercado.

Esse argumento não é novo, foi desenvolvido por Adam Smith há mais de 200 anos: "os empreendedores podem ter tudo o que desejarem, desde que satisfaçam muitas pessoas"[19] (os clientes, no caso).

É necessário mais liberdade para que se possam criar as condições favoráveis ao surgimento de empreendedores vocacionados, que possam satisfazer os desejos e as necessidades dos clientes.[20]

---

19 SMITH, 1970, p. 10-60.

20 KANTER, R. M. The new managerial work. *Harvard Business Review*, 105(02), p. 85-92, Nov/Dec. 1989.

São o cliente e o mercado que definem o sucesso. Em outras palavras, o empreendedor bem-sucedido sempre está com o olhar voltado para fora da empresa, procurando novas formas de atender, mais rápido e melhor, seus clientes.[21]

A liberdade e a oportunidade são as molas mestras para o desenvolvimento e o crescimento de uma sociedade. Deve-se reconhecer e recompensar a iniciativa individual que procura satisfazer ao máximo os desejos e as necessidades dos consumidores. Em uma sociedade livre, a transferência das riquezas pode ocorrer de forma muito rápida.

O comportamento empreendedor das pessoas contribui, de forma preponderante, para que cada vez mais muitos indivíduos possam criar seu próprio negócio e prosperar.

Diante desse fato, é preciso encorajar o comportamento empreendedor. É preciso dar asas à liberdade e oportunidade para que todos aqueles que desejam ser empreendedor possam concretizar esse sonho.

Empreendedorismo significa possuir tenacidade para perseguir e alcançar seus sonhos. Se o indivíduo não é interiormente forte e capaz de vencer as barreiras e dificuldades próprias de quem começa um novo empreendimento, ele é quase impossível.

Faz-se mister que o empreendedor tenha a coragem de assumir riscos calculados e saiba gerenciar as incertezas. Também deve ter a disciplina para perseverar na luta e superar os obstáculos. Uma sociedade livre não deve somente preocupar-se com a criação das riquezas, porém, é preciso voltar suas atenções para sua (re)distribuição – que, por definição, envolve conflito.

Na sua essência, o empreendedorismo é o processo que permite o nascimento de uma nova empresa. Mas é importante considerar: Quais são as questões básicas que têm de ser levadas em conta na concepção de um novo empreendimento? Esses são tópicos que serão debatidos ao longo deste livro.

2.6 Conclusão

Este capítulo apresentou as ideias de Schumpeter sobre inovação, espírito empreendedor e empreendedorismo – a história da prática do negócio de uma perspectiva econômica.

---

21 KENT, C. The rediscovery of entrepreneur. In: KEENT, C. et al. (Eds). *The environment for entrepreneurship*. Lexington: Lexington Books, 1984. p. 1-19. O texto diz: "The entrepreneur is more than self-employed. Those who start business solely as an alternative to wage employment do not participate in the entrepreneurial event".

A análise econômica, em sua forma original, baseava-se nas observações da vida do dia a dia, e considerava o negócio algo mais ou menos normal. O homem de negócios era uma figura familiar desde tempos imemoriais e não necessitava de qualquer pensamento ou explicação especial.

Todos os ambientes sociais criavam um certo tipo de negócio – representado pelo artesão, pelo mercador, pelo prestamista etc. Até meados do fim do século XVII, período em que começaram a surgir algumas tentativas de formulação de teorias, nenhuma descrição sintética dos tipos de negociantes havia sido feita.

Já antes disso – estima-se que no século XV – alguns estudiosos haviam feito uma distinção entre trabalho e comércio. Richard Cantillon, banqueiro e escritor parisiense, foi o primeiro a descrever sistematicamente o comércio, nos princípios do século XVIII, e foi ele quem começou a utilizar o termo "empreendedor".

Cantillon definiu empreendedor como aquele que compra meios de produção a preços conhecidos, para combiná-los em um produto que espera vender por um preço ainda desconhecido; compromete-se com os custos, mas seu lucro é ainda incerto.

Cantillon reconhece, assim, a atividade comercial como uma função distinta na sociedade, destacando o elemento especulativo que sempre existe nos negócios. Essa, assim como a maioria das ideias de Cantillon, foi mais tarde desenvolvida pelos fisiocratas, e seus ensinamentos tornaram-se amplamente difundidos na França.[22]

O economista francês Jean-Baptiste Say, que viveu nos fins do século XVIII, foi quem, pode se dizer, levou por diante a tradição francesa, desenvolvendo ainda mais a análise. Say tinha experiência própria do negócio e mostrou uma empatia para com os empreendimentos que os outros economistas clássicos não tinham. Para Say, o empreendedor era aquele que combinava diferentes valores em uma unidade produtiva. O francês colocou o empreendedor no centro, tanto do processo de produção como da teoria da distribuição, o que posteriormente influenciou muitos outros teóricos da economia.

O economista escocês Adam Smith foi fortemente influenciado por Cantillon e pelos fisiocratas. Falou muito do "patrão, do mercador e do encarregado". Por outro lado, nada disse a respeito do homem de negócios, que desempenhou uma parte

22 KARLOF, Bengt. *Business strategy:* a guide to concepts and models. London: The Macmillan Press, 1989. p. 12-16.

espantosamente pequena em sua análise do processo econômico. Fica-se com a impressão de que Smith acreditava que esse processo começava e continuava espontaneamente.

Além disso, ele tendia a engrandecer o papel do trabalhador e a minimizar a totalidade do negócio. Inclinava-se a identificar os detentores do capital com os homens de negócio. Tal como muitos outros teóricos, acreditava que o negócio surgia espontaneamente em presença do capital, de uma força de trabalho e das matérias-primas disponíveis.

No fim do século XIX, tornou-se cada vez mais evidente a necessidade de se fazer uma clara distinção entre o empreendedor e o capitalista. Os novos métodos das companhias financeiras levaram à criação de um crescente número de empresas, nas quais os empresários não eram capitalistas, não eram empreendedores. O proprietário e o líder formavam naturalmente a constelação dominante, mas tornava-se cada vez mais evidente que não existia uma correlação automática entre eles. Cada vez mais economistas começaram a distinguir os empreendedores dos capitalistas. Encontraram, contudo, sérias dificuldades intelectuais, visto que, na percepção deles, o capitalista era a pessoa que corria riscos, o que não acontecia com o empreendedor.

Teorizar a esse respeito era, por consequência, bastante confuso. No entanto, crescia o número de economistas que acentuavam a importância do empreendedorismo. É importante destacar que, entre os economistas, quem efetivamente se dedicou em profundidade a dissertar sobre as características do empreendedor e sua importância no desenvolvimento econômico foi Schumpeter.

A distinção entre administração e a coordenação de recursos, por um lado, e o desenvolvimento criativo de recurso, por outro, foram feitos por Schumpeter. O teórico distinguiu, ainda, a conduta de adaptação relativa aos recursos dados, e a conduta criativa, sob determinadas condições. Em sua obra *Capitalismo, socialismo e democracia* o estudioso desenvolveu o conceito de "destruição criativa".

Schumpeter utilizou essa designação para definir a *mutabilidade*, ou seja, a natureza dinâmica dos fenômenos econômicos, defendendo que o apego ao pensamento e às estruturas existentes bloqueia a receptividade a novas ideias. Esforçou-se, assim, para colocar a tônica na mudança como um ingrediente essencial do sucesso na indústria e noutras atividades da empresa.

Se um indivíduo inventa uma nova combinação de negócio que satisfaz melhor as necessidades existentes que as combinações de negócios disponíveis, de acordo com a teoria dinâmica de Schumpeter, isso gera a destruição criativa das velhas estruturas, que perdem lugar para as novas estruturas.

Schumpeter formulou suas principais ideias básicas em 1912, mas o solo acadêmico para essas sementes de pensamento conservou-se extraordinariamente árido e pedregoso por mais de 50 anos. Isso porque lhes faltava o enquadramento matemático considerado a chave mestra para a aceitação na Era Tecnocrática.

A capacidade do empreendedor para gerar novas soluções de negócio a um micronível era imprevisível e não ocupava um lugar determinado nas estruturas, de modo que os estudiosos ficavam impossibilitados de estudar esse fenômeno, por falta de dados.

Empreendedor, para Schumpeter, era sinônimo de aventura e pioneirismo. Era aquele indivíduo com ideias que combinavam capital e trabalho e que fazia algo verdadeiramente inovador: concebia um novo produto; introduzia um novo método de produção, uma nova maneira de fazer; criava um novo mercado; descobria uma nova fonte de matérias-primas; ou estabelecia novas formas de organização.

Era essa capacidade de iniciativa, de inovação, de risco, de transformação que definia o empreendedor schumpeteriano. Mas, por mais incrível que possa parecer – sustentava Schumpeter –, os empreendedores não se moviam pelo lucro.

As verdadeiras motivações do empreendedor eram o "sonho, o desejo de conquistar, a alegria de criar, fazer coisas, o impulso para lutar, para se provar superior aos outros, ter sucesso em nome não dos seus frutos, mas do próprio sucesso".

Podemos definir o empreendedor schumpeteriano como sendo um tipo de indivíduo que olha para as mudanças não apenas como ameaças, mas como oportunidades de negócios (desde que tenham as competências necessárias). Utilizando as competências-chave, responde às necessidades de um mercado cada vez mais segmentado.

O empreendedor schumpeteriano é dotado de: competências, mais relações, mais capacidade de resposta às necessidades, mais segmentação (fragmentação) do mercado, mais percepção da envolvente ambiental (atenção às regras do mercado). Sem esses motores do progresso, rezava o economista austríaco Joseph Alois Schumpeter, a economia permaneceria estática.

Pioneiro na identificação da contribuição vital dos empreendedores para o desenvolvimento e o crescimento econômicos, Schumpeter acreditava que eles eram dotados de um faro especial para detectar e aproveitar oportunidades criadas por mudanças tecnológicas, introduzindo processos de produção inéditos, abrindo novos mercados, agregando novas fontes de matérias-primas e estruturando novas organizações.

Suas inovações criam um novo ciclo econômico, que tornam obsoletos os investimentos do passado. Mas na realidade capitalista, ao contrário do que dizem os seus compêndios, não é a concorrência (de preços) que conta, mas a concorrência de um novo produto, de uma nova fonte de suprimento, de um novo tipo de organização "[...] concorrência que [...] não atinge apenas as margens [...] da empresa, mas seus alicerces e até mesmo sua vida".[23]

A criação e a consolidação de uma autêntica empresa fornecedora de produtos e serviços de tecnologia avançada, inovadora e competitiva, é um fato raro, especialmente nas condições adversas que temos hoje na economia mundial.

Uma incubadora de empresas de base tecnológica pode ser a materialização do empreendedor/criador de empresa schumpeteriano. A incubadora não é meramente um empreendimento condominial, no qual diversas empresas recém-nascidas dispõem de espaços exclusivos (módulos) e compartilham outros espaços, como infraestrutura e os serviços básicos.

Uma incubadora é um laboratório schumpeteriano que deve ser conduzido com o conhecimento de dezenas de fatores que favorecem e desfavorecem o êxito de uma empresa. É essencial o emprego de técnicas modernas de gestão e de produção, bem como o aporte de conhecimento científico e tecnológico à realidade do empreendimento. É a aplicação da destruição criativa.

O resultado deve ser uma empresa competitiva e integrada, e com capacidade econômica para enfrentar a dura concorrência do mercado, marcado cada vez mais pelas rápidas transformações. O acesso à informação é, também, essencial para assegurar a atualidade do processo produtivo, que muda a todo o momento.

A história de cada empreendedor é um microcosmo em meio a muita turbulência, com variações sobre um tema subjacente: todos têm uma visão na qual acreditam completamente, e a perseguem com todas as forças.

Os empreendedores de hoje demonstram que a nova economia é baseada na inovação, e que o sucesso vem para aqueles cujas soluções rompem paradigmas. Ao

23 SCHUMPETER, 1984, p. 85-202.

responderem às oportunidades, sabem como modificar a direção estratégica quando necessário, e continuam a buscar o que é novo e melhor.

Ninguém, principalmente um empreendedor, deve subestimar a importância da sorte em uma carreira de sucesso: a sorte e a força de vontade andam juntas. É preciso ter a perseverança para esperar pela sorte; e quando ela chegar, é preciso ter força para segui-la.

Ao estabelecer os valores que norteiam sua empresa, o empreendedor mostra o caminho aos empregados, que se espelham nessa pessoa que está no topo, e consequentemente nas coisas em que essa pessoa acredita.

Os empreendedores de sucesso sabem que, para gerar um diferencial, eles mesmos têm de ser diferentes, inovadores, adeptos da destruição criativa. Não existem muitos casos de sucesso de empreendedores que copiaram soluções. É preciso ser criativo, arrojado e não temer o fracasso.

A persistência também é fundamental, pela simples razão de que empresariar não é como um evento; leva tempo. É um processo de aprendizagem, e a habilidade em errar, aprender com o erro e sair em busca da próxima oportunidade é parte desse processo. Pode-se até chamar isso de habilidade de errar e seguir em frente.

Fazendo uma retrospectiva, o ponto de partida para a atual geração de empreendedores se deu na década de 1980, quando o mundo dos negócios migrou de uma economia de escala para uma economia de velocidade. Nessas lutas de Davi e Golias, a tecnologia e a disponibilidade de capital alimentaram a capacidade de competir e crescer das micro, pequenas e médias empresas.

Capítulo 3

A perspectiva psicológica do empreendedor e do empreendedorismo

3.1 Introdução

McClelland define empreendedor como "alguém que exerce certo controle sobre os meios de distribuição e produz mais do que pode consumir, com o objetivo de vendê-lo (ou trocá-lo) para obter uma renda individual (ou doméstica)".[1]

O "empreendedorismo" é o espírito empreendedor, a qualidade ou atividade do empreendedor. Suas principais características são:

- aceitação moderada de risco como função da capacidade de decisão;
- atividade instrumental vigorosa e/ou original;
- responsabilidade individual;
- conhecimento dos resultados das decisões;
- dinheiro como medida dos resultados;
- previsão de possibilidades futuras;
- aptidões de organizações;
- interesse em ocupações empreendedoras como função de seu prestígio e risco.[2]

3.2 O conceito de empreendedor e de empreendedorismo na percepção de McClelland

David McClelland fez uma tentativa extremamente ambiciosa de descobrir a razão pela qual certas culturas funcionavam melhor do que outras. Por que, entre as tribos da África Ocidental, os ashantis e os ibos eram tão dominantes

---

1 MCCLELLAND, David. *The achieving society*. New York: D. Van Nostrand Company, 1961. p. 65.

2 MCCLELLAND, 1961, p. 207.

economicamente? Por que um volume tão grande do comércio do sudeste da Ásia era feito por chineses emigrados? Por que os imigrantes judeus nos Estados Unidos ascenderam com mais rapidez que outros grupos?

A resposta de McClelland envolveu um valor que ele chamou de *necessidade de realização*, que variava de cultura para cultura e dava aos membros de diferentes sociedades meios para prever o destino. Algumas culturas ensinavam que a luta era infrutífera, já que o êxito ou o fracasso dependia do destino e dos deuses. Outras transmitiam a seus filhos a visão de que toda pessoa podia controlar, ou pelo menos influenciar, seu resultado na vida. Questão de sorte, mas um homem prudente podia fazer sua própria sorte. "Quem sabe faz a hora, não espera acontecer", dizia um refrão de "Para não dizer que não falei de flores", uma das canções de maior sucesso do compositor brasileiro Geraldo Vandré.

As dificuldades podiam ser grandes, mas raramente eram insuperáveis. Na verdade, "ao realizarem", as sociedades, os povos geralmente subestimavam as barreiras contra eles erguidas e lançavam empreendimentos que, quando considerados friamente os fatos, pareciam apresentar toda a probabilidade de fracassar.

Para obter indicações sobre o nível de necessidade de realização de várias culturas, McClelland estudou histórias infantis em verso e prosa, contos folclóricos e outros veículos de comunicação social para a transmissão inconsciente de valores.

Quando a cultura americana era vista através desta lente, seus contos folclóricos pareciam promover um nível de necessidade de realização astronomicamente alto. Benjamin Franklin, Lincoln, Grant, Thomas Edison, Andrew Cornegie – estes e incontáveis outros homens que venceram por si mesmo – ensinaram pelo exemplo o que os imigrantes continuavam a provar: que o trabalho árduo podia muito bem ser recompensado e não havia limites para a ambição.

A julgar pela recente celebração dos empreendedores, o folclore dos negócios norte-americanos e, sem nenhum exagero, em um mundo globalizado, parece robustamente carregado de necessidade de realização. São muitos os exemplos de empreendedores nos Estados Unidos que estão tentando galgar os degraus da longa escadaria do sucesso.[3]

---

3 SHEFSKY, Lloyd E. *Entrepreneurs are made not born*. New York: McGraw-Hill, 1994. p. 20-120.

Desde os anos 1970 não há tanto ceticismo e respeito em relação à pessoa que assume um risco, põe mãos à obra sozinha, faz tudo funcionar. Mas, se corrermos os olhos pelos perfis dos titãs do setor dos computadores e dos reis da biotecnologia, é interessante notar que cada um deles tem uma história de muita luta e desejo de vencer, acreditando em seu potencial empreendedor.

A maioria dos empreendedores que alcançam o reconhecimento público já se mostrou, naturalmente, bem-sucedida. Quando nos deparamos com casos de indivíduos como Antônio Champalimaud, Belmiro de Azevedo, Américo Amorim, Antônio Ermírio de Moraes, Roberto Marinho e João Carlos Paes Mendonça, entre muitos outros, sabemos que os riscos iniciais acabaram parecendo prudentes e que os que no início se mostraram incrédulos acabaram tendo as piadas voltadas contra eles.

Mas milhares de pessoas que ainda estão à procura de um negócio para desenvolver amanhã não têm a mesma certeza. Parece que o mundo nutre as piores suspeitas acerca dos empreendedores. A palavra inventor ainda evoca um personagem com uma garagem cheia de engenhocas. Possuir um título de advogado, engenheiro ou diretor de uma grande organização confere muito mais reputação social.

Os pais que se gabavam de o filho ter concluído o curso universitário ou da filha que ingressou em determinada faculdade nunca aprovariam pacificamente que, ao final do curso, ele ou ela não seguisse a carreira programada e partisse para a criação de um negócio e se tornar um empreendedor. Mas os tempos estão mudando, a alternativa de trabalhar por conta própria é atualmente uma realidade.

O segredo do sucesso de Bill Gates e Paul Allen na construção da Microsoft foi uma grande necessidade de realização, materializada pela visão de um computador em cada escritório e em todas as casas, todos funcionando com software Microsoft; ganhar dinheiro, ficar ricos, não era o primeiro objetivo deles.

A necessidade de realização leva os empreendedores a nunca pararem de trabalhar, sempre motivados pela vontade de fazer aquilo que gostam. No final de cada dia de luta, ao pôr do sol, eles têm a sensação de que seu empreendimento morre, para ressurgir, com todas as forças no dia seguinte, ao nascer do sol.

Continuam a sua obra empresarial dedicando-se a jornadas de trabalho que geralmente ultrapassam as dezesseis horas diárias, como se não tivessem dinheiro algum, com o mesmo entusiasmo de quem está começando tudo naquele momento.

3.2.1 Max Weber como fonte de inspiração de McClelland

McClelland inspirou-se no conhecido estudo de Weber, exposto na obra *A ética protestante e o espírito do capitalismo*, publicada em 1904. Nele, Weber propôs a tese de que a Reforma Protestante teria produzido uma verdadeira revolução, infundindo um espírito mais vigoroso em trabalhadores e empreendedores, o que teria levado ao capitalismo industrial moderno.[4]

Figura 3.1 A visão de Weber

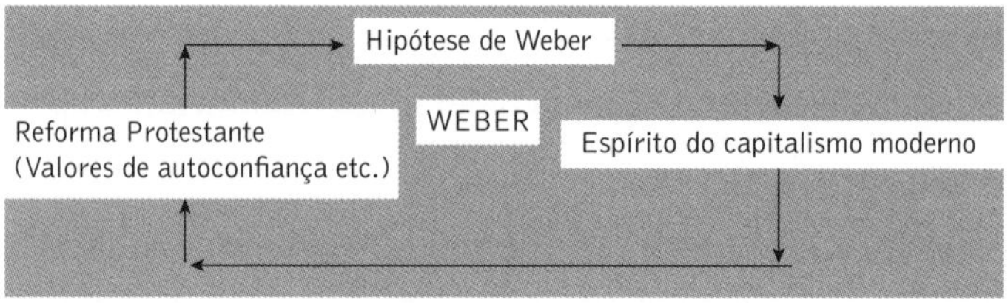

Fonte: Elaborada pelo autor.

A originalidade da contribuição de McClelland consiste em ele ter sugerido mecanismos psicológicos intervenientes, como pode ser visualizado no esquema a seguir:

Figura 3.2 A visão de McClelland

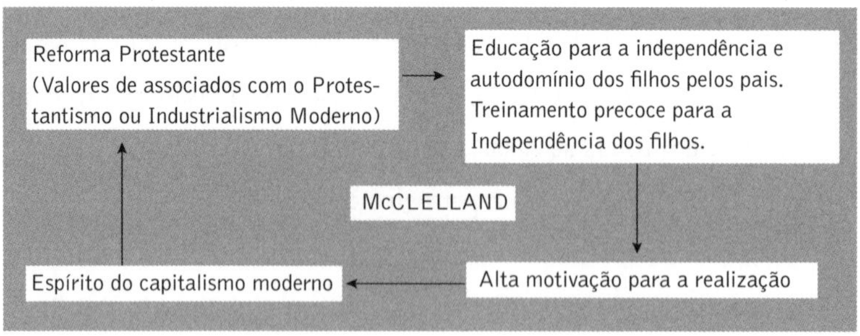

Fonte: Elaborada pelo autor.

4 WEBER, Max. *The protestant ethic and spirit of capitalism*. Trad. de Talcott Parsons. New York: Scribner, 1930. p. 50-154.

3.3 A teoria motivacional de McClelland

McClelland constatou, em seus estudos, que os indivíduos apresentam três necessidades básicas: realização, poder e afiliação.[5] Analisaremos detalhadamente as implicações desse conjunto de necessidades em sua relação com o empreendedorismo.

3.3.1 A necessidade de realização e o empreendedorismo

A necessidade de realização dirige a atenção de um indivíduo para que este execute, da melhor forma possível, suas tarefas, de forma que possa atingir seus objetivos e seja eficaz naquilo que se propõe a fazer.

Os objetivos podem ser competitivos, porém o foco é sempre executá-los da melhor forma possível, procurando, dentro dos limites permitidos pela ética, vencer os concorrentes. O objetivo pode ainda ser relativamente não competitivo, como acompanhar alguma coisa única, que nunca tenha sido feita antes.

Por mais que o foco esteja no objetivo e na orientação para a realização, não existe sucesso sem o relacionamento com outras pessoas. Um empreendedor dificilmente consegue vencer na selva dos negócios agindo de forma isolada. Uma boa equipe pode contribuir bastante para o sucesso.

Um alto nível de motivação para realização é frequentemente usado para explicar alguns aspectos do comportamento empreendedor, incluindo:

- fixação de um conjunto de riscos moderados;
- recebimento de *feedback*, procurando aprender o máximo com ele;
- luta contra a autoimposição de padrões.

Não podemos esquecer que os comportamentos exteriores de um indivíduo são, muitas vezes, interiormente trabalhados, competitivos, orientados para os resultados e altamente motivadores. Ainda que o alto nível de motivação para a realização possa ser um grande recurso para o futuro candidato a empreendedor, se não for bem trabalhado, pode vir a ser um obstáculo ao desenvolvimento do potencial empreendedor de um indivíduo.

Os sinais mais visíveis desse tipo de comportamento são:

---

5 MCCLELLAND, 1961, p. 36-438.

- extrema independência e autoconfiança, que podem constituir-se uma barreira, impedindo o empreendedor de recorrer à assistência externa e ao desenvolvimento de boas relações com sua equipe de trabalho;
- a fixação de altos padrões de realização pelo empreendedor, transformando-o em um indivíduo intolerante em relação àqueles que não conseguem atender às suas expectativas, e isso pode dificultar a montagem de uma equipe;
- extrema autoconfiança e uma visão voltada à centralização das atividades, que podem vir a ser um obstáculo à delegação de autoridade. Esse tipo de comportamento pode gerar dificuldades de criação de quadros gerenciais que permitam uma expansão dos empreendimentos.

3.3.2 A necessidade de afiliação e o empreendedorismo

A necessidade de afiliação expressa o desejo de se estar próximo a outras pessoas, alegrar-se em relacionar-se com outros indivíduos e procurar construir sólidas amizades, edificando bons relacionamentos interpessoais. Sua atuação em conjunto com a necessidade de realização proporciona uma poderosa alavancagem para o alcance dos objetivos, por meio da interação e da cooperação.

Faz-se necessário destacar que existem fortes evidências de que, embora consideravelmente menos pesquisada que o motivo da realização, a necessidade de afiliação possa ter um papel fundamental nos primeiros estágios de montagem de um empreendimento.

Se acoplada com um elevado nível de realização, a afiliação pode ser um valioso lubrificante para a equipe e o relacionamento interpessoal de seus membros. Muitos empreendedores que se têm estabelecido no mundo dos negócios por meio da criação de uma empresa de base tecnológica, uma *start-up*, sabem muito bem que, no estágio inicial do empreendimento, a sobrevivência é a questão predominante.

Na luta pela consolidação da *start-up*, frequentemente observa-se um constante rodízio de funções entre os membros da equipe. Todavia, sabemos que conflitos não solucionados entre os integrantes do time podem levar a sérias crises ou, em casos extremos, ao fracasso do próprio empreendimento.

Como esse tipo de pressão é comum entre as *start-up*, uma taxa de moderada a alta de necessidade motivação para afiliação pode ser um importante trunfo para um empreendedor. Ele faz do relacionamento interpessoal a mais legítima prioridade e procura, de forma mais natural possível, vivenciar esse relacionamento, porque ele preenche a lacuna de uma necessidade psicológica interna.

No entanto, certos aspectos de motivação para afiliação podem contribuir para evitar conflitos e confrontações e, por conseguinte, retardar a orientação para o alcance dos objetivos.

3.3.3 A necessidade de poder e o empreendedorismo

A necessidade de poder é aquela que pessoas têm de dominar ou influenciar outras. Estar no topo da pirâmide do poder não é a única necessidade dos empreendedores. A necessidade de convencer outros de suas opiniões ou de proporcionar-lhes o experimento de fortes emoções é também uma necessidade de exercer influência.

A necessidade de poder pode ser potencialmente destrutiva na tarefa de construção de um empreendimento. No entanto, dados levantados pelo autor indicam que, quando aliada a uma alta necessidade de realização, a alta motivação para o poder seria uma característica motivacional comum dos mais altos executivos e presidentes de empresas.

Uma forte necessidade de poder contém muitas sementes da autodestruição, pois inibe a formação de uma equipe empreendedora para arrancar e construir um negócio substancial. Algumas manifestações de necessidade de poder são:

- o choque por autoridade e controle, mais do que saber como resolver problemas e atingir objetivos;
- a ênfase no ganho de *status* pessoal, influência e reputação mais que nas tarefas e objetivos;
- os choques interpessoais percebidos, como os não solucionados conflitos de personalidade;
- a ênfase nos símbolos de *status* – salários, títulos, quantidade.

3.4 O empreendedor na sociedade moderna

Vários autores[6] concordam no seguinte ponto: o espírito empreendedor implica, por definição, a aceitação de riscos de alguma espécie. É característico que fatores

---

6 SCHUMPETER, J. A. *Teoria do desenvolvimento econômico*: uma investigação sobre lucros, capital, crédito, juro e o ciclo econômico. Trad. de Maria Sílvia Possas. São Paulo: Abril Cultural, 1982. p. 10-150; DRUCKER, Peter F. *Innovation and entrepreneurship*: practice and principles. New York: Harper & Row, 1985. p. 150-200.

determinantes do resultado dos esforços no terreno dos negócios sejam numerosos e difíceis tanto de avaliar como de controlar. A comercialização de artigos em um mercado mais ou menos livre constitui, é claro, uma das causas dessas dificuldades; a disposição dos compradores está sujeita apenas a um controle e previsão limitados.

Administrar é, essencialmente, tomar decisões que trazem em seu bojo riscos, como contratar pessoal, adquirir maquinaria, alocar recursos etc. Minimizar as incertezas – essa é a essência do trabalho do empreendedor. É também uma característica do papel de executivos de empresas que se especializam na manipulação de situações que exijam mais do que a mera atuação rotineira. Indagados sobre qual o conteúdo essencial de seus papéis na sua empresa, esses executivos respondem, imediatamente: tomamos decisões.

O papel do empreendedor parece exigir a tomada de decisões em uma situação de incerteza. Se não existir uma incerteza significativa, se a situação adequada ao caso implicar a utilização de um procedimento conhecido de antemão, por mais complicada que seja, se o objetivo visar produzir um resultado conhecido e previsível, não se poderá dizer que esteja imbuída do espírito empreendedor.

É certo que todas as atividades humanas envolvem a tomada de decisões e, de certo modo, uma dose de incerteza: um bombeiro quando efetua um salvamento, um cirurgião ao realizar uma operação. Contudo, nessas atividades, o grau de incerteza, o risco, costuma ser inferior ao do empreendedor, que tem de tomar decisões tão diversas, com influência do setor governamental, trabalhista e do próprio mercado.

3.4.1 Empreendedorismo e as visões românticas sobre o fenômeno

Muitos empreendedores atribuem a razão do seu sucesso à maneira peculiar como percebem os acontecimentos vividos no mundo dos negócios:

> Cresci errando e corrigindo erros, em um mundo onde as pessoas têm enormes dificuldades de admitir as próprias falhas. Atribuo o meu sucesso à capacidade de perceber com clareza meus próprios erros, e de corrigi-los mais rapidamente do que outras pessoas no mercado financeiro. Só errando e sendo punido é que se aprende.[7]

7 SOROS, George. O julgamento do mercado. *Veja*, n. 1400(2), p. 5-7, 1 maio 1996.

O mercado é um mestre muito severo: ao errar, o empreendedor será punido pela cruel lógica mercantil. É nesse ambiente árido que as empresas de base tecnológica, capazes de repostas fulminantes e de obterem verdades instantâneas, atraem para sua arena os verdadeiros criadores de empresas que são os empreendedores, animais raros que não temem o risco.

Atividade instrumental vigorosa e/ou original é um dos componentes do comportamento do empreendedor.[8] Os empreendedores são normalmente descritos como indivíduos com grande capacidade de trabalho – o número médio de horas trabalhadas por um empreendedor é acima das 60 horas semanais.[9]

No entanto, os empreendedores só parecem trabalhar mais quando existe uma possibilidade de que os seus esforços pessoais influam no resultado do que estão executando. O número de horas trabalhadas semanalmente por Andrew Grove, CEO da Intel, e por Bill Gates, CEO da Microsft, é de cerca de 60 horas semanais. O tempo dispendido com o sono por noite é, em média, entre 6 e 7 horas, e esses dois gigantes da alta tecnologia só tiram férias de, no máximo, 20 dias anualmente.

Não é que trabalhem com afinco independentemente de quais forem as probabilidades de triunfar, mas que o fazem tão só quando existe algum desafio na situação, alguma possibilidade de perder, coisa que detestam, querem ser sempre vencedores no que fazem.

Além disso, não gostam de trabalhar em tarefas rotineiras, mas sim naquelas que requerem certo grau de manipulação mental, originalidade ou um novo ângulo para abordar um problema visando sua eficácia e usando, muitas vezes, a intuição.

Quanto à atividade inovadora, faz-se necessário destacar que o papel desempenhado pelo empreendedor envolve, quase que por definição, fazer as coisas de forma original e melhor que anteriormente.

Supõe-se também, em geral, que o papel do empreendedor implique responsabilidade individual. Embora seja reconhecido, é claro, que decisões de diversas complexidades são tomadas em todos os níveis de responsabilidade, para algumas

---

8 MCCLELLAND, 1961, p. 36- 438.

9 LEITE, Emanuel F. *O processo de criação de empresas do setor de transformação da cidade do Recife*: um estudo do perfil do empreendedor sob a ótica de McClelland. Dissertação de Mestrado. Universidade Federal da Paraíba, João Pessoa, 1992. p. 20-134.

pessoas o empreendedor é aquele personagem que, em última instância, é de fato o responsável pela tomada de decisão.[10]

As definições básicas do homem de negócios parecem gravitar em torno do conceito de responsabilidade. Os homens de negócios não fugiram à responsabilidade implícita na famosa definição de Emerson, de que "o negócio é o prolongamento da sombra de um homem".

A esta altura deparamos com uma outra questão que gravita em torno do problema do "egoísmo *versus* altruísmo", ou seja, trabalhar para si, em vez de trabalhar para os outros: até que ponto o empreendedor deve ser "livre" para tomar suas decisões?

A ideologia americana, país berço do capitalismo moderno, tende a conceder uma grande soma de liberdade e responsabilidade individual, por causa do empreendedor/proprietário que, durante o desenvolvimento do capitalismo ocidental, fazia tudo para si mesmo. Entretanto, no caso do Japão, ocorre que os empreendedores podem, apesar de tudo, atuar com pleno êxito, mesmo desfrutando de muito menos liberdade na tomada de decisão.

O empreendedor necessita de constante *feedback* como forma de alimentar sua luta por uma performance que considere excelente. Habitualmente, ele sabe se fez um bom trabalho ou se tomou as decisões corretas. O enfoque das atividades da empresa em finalidades tangíveis e bem definidas, como a fabricação e a venda de brinquedos ou escovas de dentes, implica uma concentração no resultado concreto de complicados processos de atuação.

Os homens de negócios parecem querer dizer algo nesse sentido quando salientam que a atividade comercial e industrial é prática. Um empreendedor atuando em uma atividade qualquer não pode, quase que por definição, deixar de saber como foi seu desempenho – em uma economia capitalista, em termos de vendas e lucros.

O que move o empreendedor é, basicamente, o motivo de realização, que não é muito influenciado pelas recompensas monetárias; ele está primordialmente interessado em sua realização pessoal.

10 SMITH, Lee. Who has it why you need it how get it. *Fortune*, 175(96), p. 69-75. Nov. 28, 1994.

Mas o empreendedor foi, durante muito tempo, retratado por uma boa parcela das pessoas como um indivíduo impulsionado pela cobiça e pela ganância, pela necessidade de ganhar dinheiro ou de manter a mais elevada margem de lucro que pudesse.

A prioridade ao lucro está sendo questionada por aqueles que levantam a hipótese de que o real objetivo do empreendimento/empresa é o enriquecimento espiritual e mental daqueles que fazem parte dele.[11]

O planejamento a longo prazo e as aptidões de organização, em certo sentido, relacionam-se às atividades do empreendedor. Seu trabalho é examinado à medida que envolve a tomada de decisões. Teoricamente, um agente econômico deve considerar todas as alternativas a serem enfrentadas, ordená-las em função de sua atividade e escolher um curso de ação que eleve ao máximo essa utilidade.

O empreendedor bem-sucedido é, por definição, aquele que leva em consideração o maior número de alternativas e suas consequências antes de efetivamente tomar uma decisão.

A organização das atividades humanas no empreendimento é um ponto a que o empreendedor deve dedicar especial atenção se quiser obter mais retorno de seus investimentos, de seu esforço pessoal. Ele tem necessariamente de organizar as atividades de outras pessoas.

Empreendedor é aquele indivíduo cujo desejo de independência foi capaz de motivá-lo no sentido de estabelecer a própria empresa.[12]

Frequentemente, quando os empreendedores iniciam sua nova atividade, ela é consequência de resultados negativos ligados a experiências empresarias do passado. Alguns elementos, como os mencionados a seguir, fazem com que eles procurem deixar a organização na qual vinha prestando seus serviços:

- desequilíbrios entre as contribuições inovadoras importantes e a recompensa a elas atribuída;
- falta de reconhecimento pela contribuição inovadora nas políticas de promoção e salário;

11 GARTNER, W. B. A conceptual framework for describing the phenomenon of new venture creation. *Academy of Management Review*, 10(4), p. 696-707, Oct. 1985; ROSE, Frank. A new age for business. *Fortune*, 150(12), p. 80-86, Oct. 8, 1990.

12 ANSOFF, H. Igor; DECLERK, Roger P.; HAYES, Robert L. *Do planejamento estratégico à administração estratégica*. Trad. de Mário Ribeiro da Cruz. São Paulo: Atlas, 1981. p. 100-125.

- comunicações empresarias inadequadas, desde a geração de uma ideia até seu aproveitamento final;
- ingerência da burocracia empresarial nas necessidades de realização pessoal.

Há também elementos externos às corporações que alimentam o ânimo do indivíduo com espírito empreendedor. Eis alguns deles:

- desejo de realizar o próprio negócio;
- motivação para ser o próprio patrão;
- desejo de prestígio pessoal;
- desejo de riqueza;
- desejo de realização pessoal ou satisfação, pura e simples, de vencer.

Uma revisão de tudo o que já foi exposto até agora indica que, na verdade, há alguns fatores comportamentais e de personalidade básicos característicos do empreendedor de sucesso. Os fatores que se seguem exemplificam o que parece ser distintivo do comportamento do empreendedor: dinamismo, agressividade, autoconfiança, otimismo, grande energia, independência, persistência, flexibilidade, criatividade e propensão ao risco.

Mas, para afinal tomar decisões, os empreendedores procuram lançar mão de muitos elementos. Iniciam examinando muitas informações que em um primeiro momento parecem incoerentes, incertas e incompletas; combinam talento e conhecimento de diferentes pessoas, muitas delas até desconhecidas; tentam compreender e avaliar o caráter e a natureza das pessoas; perscrutam o futuro incerto e antecipam os efeitos das eventuais mudanças; e, embora não consigam saber ao certo, eles percebem, assumem riscos calculados e agem. Não por uma questão de fé ou espírito de aventura, mas por algo mais que lhes permita medir o grau de risco que tomam, quando procuram criar e pôr em prática coisas novas.

O empreendedor ocupa seus espaços quando sente que existe um clima para a atividade empreendedora. É muito importante perceber a diferença entre uma coisa nova e o "empreender" dessa coisa. Ele não precisa, obrigatoriamente, ser um inventor, mas tem de possuir capacidade empreendedora, estar apto a combinar uma série de elementos, como: tecnologia, mão de obra, capital etc., e então colocar em marcha algo novo.

Às vezes, a pessoa é empreendedora no sentido mais simples da semântica, mas isso não quer dizer que seja uma empreendedora de fato. É uma empresária, uma fazedora de coisas, buscando maior eficiência e eficácia em seus processos e fazendo que as atividades coperacionais não fiquem "inchadas" por falta de visão empresarial e administrativa.

Essa pessoa pode ser realizadora – contudo, não é o empreendedor de que aqui se fala: o empreendedor é um animal raro, um animal diferente dos demais. Distingue-se pelas respostas inovadoras que dá aos seus negócios. Introduz alterações definitivas nas mudanças econômicas.

O ponto é não traduzir *entrepreneur* por empresário, mas sim por empreendedor. Este tem que se lançar em coisas que ainda estão envoltas na névoa, usando para isso sua sensibilidade e arriscando.

Outra definição de *entrepreneur* pode ser obtida dividindo a palavra em três partes: *entre*, *pre* e *neur*. Resgatando-as de suas origens latinas *entre* significa *entrar*, *pre* quer dizer *antes*, e *neur* pode ser entendida por centro nervoso.[13] Assim, um empreendedor é um indivíduo que entra num negócio – não importa de que tipo – em determinada época para mudar radicalmente, substancialmente, seu centro nervoso.

Ao usar essa denominação de empreendedor, não se está levando em consideração se o indivíduo iniciou seu negócio criando-o, comprando-o ou herdando-o, dentre as várias formas que existem para se ter acesso a um negócio próprio. Essa definição constata que todos os indivíduos que desenvolvem ou mudam o centro nervoso de um negócio são os verdadeiros empreendedores.

3.5 Atitude e empreendedorismo

3.5.1 Relevância do estudo da atitude

A atitude é uma pequena coisa que estabelece uma grande diferença. Há pessoas que vivem com a impressão de que as oportunidades lhes escapam entre os dedos. Muitas vezes, olham para trás e espantam-se com coisas que não fizeram.

A importância dada ao estudo da atitude pode ser verificada ao se consultar os livros de psicologia social e ao grande número de artigos dedicados a esse tópico. Podemos justificar todo esse interesse principalmente pelo uso dos seguintes argumentos:[14]

---

13 SHEFSKY, Lloyd E. *Entrepreneurs are made not born*. New York: McGraw-Hill, 1994. p. 20-120.

14 LAMBERT, W. W.; LAMBERT, W. E. *Psicologia social*. Trad. de Luiz Passos, Rio de Janeiro: Zahar, 1966. p. 57-75; FREEDMAN, J. L. *Psicologia social*. São Paulo: Cultrix, 1997. p. 45-46; KRECH, D. et al. *Individual in society*. New York: McGraw-Hill, 1966. p. 34-89.

- em primeiro lugar, as atitudes se constituem em boas preditoras do comportamento. Isso quer dizer que, se conhecermos as atitudes de uma pessoa em relação a determinado objeto, pessoa, evento etc., poderemos fazer inferências a respeito de seu comportamento em relação a eles. Por exemplo: se sabemos que a atitude da diretoria de determinada fábrica é francamente a favor de que ocorra o menor número de acidentes de trabalho possível no local, podemos deduzir que nessa fábrica ocorrem esforços no sentido da prevenção de acidentes, como: incentivo ao uso de equipamentos de segurança e/ou preservação de locais, métodos e instrumentos de trabalho que não envolvam perigo;
- em segundo lugar, as atitudes sociais nos ajudam a formar uma ideia mais estável da realidade que nos rodeia, emprestando regularidade a nosso modo de reagir e facilitando o ajustamento social. Assim como servem para nos proteger de conhecimentos indesejáveis;
- em terceiro lugar, as atitudes são a base de várias situações sociais importantes, tais como as relações de amizade e conflito. Com isso, ela é foco de muito interesse dos psicólogos, que visam mais bem-estar social, no momento em que, por meio de estratégias de mudança de atitude, têm grandes possibilidades de modificar situações indesejáveis, como, por exemplo, conflitos gerados pelo preconceito. Os psicólogos das estratégias de mudança de atitude para montar programas de treinamento de empreendedores relacionados à criação de empresas.

Como atitude social, estamos considerando um sentimento pró ou contra um objeto social, incluindo pessoas, eventos ou objetos. No entanto, a definição ainda é genérica devido à importância do assunto para este livro. Mais adiante nos aprofundaremos na definição do que é atitude.

Uma profunda reflexão acerca da problemática que envolve o estudo da medida das atitudes e do comportamento dos empreendedores é o eixo central de qualquer pesquisa sobre o processo de criação de empresas, principalmente as de base tecnológica.

A análise do processo de criação de empresas é normalmente baseada em estudos que envolvem atitudes. Determinar quais atitudes e comportamentos são praticados pelos empreendedores é de grande importância para os pesquisadores que se dedicam a esse tipo de estudo.

A mensuração das atitudes é a base frequente para a avaliação da eficácia dos programas de formação de empreendedores. Em resumo, a compreensão de se existe uma relação entre atitudes e comportamento ajuda-nos na previsão de como os empreendedores percebem determinadas situações concretas relacionadas à criação de sua empresa.

3.5.2 Definição de atitude

"Atitude é um sistema duradouro de avaliações positivas e negativas, sentimentos emocionais e tendências pró ou contra, com respeito a um objeto social."[15]

É uma maneira organizada e coerente de pensar, sentir e reagir em relação a pessoas, grupos, questões sociais ou, mais genericamente, a qualquer acontecimento ocorrido em nosso meio circundante.

Atitude é uma coleção de cognições, crenças, opiniões e fatos (conhecimento), incluindo avaliações (sentimentos) positivas e negativas, tudo se relacionando a um tema ou objeto central e o descrevendo.

Por meio dessas definições podemos sintetizar quatro elementos característicos da atitude social:

- uma organização duradoura de crenças e cognições em geral;
- uma carga efetiva de prós e contras;
- uma predisposição à ação;
- uma direção a um objeto social.

Dessa maneira, notamos que todas as definições colocam a atitude social como uma variável não diretamente observável, mas passível de ser inferida de variáveis observáveis.

3.5.3 Organização da atitude

É geralmente argumentado que atitude é uma construção multidimensional e que considerações simultâneas dessas várias dimensões podem fornecer melhores predições de comportamento quando comparadas à consideração de uma dimensão singular de atitude ou de um só componente.[16]

As atitudes são geralmente compostas de três elementos essenciais:

15 KRECH, D. et al. *Individual in society*. New York: McGraw-Hill, 1966. p. 34-89.

16 KRECH et al., 1966, p. 34-89.

1. um componente cognitivo – são as crenças e demais elementos cognitivos (percepção, memória etc.) relativos ao objeto da atitude. E, para que alguém tenha uma atitude em relação a um objeto, é indispensável que o tenha conhecido e possua uma representação cognitiva dele;
2. um componente afetivo – o componente mais característico da atitude é, sem dúvida, o afetivo, definido como o sentimento pró ou contra um objeto social específico. É o sentimento do indivíduo acerca do objeto, tal como "bom" ou "mal"; e
3. um componente comportamental ou conativo – esse elemento, aceito pela maior parte dos psicólogos sociais, supõe que cognições e afetos em relação a um objeto levarão uma pessoa a reagir ou a se comportar em relação ao objeto, a reagir de forma coerente com esses mesmos afetos e cognições. Portanto, nesse componente está a maior importância dada ao estudo das atitudes – a possibilidade de se inferir ou predizer comportamentos.

3.5.4 Relação atitude-comportamento

O estudo das atitudes é importante para a percepção do processo de criação de empresas, tendo em vista assumida relação entre as atitudes e o comportamento. Os modelos desenvolvidos visando a concepção da construção da atitude tipicamente a representam como uma série sequencial de componentes que conduzem a determinado comportamento.

Pesquisas recentes evidenciam que a ligação entre atitudes e comportamento não é tão simplista como muitos a julgam, e os responsáveis pelos programas de formação de empreendedores deveriam ser mais prudentes na análise dessa questão, ressaltando que a ligação entre atitude e comportamento é muito importante para o desenvolvimento do espírito empreendedor dos indivíduos.

3.5.5 Modelo de avaliação da manifestação do empreendedorismo

Um dos objetivos dos pesquisadores do processo de criação de empresas é obter respostas às várias indagações acerca do comportamento dos empreendedores responsáveis por esse processo. A resposta pode ser cognitiva, afetiva ou no nível comportamental. A Figura 3.3 mostra estes três níveis básicos de resposta, bem como uma detalhada classificação denominada modelo de efeitos hierárquicos.

Esse modelo oferece a hipótese de que o empreendedor, no processo de criação de sua empresa, passa por um estágio de tomada de consciência: sua vida sofrerá uma mudança radical, passando da condição de empregado subordinado a terceiros para ser o proprietário do próprio negócio. Essa fase de transição se refere ao *conhecimento* do que realmente vem a ser um empreendedor, relações, ligações, preferências, intenção de realmente criar a própria empresa e criar/arrancar com a empresa.

É importante destacar, antes da apresentação do modelo, que o empreendedor é um indivíduo que luta, a todo momento, contra as barreiras que o impedem de criar sua empresa.

Vejamos o modelo que nos ajuda a melhor compreender esse processo.

Figura 3.3 Modelo de avaliação da manifestação comportamental empreendedora

ENTRADAS

Características de personalidade	Fatores situacionais do empreendedor

Resposta comportamental

Componentes da atitude	Hierarquia dos efeitos
ESTÁGIO COGNITIVO Percepção dos seus atributos de empreendedor	Tomada de consciência ↓ Conhecimento
ESTÁGIO AFETIVO Sentimentos positivos em relação à livre-iniciativa	↓ Ligação ↓ Preferência / opção – desejo de ser um empreendedor
ESTÁGIO COMPORTAMENTAL Decisão de criar empresa	↓ Vontade – propósito / intenção de agir: Criar empresa ↓ Criação da empresa

↓

SAÍDAS
RESULTADOS/MENSURAÇÃO
FEEDBACK

Fonte: Elaborada pelo autor.

No modelo apresentado anteriormente, o componente cognitivo refere-se à resposta da tomada de consciência e do conhecimento acerca do objeto ou fenômeno que é ser empreendedor/criador de empresa de base tecnológica via incubadora, por exemplo. Algumas vezes, esse componente é denominado de crença e se expressa por meio de afirmações: "quero ser dono de meu destino", "não quero mais ser empregado de mais ninguém" etc. O componente cognitivo, em nossa opinião, pode ser considerado de grande importância para as entidades que desejam ministrar cursos de formação de empreendedores.

O elemento afetivo refere-se à ligação e preferência para o objeto ou fenômeno – nesta obra, a opção de ser empreendedor. Por vezes é também denominado de componente *feeling*. A manifestação desse componente é feita por meio de afirmações como: "quero ter um negócio próprio", "não desejo mais viver de salários" etc.

O componente afetivo, como a componente cognitiva, é um importante aspecto de informação necessário para o processo de tomada de decisão de o indivíduo tornar-se ou não um empreendedor.

O elemento comportamental diz respeito às verdadeiras intenções do indivíduo em empreender algo, partir de forma decisiva para a criação de sua empresa. Tem a ver com fazer ou estar fazendo.

Uma afirmação implícita, entre aqueles que estudam persuasão, é que atitudes mudadas tornam possível que comportamentos relacionados mudem também. No entanto, vários trabalhos, do final da década de 1960, enfatizam a reduzida previsibilidade do comportamento, tirada das atitudes, e pelo início dos anos 1970, vários cientistas sociais consideraram a atitude de utilidade quase nula.

Recentemente, nos anos 1990, a pesquisa do binômio atitude-comportamento passou por um renascimento, marcado por demonstrações de que adequada previsibilidade é frequentemente obtida, uma vez que pesquisadores empregaram métodos baseados em entendimento de problemas metodológicos e teórico-básicos. Refletindo esse renascimento, revisões mais recentes da literatura sobre atitude-comportamento são consideravelmente mais positivas. Pode-se argumentar que relações de pelo menos força moderada são a regra, mais que a exceção, quando comportamentos e atitudes consequenciais e socialmente importantes são pesquisados fora do laboratório.[17]

17 KELMAN, H. C. Attitudes are alive and the well and gainfully employed in the sphere of action. *American Psychologist*, 29(02), p. 310-324, 1974.

Para que haja considerável previsibilidade do comportamento por meio da atitude, é necessário que o comportamento a ser previsto tenha o mesmo nível de especificidade da atitude que o prevê. As atitudes podem ser melhor preditoras de grupos de comportamentos do que de comportamentos específicos.

Quanto mais o comportamento está isento de coação de normas, melhor é previsto pelas atitudes. A atitude prevê melhores comportamentos escalados porque, dessa forma, eles são mais bem posicionados em determinado nível de especificidade do que os não escalados.

Se esses procedimentos são levados em conta, a atitude realmente é uma boa preditora de comportamento, sendo de grande utilidade para todos aqueles que utilizam estratégias de mudança de atitude e gostariam de saber se seus esforços, nesse sentido, os auxiliarão a alcançar seus objetivos últimos, ou seja, mudar os comportamentos.

A descoberta de que o comportamento das pessoas com atitudes gerais mais estáveis é a mais previsível pode ter valor prático àqueles que usam atitudes para estimar a probabilidade de comportamento futuro.

As estimativas de comportamento utilizadas pelo governo e organizações de apoio à criação de empresas, por exemplo, poderiam ser melhoradas pela informação da estabilidade da atitude dos candidatos a apoio para criação do próprio empreendimento.

A estabilidade das atitudes gerais, nas quais uma estimativa de comportamento é baseada, poderia servir como um indício para quanto colocar de confiança na estimativa. Além disso, se as subamostras de estabilidade diferissem em características relevantes para uma problemática de criação de empresas (exemplo: idade, sexo do empreendedor), mais acurada a especificidade do grupo e estimativas gerais de comportamento poderiam ser computadas. Atitudes seriam pesadas diferencialmente ao predizer comportamento, de acordo com a estabilidade da atitude no grupo do qual elas foram retiradas.

3.6 Caracterização do empreendedorismo

As principais características do comportamento empreendedor[18] podem ser divididas em três partes: conjunto de realização, conjunto de planejamento e conjunto de poder.

---

18 PINO, Laurence J. *Encontrando o seu nicho*. Trad. de Débora da Silva Guimarães. São Paulo: Best Seller, 1995. p. 15-83.

3.6.1 Conjunto de realização

Busca de oportunidade e iniciativa:

- faz as coisas antes de serem solicitadas ou forçadas pelas circunstâncias;
- age para expandir o negócio a novas áreas, produtos ou serviços;
- aproveita oportunidades fora do comum para começar um negócio, obter financiamentos, equipamentos, terrenos, local de trabalhos ou assistência.

Persistência:

- age diante de um obstáculo significativo;
- age repetidamente ou muda de estratégia para enfrentar um desafio ou superar um obstáculo.
- assume responsabilidade pessoal pelo desempenho, necessária ao atendimento de metas e objetivos.

Correr riscos calculados:

- avalia alternativas e calcula riscos deliberadamente;
- age para reduzir os riscos ou controlar os resultados;
- coloca-se em situações que implicam desafios ou riscos moderados.

Exigência de qualidade, eficiência e eficácia:

- encontra maneiras de fazer as coisas de jeito melhor, mais rápido ou mais econômico;
- age de maneira a fazer coisas que satisfaçam ou excedam padrões de excelência;
- desenvolve ou utiliza procedimentos para assegurar que o trabalho seja terminado a tempo, ou que o trabalho atenda aos padrões de qualidade previamente combinados.

Comprometimento:

- faz um sacrifício pessoal ou despende um esforço extraordinário para completar uma tarefa;
- colabora com os empregados ou se coloca no lugar deles, se necessário, para terminar um trabalho;
- esmera-se em manter os clientes satisfeitos e coloca em primeiro lugar a boa vontade a longo prazo, acima do lucro a curto prazo.

3.6.2 Conjunto de planejamento

Busca por informações:

- dedica-se pessoalmente a obter informações de clientes, fornecedores e concorrentes;
- investiga pessoalmente como fabricar um produto ou fornecer um serviço;
- consulta especialista para obter assessoria técnica ou comercial.

Estabelecimento de metas:

- estabelece metas e objetivos que são desafiantes e possuem significado pessoal;
- define metas de longo prazo, claras e específicas;
- estabelece objetivos de curto prazo mensuráveis.

Planejamento e monitoramento sistemáticos:

- planeja dividindo tarefas de grande porte em subtarefas com prazos definidos;
- constantemente revisa seus planos, levando em conta os resultados obtidos e as mudanças circunstanciais;
- mantém registros financeiros e utiliza-os para tomar decisões.

3.6.3 Conjunto de poder

Persuasão e rede de contatos:

- utiliza estratégias deliberadas para influenciar ou persuadir os outros;
- utiliza pessoas-chave como agentes para atingir seus objetivos;
- age para desenvolver e manter relações comerciais.

Independência e autoconfiança:

- busca autonomia em relação às normas e controles de outros;
- mantém seu ponto de vista, mesmo diante da oposição ou de resultados desanimadores;
- expressa confiança na sua própria capacidade de complementar uma tarefa difícil ou de enfrentar um desafio.

3.7 Conclusão

Para concluirmos este capítulo, podemos afirmar que a obra de McClelland revela uma tentativa arrojada de um psicólogo – versado nos métodos das ciências do comportamento – de isolar certos fatores psicológicos e demonstrar, por métodos rigorosamente quantitativos, que esses fatores são, de modo geral, importantes no desenvolvimento econômico.

O âmbito da obra de McClelland revelou-se uma verdadeira bíblia para os estudiosos da questão do empreendedorismo, vista pela ótica da motivação e do comportamento. É a reflexão dos fatores psicológicos – a necessidade de **poder, afiliação** e **realização** – esta última responsável, em nossa opinião, por desenvolvimento e decadência econômicos.

A motivação para a realização, na verdade, é um traço comum a toda a classe empresarial. Refere-se à motivação para sair-se bem, realizar algo, ou competir com padrões de excelência. É obviamente um traço de personalidade de bastante interesse em qualquer cultura preocupada com o desenvolvimento econômico e social.

Importa, por conseguinte, compreender que McClelland contribuiu de forma decisiva para a compreensão do fenômeno do empreendedorismo.

Este capítulo teve como premissa básica que é grande a necessidade em nosso tempo do desenvolvimento do espírito e da capacidade empreendedora dos indivíduos. É árdua a tarefa de estimular o surgimento de novos empreendedores.

Ser empreendedor, dono do seu próprio negócio, é o sonho de muita gente. Contudo, não é fácil realizá-lo. De fato, deixar a segurança proporcionada por um emprego estável, pelo cheque que não falta ao fim do mês, abdicar do conforto dos inúmeros benefícios oferecidos pelas empresas é uma decisão difícil, que não se toma facilmente.

No entanto, será que dar o salto para deixar de ter um patrão e passar a ser patrão de si mesmo é assim tão difícil? Será a barreira intransponível?

É uma questão de atitude. Atitude é colocar a si mesmo questões pertinentes: como criar mudanças positivas na sua vida? De que maneira identificar seus pontos fracos e fortes? Como expor suas fraquezas? Como aprender com os erros? Para falar francamente, são raros os empreendedores que conseguem explorar os cantos e recantos de uma ideia, de uma oportunidade de negócio.

McClelland destaca como as principais competências básicas do empreendedor: iniciativa, persistência, especialização, reconhecimento dos próprios limites e capacidade de persuasão.

Os empreendedores, no entanto, vão muito além dessas qualidades, demonstrando, ainda, traços como a preocupação com a busca de informação, compromisso com o trabalho, orientação para a eficácia/eficiência, o planejamento sistemático e a solução de problemas. Além disso, são autoconfiantes e assertivos e, acima de tudo, sabem ver e agir frente a oportunidades em potencial, interessam-se por alta qualidade no trabalho, estão sintonizados com o que acontece à sua volta e reconhecem a importância de relacionamentos de negócios. Essas quatro últimas características são, em nossa opinião, as mais críticas para o sucesso do empreendedor.

Tomamos a liberdade de citar Aristóteles. O grande pensador e filósofo grego fala a respeito do que os empreendedores devem fazer para ter sucesso: ter um objetivo a alcançar, isto é, uma meta definida, clara e atingível, ter os meios necessários para consegui-lo, ou seja, boas qualidades, entusiasmo e método, e aplicar todos os meios para alcançar esse fim: ser persistente. O melhor de tudo isso é saber que o empreendedor tem a opção voluntária de escolher o caminho a seguir.

Acreditamos que uma leitura atenta dos estudos de McClelland poderá ser um excelente começo para quem quer, um dia, tornar-se um empreendedor.

Capítulo 4

A perspectiva de gestão do empreendedorismo

4.1 Introdução

Segundo Peter Drucker, empreendedor "é alguém que aplica dinheiro com nova capacidade de produzir riqueza. Uma pessoa que inicia e desenvolve um negócio".[1] Ele afirma que "quase todo o conhecimento convencional a respeito do chamado espírito empreendedor está totalmente errado". Esse espírito, em sua percepção, nada mais é do que uma "disciplina, e como tal pode ser aprendida".[2]

Pode-se definir o empreendedor como alguém que está em um negócio por conta própria, que organiza, administra e assume o risco da gestão do empreendimento.

Um novo termo – *intrapreneur* (empreendedor interno) – é introduzido na literatura empresarial para designar uma pessoa que tem espírito empreendedor, mas que, em vez de montar um negócio próprio para viabilizar suas ideias, faz uso da estrutura da empresa onde trabalha.[3]

Empreendedorismo é o espírito empreendedor, é a prática de empreender (o ato, a ação árdua, criativa, difícil e arrojada), é o resultado (efeito) dessa prática (a empresa, o empreendimento, o negócio). Não é arte nem ciência, mas sim prática e disciplina.

---

1 DRUCKER, Peter F. *People and performance:* the best of Peter F. Drucker on management. New York: Harper & Row, 1997. p. 18-430.

2 DRUCKER, Peter F. *Innovation and entrepreneurship:* practice and principles. New York: Harper &Row, 1985. p. 19; KEATS, Barbara W.; BRACKER, Jeffrey S. TOWARD. A theory of small firm performance: a conceptual model. *American Journal of Small Business*, 12(4), p. 59-81, Spring 1988.

3 PINCHOT, Gilford. *Intrapreneuring:* why you don't have to leave the corporation to become an entrepreneur. New York: Harper & Row, 1985. p. 30-60.

Não se pode ser um empreendedor bem-sucedido se não se administrar o negócio. E, ao tentar administrar sem ter um mínimo de espírito empreendedor, corre-se o risco de virar um burocrata. Nas empresas há muito trabalho empresarial e administrativo, e a maioria das pessoas pode fazer os dois. Mas nem todo mundo é atraído da mesma forma por eles. Ser empreendedor não é o mesmo que ser romântico. É trabalhar duro.

4.2 O conceito de empreendedor e de empreendedorismo de Drucker

O que é um empreendedor/criador de empresas? Drucker alerta que este título não pode ser aplicado a todo audacioso que inicia um pequeno negócio. Quando um indivíduo abre um restaurante, sem dúvida está se arriscando, mas não será considerado um empreendedor por tentar fazer algo familiar, já conhecido. Ainda, ele pode estar em um negócio totalmente novo e, mesmo assim, não se qualificar como empreendedor.

Os empreendedores são pessoas que estão simultaneamente criando novos tipos de negócios e aplicando novos e insólitos conceitos administrativos. Eles não devem surgir, necessariamente, no empreendimento privado; autoridades, universitários e administradores municipais também podem atuar de forma empreendedora – embora um estudo de caso do setor privado familiar sirva muito bem para tornar clara a concepção de Drucker, temos, também, o exemplo dos empreendedores sociais: indivíduos que se dedicam a atacar problemas como a Aids, abuso de crianças, alcoolismo, entre outros.

As transformações que a sociedade vem passando podem ser muito bem retratadas, por meio da observação das profundas mudanças ocorridas no trabalho e na sociedade, para quem o conhecimento é, hoje, mais essencial à prosperidade de um país do que o capital ou o trabalho. Essa nova realidade tem profundas implicações para os empreendedores que criam empresas de base tecnológica.

As pequenas empresas se desenvolveram mais do que as grandes nos últimos 20 anos. Isso porque elas, em lugar de contratar especialistas, têm uma estrutura mais enxuta, precisam de mais objetivos do que as grandes empresas, necessitam concentrar-se mais, uma vez que têm menor energia. O verdadeiro problema da pequena empresa surge quando o negócio supera os próprios limites.[4]

---

4 DRUCKER, Peter F. *Management and society*. New York: Harper & Row, 1970. p. 103-127; BAUMBECK, C. M.; MANCUSO, J. *Entrepreneurship and venture management*. Englewood Cliffs: Prentice-Hall, 1987.

As rápidas mudanças nas regras do jogo dos negócios estão valorizando as qualidades empreendedoras das pequenas empresas, como atesta Ed McCracken, criador da Silicon Graphics, que atribui como fator principal do sucesso da sua empresa a fidelidade aos princípios – agir e pensar como um pequeno negócio.[5]

Hoje, pode-se já falar na universalidade das ferramentas usadas pelos empreendedores de empresas de base tecnológica em ambientes eletrônicos. As ferramentas podem não ter o poder de trazer a capacidade empreendedora a quem não a tem, mas, sem dúvida nenhuma, está surgindo um novo espírito empreendedor no ambiente eletrônico. Quem está começando a trabalhar com o comércio eletrônico são as pequenas empresas.

Atualmente, a empresa de sucesso é caracterizada por um comportamento ágil, inovador, próximo ao cliente e com respostas rápidas às demandas do mercado. Os empreendedores de companhias de base tecnológica criam empresas e desenvolvem negócios inovadores – realmente estão sintonizados com a concepção shumpeteriana da destruição criativa.

Para Marc Andressen, um dos fundadores da Netscape, que em 1996, aos 24 anos, acumulava uma fortuna de mais de 54 milhões de dólares, as pequenas empresas e o espírito empreendedor direcionam fortemente não apenas as atividades relacionadas à tecnologia, mas também a própria economia.[6]

O Netscape foi o primeiro programa que possibilitou a utilização fácil da internet. Quando ainda só existiam velocidades de 12Kb/s, foi criado o Netscape para que todos os usuários de computadores pessoais podessem aceder ao mundo virtual de uma maneira fácil e rápida. Esse programa foi o mais utilizado durante vários anos, até surgir o internet Explorer, da Microsoft.

O *browser* de Bill Gates começou a ser gratuitamente disponibilizado na internet e no próprio Windows 95. Com sua cota de mercado cada vez mais reduzida, o Netscape foi adquirido pela AOL, incorporando a ele várias aplicações, como o e-mail e voz sobre IP (VoIP).

---

5 PROKESCH, Steven E. Mastering chaos at the high-tech frontier: an interview with Silicon Graphics' Ed McCraken. *Harvard Business Review*, 67(2), p. 135-144, Nov./Dec. 1993.

6 QUINN, James Brian. Technological innovation, entrepreneurship and strategy. *Sloan Management Review*, 20(3), p. 19-30, Spring 1979; COLLINS, James. High Stakes Winners. *Times*, n. 190, p. 36-41, Mar. 26, 1996.

Mas com a concorrência cada vez mais acirrada por parte do internet Explorer, do Mozilla Firefox e do Opera, a AOL tomou então a decisão de não lançar mais nenhuma versão do programa, mantendo apenas atualizações de segurança. É a destruição criativa. O Netscape criou o mercado para o internet Explorer e outros navegadores.

Embora não haja consenso sobre a exatidão dos números, muitos pesquisadores concordam que micros, pequenas e médias empresas são mais inovadoras e criadoras de empregos do que as grandes. As empresas de menor porte estão criando empregos, e criarão ainda muitos outros.

Há também empresas nas quais as pessoas se autoempregam. Atualmente já se constata um grande volume de empregos gerados pela internet. Basta imaginar quantos estão empregados como designers de sites, além de pequenos negócios que surgem a todo momento na rede.

Trata-se de um fenômeno completamente novo: o surgimento de minúsculas empresas globais. Isso não era possível antes, quando somente as grandes empresas multinacionais podiam ter acesso aos mercados globais. Hoje, uma micro, pequena ou média empresa pode atingir um mercado global com o comércio eletrônico, especialmente se estiver vendendo *bits*, em vez de átomos.

O tamanho da empresa já deixou de ser um trunfo no brutalmente competitivo mundo dos negócios de hoje – o mercado exige respostas muito mais rápidas do que se possa imaginar.[7]

Na esteira do crescimento do *downsing*, da terceirização nas grandes empresas, o movimento do empreendedorismo apresenta-se em um ritmo muito acelerado. Na verdade, esse processo leva a grande empresa a subcontratar e adquirir, de terceiros, mais e mais produtos ou serviços de pequenas empresas.

A capacidade de inovação e o dinamismo das micro, pequenas e médias empresas estão sendo descobertos pelas nações de todo o planeta como uma alternativa para uma retomada econômica. O mundo está neste momento focalizando muito mais o fenômeno, a importância do empreendedorismo.

O surgimento do Yahoo, do Google e do Skype é uma prova concreta de visão integrada do fenômeno do empreendedorismo (Schumpeter, Drucker e

---

7 HOLLAND, Philip. *Entrepreneur's guide*: how to start & succeed in your own business. New York: Putnam, 1985. p. 256; COY, Peter. Entreprise. *Business Week*, p. 15-16 (edição especial sem data).

McClelland), no qual podemos perceber a ação da destruição criativa, da gestão e da necessidade de realização.

Enquanto a maioria das nações está atualmente (re)descobrindo as virtudes das micro, pequenas e médias empresas, o empreendedor já é uma figura indissociável da cultura americana. Desde os tempos de Thomas Jefferson, muitos americanos veem os proprietários de pequenos negócios como uma personificação de tudo o que há de melhor no modo de vida americano.

Até o século XIX, as micro, pequenas e médias empresas dominavam o mundo dos negócios nos Estados Unidos. No entanto, os empreendedores foram perdendo espaço ao longo do rápido processo de industrialização, e as grandes empresas surgiram nos ramos de negócios em que a economia de escala era propensa ao sucesso: estradas de ferro, indústria automobilística, química e de telefonia.[8]

As vantagens oferecidas pela estrutura compacta da pequena empresa tornam-se cada vez mais numerosas. Jovens recém-formados normalmente vão trabalhar em uma grande empresa porque elas oferecerem programa de treinamento e serviços de recrutamento na própria universidade, onde selecionam os candidatos. Contudo, mais de 70% dos contratados deixam essa empresa em até cinco anos e geralmente saem para trabalhar em outra grande empresa. Todavia, agora as micro, pequenas e médias empresas tornaram-se uma possibilidade aos recém-formados, seja na condição de empregados, seja na de empreendedores.[9]

Não acreditamos que as grandes empresas desaparecerão. Porém, no futuro, o tamanho será uma decisão estratégica da empresa: se ela será grande ou não, quando, no passado, ser grande era um objetivo em si mesmo. Alguns ramos terão de ser tocados por grandes empresas, devido à própria natureza do negócio.

Hoje existe uma gama incrível de oportunidades de negócios nas quais as pequenas e médias empresas podem atuar muito melhor do que as grandes empresas. Assim, está se tornando importante meditar profundamente sobre qual é o tamanho certo para cada empresa.

As micro, pequenas e médias empresas de mais rápido crescimento estão sempre inovando, aceitam o fracasso como um fato normal num longo processo

---

8 REICH, Robert B. *The next American frontier.* New York: Times Books, 1983. p. 13-130.

9 DRUCKER, Peter F. Small Business. *Fortune*, n. 121, p. 66-72, 30 Dec. 1991; BIRLEY, S. New ventures and employment growth. *Journal of Business Venturing*, 2(2), p. 155-166, 1987.

de aprendizagem e têm uma presença muito ativa de mulheres empreendedoras entre elas.[10]

Como imaginar, nos dias de hoje, um indivíduo deixando uma grande e admirada empresa para montar a sua, de alta tecnologia? Quem estaria disposto a correr esse risco? Poucos, que simbolizam o *esprit d'entreprise*, a pedra angular, fundamental para o progresso econômico de qualquer nação – é o empreendedor. O legado empreendedor ressurge com força total nas micro, pequenas e médias empresas de alta tecnologia.[11]

Agora é um grande momento para se começar um novo empreendimento. Há fortes evidências de que estamos entrando em uma era do empreendedorismo particularmente fértil.

Com as grandes empresas passando por processos radicais de (re)estruturação, com departamentos inteiros sendo extintos, o risco de qualquer empregado dessas empresas vir a ser dispensado é relativamente grande.[12]

O aumento dos programas de *downsizing*, reengenharia e terceirização implantados nas grandes empresas indica que começa a surgir uma era na qual as ágeis e dinâmicas pequenas empresas terão um desempenho muito melhor do que as grandes. Nesse novo ambiente, empreendedores florescerão como em nenhuma época desde o surgimento da chamada Era Industrial.

As oportunidades para empreender nos diversos setores da economia são muitas. Neste momento, o *high-tech* é normalmente associado às *start-ups*, sempre presentes na agonia e na aflição da transformação, tão comuns no processo de criação.

Toda a economia mundial está mudando – já não fundamentada em uma base industrial, mas sim na transferência de informação. A Era Industrial baseava-se sempre em uma grande economia de escala. Construiu gigantescos sistemas para distribuir enormes quantidades de produtos. Aumentou, de maneira considerável, a capacidade dos computadores. Hoje, a gestão descentralizada, as redes de computadores e as telecomunicações estão reduzindo essa escala.

---

10 STUMPE, Warren R. Entrepreneurship in R& D – a state of mind. *Research Management*, 25(1), p. 13-16, Jan. 1982.

11 GILDER, George, *O espírito de empresa*. Trad. de José Ricardo Brandão Azevedo. São Paulo: Pioneira, 1989. p. 57-100.

12 BRIDGES, William. *Um mundo sem emprego*. Trad. de José Carlos Barbosa dos Santos. São Paulo: Makron Books, 1996. p. 56-140.

Essa tendência para o surgimento de micro, pequenas e médias e dinâmicas empresas aumenta o potencial do impacto da empresa empreendedora na economia – e proporciona ao empreendedor oportunidades sem precedentes. As micros e pequenas empresas estão criando essas situações, bem como se beneficiando delas. E a tecnologia da informação pode ajudar no terreno da competição entre a grande e a micro, pequena ou média empresa.

Vivem-se tempos de transformações radicais nas empresas de base tecnológica, e uma acerada universalidade das ferramentas usadas pelos trabalhadores nos ambientes eletrônicos. É importante destacar que as ferramentas em si não têm o poder de fornecer a capacidade para quem não a tem, mas está surgindo um novo espírito empreendedor no ambiente eletrônico. Quem está começando a trabalhar o comércio eletrônico são as micro, pequenas e médias empresas de base tecnológica. São elas que, sem sombra de dúvida, estão criando empregos – e ainda criarão muitos outros.

Atualmente, as rápidas modificações no terreno da competição, os avanços na tecnologia e as alterações no mercado são um conjunto de circunstâncias que tornam o ambiente difícil para as grandes empresas. A principal razão é que, com essas mudanças, o custo das barreiras de entrada que as protegiam do incômodo das empresas nascentes foi reduzido. A vantagem que o capital propicia às grandes empresas já está sendo diminuída por meio da figura do capital de risco. A tecnologia e a inovação estão ajudando as pequenas empresas a baterem as grandes, como Davi derrotou Golias.

Em muitos aspectos, temos um forte sentimento de que assistimos ao início de uma nova era empreendedora, tendo como ator principal o empreendedor, que pode aproveitar as oportunidades que estão surgindo, fruto das aplicações proporcionadas pelas privatizações, pelas telecomunicações, pela informática, pela biotecnologia, entre outros campos da atividade humana.

A responsabilidade pela atividade inovadora do empreendedor é de grande relevância, pois o trabalho que consome maior tempo dos administradores provavelmente desaparecerá. Os gerentes passam muito tempo administrando, em vez de se dedicarem às atividades empreendedoras e inovadoras.[13]

13 DRUCKER, Peter F. *Management and society*. New York: Harper & Row, 1970. p. 103-127.

O fato de os livros-texto de administração tratarem quase que exclusivamente das tarefas de administração, em vez de tarefas de empreendimento, deve-se a, no passado, a tarefa de administrar ser uma novidade. Hoje não é mais.[14]

À medida que a mudança de paradigma de gestão se consolida, pressionada pelas revoluções tecnológicas, sociais e de saber humano, vai se tornando mais evidente a importante parcela de contributo que Peter Drucker vem dando para o entendimento do empreendedorismo.

4.3 O conceito de inovação na visão de Drucker

A inovação e o espírito empreendedor são o âmago do criador de empresas de base tecnológica. Quem souber onde e como encontrá-los será o que se chama de empreendedor, o agente de inovação, o utilizador da inovação. A inovação é um dos principais instrumentos na luta pela sobrevivência no mundo empresarial.

Um conceito novo – o de inovação – é um agente dinâmico capaz de, a partir das limitações da existência e capacidades humanas, adicionar uma nova dimensão ao esforço produtivo, com um esquema de organização fundado em uma visão mais esclarecida da realidade, a qual também precisa de ser articulada com recursos e potenciais oferecidos pela natureza, para permitir ultrapassarem os resultados da reforma ou da revolução, como programa de mudança da sociedade é introduzido no debate sobre as questões sobre a gestão empresarial.[15]

Do mesmo modo que a revolução industrial repousa sobre dez ou 15 avanços científicos aplicados nos últimos dois séculos, é possível, pelos novos moldes de organização, antes social do que tecnológica, alcançar, por inovação, níveis de tratamento dos problemas humanos (econômicos, políticos, entre outros) ainda não pensados.

Drucker procurava, dessa forma, ampliar o acervo já existente de obras sobre o empreendedorismo, inclusive trabalhando sobre o conceito de empreendedor-inovador, já elaborado anteriormente por Schumpeter.[16]

---

14 LODI, João Bosco. *A crise da organização*. Petropólis: Vozes, 1971. p. 35-40.

15 DRUCKER, Peter F. *The landmarks of tomorrow*. New York: Harper & Row, 1959. p. 9- 60.

16 SCHUMPETER, J. A. *Teoria do desenvolvimento econômico*: uma investigação sobre lucros, capital, crédito, juro e o ciclo econômico. Trad. de Maria Sílvia Possas. 2. ed. São Paulo: Abril Cultural, 1982. p. 43- 66.

Inovação é sinônimo de risco, pois deve ser capaz de empreender mudanças dos dados da ordem estabelecida, com alvos diferentes dos da reforma, que almeja curar um defeito, ou dos da revolução, que tenciona reorganização pela subversão da ordem presente. Isso seria possível por um novo conceito de *input-output* que substituísse tanto a postura como a prática de que se deve fazer o melhor uso dos recursos existentes pela atitude e pelo modo de seleção de alguns meios ótimos, resultantes de decisões e ações humanas, em vez de só pelo rendimento dos recursos fornecidos pela natureza. O conceito de produtividade ilustra a base operativa, na linha de organização, por inovação social e tecnológica.

A inovação é um método à disposição de contingentes de homens normais, em vez de estalos de genialidade de poucos, é imaginação criadora sistemática, em vez de produto de temperamento artístico ou de vocação científica ou, ainda, administrativa.

Inovação é um risco – os recursos presentes estão destinados a resultados futuros e altamente incertos. A ação e o comportamento presentes estão subordinados ao potencial de uma realidade futura, ainda desconhecida e incompreendida. Esse é o alerta para o poder da inovação.[17]

A inovação pode ser definida como a procura organizada e, na verdade, deliberada pelo risco para substituir não só a sorte cega dos tempos pré-modernos (como simbolizados na crença renascentista pelo gênio que preside o destino humano) e a certeza dos mais recentes, mas também as já obsoletas crenças no progresso inevitável sem perspectivas nem riscos.[18]

A inovação é, portanto, a provisão de diferentes satisfações econômicas. Não basta que ela forneça quaisquer bens e serviços econômicos; ela deve oferecer bens e serviços melhores e mais econômicos. É a tarefa de dotar os recursos humanos e materiais de uma nova e maior capacidade de produzir riqueza.

Ela é crucial ao desenvolvimento econômico. De fato, o desenvolvimento econômico é, antes de tudo, uma tarefa dos empreendedores.

A inovação pode resultar em um preço mais baixo – o dado que mais preocupa o economista, pela simples razão de ser o único manipulável por instrumentos quantitativos. Mas o resultado disso também pode ser um produto novo e melhor,

---

17 DRUCKER, 1959, p. 9-60.

18 DRUCKER, Peter F. *Innovation and entrepreneurship:* practice and principles. New York: Harper & Row, 1985. p. 147-176.

uma nova comodidade ou a definição de um novo desejo. Inovar pode significar descobrir novos usos para velhos produtos.

Acima de tudo, inovação não é invenção. É um termo econômico e não tecnológico. As inovações não tecnológicas – sociais e econômicas – são, no mínimo, tão importantes quanto as tecnológicas.

A moderna empresa não é apenas uma instituição econômica – ela deve ter um conceito, uma organização e uma constituição. É uma instituição social e, como tal, deve ser dirigida e estudada.

Podemos ver a "corporação como produto do esforço humano", cuja primeira regra "é a da sobrevivência como organização". Sendo este o objetivo básico, as diretrizes são os recursos gerenciais. A corporação precisa encontrar dentro de si mesma todos os talentos e habilidades para atingir seus objetivos. Deve desenvolver tanto os especialistas – desejosos de atuarem instrumentos humanos de alto calibre –, como os generalistas, que são pessoas a cargo da direção, educadas e capazes de fazer julgamentos e tomar decisões.

Compete ao empreendedor "a responsabilidade pela sobrevivência da empresa na economia, isto é, pela lucratividade, por seu mercado e seu produto". Pela defesa da sobrevivência de seu empreendimento o empreendedor deve decidir qual a natureza de seu negócio, isto é, em que negócio a empresa está realmente empenhada.

O estudo da teoria da "administração por objetivos" fornece aos empreendedores lições ao afirmar que "os objetivos precisam ser claramente definidos, específicos, concretos". Não se excluem certas declarações de objetivos intangíveis e genéricos, desde que venham a ajudar a esclarecer; os objetivos dos empreendedores devem originar-se dos objetivos da empresa; nos objetivos deve ser dada ênfase ao trabalho de equipe e ao resultado global; os objetivos devem ser ajustados às considerações de curto e longo prazo.[19]

Há a necessidade de traçar objetivos para todos os setores da empresa em que a realização e os resultados afetem vitalmente a sobrevivência e a prosperidade do negócio. Esses são os setores-chave. Determinar objetivos nesses setores-chave

19 DRUCKER, Peter F. *The practice of management*. New York: Harper & Row, 1954. p. 90-96; COOPER, Arnold C.; DUNKELBERG, William C. Entrepreneurial research: old questions, new answers and methodological issues. *American Journal of Small Business*, 11 (3), p. 11-23, Winter 1987.

permite, entre outras coisas, predizer comportamentos, avaliar a sensatez das decisões e analisar as medidas tomadas pelo empreendedor.

As principais metas de inovação a serem perseguidas pelos empreendimentos de base tecnológica são:

- novos produtos ou serviços, necessários a que se alcancem os objetivos de marketing;
- novos produtos ou serviços que se tornarão necessários face às mudanças tecnológicas capazes de tornar obsoletos os produtos atuais;
- aperfeiçoamento dos produtos necessários, tanto para alcançar os objetivos de mercado, como para antecipar mudanças tecnológicas esperadas;
- novos processos e aperfeiçoamentos de processos antigos, necessários para satisfazer metas de mercados – por exemplo, aperfeiçoamentos de fabricação destinados a possibilitar o alcance de objetivos de preços;
- inovações e melhorias em todos os principais campos de atividades em contabilidade ou desenho, em trabalho de escritório ou relações trabalhistas, de maneira a manter a empresa em dia com os progressos em matéria de conhecimento e habilidade.

A administração deve sempre, em toda a ação e decisão, colocar em primeiro lugar a realização econômica. Ela só pode justificar a sua existência e sua autoridade pelos resultados econômicos que produz. Pode registrar grandes resultados não econômicos – felicidade dos membros do negócio, contribuição ao bem-estar ou cultura da comunidade, entre outros –, mas a gerência terá falhado se não produzir "as mercadorias e serviços desejados pelo consumidor e por um preço que o consumidor esteja disposto a pagar". Terá falhado se não melhorar ou pelo menos mantiver a capacidade de produzir riqueza dos meios econômicos a ela confiados.

4.4 A prática da gestão empreendedora

O que é uma empresa? Ao fazermos essa pergunta já podemos estabelecer as raízes dos fundamentos do marketing tão importantes para os empreendedores.[20]

Se desejamos saber o que é um negócio, devemos começar pelo seu propósito. E esse propósito deve estar situado fora do negócio em si. Na verdade, deve estar

20 DRUCKER, 1954, p. 95-100.

na sociedade, uma vez que uma empresa é um órgão da sociedade. Existe apenas uma definição válida de propósito de uma empresa: criar e manter um cliente.

É o cliente quem determina o que vem a ser o negócio, pois é ele que está disposto a pagar por um artigo ou serviço, e para isso converte seus recursos econômicos em riqueza. O que o negócio julga estar produzindo não é de importância primordial, mas sim aquilo que o consumidor julga estar adquirindo, aquilo que um negócio produz e se progredirá.

O cliente é o alicerce da empresa e quem a mantém viva. Só ele proporciona emprego. E é para suprir o "freguês" que a sociedade confia os meios produtores de riqueza às empresas.

O marketing é a função distinta, função única da empresa. Uma empresa distingue-se de todas as demais organizações humanas pelo fato de levar ao mercado um produto ou serviço. Assim, qualquer organização que se realizar pelo marketing, isto é, pela colocação de um produto ou serviço no mercado, será um negócio, uma empresa.

A preocupação com a inovação e suas implicações na sociedade é uma constante na obra de Drucker. Sem perceber, ao longo dos últimos 20 anos, saímos da Idade Moderna e entramos em uma nova era, ainda sem denominação. Nossa visão do mundo mudou; adquirimos uma nova consciência e, com ela, novas capacidades. Existem hoje oportunidades, riscos e desafios, bem como um novo centro espiritual da existência humana.

Constata-se uma verdadeira explosão da pesquisa científica. Contudo, para seu desenvolvimento, a empresa comercial e a organização de pesquisa adquiriram importância capital. Mesmo as velhas instituições, como o Exército e as universidades, estão deixando de ser preservadores de tradição para passarem a atuar como órgãos de inovação.

A inovação traz consigo três riscos:

1. o risco de ser surpreendido por ela;
2. o risco de seu malogro; e
3. o maior de todos, o risco de seu êxito. Os problemas causados pelo sucesso inesperado têm arruinado mais organizações do que as ações fracassadas, particularmente porque, se as coisas estão indo de forma errada, todos na empresa sabem o que têm de fazer para corrigir o erro. O sucesso, no entanto, cria sua própria euforia.[21]

21 DRUCKER, Peter F. *Managing the non profit organization*: practices and principles. London: Butterworth Heineman, 1990. p. 05-20.

Os riscos da exposição e do fracasso são pequenos se comparados ao terceiro risco: o do êxito da inovação. Que impacto terá uma inovação bem-sucedida além do desejado? Que novas e inesperadas mudanças ela produzirá? Que influências terá sobre a estrutura social, sobre suas crenças e seus laços comunitários? A inovação não é somente ação, não é somente oportunidade, é, acima de tudo, responsabilidade. Ninguém é responsável pela sorte; ninguém pode fazer algo a esse respeito. Podemos apenas bendizer o progresso inevitável, ou lamentá-lo; podemos, no máximo, tentar retardá-lo. Mas a inovação é escolhida, deliberada, assim, somos responsáveis por suas consequências. Ela é, consequentemente, sempre de natureza ética – tanto quanto um processo intelectual e uma percepção estética.

Vive-se hoje uma era baseada mais no conhecimento do que no capital. Esse é um sinal de que a sociedade terá que investir cada vez mais na educação, aumentando o número de universidades, centros de pesquisa, a extensão do tempo em que uma pessoa passa realizando estudos pós-graduados, ao exigir dos indivíduos maiores requisitos, qualificações para que desempenhem certas tarefas ou exerçam determinadas profissões.

Para ser um empreendedor eficaz em uma sociedade baseada no conhecimento, qualquer um, não importa qual seja o seu trabalho, precisa de uma sólida formação. Faz-se necessário conhecer o homem, sua grandeza e sua miséria, sua personalidade, sua história e sua sociedade. Ele precisa de uma base no conhecimento de pesquisa sistemática que chamamos de ciência – seus métodos, sua história, suas hipóteses fundamentais e suas teorias. Precisa de um mínimo de competência no uso da habilidade de imaginar, analisar, formular, interpretar e transmitir aquilo que chamamos de linguagem e que inclui, naturalmente, a matemática da habilidade de imaginar, compreender, formular, interpretar e transmitir a experiência que chamamos de artes, de ser capaz de esforçar-se para distinguir-se num determinado campo.

Isso significa especialização, uma vez que ninguém pode alcançar a perfeição senão num campo limitado. Isso significa educação para a contribuição em ação que é a educação prática. Habilidade especializada torna-se, sobretudo, efetiva em uma ocupação profissional dentro da nova organização. Não obstante, o empreendedor só é eficaz em uma organização se tiver um bom conhecimento geral para referir-se a si mesmo e ao seu empreendimento. Para ser eficaz, ele deve, por conseguinte, ter uma base de cultura geral e ser capaz de manejar os instrumentos do pensamento e da experiência, que são universais, em vez de especializados.

A eficácia daqueles que iniciam um empreendimento é um dos temas que mais atraem a atenção dos estudiosos do empreendedorismo.[22]

O que interessa à empresa não é trabalho, mas resultados. O trabalho atual do empreendedor toma todo o seu tempo e, apesar disso, raramente é benfeito. Poucos empreendedores estão satisfeitos com seu próprio desempenho nas tarefas imediatas. Eles se sentem como em uma "corrida de ratos" e controlados por qualquer coisa que o correio eletrônico coloque em sua "caixa de entrada".

O "empreendedor consciente de resultados" precisa substituir o "empreendedor preocupado em trabalhar". Para isso, a empresa precisa introduzir um sistema econômico de planejamento e avaliação mercadológica que lhe permita substituir o enfoque no trabalho pelo nos resultados. "A verdadeira doença é a falta de qualquer base de conhecimentos e sistema para lidar com as tarefas econômicas dos negócios."

A tarefa econômica de uma empresa tem três dimensões: 1) o presente trabalho precisa ser mais eficaz; 2) seu potencial deve ser identificado e realizado; e 3) ele precisa ser transformado em um negócio diferente, tendo em vista um futuro diferente. O futuro não será feito amanhã. Está sendo feito hoje, em grande parte pelas decisões e ações tomadas nas tarefas de hoje.

Cada tarefa requer uma abordagem diferente, levanta questões diferentes e cada qual apresenta conclusões divergentes, não obstante, inseparáveis.

Todas as três dimensões precisam ser atingidas ao mesmo tempo: hoje. Todas devem ser realizadas na mesma organização, com o mesmo potencial humano, conhecimento e dinheiro e no mesmo processo empresarial.

Para resolver qualquer uma dessas tarefas ao mesmo tempo, é necessário compreender a verdadeira realidade da empresa como um sistema econômico, a sua capacidade de desempenho econômico e a relação entre recursos disponíveis e resultados possíveis. Caso contrário, não haverá alternativas para a rotina improdutiva.

As empresas são diferentes, mas as atividades assemelham-se muito, independentemente do tamanho e estrutura, produtos, tecnologia e mercados, cultura e competência administrativa. Existe uma realidade empresarial comum.

---

22 DRUCKER Peter F. *Managing for results*. New York: Harper & Row, 1964. p. 10-31.

Há realmente dois conjuntos de generalizações que se aplicam à maioria das empresas, na maior parte do tempo: um diz respeito aos seus resultados e recursos; o outro relaciona-se aos seus esforços. Juntos, eles conduzem a várias conclusões sobre a natureza e a direção da tarefa empresarial.

Um alerta deve ser feito aos empreendedores:

- dentro do negócio não há resultados nem recursos. Ambos estão fora dele. Não há centros de lucros dentro do negócio, apenas centro de custos. As oportunidades de uma empresa residem fora dela, no ambiente em que está;
- os resultados são obtidos pela exploração das oportunidades, e não apenas pela solução dos problemas;
- os recursos precisam ser concentrados nas oportunidades, e não nos velhos problemas. Muitas empresas dispersam seus recursos financeiros empregando-os em produtos problemáticos, de rentabilidade duvidosa. Não se pode deixar de lado todos os problemas, mas eles podem e devem ser minimizados. Considera-se atualmente que *a* maximização das oportunidades é a definição mais precisa da responsabilidade empresarial. Significa que a eficácia, em vez da eficiência, é essencial nos negócios. A questão apropriada agora não é como fazer as coisas de modo certo, mas como encontrar as coisas certas a serem feitas, e nelas concentrar os recursos e esforços;
- resultados econômicos são conquistados graças à liderança, não por mera competência;
- toda situação de liderança é transitória e de vida efêmera. Nenhum negócio está seguro em sua posição de liderança. O que era líder ontem hoje possivelmente não mais o é;
- o que existe está ficando velho. Dizer que a maioria dos empreendedores gasta a maior parte de seu tempo resolvendo os problemas de hoje é um eufemismo. Eles gastam a maior parte do tempo com problemas de ontem. É sempre fútil restaurar a normalidade; a *normalidade* é apenas a realidade de ontem. Isso é, em grande parte, inevitável. O que existe hoje é, necessariamente, o produto de ontem;
- provavelmente, o que existe está mal alocado. Enquanto 90% dos resultados são produzidos pelos primeiros 10% dos eventos, 90% dos custos são feitos pelos 90% restantes de eventos sem resultados. Os recursos são geralmente alocados em 90% de eventos que não dão resultados. Em outras palavras, resultados e custos estão em relação inversa;

- a concentração é a chave dos resultados econômicos: concentrar recursos no pequeno número de produtos e atividades que produzem maior rendimento. O reverso é abandono. O abandono corajoso de produtos não rentáveis é chave para o sucesso da empresa.

4.5 O empreendedor e a atividade empresarial

4.5.1 Os setores de resultados

Ao analisar um empreendimento, faz-se necessário primeiro identificar os setores nos quais os resultados podem ser mensurados. Tais setores de resultados representam as verdadeiras empresas dentro do complexo empresarial maior: produtos ou linhas de produtos (ou serviços), mercados (incluindo clientes e consumidores) e canais de distribuição.

4.5.2 Definição de produtos e serviços

O exame de tais setores deve começar pelos produtos (ou serviços) e, em particular, pela definição do que seja produto. Não se trata de questão simples, embora deva ser objeto de conhecimento e compreensão de todo candidato a empreendedor.

Praticamente toda empresa possui alguns produtos que são, na verdade, partes de outro produto – um acessório ou uma promoção de vendas. Julgá-los segundo os padrões de produtos seria um erro. Eles devem ser julgados por sua contribuição aos produtos verdadeiros, por exemplo, e pela capacidade de promover vendas.

Ao contrário, uma empresa pode considerar promoção de vendas ou acessório – isto é, componente de um pacote – o que, na realidade, é o produto, já que o resto do pacote não está sendo comprado.

4.5.3 Resultados das atividades empresariais

Parece óbvio que uma atividade comercial seja remunerada por seus produtos. No entanto, embora também pareça claro, muitas vezes não se considera que é preciso haver um mercado para o produto, e que existem canais distributivos para levá-lo do fabricante ao mercado.

Tanto o mercado como o canal distributivo são, muitas vezes, mais importantes que o produto. Na verdade, o produto não existe, do ponto de vista econômico, exceto dentro de um mercado, onde é adquirido por um consumidor, que o recebe por um canal distributivo. Já os mercados e os canais de distribuição existem independentemente de qualquer produto – são fundamentais: o produto é secundário.

O que o empreendedor deve ter em mente não são as respostas certas, mas as perguntas certas.

4.5.4 O cliente é o negócio

As empresas existem para criar e preservar seus clientes, e não para criar produtos/serviços, como muita gente imagina. Os produtos/serviços são efêmeros; os clientes, não.

A atividade comercial é um processo que transforma um recurso – o conhecimento preciso – em uma contribuição de valor econômico no mercado. A finalidade de uma atividade comercial é criar um cliente. O objetivo é fornecer algo que um elemento externo e independente, com a livre escolha de não comprá-lo, deseje trocar por seu poder aquisitivo. E apenas o conhecimento dá aos produtos de qualquer atividade comercial aquela posição de liderança na qual baseiam, em última análise, o sucesso e a própria sobrevivência.

Do lado de dentro não é fácil descobrir a razão pela qual a atividade comercial recebe pagamento. É preciso que se tente analisar, organizadamente, de fora o próprio negócio.

O principal problema dos empreendedores é a suposição de que o negócio é o dinheiro, em vez de ser a criação de novos produtos e serviços, de novos clientes e de novos empregos. Essa é a verdadeira medida do negócio de sucesso. Mas a criação de riquezas é um negócio de alto risco e, tal como as pessoas, quanto mais velhas e ricas se tornam as instituições, menos estão dispostas a correr riscos.

Hoje em dia, toda empresa deve orientar suas ações para os clientes. Isso é ponto pacífico. Mas também deve agir de acordo com o mercado.

A "empresa voltada para o cliente" já não é suficiente, uma vez que as mudanças de comportamento e de hábitos de consumo não estão ocorrendo somente entre os clientes. É bom lembrar que os não clientes são sempre mais numerosos que os clientes, a não ser que a empresa detenha o monopólio de seu mercado – o que não é muito frequente. No cenário atual, a empresa deve estar voltada para os clientes e para os não clientes.

4.5.5 O comportamento do cliente

Tudo o que expusemos anteriormente constitui uma novidade para os empreendedores. De uma década para cá, a visão de marketing tem sido amplamente divulgada. No entanto, nem tudo designado como marketing realmente o é. Muitos esforços sérios têm sido feitos para que saibamos o que queremos dizer com análise de marketing de uma atividade comercial, e como é possível realizá-la.

As realidades mercadológicas apontam-nos outras suposições:

- é provável que o que a empresa supõe saber sobre o cliente esteja errado. Só o cliente sabe o quer. E só existe um meio de se saber o que o cliente quer: perguntando a ele. Assim, a empresa saberá o que ele quer, como ele quer e por quanto está disposto a comprar o produto ou pagar pelos serviços;
- o que a empresa pensa que está vendendo não é, necessariamente, o que o cliente está comprando. Pode parecer muito esquisito, mas não é. Assim, nem sempre aquele que o fabricante define como seu concorrente realmente é;
- só existe uma pessoa que sabe o que está comprando, e essa pessoa é o cliente. Se o empreendedor insistir em adivinhar o que o cliente está comprando, muito provavelmente errará;
- aquilo que o produtor imagina ser o mais importante para o cliente, por ser o aspecto principal do produto, nem sempre o é. Por quê? O aspecto principal de um produto é aquele que o cliente acha o principal, não o que o produtor acha o principal;
- é absolutamente inútil as empresas imaginarem que merecem um consumo *ad aeternitatem* para seus produtos pelos bons serviços prestados ao mercado. É inútil as empresas imaginarem que o mercado dá medalha de honra à empresa por ela ter prestado bons serviços durante determinado tempo. Ao mercado só interessa aquilo que ele efetivamente quer, porque, quando ele não quiser mais, ele põe de lado, sem a menor consideração;
- presume-se que o consumidor seja racional, mas a sua racionalidade não é, necessariamente, a mesma que a do fabricante. A metodologia de raciocínio ou forma de raciocínio ou racionalidade do cliente pode, talvez, até ser a mesma do fabricante, mas é muito mais provável que não seja;

- cliente não é quem compra, é quem toma a decisão de comprar. Muitas empresas têm cometido terríveis enganos por não saberem exatamente quem é o cliente, imaginando que ele é aquela pessoa que vai à sua loja e faz a compra. Este pode ser o cliente, desde que tenha tomado a decisão de comprar.

4.6 Negócios baseados no conhecimento

O empreendedor de empresa de base tecnológica sabe que o principal *input* de seu empreendimento é o conhecimento, o capital humano – seu e de seus colaboradores. A luta pela preservação e renovação desse capital intelectual é um processo sem fim, é algo que acompanhará o empreendedor por toda a sua existência.

Os resultados econômicos são frutos da diferenciação.[23] A fonte dessa diferenciação é que produz a sobrevivência da atividade comercial e sua expansão e distinção, partilhada por um grupo de pessoas que participe da atividade comercial.

Um modelo de análise de indústria baseado na identificação de cinco forças é sugerido aos empreendedores. Eis uma breve descrição das questões a que devem responder em cada uma delas:

- Ameaça de novas entradas – Existem barreiras à entrada de novos competidores?
- Rivalidade entre os concorrentes – Há guerra de preços, publicidade ou de produtos?
- Existência de produtos substitutos – Há uma ameaça de substituição por produtos ou serviços que satisfaçam às mesmas necessidades?
- Poder de negociação dos clientes – Qual o seu poder para influenciar as variações de preço dos produtos ou serviços?
- Poder de negociação dos fornecedores – Qual o seu poder de negociação para elevar os preços ou reduzir o nível de qualidade oferecido?[24]

---

23 PORTER, M. E. Como as forças competitivas determinam as estratégias. Trad. de Adalberto da Silva Brito. *Negócios em Exame*, (202), p. 35-43, 9 de set. 1979.

24 PORTER, M.E. *Competitive strategy*. New York: The Free Press, 1980. p. 22-181.

Às vezes, o conhecimento que define a atividade comercial pode ser puramente tecnológico. No entanto, podemos diferenciar conhecimento de tecnologia. A tecnologia é uma forma de conhecimento. Existem muitas empresas nas quais o conhecimento é o único elemento necessário, ou seja, empresas bem-sucedidas que atuam em campos altamente tecnológicos e que não têm uma posição de destaque em tecnologia. Naturalmente, precisam ser tecnologicamente competentes. Apesar disso, sua força específica reside em outro lugar – por exemplo, no marketing.

Essas hipóteses levantadas podem ser em seguida experimentadas pelo empreendedor por meio de algumas perguntas que a interpretação dos dados irá responder: Quem é o não consumidor (o que não compra nossos produtos, apesar de estar no mercado)? Por que ele não é nosso consumidor? O que o cliente compra além do nosso produto? O que ele faz com seu dinheiro e seu tempo? O que os clientes e não clientes compram dos outros? Que satisfações obtêm com isso? Que produto ou serviço preencheria as áreas de satisfação importantes – tanto as que servimos como as que não servimos? O que fariam os clientes sem o nosso produto? Quais são os acessórios significativos?

Como consequência da análise dessas realidades mercadológicas, a empresa, por meio de seu empreendedor, deve avaliar o capital formado pelos seus conhecimentos, analisando seus pontos fracos e fortes. Questionar: Qual é o nosso negócio? O que estamos em condições de fazer bem?

O conhecimento é um bem perecível. Ele precisa ser reafirmado, reaprendido, (re)praticado todo o tempo. Uma pessoa precisa trabalhar constantemente para reconquistar a própria liderança específica. Todo conhecimento torna-se conhecimento errado. Torna-se obsoleto. A pergunta deveria ser: Do que *mais* precisamos? Ou, precisamos de algo diferente?

Nenhuma empresa pode tornar-se excelente em muitas áreas de conhecimento, por isso deve concentrar-se em fazer poucas coisas muito bem. De cada 100 negócios que começam, 75 morrem antes de seu quinto aniversário, com o fracasso da administração como causa principal.

No exame dos seus conhecimentos técnicos, a empresa, via seu empreendedor, pode formular estas perguntas:

1. Temos o conhecimento certo?;
2. Estamos concentrados onde estão os resultados?;
3. Estamos sendo pagos pelo conhecimento com que contribuímos?;
4. Nosso conhecimento está adequadamente aplicado a nossos bens e serviços?;

5. Como podemos melhorar?;
6. O que estamos perdendo?

Para dar resultados, o empreendedor não deve temer as decisões de abandono dos produtos não rentáveis. "O abandono é chave da inovação, não só porque ele liberta os recursos necessários, mas porque ele estimula a procura do novo que substituirá o velho." Os custos escondidos de qualquer atividade são muito maiores do que um empreendedor pode supor ou do que os sistemas de contabilidade mostram.

O empreendedor deve ser capaz de ver que a empresa realmente é o que ela faz o que pode fazer. Deve ter capacidade de determinar:

- as satisfações que seus produtos ou serviços visam proporcionar, as necessidades a que deveriam atender e a condição que se pode esperar que a empresa receba como pagamento;
- os setores de conhecimento nos quais a empresa precisa se destacar para ter a contribuição desejada;
- os clientes, mercados e usos finais, para os quais a empresa contribui com valores distintos;
- os canais de distribuição que precisam ser desenvolvidos;
- a tecnologia, os processos, setores de produtos e serviços nos quais esses objetivos encontram sua implementação e por meio dos quais assumem uma forma física e tangível;
- a posição de liderança necessária em cada setor de resultados.

4.7 O empreendedor e as oportunidades

Para tornar eficaz seu negócio, o empreendedor dispõe de três métodos bem experimentados e comprovados:

- pode começar com um modelo do "negócio ideal", que produziria resultados máximos em consequência dos mercados e conhecimentos disponíveis – ou pelo menos aqueles resultados que, a longo prazo, oferecessem maior possibilidades de êxito;
- pode tentar maximizar as oportunidades, focalizando nos recursos disponíveis possibilidades mais atraentes e dedicando-se a elas para obter os melhores resultados;
- pode maximizar os recursos para que sejam encontradas – ou criadas – aquelas oportunidades que forneçam o maior impacto possível.

Na busca por novas oportunidades, toda empresa deve estar aberta para o futuro. Sabem-se de duas coisas sobre o futuro: que não pode ser conhecido e que será diferente do hoje. Analisar o futuro significa estudar os eventos importantes do hoje em relação a seu impacto no amanhã. Os grandes eventos têm sempre um espaço de tempo entre si e seu impacto, nas pessoas e nas ideias. Duas fontes importantes de investigação são, sem dúvida, a população (as maiores mudanças de mercado foram criadas pelas mudanças na população) e o tempo de lazer, que leva à procura de novos bens e conhecimentos.

Assim, o empreendedor pode se perguntar:

- Aconteceu alguma coisa que poderá estabelecer uma nova realidade para a indústria, o país, o mercado?
- Está acontecendo alguma coisa na estrutura de uma indústria que indique uma mudança maior?
- Quais são nossas suposições básicas sobre a sociedade e a economia, o mercado e o consumidor, o conhecimento e a tecnologia?
- Elas ainda são válidas?

Pelo que se pode perceber, o futuro não será feito amanhã; ele está sendo construído hoje – em grande parte de decisões e ações tomadas com respeito às tarefas de hoje.

É comum encontrarmos empreendedores inteligentes, com sólidos conhecimentos do ramo de negócio no qual desejam empreender, pessoas brilhantes e imaginativas. No entanto, poucos desses empreendedores são eficazes.[25]

Além disso, são muitos os empreendedores bem dotados de conhecimento técnico do negócio, mas ineficazes na condução da parte gerencial do empreendimento.

A eficácia é um hábito, não uma qualidade herdada naturalmente. Ela pode ser aprendida. Grande parte da eficácia não é representada pelo desempenho dos atos, pela escolha do alvo certo ao qual direcionar suas energias. Nada mais triste do que observar um departamento de pesquisa e desenvolvimento inteiro desperdiçar seu talento em um projeto errado.

25 DRUCKER Peter F. *The effective executive*. New York: Harper & Row, 1976. p. 20-60.

Outro aspecto da eficácia é olhar para fora da empresa. Todo empreendedor, seja sua organização uma empresa comercial, seja industrial ou de serviços, vê o interior – a organização – como a realidade próxima e imediata. E vê o exterior somente através de lentes espessas e distorcidas. O que acontece fora não é nem mesmo conhecido em primeira mão. É recebido por um filtro de relatórios, isto é, em uma forma pré-digerida e altamente abstrata que impõe critérios organizacionais de relevância à realidade externa.

Como se sabe, não há resultados dentro da organização. Todos estão fora. Os únicos resultados do negócio são produzidos por um consumidor que converte os custos e esforços do negócio em dividendos e lucros.

A grande questão é que os eventos externos importantes e relevantes são frequentemente qualitativos e não passíveis de serem quantificados. E muitos de nossos empreendedores estão cada vez mais dominados pelo ópio intelectual da estatística, a ponto de não serem capazes de enxergar nada além das tendências estatisticamente demonstradas.

Os verdadeiros eventos externos não são tendências, são mudanças nas tendências. Algumas decisões que dependem da estatística são tardias. A incapacidade de reagir e responder, de forma firme, às mudanças é a principal característica das grandes empresas.

As empresas de maior porte se comportam de maneira quase que padronizada quando deparam com uma nova tecnologia. De certa forma, uma parcela considerável dessas empresas recusa-se a acreditar que a tecnologia que conseguiu desenvolver é importante.

O caso da Mobile Data Communications é um exemplo desse comportamento. Em 1994, a AT&T, uma das maiores empresas do ramo das telecomunicações dos Estados Unidos, e inventora da tecnologia do telefone celular, abandonou os negócios dos telefones celulares acreditando que o mercado, no ano de 1994, não alcançaria um milhão de assinantes.

Atualmente, o número de clientes supera os bilhões e a AT&T teve que gastar 12,6 bilhões de dólares em 1994 para comprar a McCaw Cellular Communications, conseguindo assim retomar o negócio. A AT&T conseguiu dar a volta por cima, mas muitas empresas demonstram incapacidade de adaptar-se às transformações, e não são capazes de responder às mudanças que ocorrem no ambiente – por conseguinte, não sobrevivem. Tornam-se alvo de aquisições, são fundidas, purgadas e submersas, desaparecendo da face da Terra.

Numa empresa, o empreendedor deve encarar quatro realidades principais sobre as quais não tem essencialmente nenhum controle:

- seu tempo, na aparência, pertence a um grande número de pessoas. Praticamente todo mundo pode, pessoalmente ou por telefone, intrometer-se no tempo de que um empreendedor dispõe. Na verdade, os empreendedores podem ser definidos como pessoas que, normalmente, não dispõem de tempo para si mesmas;
- os empreendedores são obrigados a se manter em atividade, a não ser que façam algo de positivo para alterar a realidade em que vivem e trabalham. Se o empreendedor deixar os acontecimentos determinarem o que ele deve fazer, qual trabalho executar ou o que levar a sério, estará longe de atuar eficazmente. Pode tratar-se de uma excelente pessoa, mas estará seguramente desperdiçando seus conhecimentos e capacidade, e jogando fora a eficácia que poderia atingir. O empreendedor precisa de critério, que lhe permitirá trabalhar no que é verdadeiramente importante, isto é, em contribuições e resultados;
- o empreendedor pertence a uma organização e isso significa que ele só é eficaz se e quando outras puderem servir-se de sua contribuição;
- os empreendedores são parte de uma organização. Cada um deles vê essa entidade como uma realidade próxima e imediata. Muitas vezes, não sabe o que se passa fora dela, a não ser em segunda mão. Nesse intervalo, o que acontece em seu interior pode ser resumido em esforço e custo.

A organização é um artifício social, um órgão da sociedade, e se justifica pela contribuição que presta ao mundo exterior. Quanto maior e mais bem-sucedida for uma organização, mais os acontecimentos internos tendem a engajar os interesses, as energias e a capacidade do empreendedor.

Um risco, especialmente na era da tecnologia da informação, é excluir os acontecimentos externos dos interesses dos empreendedores. Deve-se lembrar que o computador só utiliza dados quantitativos – e só pode quantificar o que se passa dentro da organização. Já os acontecimentos externos raramente são disponíveis de forma quantitativa, mas sim qualitativa. E quem pode selecioná-los é o empreendedor. Nessa hora, além de usar todas as ferramentas de que dispõe, ele ainda faz uso da intuição para perceber aquilo que é realmente importante para o desenvolvimento de seus negócios.[26]

4.8 Os instrumentos do empreendedor de base tecnológica: tecnologia e gestão

Neste livro nos recusamos a fazer da história da tecnologia uma história dos materiais e ferramentas, procurando elaborar uma história social, isto é, uma interpretação das sucessivas atitudes do homem diante da tecnologia, omitindo referências aos aspectos econômicos e políticos. No passado, o saber era um luxo e um dom raro, cultivado por uma elite educada e vivia quase sempre separado do fazer. A civilização atual está aproximando distâncias entre o saber e o fazer, e a tecnologia apressa essa união.

A tecnologia é ainda mais importante hoje porque está unida à ciência. O tecnólogo do século passado era um inventor sem escolaridade, que trabalhava com instituições geniais; o tecnólogo de hoje é um cientista, portanto, um homem academicamente educado, trabalhando em equipe e por meio da pesquisa sistemática. Recusa, de um lado, o cientificismo otimista do fim do século e, de outro lado, o pessimismo de um Huxley, de um Chaplin ou de um Marcuse, que procuraram, simplesmente, repudiar a civilização tecnológica.[27]

Podemos propor a humanização da tecnologia por meio da definição das responsabilidades dos empreendedores. Saber administrar o conhecimento é o grande valor da atualidade, oposto à administração da experiência, que é o valor do passado. Se a tecnologia e o saber são "extensão do homem", elas não podem ser usadas contra

26 CANE, All. Information technology. *Financial Times Review.* (100), p. 1-2, May, 3 1995; KANTER, Rosabeth M. et al. Driving corpotate entrepreneurship. *Management Review*, 75(4), p. 14-16, Apr. 1987; SANTOS, Sílvio Aparecido dos. *A criação de empresas de alta tecnologia:* capital de risco e os bancos de desenvolvimento. São Paulo: Pioneira, 1987. p. 191.

27 SAGAN, Carl. A ciência constrói os fundamentos do século XXI. *O Estado de S. Paulo*, n. 3612, p. 6-8, 29 dez. 1996.

o homem. O problema está em controlá-las. Drucker, de seu ângulo generalista, fixou-se na tarefa de responsabilidade do empreendedor.[28]

A comunicação na empresa não deve ser considerada um simples *meio* de organização, porém um verdadeiro *modo* de organizar, pois exige que as pessoas participem da responsabilidade das decisões tomadas.

A comunicação não advém do fato de que as pessoas sejam *explicadas*, mas, principalmente, do fato de as coisas terem uma relação direta (feitas ou sentidas) com as pessoas.

A explosão da informação, junto com o crescente volume de estudos sobre comunicações, não contribuiu para melhorar a comunicação, porque, provavelmente, as suposições básicas não foram válidas.

O novo papel do empreendedor, neste início de século, pode ser sintetizado da seguinte forma:

- as grandes tarefas da sociedade são cumpridas por instituições organizadas e administradas. A administração não é, pois, uma instituição única, peculiar e isolada, mas, sim, a função social central e genérica da sociedade;
- porque nossa sociedade está se tornando uma sociedade de organizações, todas as instituições, inclusive as empresas, devem sentir-se responsáveis em aperfeiçoar e melhorar a qualidade de vida. Melhorar a qualidade de vida deve ser considerado uma oportunidade e transformado num negócio lucrativo;
- inovar deve ser considerado tão importante quanto administrar o que já existe, e talvez até mais relevante nos próximos anos. Não pode ser considerado um comportamento externo ou periférico da administração;
- mais do que fazer o operário tornar-se produtivo, a grande tarefa de nossa época é tornar o conhecimento produtivo. "O grande recurso capital básico, investimento fundamental, mas também o centro de custo de uma economia desenvolvida é o trabalhador do conhecimento, que põe em ação o que aprendeu na educação sistemática, isto é, conceitos, ideias e teorias, muito mais do que o homem, que põe em ação a destreza e os músculos";
- além de ser ferramenta, técnica, conceito, princípio e disciplina, a administração é uma cultura e um sistema de valor. A administração pode ser

28 DRUCKER, 1970, p. 103-127.

considerada uma ponte entre a civilização, que está se tornando universal, e uma cultura que exprime tradições, crenças e heranças divergentes. A administração é o instrumento por meio do qual a diversidade cultural pode servir a propósitos comuns da humanidade;

- o desenvolvimento é o resultado da administração, e não o contrário. Talvez com excessiva simplificação se possa dizer que não há países subdesenvolvidos, mas sim países subadministrados.

O trabalho tecnológico mudou sua estrutura com a profissionalização. Enquanto no século XIX a maior parte dos inventores não tinha educação formal, no século XX, o trabalhador técnico já era um indivíduo altamente treinado pela educação sistemática. Anteriormente, o novo conhecimento e a destreza estavam nas mãos de artesãos e operários de engenhosidade incomum. Por volta do período da Primeira Guerra Mundial, o graduado técnico universitário começou a assumir a liderança no trabalho tecnológico e, a partir daí, essa tarefa tornou-se uma profissão. O que não significa, no entanto, que tenha desaparecido o inventor sem formação acadêmica. Edwin Land, o inventor da Polaroid, que abandonou o ensino médio, descreve-se no como inventor.

A profissionalização trouxe a especialização e a institucionalização. O laboratório de pesquisa tornou-se o centro da invenção. É mais o laboratório do que o indivíduo que produz a nova tecnologia. A descoberta é resultado de um esforço de equipe.

Além das mudanças estruturais, a tecnologia passou por mudanças metodológicas. A tecnologia tomou como base a ciência e adotou a pesquisa sistemática. O que antes se chamava invenção hoje se denomina inovação. Até há pouco tempo, o tecnologista tinha menor contato com o cientista e não considerava o trabalho deste último importante para sua tecnologia. Veja-se que tanto o aeroplano como o automóvel, nos seus anos iniciais, tiraram poucos benefícios da ciência teórica. No que tange à pesquisa sistemática, ela não era adotada pelos inventores do século passado. A invenção era mais uma intuição instantânea do que algo administrado, organizado e sistemático. Thomas Edison, ainda um inventor daquele século, sentiu a necessidade de definir os elementos da disciplina da pesquisa:

1. definir a necessidade;
2. definir um objetivo claro;
3. identificar os passos necessários;

4. realimentar constantemente os resultados;
5. organizar o trabalho, de modo que cada segmento principal seja designado a uma equipe específica.[29]

A inovação e a abordagem sistemática estão apenas emergindo. Seu grande impacto será, certamente, mais adiante. Mas elas já vêm mudando a vida, a sociedade e a visão do mundo, assim como a tecnologia e seu papel.

As principais mudanças que a tecnologia produziu na sociedade do século XX podem ser assim resumidas:

- emancipação feminina: "a máquina de escrever e o telefone permitiram que a filha de uma família decente saísse de casa e levasse uma vida respeitável, independente do marido ou do pai. A necessidade de mulheres para operar máquinas e estações telefônicas forçou mesmo os mais relutantes governos europeus a prover educação secundária pública para meninas, o que foi o maior evento isolado para conceder igualdade às mulheres";
- organização do trabalho: a obra do movimento de Administração Científica de Taylor baseou-se na suposição de que a produtividade era conseguida muito mais pela organização do conhecimento do que pelo trabalho manual. Como consequência, a sociedade teve de criar novas formas de profissão e estudo para preparar pessoas rumo à organização industrial;
- papel da educação: a instrução foi, no passado, um luxo que apenas a uma classe interessava; apenas um punhado de pessoas (ministros, advogados, doutores, mercadores e alguns funcionários do governo) precisava ler e escrever. A educação deixou de constituir um ornamento, um luxo, para ser o recurso econômico central da sociedade tecnológica.

O horizonte humano mudou com a tecnologia. Se, para os antigos, esse horizonte era fixado em função de quanto um homem podia caminhar ou cavalgar, hoje ele é fixado pelas tecnologias de informação e comunicação. O mundo tornou-se uma comunidade local: "não é acidental que os jovens, de todo o mundo, sonhem com um carro; a mobilidade em quatro rodas é o símbolo da libertação da autoridade tradicional".

---

29 ROBERT, M. *Product innovation strategy*, pure and simple. New York: McGraw-Hill, 1995. p. 40-46; CHANDLER, Colby H. Eastman Kodak opens windows of opportunity. *The Journal of Business Strategy*, 7(1), p. 5-8, Summer 1986.

No entanto, o rádio, a televisão, o cinema e a internet dão a cada um a experiência imediata do mundo. Simplificando um tanto, pode-se dizer que os críticos da tecnologia, representados pelo *Admirável mundo novo*, de Huxley, escrito em 1932, durante a Depressão, e pelos *Tempos modernos*, de Chaplin, sofrem a desilusão romântica e de saudosismo pela sociedade pré-industrial.

Repudiar a tecnologia não parece ser uma solução sensata. O homem precisa entendê-la, incorporá-la, dominá-la, para que alcance seus objetivos.

4.9 O empreendedor e a gestão eficaz

Drucker[30] expõe virtualmente todas as ferramentas da moderna ciência da administração, da planificação de uma estratégia até a descrição de como executar as diversas tarefas de um empreendedor. Assim, é possível rever, entre o copioso conjunto de conceitos, a configuração de ideias antigas como a de que uma empresa é criada e dirigida por pessoas, e não por forças, ou que o lucro não é a causa, e sim o resultado de um negócio, ou ainda que o propósito de qualquer negócio é criar um cliente, e, sendo assim, a empresa tem duas funções básicas: o marketing e a inovação. Mas também é possível tomar contato com recentes estudos sobre a alta administração, diversificação e companhias multinacionais.

Mais do que um manual sobre o que fazer, contudo, *management* é o desfecho de toda a teoria de Drucker sobre a administração. Uma teoria que, ao longo de décadas, vem se desenvolvendo em torno de um único grande tema: em algumas gerações, o mundo passou da pequena empresa familiar para uma sociedade de vastas e complexas instituições. E a responsabilidade de fazer essas instituições funcionarem efetivamente repousa sobre os ombros de seus administradores e – por que não dizer? – dos empreendedores, que são responsáveis pelo surgimento de empreendimentos inovadores.

Uma das funções da administração é integrar o presente e o futuro. O administrador é também um empreendedor. Ele deve deixar de lado o ontem e criar o amanhã. A estrutura mais simples é a melhor, ou seja, quanto mais simples for a estrutura de uma empresa, menor será o perigo de se cometerem erros. A organização é mais um meio de atingir um fim do que um fim em si mesmo. O que determina a boa saúde de uma organização não é a sua beleza ou perfeição. É a performance de sua equipe.

30 DRUCKER, 1974, p. 110-189.

Quase todos os livros sobre *management*, administração, destacam a necessidade de inovar. Mas, além disso, em regra, dão pouca atenção ao que o *management* deve fazer para estimular a inovação e torná-la efetiva. Em muitos debates o que se destaca, quase exclusivamente, é a função administrativa do *management*, isto é, manter os negócios em funcionamento e melhorar o que já é conhecido e está sendo realizado. Normalmente negligencia-se a função empresarial de criar, efetiva e deliberadamente, o novo e diferente.

Ao negligenciarem o aspecto inovador do *management*, os livros apenas espelham a realidade da vida empresarial. Todo *management* acentua a necessidade de inovar. Porém poucas empresas, tanto grandes como pequenas, organizam a inovação como uma tarefa distinta e principal.

No passado, houve boas razões para que a ênfase na função administrativa colocasse a inovação em plano secundário. Quando o *management* começou a despertar interesse nos primeiros anos deste século, a necessidade maior era aprender a estruturar e administrar as grandes organizações que subitamente surgiam. A inovação, à medida que recebia atenção, era tida como uma atividade separada, um trabalho exercido pelo indivíduo, pelo inventor. Ou era considerada um trabalho predominantemente técnico, como a pesquisa.

No entanto, não havia muito campo para a inovação nos anos entre 1920 e 1950, quando foi realizado o trabalho básico de implantação do *management*, pois, contrariamente à crença comum, aqueles não foram anos de mudanças rápidas, seja na tecnologia, seja na sociedade.

Hoje, contudo, talvez estejamos entrando em um período de rápida transição, mais comparável, em suas características básicas, às décadas finais do século XIX do que ao passado imediato que conhecemos melhor. No final do século XIX, em intervalos de meses, surgiam novas invenções que determinavam, quase imediatamente, o aparecimento de novas e importantes indústrias. Esse período começou em 1856, ano em que surgiram o dínamo de Siemens e a tintura de anilina da Perkins, e terminou com o desenvolvimento da moderna válvula eletrônica, em 1911.

No intervalo, surgiram a máquina de escrever e o automóvel, a lâmpada elétrica, as fibras artificiais, os tratores, os bondes, as drogas sintéticas, o telefone, o rádio e o avião, para mencionar apenas algumas inovações. Em outras palavras, surgiu o mundo moderno.

Em compensação, nenhuma indústria verdadeiramente grande foi implantada, de 1914 até o final da década de 1950, quando os computadores começaram a entrar em funcionamento.

A empresa, sua estrutura e organização, a maneira como ela integra o saber no trabalho e este no desempenho, sua integração com a sociedade e o governo, são, também, áreas em que a inovação se faz necessária e oportuna. É certo que estamos diante da necessidade, na esfera econômica e social, de um novo período de atividade inovadora, como o que marcou a segunda metade do século XIX.

Os mais inovadores laboratórios de produtos farmacêuticos definem sua meta sob a forma de novos remédios que representam significativa diferença para a clínica médica e para a saúde dos pacientes. Não definem inovação em termos de pesquisa, mas em termos do exercício da medicina. Da mesma forma, os Laboratórios Bell se faziam constantemente a pergunta: "O que poderia tornar o serviço telefônico diferente?".[31] Não surpreende, pois, que sejam os mais voltados para o mercado: alcançaram os avanços técnicos ou científicos mais importantes. Por exemplo, criaram o transístor, produziram a matemática básica de teoria da informação e foram responsáveis por algumas descobertas fundamentais para o computador.

No entanto, naturalmente, há as inovações inesperadas e que mudam o mundo, em vez de explorá-lo. São aquelas para as quais um empreendedor faz um esforço para que algo aconteça. Essas são as verdadeiramente importantes. São as inovações de um Henry Ford, que descortinou algo que não existia, como foi o mercado de massas, e se empenhou em torná-lo realidade.

Estas inovações estão fora da lista de probabilidades – ou, pelo menos, ficam em pontos tão extremos que se tornam altamente improváveis. São também as mais arriscadas. Para cada uma dessas inovações bem-sucedidas deve haver 99 que malogram, 99 que foram sepultadas em completo silêncio. Assim, embora elas devam ficar sob observação, não podem ser objeto de atividade sistemática dentro da empresa.

Um negócio em funcionamento tem como premissa que as atuais linhas de produção e de serviços, os atuais mercados e canais de distribuição, as atuais tecnologias

31 PENZIAS, Arno. *Liderando organizações em ambientes high-tech*. Trad. de Cecília Gouveia Dourado. São Paulo: Amana-Key, 1990. p. 70-99.

e processos continuarão. Dessa forma, o primeiro objetivo de uma estratégia para uma empresa em funcionamento é otimizar o que já existe ou está sendo criado.

Em contraste a isso, a estratégia inovadora presume que o que quer que exista está envelhecendo e logo terá que ser mudado ou substituído. O ponto principal de uma estratégia para o negócio em funcionamento poderia ser: melhor e mais. Para a estratégia inovadora, ponto principal tem que ser: novo e diferente.

As bases da estratégia inovadora são o planejamento e o sistemático abandono do velho e moribundo, do obsoleto. As organizações inovadoras não gastam nem tempo nem recursos na defesa do ontem. Somente o sistemático abandono do ontem pode liberar os recursos, especialmente o recurso mais escasso de todos: gente capaz para trabalhar no novo.

Uma estratégia de inovação deve ter objetivos bastante ambiciosos. É tão difícil, via de regra, introduzir uma modificação secundária num produto existente quanto fazer uma inovação. Em ambos os casos, o índice de perecimento das inovações é – e deve ser – alto. A estratégia inovadora, desta forma, visa criar um novo empreendimento, em vez de um produto dentro de uma linha já estabelecida. Visa criar uma nova capacidade de desempenho, e não uma melhoria. O alvo dos esforços de inovação é obter uma diferença significativa. Uma decisão técnica não é significativamente diferente. Não é a qualidade da ciência que faz a diferença. Não é o valor patrimonial de um empreendimento, nem a dificuldade de criá-lo. A diferença significativa está no impacto sobre o mercado e o público consumidor.

A inovação não continua em uma rigorosa progressão linear. Durante muito tempo, às vezes anos, há apenas esforços e nenhum resultado. Os primeiros resultados são, em geral, modestos. Aliás, os primeiros produtos são raramente os que o cliente comprará futuramente, tampouco os primeiros mercados são os principais mercados.

Ainda mais difícil de prever do que o posterior, o sucesso do verdadeiramente novo é o tempo que ele levará para se firmar. Há os casos do computador, dos antibióticos, da máquina Xerox – todas as invenções que dominaram o mercado. Mas para cada inovação bem-sucedida, cujos resultados são mais rápidos do que os previstos, há cinco outras – que acabam muitas vezes logrando igual sucesso – que durante muitos anos fazem, quando muito, pequenos e frustrantes progressos.

Esse é o caso do navio a vapor. Em 1835 sua superioridade já estava claramente estabelecida, mas ele só veio a substituir o navio a vela 50 anos depois. Com efeito, a *idade de ouro da navegação*, em que os grandes transatlânticos alcançaram a perfeição, começou somente depois que o navio a vapor foi plenamente desenvolvido. Durante quase meio século, portanto, o navio a vapor continuou sendo *amanhã*, sem perspectiva de tornar-se *hoje*.

Um dia, porém, após demorada gestação, o sucesso da inovação desponta meteoricamente. Dentro de poucos anos, torna-se uma nova indústria importante ou uma nova linha principal de produtos e de mercado. Mas até alcançar esse ponto não se pode prever quando a inovação deslanchará, nem se jamais o fará.

A estratégia da inovação requer diferentes julgamentos e uso de orçamentos e controle orçamentários diferentes daqueles apropriados aos negócios em funcionamento.

Impor aos esforços de inovação os julgamentos e, especialmente, as convenções contábeis adequados aos negócios existentes é má orientação. Inutiliza o esforço de inovação da mesma forma que se estropiaria uma criança de seis anos se de repente se pusesse sobre ela um volume de 50 quilos.

Finalmente, quando a inovação se torna bem-sucedida, pode converter-se em ameaça, já que então ela precisa de controles apropriados a um crescimento rápido, isto é, que mostrem os esforços e investimentos necessários para expansão excessiva.

No esforço inovador, a primeira e mais séria pergunta é: "Será esta a oportunidade certa?" E, se a resposta for afirmativa, pergunta-se: "Qual o máximo de pessoas competentes e de recursos básicos que podem ser acionados produtivamente nesta etapa?"

Um sistema separado de julgamento para o esforço inovador possibilita a avaliação dos três fatores que determinam sua estratégia: a oportunidade definitiva, o risco do malogro e o esforço e despesas necessários. De outra forma, o esforço continuará, ou será até acelerado, quando a oportunidade for extremamente limitada e o risco de insucesso grande.

A estratégia inovadora, por isso, requer um alto grau de disciplina, por parte do inovador. Ele tem que operar sem o apoio do orçamento e das medidas contábeis convencionais que fornecem, com rapidez e razoável segurança, informações sobre resultados atuais em programas e investimentos. Por isso, para que a inovação seja bem administrada, é importante pensar detidamente em o que se espera e para quando. Inevitavelmente, essas expectativas são mudadas pelos acontecimentos.

Mas, a menos que ocorram resultados intermediários no caminho, a inovação não está sendo administrada.

Uma estratégia para a inovação tem que ser baseada na clara aceitação do risco de fracasso e do risco talvez mais perigoso do quase sucesso. É tão importante decidir quando abandonar um esforço inovador como saber qual deles iniciar. Por isso é particularmente importante, para bem administrar a inovação, ponderar longamente e confiar ao papel as próprias expectativas. E posteriormente, quando a inovação se converter em produto, processo ou empreendimento, comparar as expectativas com a realidade. Se a realidade estiver muito aquém das expectativas, deve-se fazer a seguinte indagação: "Não seria melhor abandonar isto já? Mas como?"

Na empresa tradicional, a alta administração é a instância final. Isso significa que o mais importante poder da administração superior é o veto e sua função mais importante é dizer não a propostas e ideias que não estejam completamente justificadas e elaboradas. Na organização inovadora, no entanto, a primeira e mais importante atribuição da alta administração é o contrário: é converter ideias pouco práticas em viáveis. A alta administração considera sua atribuição ouvir as ideias e levá-las a sério. Novas ideias são sempre pouco práticas, por isso são necessárias outras para se encontrar uma viável. Aliás, nas etapas iniciais não há meio de distinguir a ideia tola daquela marcada pela genialidade. Ambas parecem igualmente impossíveis, ou igualmente brilhantes.

A alta administração na empresa inovadora, por isso, não somente encoraja as ideias, mas também indaga continuamente: "O que essa ideia teria que possuir para ser prática, realista, efetiva?" As ideias mais extravagantes e tolas são objeto de consideração, pois poderão conter alguma coisa nova, cuja exequibilidade possa ser avaliada.

Tuso isso pressupõe a reestruturação das relações entre a alta administração e o grupo humano dentro da empresa. A organização tradicional, naturalmente, permanece. Aliás, pelo organograma da organização, não é fácil distinguir aquela que é inovadora da que segue normas rigidamente mais burocráticas. Nem uma organização inovadora precisa ser permissiva ou democrática. Mas, em companhias inovadoras, o executivo sênior costuma realizar reuniões com os mais jovens sem marcar com antecedência. Senta-se com eles e simplesmente pergunta: "Que oportunidades vocês veem aqui?"

4.9.1 A prática da gestão

As indústrias baseadas em ciência e o trabalhador de conhecimento não tinham, até meados dos anos 1980, significado ou efeitos especiais. No entanto, a partir dessa década, as empresas de base tecnológica começaram a assumir um destacado papel na geração de emprego e renda.

A sociedade "pós-industrial" não é "pós" no sentido de que os surtos de expansão de industrialização estão no passado. A industrialização é mais do que invenções, máquinas e acúmulo tecnológico. Entre a crescente proporção de "trabalhadores de conhecimento" não se encontram apenas engenheiros, cientistas e técnicos, mas também gestores. No entanto, as referências fugazes aos gestores na literatura "pós-industrial" não são mais do que concessões de má vontade. O que se supõe ser decisiva é a expansão da elite científica, com seu "desenvolvimento sistemático de pesquisa e criação de empresas de base tecnológica (desproporcionalmente produtivas)", que ajudam a produzir profundos desequilíbrios estruturais na sociedade. Esse relato lírico de ciência negligencia o fato de as empresas de base tecnológica criadas via incubadora terem sido "concebidas", "desenvolvidas" e tornadas sistemáticas por alguém que, "juntando ciência à invenção, principalmente através da organização de esforços de pesquisa e desenvolvimento", ainda depende, pesada e inescapavelmente, dos labores práticos de técnicos honestos e, acima de tudo, do trabalho de gestores que identificam problemas e oportunidades, definem metas e propósitos, selecionam meios, reúnem recursos, motivam, dão energia, dirigem, medem, controlam e recompensam o desempenho das pessoas.

Tudo o que a gestão fez no passado para tornar possíveis a tecnologia e a abundância na indústria produtora de bens, e tudo o que está fazendo agora para ajudar a converter o conhecimento científico em produto prático de sistemas tecnológicos, está agora em ascendência nas indústrias que não são produtoras de bens. Alguma coisa do que pode ser realizado já foi descrito anteriormente, e com certeza há mais a caminho.

A gerência é o elemento crucial da sociedade. Se a sociedade está mesmo para ser "pós-industrial", "pós-capitalista", uma de suas armas será a prática da gestão. É ela que nos ensina que somente empresas organizadas e operadas para atender a desejos e necessidades dos seus clientes podem detectar oportunidades de crescimento e de expansão dos negócios. Empresas que se autoassumem como estando sobre alguma escada rolante automática de crescimento invariavelmente descem à estagnação.

A melhor maneira de uma empresa ter sorte é fazer a própria sorte. Isso exige o conhecimento do que torna um negócio bem-sucedido. Os empreendedores sabem muito bem como as palavras são baratas, e as atitudes caras.

O empreendedor tem de fazer, obviamente, o necessário para a sobrevivência da empresa. Deve adaptá-la aos requisitos do mercado, dos clientes – e quanto antes melhor. No entanto, a mera sobrevivência é uma aspiração apenas tolerável. Qualquer um pode sobreviver, de uma forma ou de outra, até mesmo um morador de rua. O segredo é sobreviver com bravura, para sentir o impulso ascendente de superioridade empresarial; não apenas experimentar o doce aroma do sucesso, mas ter o sentimento visceral da grandeza empreendedora.

É importante destacar que nenhuma organização pode atingir a grandeza sem um líder vigoroso, que é conduzido adiante por sua própria e pulsante determinação para ter sucesso. Ele precisa ter uma visão de grandeza, uma visão que possa produzir seguidores impetuosos em grandes números. Nos negócios, os seguidores são os clientes.

4.10 A sociedade pós-industrial

O debate acerca dos impactos das novas tecnologias na sociedade tem sido objeto de diversas formas de percepções do que vem a ser a mudança tecnológica.[32] Esse fenômeno está intrinsecamente relacionado com o surgimento da economia do conhecimento.

A expressão "sociedade pós-industrial" passou rapidamente para a literatura sociológica. Seu conceito não é uma predição definida, e sim uma construção conjectural, em relação à qual a realidade sociológica poderá ser medida nos próximos decênios. Podemos usá-la de duas maneiras: para enfatizar a natureza transitória dessas mudanças e para sublinhar o papel central de uma tecnologia intelectual.

Contudo, isso não quer dizer que a tecnologia seja a principal determinante de todas as mudanças sociais, pois nenhum esquema conceitual jamais esgota uma

---

32 MUCHILAP, F. *The production and distribution of knowledge in the USA*. Princeton: Princeton University Press, 1962. p. 6-15.

realidade social. Cada esquema conceitual é um prisma que seleciona algumas características em detrimento de outras, a fim de destacar a mudança histórica ou, mais especificamente, responder a determinadas perguntas.

Pode-se constatar isso ao estabelecer relação entre os conceitos de sociedade pós-industrial e de capitalismo.[33] Alguns críticos alegam que a sociedade pós-industrial não sucederá o capitalismo. Contudo, isso estabelece um falso confronto entre dois esquemas conceituais diferentes e organizados ao longo de dois diferentes eixos. O esquema pós-industrial refere-se à dimensão sociotécnica de uma sociedade, e o capitalista, à dimensão socioeconômica.

O conceito de pós-industrial contrapõe-se aos de pré-industrial e industrial. Um setor pré-industrial é, antes de tudo, extrativo, sua economia baseada em agricultura, pesca, mineração, madeira e outros recursos, como gás natural ou petróleo. Já um setor industrial é primordialmente manufatureiro, utilizando energia e tecnologia na fabricação de mercadorias. Um setor pós-industrial, porém, é de processamento, tendo as telecomunicações e os computadores como elementos estratégicos na troca de informações e conhecimentos.

Nos últimos anos, o mundo adquiriu impressionante consciência do papel estratégico da energia e dos recursos naturais como limitadores do crescimento industrial, fazendo surgir a questão de se essas limitações não modificam o estabelecimento de um setor pós-industrial.

Há para isso uma resposta empírica. Na prática, a introdução dos elementos pós-industriais, que são intensificadores de capital, depende – em oportunidade, taxa de disseminação e grau de utilização – da produtividade de outros setores. O desenvolvimento de um setor industrial depende, em grande parte, do saldo econômico do setor agrário. No entanto, uma vez que a industrialização esteja em andamento, a produtividade do setor agrícola é aumentada pelo emprego de fertilizantes e outros produtos petroquímicos. Da mesma forma, a introdução de novos dispositivos de processamento e informação pode ser retardada pelo crescimento do custo no setor industrial ou pela queda da produtividade – se forem introduzidos, todavia, podem constituir os melhores meios de elevar essa produtividade.

33 BELL, Daniel. O advento da sociedade pós-industrial. *Diálogo*, 11(02), p. 1-15, abr./maio 1978.

De modo geral, a sociedade industrial é baseada na tecnologia da máquina e a pós-industrial é moldada por uma tecnologia intelectual. E, se capital e trabalho são as principais características estruturais da sociedade industrial, informação (os dados básicos de que o empreendedor deve dispor) e conhecimento o são da sociedade pós-industrial.

Conhecimento refere-se a critérios racionais ou resultados experimentais que são comunicados a terceiros por uma forma sistemática; assim, a organização social de um setor pós-industrial é muito diferente da de um setor industrial, o que pode ser constatado ao se comparar as características econômicas de ambos.

Os bens industriais são produzidos em unidades discretas e identificáveis, são trocados e vendidos, consumidos e usados, como acontece com um pão ou um automóvel. Compra-se o produto de um vendedor e dele se toma posse física. A troca é governada por normas jurídicas contratuais específicas. Informação e conhecimento, entretanto, não são consumidos nem *usados*. O conhecimento é um produto social, e a questão do seu custo, preço ou valor é muitíssimo diferente da que se refere a artigos industriais.

Na fabricação de bens industriais, pode-se criar uma função de produção (ou seja, as proporções relativas de capital e trabalho a serem empregados) e determinar a combinação adequada de cada fator a custos relativos.

4.11 O desafio do setor do conhecimento na tarefa de subsidiar a inovação

A inteligência é a nova forma de propriedade. Os meios de produção estão hoje na posse dos trabalhadores. A capacidade de adquirir e aplicar conhecimentos e *know-how* é a nova fonte de riqueza. O paradoxo reside no fato de que a inteligência não se comporta como as outras formas de propriedade. Ela não pode ser dada, e mesmo que seja compartilhada, continua a nos pertencer.

Não se pode possuir a inteligência de outrem, mesmo que se detenha a propriedade da empresa em que essa pessoa trabalha. Quando um indivíduo sai de uma empresa, leva a sua inteligência consigo.[34]

---

34 HANDY, Charles. *A era do paradoxo*. Trad. de Marta Vasconcelos. Lisboa: CETOP, 1994. p. 29-56.

Nos dias atuais, a inteligência e as ideias são a maior fonte de riqueza. O recurso mais desejado é o cérebro, e não a máquina. Todavia, a sociedade pós-industrial é marcada não por uma teoria do trabalho, mas por uma teoria do valor do conhecimento. É a codificação do conhecimento que passa a orientar a inovação. O conhecimento, contudo, mesmo quando vendido, ainda permanece com o produtor, pois é um bem coletivo. Uma vez criado, por essência, é disponibilizado a todos, havendo assim pouco incentivo para que pessoas ou empresas isoladamente paguem por sua produção, a menos que possam obter alguma vantagem como proprietárias – patente ou direito autoral, por exemplo.

Cada vez mais, no entanto, patentes já não garantem exclusividade, e muitas empresas saem perdendo por gastarem dinheiro em pesquisas somente para constatarem que um concorrente pode, rapidamente, modificar o produto e contornar a patente; e, da mesma forma, a questão do direito autoral torna-se cada vez mais difícil de fiscalizar, já que é fácil fotocopiar páginas de livros ou de revistas técnicas, assim como todo tipo de informação pode ser acessado via internet, sejam músicas, sejam vídeos, matérias etc.

À medida que o incentivo para que indivíduos e empresas produzam conhecimentos sem vantagem determinada diminua, a necessidade de cobertura do custo recairá em alguma unidade social, ou seja, universidade ou governo. E, como não há o teste do mercado imediato (de que maneira estimar o valor da pesquisa básica), haverá um desafio à teoria econômica para que estabeleça o preço da informação e do conhecimento e esquematize uma política ideal de investimento em conhecimento. Por exemplo, quanto dinheiro deve ser gasto em pesquisa básica, que verbas devem ser dadas à educação, e em que campos, em que áreas podem-se obter os melhores resultados – em saúde, computação, biotecnologia, novos materiais, entre outros campos da pesquisa.

4.11.1 A informação como canal de distribuição da sociedade pós-industrial

Em sentido mais restrito, mais técnico, o maior problema da sociedade pós-industrial é a criação de uma infraestrutura apropriada (isto é, que destaque ou venha a apoiar elementos da economia) ao desenvolvimento de redes de comunicação de tecnologias de informação que venha a unificar a sociedade pós-industrial.

A primeira infraestrutura da sociedade é o transporte – estradas, canais, ferrovias, aeronáutica –, para a movimentação de pessoas e bens. A segunda compreende as instalações de energia – oleodutos, gasodutos, eletricidade –, para transmissão de força. A terceira é a das telecomunicações, principalmente o telefone, o rádio, a televisão. Agora, com o crescimento dos computadores, fax, teleprocessamento, a economia da informação toma um impulso cada vez maior e desafiador para os que estão dela participando.

A economia da informação não tem o mesmo caráter da economia dos bens, e suas relações sociais são criadas pelas novas redes de informação, via computadores. Temos aqui – caso se desenvolva essa forma de sociedade – os alicerces de uma estrutura social muitíssimo diferente da que até então conhecemos.

A sociedade pós-industrial não desaloja a sociedade industrial, assim como esta não acabou com os setores agrários da economia. Os novos desenvolvimentos sobrepõem-se às camadas inteiras, erradicando certos aspectos e adensando a textura da sociedade como um todo. Pode ser útil, portanto, chamar a atenção para algumas das novas e importantes dimensões da sociedade pós-industrial. A saber:

1. centralidade do conhecimento teórico;
2. criação de nova tecnologia intelectual;
3. disseminação de uma classe relacionada com o conhecimento;
4. mudança de bens para serviços;
5. mudanças no caráter do trabalho;
6. o papel da mulher;
7. o caráter mutante da ciência;
8. meritocracia;
9. a economia da informação.

As seguintes descontinuidades ocorridas entre 1980-1990 foram objeto de análise por parte do empreendedor: explosão de novas tecnologias, globalização, realidades políticas e sociais, e a educação das massas. Essas tendências nos levariam à previsão do desenvolvimento de mundo novo: o pós-industrial.[35]

35 DRUCKER, Peter F. The age of discontinuity. New York: Harper & Row, 1969. p. 10-70

Hoje, a nossa atenção volta-se para outra mudança de ordem mundial em formação: a ascensão da sociedade do conhecimento, citada por Peter Drucker como "uma evolução tão importante na história da inteligência como nenhuma outra, até agora, registra". A sociedade pós-capitalista é a sociedade do saber, em que a informação está a suplantar o capítulo.

Na nova economia, o conhecimento não é somente mais um recurso que se vem acrescentar aos tradicionais fatores de produção – terra, trabalho e capital. Ele é o único recurso que realmente pesa hoje na acirrada competição que as empresas enfrentam. A primazia e supremacia do conhecimento requerem, dos empreendedores-inventores, um constante (re)pensar as práticas fundamentais do *management*.

Em uma economia baseada no conhecimento, o trabalhador portador de conhecimento é o maior ativo. Essa proposta fundamentalmente define que o conhecimento é a fonte primordial de vantagem e competitividade na nova economia e o novo conjunto de atribuições do empreendedor-inventor.

Uma organização está sempre lutando pelo recurso mais essencial, importante e capital para sua sobrevivência – seu pessoal qualificado, dotado de conhecimento e dedicado. E essa percepção sobre os recursos humanos significa uma ruptura com os padrões de relacionamento até então praticados pelas empresas.

Existe uma tensão considerável entre os trabalhadores portadores de conhecimento e as organizações nas quais eles trabalham. Por um lado, os trabalhadores de conhecimento são independentes. Eles, não a empresa, são proprietários, detentores dos meios de produção – seus conhecimentos – e podem levá-los com eles, no momento em que quiserem.

O conhecimento literalmente voa de um país para outro, sem que os patrões possam trancá-los dentro de um cofre, pois ele está na cabeça de seu proprietário. É a economia do conhecimento.

Essas observações nos revelam que a empresa de base tecnológica deve investir bastante no instrumental necessário para apoiar os trabalhadores detentores de conhecimentos e torná-los produtivos – investimento esse que geralmente custa mais do que os feitos em outras áreas da empresa na economia manufatureira tradicional. Ao mesmo tempo, o investimento de capital é sem valor, desprezível, a menos que os trabalhadores de conhecimento apliquem seus talentos neles.

Esses trabalhadores precisam detectar organizações onde possam colocar em prática seus conhecimentos. Elas devem propiciar a estrutura e as condições nas quais esse novo tipo de trabalhador possa fazer uso de seus talentos. Em particular, devem viabilizar contatos entre esses trabalhadores e, por meio desse diálogo, redefinir e aplicar suas ideias.

Para administrar os conflitos entre essa nova categoria de trabalhadores e a empresa, os empreendedores-inventores devem primeiro ter em mente que, na nova economia, os empregados são responsáveis pela própria produtividade. O novo trabalhador sabe mais sobre suas atividades do que qualquer outro indivíduo. Suas decisões constituem, na maioria dos casos, a própria estratégia da empresa e, por consequência, afetam diretamente a performance do empreendimento.

Os empreendedores-inventores devem criar uma relação de parceria com esses trabalhadores, na qual o objetivo é torná-los, assim como a organização, o mais produtivos possíveis. Os gestores de empresas de base tecnológica têm por obrigação a execução da difícil tarefa de liderar indivíduos altamente capacitados sem impor regras que inibam a sua criatividade. Dar-lhes a liberdade de criar, a oportunidade de tentar coisas novas, a chance de errar, mantendo-os afastados das atividades burocráticas, é o desafio que se impõe aos empreendedores-inventores e sua equipe de trabalho.

Uma atividade que o empreendedor-inventor não pode delegar é o estabelecimento de seus objetivos, que devem ser os mais ambiciosos possíveis; focar a organização como um empreendimento em que o conhecimento é o seu maior ativo.

Nesse novo paradigma, a relação de parceria assume um papel importante. Contudo, para ser implementada, necessita que as atividades de comunicação sejam colocadas em prática. O empreendedor-inventor tem que exercitar sua capacidade, na área de comunicação.

Um processo de comunicação bem conduzido é capaz de transformar um conjunto de indivíduos em uma forte e coesa equipe de trabalho. A comunicação constrói as relações que unem as pessoas – dentro da organização e fora dela. E a tecnologia da informação tem um papel importante nesse processo.

4.12 A sociedade pós-capitalista e a ascensão da sociedade do conhecimento

O conhecimento é a maior riqueza das nações e empresas. Como fator de produção, ultrapassou o capital, os recursos naturais e a mão de obra. Ele não é impessoal, como o dinheiro. Não está nos livros, bancos de dados e softwares – neles está apenas a informação. O conhecimento está incorporado às pessoas, é sua ferramenta de trabalho e pode ser levado por elas a qualquer parte.

O capital intelectual está se tornando o ativo mais valioso de que as empresas dispõem hoje, especialmente as de alta tecnologia, em que este pode ser sua arma competitiva. O desafio é localizá-lo, detectá-lo e empregá-lo. É a tarefa árdua de colocar o poder intelectual de todos a serviço da empresa. O conhecimento pode ser usado pelas empresas como fator de diferenciação, principalmente para os empreendimentos de base tecnológica.

A ideia do desenvolvimento do capital intelectual é uma das mais importantes concepções gerenciais e um desafio que se apresenta aos empreendedores de companhias de alta tecnologia, nas quais o conhecimento é o principal ativo, componente essencial nos produtos/serviços oferecidos ao mercado.

O capital intelectual sempre foi considerado um ativo essencial. Apesar disso, ele nunca havia sido tão valorizado como atualmente pelas empresas. A razão dessa mudança radical é que hoje cada vez mais todas as empresas dependem do conhecimento – patentes, processos, habilidades gerenciais, tecnologias, informações acerca de clientes e fornecedores, entre outros. Todos esses elementos configuram o capital intelectual.

O capital intelectual é o somatório das ideias que existem na mente das pessoas. Ideias que dizem respeito à tecnologia, ao desenvolvimento de produtos, a como melhorar o mercado, como incrementar a performance. Mas esse conhecimento tem de ser gerido.

É de fundamental importância reconhecer a supremacia do *brainpower* e saber atualmente que ele representa uma nova forma de poder: o domínio do conhecimento, da tecnologia e das habilidades é o recurso principal do século XXI.[36]

36 STEWART, Thomas. Brainpower. *Fortune*. 104(04), p. 42-44, 3 June, 1991; STEWART, Thomas. *Intellectual capital*. New York: Doubleday/Currency, 1997. p. 3-51.

O conhecimento coletivo é de difícil identificação e ainda mais trabalhoso para efetivamente ser desdobrado, colocado em prática. Apesar disso, quando a empresa o encontra e o explora, tirando partido de todas as possibilidades e oportunidades que ele oferece, ganha bastante agilidade e aproveita melhor os recursos humanos e os materiais. Produtos de baixo valor agregado podem ser fabricados por qualquer empresa, em qualquer lugar. Quando se é detentor de *know-how* ao qual ninguém mais tem acesso, este é o diferencial.

O capital intelectual é visível e muito valor tem sido agregado aos produtos e serviços desde a idade da pedra, há milhares de anos. Está muito presente nos softwares, na biotecnologia e em uma infinidade de outras aplicações. Hoje permanece em todas as atividades humanas, como os gráficos e as informações deste livro. E as empresas já têm plena consciência dessa nova realidade.

Um desafio que as empresas devem enfrentar: aprender, rapidamente, a explorar a plena capacidade de seu capital intelectual. Os gestores ainda não perceberam a importância do *brainpower*, nem sabem como administrar essa questão. Eles podem até entender a relevância da parte mais tangível do processo, como as questões ligadas às patentes. Podem ter uma vaga ideia do valor das outras, como o software que roda em seus sistemas de informações.

Além disso, talento também é capital intelectual. O valor de um laboratório, por exemplo, inclui as habilidades de seus cientistas para fazerem novas descobertas no futuro. Como valorizar esses ativos físicos? Ou os intangíveis, como design, serviço e atendimento aos clientes, que distinguem empresas vencedoras de perdedoras? O avanço tecnológico impõe uma dura realidade às empresas – não basta que tenha capacidade de adquirir o equipamento mais moderno do mercado; é necessário que seus empregados saibam manuseá-lo.

A gestão desse patrimônio intelectual não é como gerenciar o setor financeiro ou ativos fixos. O investimento intelectual precisa ser tratado todo o tempo com cuidados muito especiais. Administrar o conhecimento como um ativo exige uma postura nova por parte de seus responsáveis; é uma tarefa nova que exigirá uma profunda mudança em sua forma de pensar a economia, a tecnologia, os recursos humanos e o planejamento.

O primeiro passo para se obter resultados mais eficazes de seus ativos intelectuais é localizá-los. Se questionarmos um gestor de qualquer empreendimento acerca de quanto valem seus ativos, como depósitos em bancos, imóveis, entre outros, imediatamente tem-se a resposta. No entanto, se perguntarmos a ele sobre seus ativos intelectuais, provavelmente ele levará certo tempo para fornecer essa informação.

Para gerenciar bem o *brainpower*, a empresa deve fazer um mapeamento – isto é, detectá-lo, defini-lo e gerenciar o processo de forma que atue, de maneira harmônica, por todo o corpo empresarial.

Quando se compra uma máquina, sabe-se exatamente que valor ela agregará a seu produto ou serviço. Ao contratar um pesquisador ou adquirir um novo processo, a empresa *a priori* não sabe de que forma ele se comportará, onde ele melhor se inserirá no novo ambiente de trabalho, onde melhor desenvolverá e aplicará seus conhecimentos.

O empreendedor de empresas de base tecnológica depara-se com uma situação que exige especial atenção de sua parte – gerir com competência seu capital intelectual. Essa não é uma tarefa fácil. Não é só recrutar, selecionar os melhores quadros, contratá-los e esperar que as coisas aconteçam. É necessário que a cultura da empresa permita que as pessoas, bem como suas ideias, possam fluir livremente por toda a empresa, sem que a estrutura hierárquica iniba o surgimento de novas propostas.

A mensuração do capital intelectual e de seu retorno é uma atividade de difícil execução. Por outro lado, ela se faz necessária, principalmente nas empresas de base tecnológica, onde o conhecimento é o principal ingrediente do produto ou serviço.

Considerado capital, o conhecimento tem suas peculiaridades. Por exemplo, pode-se vendê-lo para alguém e mantê-lo consigo. Pode ser organizado em rede: dispendiosa para criar, barata e rápida para usar, acessível de qualquer ponto a qualquer momento, valiosa na relação geométrica do número das partes.

Em termos teóricos, todos na organização deveriam agregar valor para os demais em qualquer lugar – e a organização poderia obter exponencial retorno de uma rede. O maior desafio do gestor de capital intelectual é criar um clima na organização no qual possa haver um compartilhamento do conhecimento gerado.

O capital intelectual é inútil se não puder ser levado para todos os locais possíveis. Encontrar uma fórmula para transportar o conhecimento pode criar na organização uma rede de valor – não somente um canal de valor. Quando as habilidades e conhecimentos pertencem à empresa como um todo, elas criam vantagens competitivas que outras organizações dificilmente podem copiar. A organização torna-se maior que a soma de suas partes.

Os empreendedores de empresas de base tecnológica estão surpreendendo o mundo com a forma como mensuram e gerenciam o que existe de mais intangível: o conhecimento. Os componentes de maior peso, no cômputo do custo de um produto, atualmente são de longe pesquisa e desenvolvimento, ativos intelectuais e serviços.

O velho sistema contábil que avalia basicamente o custo dos materiais e trabalho já não é o ideal para a era da nova economia, em que o capital intelectual, o ativo intangível, formado por habilidades, conhecimentos e informações, está prevalecendo nas empresas de base tecnológica.

O capital intelectual é o material intelectual que, formalizado e capturado em uma organização, torna-se uma força impulsora, capaz de produzir ativos de maior valor agregado. O *brainpower* já atingiu um grau de relevância que a Dow Química criou um novo cargo em sua estrutura – *director of intellectual asset management*, com a função de "garimpar" as oportunidades que o acervo das patentes podem proporcionar em termos de novos negócios para a empresa.

4.12.1 Roteiro para a gestão do capital intelectual

Para gerir o capital intelectual é preciso:

- definir o papel do conhecimento no negócio da empresa: por exemplo, a importância do investimento em conhecimento para o desenvolvimento de novos produtos;
- acessar os "estoques" de conhecimento e formular as estratégias competitivas;
- classificar seu *portfólio* de conhecimento: que medidas tomar para tê-lo, o que fazer para usá-lo, o que executar para obtê-lo;
- avaliar: quanto os ativos valem; quanto custa sua manutenção; o que fazer para maximizar seu valor; como mantê-los; que estratégia de comercialização adotar ou quando abandoná-los;

- investir: de posse das informações acerca do inventário dos conhecimentos de sua empresa, identificar os *gaps* a serem explorados, seja por meio de uma política de desenvolvimento de tecnologia própria, seja pela compra de terceiros;
- montar um novo *portfólio* dos conhecimentos inventariados e repetir o processo *ad infinitum*.

Os empreendimentos de base tecnológica são uma excelente oportunidade de tangibilizar valores ocultos pela densa névoa que é a aplicabilidade empresarial do conhecimento, a utilização de todo o potencial que a atual tecnologia põe à disposição da humanidade. Isso ocorre com esse tipo de empreendimento porque, primeiro, o valor dos ativos intelectuais muitas vezes é superior ao valor dos ativos tangíveis; segundo, o capital intelectual é a matéria-prima a partir da qual os produtos ou serviços são elaborados; terceiro, os empreendedores devem distinguir entre dois tipos básicos de capital intelectual: humano e estrutural. A distinção é fundamental.

A inovação e as mudanças tecnológicas – em síntese, o conhecimento – são tão importantes quanto o capital e o trabalho para o sucesso econômico. As ideias poderiam ser o coração do processo de desenvolvimento.

Para a sociedade como um todo, a descoberta de novas tecnologias é, obviamente, o resultado dos esforços desenvolvidos nesse sentido pelos empreendedores.

A economia emergente se baseia em ideias, não em objetos. Em consequência, são necessários novos acordos institucionais, bem como sistemas de preços diferentes, para se conseguir uma distribuição eficiente de ideias inovadoras no mercado.

É importante destacar que ninguém empregaria recursos próprios na produção de novas ideias se depois sua exclusividade não estivesse assegurada. Conceder um poder de monopólio em um processo a empresas – por meio de patentes – criou incentivos para que outras empresas empregassem esforços e fizessem novas descobertas por iniciativa própria.

Na nova teoria do crescimento, ao contrário da teoria clássica que considerava os monopólios negativos, determinados tipos de descobertas têm necessariamente de estar associados a um poder monopolístico.

Bill Gates percebeu melhor que ninguém que é ao controle sobre os padrões que os outros indivíduos devem aderir para haver maior alavancagem da riqueza e do poder na Era Digital. Para a Microsoft, ou uma grande companhia farmacêutica, pode-se afirmar que a atividade mais importante é o desenvolvimento de novas instruções.[37]

A Microsoft aplica dezenas de milhões de dólares para desenvolver um único código de software. A partir do momento que conseguirem, fabricar o produto passa a ser uma operação trivial. Alguém faz cópias e outra pessoa executa a sua expedição. A proporção de trabalhadores na Microsoft que estão exclusivamente afetos à produção é relativamente reduzida. Na prática, a empresa de Bill Gates já vivencia uma proporção crescente de pessoas dedicadas à inovação se comparada à das pessoas envolvidas na produção física. Isso implica uma alteração permanente, quer no ritmo de descobertas, quer na taxa de crescimento das nações.

O fato de não ter compreendido que a jogada consistia na imposição de um padrão levou a Apple, no meio da década de 1980, a rejeitar propostas para licenciar a fabricação do Macintosh por outras empresas. Só no começo da década de 1990 é que a Apple permitiu a fabricação dos clones do Macintosh.

A nova teoria do crescimento preconiza que há outros mecanismos subjacentes aos ciclos econômicos: a descoberta e a inovação. O campo para a aplicação de novas ideias é ilimitado para as empresas baseadas no conhecimento. São as ideias e todo o processo de busca incansável pela aplicação da pesquisa direcionada à invenção e à inovação as grandes responsáveis pelo crescimento econômico.

O capital humano é essencial nesse tipo de empresa, porque é a principal fonte de inovação e renovação dos produtos e serviços que ela gera no dia a dia de seus negócios.

Entretanto, crescer em capital humano – por meio do emprego de pessoas criativas, capacitadas, motivadas, treinadas e educadas – é inútil, se esse potencial não for convenientemente aproveitado. Isso requer, do empreendedor de empresas de alta tecnologia, a montagem de uma estrutura de gerenciamento de seu capital intelectual, tal como um sistema de informação, conhecimento de marketing e relacionamento com clientes, entre outros, para administrar esse mundo novo.

O capital humano é uma importante fonte de crescimento. Medir essa contribuição é um exercício cada vez mais desafiante. O conhecimento é o único recurso

---

37 CUSUMANO, Miguel; SELLIBY, Richard. *Microsoft secrets*. New York: Free Press, 1995. p. 105-120.

econômico realmente significativo, muitas empresas podem estar entrando em uma zona de turbulência.

Dentre as características já visíveis do novo paradigma, destacam-se:

- a competitividade das empresas e das nações depende mais da educação do seu povo e de sua capacidade de gerar conhecimento e inovações que de vantagens comparativas clássicas, como mão de obra barata e matéria-prima;
- a aceleração do ritmo de surgimento de novos paradigmas científicos e tecnológicos, com consequências como a necessidade de educação permanente em todos os níveis e oportunidades para o surgimento de empresas e de produtos intensivos em conhecimento;
- o mercado mundial, com crescimento dominado por bens e serviços intensivos em conhecimentos e de altíssima qualidade;
- o crescente acesso à informação e à troca de ideias mediante redes mundiais de serviços telemáticos interativos e de capacidade virtualmente ilimitada.

4.12.2 O capital humano

Investir em recursos humanos é o objetivo político de todos os governantes em véspera de eleição. Isso acontece tanto em países ricos, como nos pobres. Os políticos dos países ricos falam da necessidade de melhorar as condições sanitárias e o nível da formação de seus trabalhadores. Nos países pobres, enfatiza-se a luta pela melhoria das condições sanitárias e o nível geral de educação.

Em ambos os casos, trata-se de melhorar o que os economistas denominam de capital humano. É decidir acerca da saúde, da educação e do potencial criativo.

Segundo as teorias econômicas modernas, a soma do capital humano com os ativos físicos (as fábricas e os equipamentos) resulta em um poderoso motor do crescimento econômico. Contudo, os economistas encontram dificuldades em executar a avaliação dos efeitos do investimento em capital humano.

Para muitas pessoas, capital significa uma conta bancária, milhares de ações de uma empresa, ativos imobilizados. Essas são algumas das formas de o capital se manifestar. Todavia, essas formas tangíveis não são as únicas que existem. O conhecimento, materializado através de um curso, um software ou uma fórmula química, é manifestação intangível do capital, denominada, pelos economistas, de capital humano. É assim chamado tendo em vista que não pode ser separado das pessoas dele possuidoras.

Educação e treinamento são os mais importantes investimentos em capital humano. Muitos estudos têm demonstrado que esse tipo de dispêndio apresenta excelentes resultados.[38]

4.13 Conclusão

Sintetizando, podemos afirmar que as inovações sociais a que Drucker deu voz são fontes do estudo do empreendedorismo. Em sua obra, somos capazes de identificar as práticas, as decisões e as prioridades necessárias para se alcançar um elevado desempenho e eficácia no processo de criação de empresas de base tecnológica via incubadora.

Drucker demonstra de que maneira os negócios têm de se concentrar nas oportunidades, e não nas ameaças, pois são as oportunidades que trarão crescimento e .resultados.

A administração sofreu uma revolução desde o lançamento de suas primeiras obras: ele conscientizou os empreendedores da sua importância na criação e no desenvolvimento de novos negócios e criou uma disciplina, a administração, que podia ser ensinada e estudada.

Para o exercício da capacidade empreendedora, a noção de objetivos assume um papel da maior relevância. Drucker nos ensinou que a meta a atingir deve ser claramente definida, em termos quantitativos e qualitativos, num determinado período, com meios afetos predeterminados e atribuídos a um responsável. A valorização do conceito de estratégia empresarial, item fundamental para os criadores de empresa, deve ser destacada como uma das contribuições de Drucker.

A emergência da sociedade pós-capitalista; a nova sociedade baseada no conhecimento; o papel do empreendedor, nesta fase de transformação que passa a humanidade; é o renascimento do empreendedor e do espírito empreendedor resgatando as ideias brilhantes de Schumpeter (o que seria visível na nova onda que sustentaria a revolução do computador pessoal e atualmente a da internet e da web).[39]

---

38 BECKER, Garry S. Human capital. In: HENDERSON, David R. (Eds.). *Encyclopedia of economics.* New York: Warner Books, 1992. p. 479-483; STEWART, Thomas A. *Intellectual capital.* New York: Doubleday/Currency, 1997. p. 273.

39 LEMONICK, M. D. Futures teach is now. *Time*, n. 150, p. 42-62, July 17, 1995.

O empreendedor é o grande dinamizador da inovação e do espírito empreendedor na sociedade do saber em que vivemos hoje. E a inovação é ferramenta específica do empreendedor/criador de empresas de base tecnológica via incubadora, o meio pelo qual explora a mudança para criar um negócio ou serviço diferente. Os empreendedores precisam procurar as fontes da inovação, ou seja, as mudanças e os sinais indicadores das oportunidades para uma inovação de sucesso.

A inovação é a palavra-chave que abre as portas do futuro. O empreendedor/inovador despreza o investimento especulativo – e não faz isso só porque é um bom sujeito. Além de ser um gesto construtivo, essa é uma opção inteligente: as inovações geram muito mais lucro do que as meras especulações comerciais.

Embora a inovação possa ser verificada em qualquer área, ela está mais vinculada à dimensão tecnológica. Ela se tornou uma espécie de teologia unificadora das políticas de centro, esquerda e direita.

Cumpre-se a profecia do economista francês Jean-Baptiste Say, que, por volta de 1800, cunhou a palavra "empreendedor", hoje tão em moda. O empreendedor, dizia Say, "transfere recursos econômicos de uma área de baixa produtividade para uma área em que ela é maior e oferece maior rentabilidade".

O que o empreendedor deve ter em mente é que:

a) a gestão é para todo o tipo de organizações;
b) a estrutura deve ser um mosaico de soluções organizativas;
c) as pessoas são lideradas, não "geridas";
d) os não clientes são mais importantes do que os clientes;
e) a principal ameaça vem de fora de seu mercado e das tecnologias com que lida;
f) gere-se a cadeia de valor por meio de parcerias entre pares cada vez mais independentes;
g) o espaço de gestão não está politicamente delimitado, as empresas devem organizar-se, opor negócios à escala global, e não geograficamente;
h) a gestão deve estar voltada para fora, e não para dentro da organização;
i) administração e "empreendedorismo" são duas virtudes irmãs.

Um empreendedor que não souber gerir matará o negócio. Um empreendedor que não souber inovar estará sempre ameaçado de ser ultrapassado.

Qual é a chave para o sucesso? Persistência, determinação, criatividade, talento e muito trabalho.

Sopram ventos de destruição criativa em cada canto do setor de tecnologia da informação e as fontes desses ventos são a internet e o espírito empreendedor. É preciso resgatar esse espírito.

Nem todos os que se esforçam para ser empreendedores têm condições de chegar lá, mas também não é verdade que a pessoa já nasce empreendedora. Existem habilidades que podem ser aprendidas.

Empreendedor e empreendedorismo são assuntos que causam ansiedade. Muitos indivíduos consomem tudo o que encontram pela frente e sobre o tema: livros, cursos, palestras, entre outros.

No entanto, é preciso que o candidato a empreendedor faça uma autoavaliação séria com alguém que o ajude a ser realista, a identificar os pontos fortes e fracos e a definir o que, de fato, ele pode fazer para realmente tornar-se um empreendedor de sucesso.

O empreendedor sabe que, para obter sucesso em um empreendimento nos dias de hoje, tem de empregar um processo gerencial diferente do utilizado pela maioria dos setores convencionais.

Um empreendimento de base tecnológica, para sobreviver, depende de informação – todos os dias lida com colaboradores que detêm o poder do conhecimento. É preciso viver a criatividade.

A vantagem real é saber juntar as pessoas com conhecimento prático às pessoas com poder de comando, a fim de criar as melhores soluções para que todas possam contribuir para o desenvolvimento da empresa.

"As estrelas deste século serão os criadores de novos negócios, não os executivos", daí o porque do interesse pelo empreendedorismo vir crescendo no mundo todo.

Para ser um empreendedor não é necessário frequentar uma escola de negócios. Mais importante do que ter um MBA é ser bom em criar algo que o mundo quer comprar. É necessário criar uma cultura a favor do empreendedorismo.

No mundo cada vez mais globalizado, o empreendedorismo pode ser considerado a alavanca para o desenvolvimento econômico e social da humanidade.

Um dos papéis do empreendedor é criar riquezas, o que pode ser materializado pela criação de empresas. A partir disso é que começa a gestão do negócio.

Diferenciamos de forma bem clara os 5 Es: empreendedor, empresário, executivo, empregado e estagiário, como podemos ver na Figura 4.1.

Figura 4.1 Os 5 Es do empreendedor

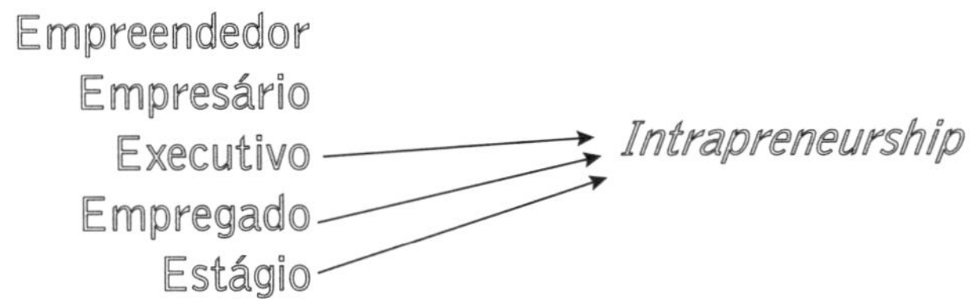

Fonte: Elaborada pelo autor.

O processo do empreendedorismo e a gestão de uma micro ou pequena empresa podem ser estudados em seis etapas bem distintas. Os estágios do processo de empreendedorismo são a inovação, um acontecimento marcante na vida do empreendedor, e a implementação. Os estágios de gerenciamento de uma micro ou pequena empresa são as fases de crescimento, maturidade e os resultados alcançados.

O despertar para o empreendedorismo – um choque transformador na sua vida – pode acontecer de várias formas: quando o empreendedor perde o emprego ou é objeto de programa de demissão voluntária etc. Ele sente-se motivado a implementar um antigo sonho de ser dono de seu próprio negócio.

O processo empreendedor começa com uma ideia inovadora para um novo produto, processo ou serviço, que é refinada pelo empreendedorismo. O empreendedor pode avaliar sua ideia fazendo pesquisa de aceitação com pessoas de seu relacionamento no sentido de obter *feedback* e de saber como melhorar essa proposta de negócio.

Capítulo 5

Visão integrada do fenômeno do empreendedor e do empreendedorismo

5.1 Introdução

O que é um empreendedor? Pode-se afirmar que é um indivíduo capaz de estimular a criação do futuro. É dotado de rara sensibilidade para antever uma situação determinada com os olhos da fé. Quando empreende, não só vislumbra o que irá acontecer, mas também possibilita a todos os seus colaboradores a escolha do melhor caminho para o sucesso do empreendimento.

Embora normalmente o termo *entrepreneur* seja traduzido como "empresário", ele deixa muito a desejar, pois o *entrepreneur* "é um indivíduo com grandes habilidades e talentos para identificar novos produtos e novos métodos de produção, estabelecer as operações necessárias para fabricá-los, idealizar o melhor marketing possível para comercializá-los e obter o financiamento para suas operações". O *entrepreneur* é, portanto, um indivíduo particularmente bem dotado, um empreendedor que normalmente realiza um trabalho executado por diversas pessoas.

Os empreendedores são indivíduos que montam seu próprio negócio e que organizam, administram e assumem o risco do resultado do empreendimento. Os verdadeiros empreendedores criam empresas a partir de suas ideias, por meio de trabalho árduo e duro.

Talvez a explicação da grandeza da obra do empreendedor seja de que jamais encontre nada, não conclua sua tarefa. Alguns homens se vangloriam de ter alcançado seus objetivos, mas é nesse ponto que eles se perdem. A vida de um empreendedor é uma flecha disparada em qualquer direção e só se salvam os que nunca, jamais, atingem o alvo.

Apesar da capacidade criativa de vários teóricos que escreveram sobre o empreendedorismo, suas frases, conceitos, raciocínios, tal como os automóveis, são, no final das contas, construídos com o mesmo chassis – Drucker na gestão, McClelland na psicologia (comportamento), Schumpeter na economia –, porém seus autores elaboraram os trabalhos enfocando cada uma dessas vertentes de forma isolada. Neste livro, procuramos usar as três perspectivas.

5.2 Aprofundando a identificação das características do empreendedor e do empreendedorismo

Empreendedorismo é a capacidade voltada para a inovação, para o investimento, para o desbravamento e a expansão de novos mercados, produtos e técnicas. Ao contrário dos gestores, que basicamente administram um negócio, o empreendedor vai além: está sempre em busca de novas oportunidades. No decorrer do processo de criação de seu empreendimento, o empreendedor desliga-se da ideia de dias e horas para prestar cada vez mais atenção aos minutos, preciosos para a construção de um negócio que deve satisfazer aos desejos e necessidades de seus futuros clientes.

Assim, o empreendedor consegue resolver os problemas antes que eles aconteçam. Prestando atenção às pequenas coisas, tem mais condição de se resguardar dos imprevistos. Isso não significa dizer que a criação, o desenvolvimento e a consolidação de seu empreendimento sejam as únicas preocupações da vida de um empreendedor. Pensar nas pequenas coisas não significa pensar pequeno. Uma preocupação exagerada com o sucesso termina eliminando qualquer traço de alegria da vida de um criador de empresas.

O empreendedor tem plena consciência da importância do detalhe. Uma grande aspiração é composta de milhares de coisas diferentes, assim como a luz do Sol é a soma de seus milhões de raios. O empreendedor não adivinha. Ele estimula a criação de um futuro. Sua percepção acurada, em vez de fechar uma possibilidade, está sempre alerta para as consequências de seus atos e abrindo novas alternativas. Pode inventar seu próprio caminho. A melhor maneira de lidar com o futuro é criá-lo.

Visão clara do que vem a ser uma oportunidade, uma rara capacidade de trabalho aliada a uma forte vontade de vencer – assim podemos sintetizar o empreendedor bem-sucedido. O importante não é apenas competir, é vencer a batalha dos negócios. Esse é o lema darwiniano de muitos empreendedores de hoje.

Emprestando o pensamento de Churchill ao mundo empresarial, podemos dizer que, diferentemente da guerra, em negócios se morre e se renasce várias vezes. Todo mundo tem intuição, seja um empreendedor, seja qualquer outro indivíduo. A diferença comportamental entre eles é que o empreendedor destinado ao sucesso crê que pode ficar rico e acredita firmemente na sua intuição.

O comportamento do empreendedor bem-sucedido apresenta algumas características marcantes, como autoconfiança e otimismo, capacidade de assumir riscos calculados, de responder positivamente aos desafios, adaptabilidade e flexibilidade diante das mudanças, conhecimento dos mercados e do ramo de negócio onde atua, desejo de ser independente, energia e diligência, criatividade e forte necessidade de realização, líder dinâmico, aberto a *feedbacks*, forte senso de iniciativa, perseverança, excelente percepção e grande visão para o aproveitamento de oportunidades.

O motivo que leva um indivíduo a deixar de ser empregado para abrir o próprio empreendimento é algo que merece ser estudado em profundidade.

Para que este propósito se concretize, é preciso que estejam presentes os seguintes fatores:[1]

- desejo: esta é a primeira e fundamental atitude do candidato a empreendedor. Tudo começa com um desejo. É claro que não adianta ter somente o desejo de alcançar-se alguma coisa. Para realizar um sonho é preciso também gerar as condições necessárias para que isso aconteça;
- fé: a crença de que o indivíduo é capaz de fazer, de que isso é possível, é igualmente tão importante quanto o desejo. Um empreendedor vive, trabalha, sempre com um desejo, um sonho por realizar.

A convicção de que são capazes de concretizar seus desejos motiva os empreendedores ao sucesso. Suas principais iniciativas são:

- pesquisa: o empreendedor procura saber se tem capacidade de materializar aquilo que tanto deseja;
- visualização: significa sonhar acordado, procurando ver as ameaças e oportunidades que o negócio que está planejando pode ter;

1 ASTLE, R. M. *The commonsense MBA*: the seven practices of enduring businesses for the entrepreneur. New York: St. Martin's Griffin, 1994. p. 39-61.

- tentativa: o empreendedor pode sonhar, estudar e visualizar seu empreendimento. Contudo, se não tentar colocá-lo em prática, nunca saberá se ele realmente funcionaria;
- decisão: a decisão é o começo da ação. Não adianta desejar algo de forma ardorosa. É preciso tomar a decisão de agir. A incapacidade de decisão de muitos candidatos a empreendedor é o maior fator de entrave no processo de criação de negócios. É preciso meditar profundamente sobre o que se pretende executar e tomar a decisão mais acertada;
- planejamento: ter um planejamento do que se pretende executar é uma das principais características dos empreendedores de sucesso. O plano de negócios deve especificar, passo a passo, o que deve ser feito, com cronogramas de atividades e seus respectivos responsáveis, e ser revisado todos os dias;
- ação: ideias são inúteis até o momento em que são colocadas em prática. É preciso que o empreendedor tome a iniciativa e passe a agir com persistência, trabalhando duro seguindo aquilo que preconizou no seu plano de negócios, para que seu empreendimento tenha sucesso, sem ter que depender da sorte. O receio do fracasso é o outro lado da medalha do processo de criação de empresas que o empreendedor sempre terá de enfrentar. Esses temores muitas vezes são apenas um estado mental, que os empreendedores vitoriosos conseguem controlar e superar. É a batalha da coragem contra o receio, que pode ser vencida ao se rejeitar, bloquear o impacto de pensamentos negativos na mente – pensar positivamente e ser proativo.

Os termos empreendedor e empreendedorismo apresentam uma série de definições elaboradas por diversos autores:[2]

- Richard Cantillon (1730): empreendedor é definido como uma pessoa com atividade autônoma; empreendedores promoveriam suas atividades para atender às demandas do mercado;
- Jean-Baptiste Say (1810): muitos talentos gerenciais são requeridos, necessários, para ser um empreendedor de sucesso; muitos obstáculos e incertezas acompanham o empreendedorismo;

2 LONG, Wayne. The meaning of entrepreneurship. *American Journal of Small Business*, 8(2), p. 47-56, Oct./Dec. 1983.

- Alfred Marshall (1890): as habilidades para ser um empreendedor são diferentes, ainda que complementares às exigidas para ser um gestor;
- Joseph Schumpeter (1910): empreendedorismo é, na sua essência, a descoberta e a promoção de novas combinações de fatores de produção; é a fonte principal de criação do fator socioeconômico;
- Frank Knight (1920): a coragem para enfrentar a incerteza é o aspecto essencial do empreendedorismo; empreendedores são requeridos para executar cada função gerencial fundamental, como a responsabilidade de dirigir e controlar;
- Edith Penoroso (1960): capacidade gerencial pode ser diferenciada da empreendedora; identificar e explorar ideias para a expansão de micro e pequenas empresas é o aspecto essencial do empreendedorismo;
- Harry Leibenstein (1980): atividade empreendedora é indicada para a redução de ineficiência organizacional, com o intuito de reverter a entropia organizacional;
- Israel Kirzner (1975): a identificação de oportunidades de mercado é a função fundamental do empreendedor.[3]

Qual é o caminho a ser trilhado no sentido de se desenvolver o espírito empreendedor? Essa questão é colocada cada vez mais frequentemente, refletindo o crescente interesse hoje demonstrado pelos estudiosos de todo o mundo nesse campo de trabalho. Não obstante, apesar de toda a atenção dedicada ao tema, uma definição, universalmente aceita, ainda não foi conseguida.

A seguir, apresenta-se um resumo dos estudos elaborados sobre o desenvolvimento da teoria do empreendedorismo e o termo empreendedor:[4]

- Idade Média: um indivíduo que administra projeto de produção em larga escala;
- Século XVII: indivíduo com comportamento voltado para o risco de ter lucro (prejuízo) na fixação de um preço num contrato com o governo;

---

3 KIRZNER, Israel M. *Competencia y función empresarial*. Madrid: Unión Editorial, 1975; KIRZNER, Israel M. *Perception, opportunity, and profit*. Chicago: The University of Chicago Press, 1979.

4 IBRAHIM A. B.; GOODWIN, J. R. Perceived causes of success in small business. *American Journal of Small Business*, 11(2), p. 41-50, Fall 1986.

- Richard Cantillon (1725): o indivíduo assumindo riscos é diferente de um fornecedor de capital;
- Beaudeau (1797): indivíduo assumindo riscos, planejando, supervisionando e organizando;
- Jean-Baptiste Say (1803): separa os lucros do empreendedor do lucro do capitalista;
- Francis Walter (1876): estabelece distinção entre os que fornecem fundos (capital) e recebem lucros gerados por sua capacidade gerencial;
- Joseph Schumpeter (1934): um inovador que desenvolve tecnologia inédita;
- David McClelland (1961): um tomador de risco moderado;
- Peter Drucker (1964): maximiza oportunidades;
- Albert Shapero (1975): toma iniciativa, organiza alguns mecanismos socioeconômicos e aceita risco de fracasso;
- Karl Vesper (1976): parece diferente de economistas, engenheiros, gestores e políticos;
- Gifford Pinchot (1983): *intrepreneur* é um empreendedor dentro de uma organização já estabelecida;
- Robert Hishrich (1985): empreendedorismo é um processo de criação de algo diferente, com valor pela dedicação do tempo necessário, assumindo o acompanhamento financeiro, psicológico e riscos sociais pelo empreendimento, e recebendo pelo resultado recompensas monetárias e gratificação pessoal.

5.3 Novas competências exigidas para criar e desenvolver um empreendimento bem-sucedido

O perfil ideal do empreendedor está em mutação. É preciso alterar os padrões de avaliação dos indivíduos, tendo em conta que os fatores emocionais pesam, cada vez mais, no desempenho.

O empreendedor do século XXI tem competências distintas dos seus antepassados. São exigidas dele capacidade de comunicação e facilidade interpessoal, acima de tudo. O empreendedor competente alcança resultados, mas não impõe um clima de terror aos subordinados. Em resumo, ele apresenta as seguintes características:[5]

5 FARRELL, L. *Entrepreneurship*: fundamentos das organizações empreendedoras. Trad. de Paula Nascimento. São Paulo: Atlas, 1993. p. 20-120.

- simplicidade ao fazer as coisas básicas: uma das características marcantes, dominantes, no comportamento empreendedor é a simplicidade; ele faz as coisas básicas que todo negócio exige por meio de uma prática obsessiva e disciplinada;
- senso de missão: a palavra de ordem é missão – todo empreendedor é movido por uma forte filosofia pessoal e de negócios. Em termos práticos, isso significa que eles veem em seus trabalhos valor real para clientes, empregados e certamente para eles mesmos. E eles não estão preocupados em só ganhar dinheiro. São motivados em conformidade com um conjunto de valores e prioridades, e as prioridades dos burocratas tendem a ser completamente opostas às dos empreendedores;
- visão voltada para clientes/produtos: todo livro com o tema "empreendedor" afirma que eles têm uma visão. Mas que visão é essa? Todo empreendedor é orientado pela visão de um conjunto específico de clientes – o que ele necessita e deseja e está disposto a pagar por produtos/serviços que lhe são oferecidos. Os empreendedores não são somente inventores ou vendedores. Parafraseando Walt Disney, o empreendedor tem de amar seu cliente e seu produto e, estando intimamente envolvido com produtos e clientes, cria um enorme senso de responsabilidade e orgulho de ambos. Produtos/serviços sem qualidade causam um embaraço pessoal; a visão é essencial para que o empreendimento seja duradouro, perpetue-se, mas não para ganhar dinheiro; um indivíduo pode certamente criar um lucrativo negócio sem ela. Há uma enorme quantidade de pessoas que tem ganhado muito dinheiro, mas ainda não despertou para a importância da missão. Porém, se um empreendedor desejar fazer mais do que ganhar um bocado de dinheiro, se ele desejar construir um empreendimento sólido, então precisará ter uma visão muito clara desse empreendimento. Os benefícios básicos da visão são muito claros: a) ela cria a base para uma organização sistemática do esforço humano, que engloba os propósitos, os valores, as ideias, os sonhos e vencer os principais desafios colocados para o grupo; b) o seu compartilhamento cria coesão, equipe de trabalho; c) permite o agrupamento de todos os membros da empresa em torno

dos principais objetivos. É praticamente impossível a implementação de qualquer estratégia sem a fixação de uma visão muito clara de onde a empresa quer chegar. A visão é a ligação de todos os elos do empreendimento;

- criar uma empresa com uma visão (mais que um empreendimento com um simples empreendedor visionário do qual todos dependem) é muito difícil para a maioria dos empreendedores. Eles gostam de ser o "visionário" – o herói ou o grande líder – do qual todos dependem. Os verdadeiros empreendedores visionários são aqueles que tornam a visão propriedade de toda a empresa, difundido-a como um verdadeiro credo que norteará todos os seus procedimentos;
- ação inovadora: a mais perceptível característica dos empreendedores é a inovação com ação. A palavra mais importante aqui é realmente a ação, não a inovação, propriamente dita. A inovação e a rápida ação são perdidas quando as empresas perdem a noção de crise e urgência. Todo indivíduo é inovador quando tem que ser. Está claro que as grandes empresas são soberbas na disciplina e no controle. Elas são terríveis no momento de encorajar a inovação e a rapidez na ação. A ação inovadora é a arma número um dos empreendedores na competitiva batalha que têm de enfrentar a todo momento e ela é virtualmente livre;
- domínio de seu destino: os empreendedores são inspirados pela realidade que vivem e em função dos resultados pessoais imediatos de suas atitudes. Para eles, simplesmente existe um ambiente onde suas ações pessoais contam, são levadas em consideração e analisadas constantemente, num permanente processo de *feedback*: quem são os meus clientes? De que produtos/serviços necessitam? Como avaliar a sua satisfação?

Para avaliar o perfil das características do comportamento empreendedor é importante analisar a Figura 5.1.[6]

6 REY, David E. *The vest* – pocket entrepreneur. Englewood Cliffs: Prentice-Hall, 1995.

Figura 5.1 Perfil do empreendedor

CARACTERÍSTICAS	EMPREENDEDORES
Alta necessidade de realização	Trabalham com a expectativa de alcançar os mais elevados níveis de realização.
Assumir risco	Não se amedrontam com a possibilidade de correr riscos, embora optem por riscos calculados e não excessivos.
Saber resolver problemas	São líderes inatos e geralmente os primeiros a identificar possíveis problemas e a arranjar possíveis soluções.
Necessidade de *status*	Encontram satisfação em símbolos de sucesso exteriores a si mesmos. Gostam que os negócios que construíram sejam admirados, mas ficam sem jeito quando o elogio lhes é dirigido diretamente. Não permitem que as necessidades ligadas ao *status*, interfiram na missão empresarial.
Elevados níveis de energia	Empreendedores são, na maioria, dedicados, dispostos e prontos a trabalhar. Podem trabalhar por períodos longos e contínuos de tempo enquanto constroem seus negócios.
Possuir autoconfiança	São indivíduos extremamente autoconfiantes, acreditando nas suas compotências e capacidades. Acreditam ser capazes de mudar a ordem dos acontecimentos e ser mestres da própria vida.
Desapego emocional	Não permite que seu relacionamento emocional atrapalhe o sucesso do empreendimento.
Necessidade de satisfação pessoal	Devido ao fato de serem motivados por uma necessidade extrema de satisfação pessoal, possuem, na maioria das vezes, pouco interesse em qualquer forma de estrutura organizacional. Encaram a maioria das atividades organizacionais com desdém e têm dificuldades em trabalhar em grandes empresas.

Fonte: Elaborada pelo autor.

Para fazer uma checagem do potencial empreendedor dos indivíduos candidatos a empreendedores, pode-se aplicar a tipologia indicada na Figura 5.2.

Figura 5.2 Características x traços marcantes de um empreendedor de sucesso

CARACTERÍSTICAS	TRAÇOS MARCANTES
Autocontrole	Gostam de ter controle sobre todas as atividade que executam.
Autodireção	São automotivados e possuem um desejo extraordinário de sucesso.
Gestão por objetivos	São rápidos a compreender as tarefas necessárias para atingir seus objetivos. Compreendem as situações mais complexas que podem incluir o planejamento, a tomada decisões estratégicas, conseguindo trabalhar em diversas áreas em simultâneo. Estão sempre atentos aos mínimos pormenores e reveem continuamente todas as possibilidades de forma a atingir seus objetivos. Acreditam na gestão por objetivos.
Análise de oportunidades	Analisam todas as opções de forma a assegurar o seu sucesso e minimizar os riscos. Atuam apenas depois de estarem convencidos de que o risco é controlado, o que lhes permite vencer enquanto os outros falham.
Pensamento criativo	Estão sempre à procura de formas mais eficientes e eficazes de efetuar qualquer coisa. O oposto da criatividade é a rigidez. Os empreendedores não são rígidos em termos de pensamento e irritam-se com pessoas que dizem: "Fazemos isso dessa forma porque sempre se fez assim". Acreditam que se mantiverem-se presos a velhas formas de atuação nunca poderão obter novas soluções, uma exigência do ambiente empresarial da atualidade.
Resolução de problemas	Sabem avaliar alternativas quando necessitam resolver algum problema. A seleção de alternativas poderá ocasionar novos problemas, mas ao mesmo tempo reduz a magnitude do problema inicial.
Pensamento objetivo	Quando os empreendedores encontram a solução para algum problema, executam-na com a maior quantidade de pessoas qualificadas possível, para evitarem pôr em causa os próprios juízos. Aceitam modificações sugeridas e a substituição da sua solução por uma alternativa melhor. Recusam-se a deixar os egos interferirem na sua objetividade.
Valorizam equipe	Reconhecem a importância da equipe para o alcance dos objetivos do empreendimento.

Fonte: Elaborada pelo autor.

Todavia, nem todos os casos de empreendedorismo são coroados de sucesso. As causas que mais contribuem para os fracassos são especificadas na Figura 5.3:

Figura 5.3 Principais causas dos fracassos de um empreendedor

CAUSAS	EFEITOS
Experiência de gestão	Muitos empreendedores não compreendem os elementos inerentes à gestão de um negócio. Alguns optam por incorrer em linhas de gestão que conhecem, as quais sabem gerir. Mas quando os problemas surgem, não sabem como resolvê-los. Por exemplo, um empreendedor com formação em engenharia pode ter competência para conceber produtos de valor, mas nada saber sobre contabilidade, finanças, marketing, vendas e gestão de pessoal. Se essas áreas do negócio forem descuidadas, ele sucumbirá.
Planejamento financeiro	Subestimar o capital necessário para iniciar um negócio é uma das principais causas de fracasso.
Análise de localização	Alguns empreendedores, para pouparem dinheiro, optam por um local pobre, baseados na conclusão de que sua clientela não leva em conta o local escolhido. Quando a localização constitui fator crucial de sucesso, recomenda-se investir tempo e dinheiro necessários para escolher convenientemente.
Controles gerenciais	Por vezes, o controle de inventários ou da contabilidade é descuidado. Como resultado, é frequente não se saber o número de itens que se possui em estoque ou os gastos realizados. É necessária uma planificação correta do negócio para que não fracasse.
Gastos excessivos	Muitos empreendedores investem seu dinheiro em ativos fixos, como mobiliário ou equipamento de escritório novo, quando poderiam comprar de segunda mão. Isso limita o capital, causando outro tipo de problema. Por exemplo, um cliente poderá duplicar suas encomendas, mas o capital investido não poderá cobrir um aumento de inventários para suprir novas encomendas.
Dedicação insuficiente	Os empreendedores têm de estar conscientes do trabalho árduo que um negócio envolve, particularmente em seus anos de construção. Têm de trabalhar em horários longos e irregulares, o que poderá ter consequências negativas na sua vida familiar. Devem, por essa razão, se manter firmes até que o negócio se solidifique. Se não estiverem dispostos a fazer esses sacrifícios, não valerá a pena iniciar o negócio.

(continua)

(continuação)

Expansão	Muitos problemas poderão vir de uma expansão exagerada. Quando um negócio se expande, a qualidade de seus produtos e serviços poderá entrar em declinio, causando insatisfação nos clientes e a sua consequente perda. O empreendedor poderá não ser capaz de gerar capital suficente para pagar a expansão efetuada.
Gestão das contas a receber	Os problemas de gestão de caixa poderão ser graves quando os empreendedores fracassam na cobrança de suas dívidas. As práticas de crédito assegurado poderão ser demasiado liberais, o que resulta em níveis de dívidas mais altos do que os esperados, bem como em pagamentos lentos. Se esse tipo de problema se mantiver, o negócio fracassa.

Fonte: Elaborada pelo autor.

Em suma, existem motivos claros e identificáveis que conduzem ao fracasso dos empreendedores. Aos potenciais candidatos recomenda-se que tomem consciência da possibilidade de confrontarem situações similares às descritas. Elas poderão ser evitadas ou minimizadas, mas sempre por meio de um planejamento cuidadoso e de um controle eficaz de recursos.

Um empreendedor pode ser caracterizado como um indivíduo que percebe uma oportunidade e cria uma organização para concretizá-la. No entanto, o processo de percepção sobre o papel dos empreendedores como agentes de desenvolvimento da sociedade tem mudado com do tempo.

Atualmente, uma onda de *empreendedorismo* varre o mundo. Acredita-se que os empreendedores, principalmente os de base tecnológica, são responsáveis pela criação de uma parte considerável dos postos de trabalho gerados pelas empresas. O processo empreendedor envolve todas as funções, atividades e ações associadas à percepção de oportunidades e à criação de organizações para realizá-las a contento.

5.4 Empreendedorismo como opção de vida

Quando nos referimos ao termo empreendedorismo, temos a tendência de imediatamente associá-lo com empreendimentos empresariais, negócios, iniciativa individual, criação do próprio emprego, geração de emprego e renda, entre outras opções.

Ele diz sim respeito à criação de negócios e à geração do próprio emprego e renda. Está também relacionado com gestão bem-sucedida de um empreendimento. E diz respeito a estar presente nas diferentes coisas contempladas pelas atividades acima descritas.

No entanto, o que não necessariamente pensamos sobre o empreendedorismo é que ele é muito mais um estilo, um modo de vida, do que uma atividade ou coisa em particular.

O que distingue um negócio qualquer de uma empresa empreendedora? A General Motors é empreendedora? E a IBM? Seus negócios são empreendedores? E os docentes universitários, pesquisadores, são empreendedores?

O fato de alguma organização estar num negócio, ou porque gere renda, não significa, necessariamente, que seja empreendedora, que atue de forma empreendedora. Pelo contrário, o fato de ela estar sendo hoje muito bem-sucedida no seu ramo de negócio não significa que seja empreendedora no contexto global. Um negócio pode operar de forma bem-sucedida e produzir renda para poucos, ainda que seu espírito inteiro – alma ou espírito – não seja totalmente dedicado ao empreendedorismo, procurando apenas manter ou explorar seus atuais recursos, sem agir para alargar seus horizontes empresariais.

É muito comum afirmar-se que a essência da gestão de empreendimentos é a "conservação dos ativos". E a do espírito do empreendedorismo é "descobrir, cultivar e colher oportunidades". Em resumo, a gestão de negócios diz respeito ao que é evidente. O empreendedorismo está relacionado ao que seja possível; não é nada além de um modo de vida, um estilo de ser, e esse estado de espírito não se limita às atividades empresariais.

O que as pessoas normalmente denominam motivação é simplesmente um hábito. Se os indivíduos cultivassem e adotassem os atributos relacionados a seguir, o empreendedorismo teria muita chance de sobreviver e perpetuar-se. Estamos em uma época em que sua existência tem se mostrado muito necessária na tentativa de propiciar aos indivíduos a oportunidade de criarem seu próprio negócio, gerando seu emprego e quem sabe até outros para aqueles que não têm a chance de desenvolver a capacidade e a habilidade de serem empreendedores.

5.4.1 Tábua dos mandamentos do empreendedorismo

- Autoconhecimento: é capacidade de reconhecer os próprios sentimentos, usando-os para tomar decisões que resultem em satisfação pessoal.
- Administração das emoções: trata-se da habilidade de controlar impulsos, de dispersar a ansiedade ou direcionar a raiva à pessoa certa, na medida certa e na hora certa.

- Automotivação: a habilidade de persistir e de se manter otimista, mesmo diante de problemas.
- Empatia: a habilidade de se colocar no lugar do outro, de entender esse outro e de perceber sentimentos não verbalizados num grupo.
- Arte do relacionamento: a capacidade de lidar com reações emocionais dos outros, interagindo com tato.

Como conservar o espírito empreendedor? Esse é o grande desafio.[7]

Figura 5.4 Atributos para manter o espírito empreendedor: os 10 Ds

Devaneios	Empreendedores têm uma visão muito clara de seus negócios. Demonstram capacidades e habilidades para implementar seus sonhos.
Decidido	Empreendedores não procrastinam. Tomam decisões rapidamente. E essa velocidade é um fator-chave no seu sucesso.
Destemido	Tomada a decisão, imediatamente ela é colocada em prática, tão rapidamente quanto possível.
Determinado	Implementam suas iniciativas com total comprometimento. Raramente desistem diante de obstáculos que parecem intransponíveis.
Dedicado	São totalmente dedicados aos seus negócios, com considerável custo para seu relacionamento com amigos e familiares.
Devotado	Empreendedores amam o que fazem. É esse amor que os sustenta quando os acontecimentos não lhes são favoráveis. E é esse amor por seus produtos ou serviços que os torna tão eficazes no momento de vendê-los.
Detalhista	Muitos indivíduos perdem-se nos detalhes. Isso é mais do que verdadeiro no início e crescimento de um negócio.
Destino	Desejam ser controladores, condutores de seu próprio destino, ao contrário de um empregado, que depende do comando, das iniciativas de outras pessoas.
Dinheiro	Ficar rico não é o principal motivador dos empreendedores. Dinheiro é mais uma medida de seu sucesso. Assumem que se são bem-sucedidos serão recompensados.
Distribuidor	Distribuem o direito de propriedade com seus empregados mais dedicados.

Fonte: Elaborada pelo autor.

7 BYGRAVE, William D. *Portable MBA in entrepreneurship*. New York: John Wiley & Sons, 1995. p. 5.

As pessoas com características empreendedoras diferenciam-se das demais pela maneira de executarem suas atividades. Empreendedores são pessoas autoconfiantes, dedicadas ao trabalho, que tentam se manter atualizadas e têm a capacidade de gerar mudanças significativas a partir de novas ideias. Ambiciosos e criativos, devem ter cautela diante de novas situações, mas precisam ser capazes de assumir riscos. Esse perfil é apresentado a seguir.

5.4.2 Síntese dos traços de personalidade típicos de um empreendedor de sucesso

- autoconfiança: age com segurança e firmeza;
- dedicação: concentra-se totalmente na atividade profissional;
- busca de conhecimento: procura informações em sua área para se manter atualizado;
- inovação: implanta novas ideias e gera mudanças significativas;
- improvisação: adapta os recursos disponíveis para resolver problemas;
- iniciativa: age pronta e independentemente frente a situações não rotineiras;
- ambição: estabelece metas sempre crescentes;
- perseverança: investe continuamente em uma ideia ou objetivo;
- criatividade: identifica novas e produtivas formas de desempenhar tarefas;
- cautela: age de forma racional para minimizar riscos;
- visão a longo prazo: analisa e planeja, prevendo situações futuras;
- ousadia: assume riscos com determinação;
- necessidade de realização: desenvolve seu potencial e dirige suas ações para se satisfazer;
- centralização: envolve-se em todos os detalhes e assume muitas atribuições.

5.5 Os mitos do empreendedorismo

Cada sociedade tem suas imagens preconcebidas. O estereótipo do bom empreendedor é personificado por um indivíduo que trabalha duro e, com seus próprios esforços, edifica seu empreendimento. Também é materializado pela figura dos barões saqueadores que se empenhavam em praticar atos de sabotagem industrial.

Os empreendedores criadores de empreendimentos de base tecnológica via incubadora têm demonstrado acreditar que um alto padrão ético é simplesmente o mais importante fator, em termos de estratégia de longo prazo, para o sucesso nos negócios. Contudo, esses empreendedores hoje estão muito mais conscientes do importante papel da ética para o mundo dos negócios. Eles prosperam trabalhando por muitas horas e conduzindo seus empreendimentos seguindo os mais rígidos padrões éticos e morais.

Quantos mitos os indivíduos não carregam dentro de si acerca do papel dos empreendedores na sociedade moderna? Propomos nesta etapa um profundo debate sobre os mitos e realidades que cercam a figura do empreendedor. Aqui estão alguns deles:

- empreendedores são jogadores: em diversas ocasiões – seminários, debates, aulas, entrevistas com os mais representativos segmentos da sociedade brasileira – discutimos as características que diferenciam os empreendedores dos demais indivíduos. Essa diferenciação fundamenta-se na forma pela qual eles acessam duas coisas fundamentais: quanto eles podem ganhar (ou perder) e qual é a probabilidade de ganhar (ou perder), quando estão participando de uma disputa;
- empreendedores não assumem grandes riscos: assumem riscos de forma moderada, calculada, avaliando-os cuidadosamente. Tentam influenciar os parceiros, para tentar dividir com eles uma parcela do risco. Procuram usar recursos de terceiros, em vez dos próprios – dessa forma, se perderem, não perderão muito de seus recursos. Em resumo, não assumem, de forma deliberada, riscos desnecessários;
- empreendedores bem-sucedidos são os que têm uma boa dose de sorte – ao contrário. Os indivíduos fazem sua própria sorte! Sorte é a extensão que envolve o sucesso. Ela dura na obtenção, concepção de uma ideia comercializável. Apresenta-se cheia de nuanças na luta pela sobrevivência, sustentação e construção de um empreendimento bem sucedido que permita, aos seus promotores, poderem lucrar;
- empreendedores trabalham mais horas e dedicam-se mais aos empreendimentos do que executivos de grandes empresas: isso pode ser verdadeiro ou não. Pessoas que possuem seu próprio negócio geralmente dedicam-lhe muitas horas de trabalho porque, para elas, seus empreendimentos

significam a própria vida. Elas trabalham muito mais horas do que um trabalhador de uma grande ou média empresa, que normalmente dedica cerca de 40 horas semanais às suas atividades profissionais. Executivos de grandes empresas usualmente dedicam muito mais horas do que um empregado normal. Todavia, é muito pouco provável que sua dedicação supere a de um empreendedor, porque muitos empreendedores bem-sucedidos são mais jovens e mais enérgicos do que eles. Embora essas qualidades possam ajudar, idade não é barreira para o exercício bem-sucedido do empreendedorismo;

- a idade média na qual empreendedores lançam empreendimentos de alto potencial é de 35 anos, mas há numerosos exemplos de empreendedores com idade superior aos 60 anos. O que é crítico para o sucesso é possuir o relevante *know-how*, experiência, e os contatos necessários para reconhecer, detectar, perseguir e aproveitar uma janela de oportunidade que se abre no mercado;
- empreendedores são egocêntricos, geralmente não gostam de delegar e preferem administrar tudo eles mesmos: isso é particularmente verdadeiro principalmente nas primeiras fases do seu empreendimento. Para eles, seu negócio significa sua vida e eles acreditam que não podem confiar a condução de seu destino a nenhum indivíduo, a não ser a eles mesmos. Eventualmente, empreendedores bem-sucedidos entendem que, administrando tudo, têm condições de fazê-lo de forma que o empreendimento possa crescer de maneira mais acelerada. Ao tentar tocar todos os instrumentos, os empreendedores, normalmente, encontram fortes barreiras para expandir seus empreendimentos. Esse tipo de atitude torna extremamente difícil o crescimento das empresas, principalmente as de base tecnológica. Empreendedores de alto potencial montam uma equipe, uma organização e uma empresa. Compreendem que 100% de nada é inútil, sem nenhum valor, é um resultado desprezível; assim, mais que obter um grande pedaço de uma torta, eles trabalham para fazer a torta cada vez maior;
- empreendedores são seus próprios patrões e completamente independentes: não! Longe de serem independentes, empreendedores bem-sucedidos estão prontos a servir muitos senhores e indivíduos, incluindo investidores,

clientes, fornecedores, empregados, credores, familiares, e isso implica o cumprimento e atendimento de várias obrigações sociais e comunitárias. Empreendedores de sucesso, como já foi afirmado anteriormente, eventualmente aprendem a delegar quando percebem que sua capacidade para gerir o empreendimento está limitada por seu rápido crescimento;

- empreendedores têm somente uma única coisa que os motiva: ganhar tanto dinheiro quanto possível. A maioria das pesquisas demonstra que os empreendedores vitoriosos estão muito mais interessados em construir um empreendimento de sucesso do que em resultados financeiros. O que realmente motiva o mais bem-sucedido dos empreendedores, na nossa opinião, é seu senso pessoal de realização e sua vontade de atingir os objetivos. Ele sente que detém o controle do próprio destino. Está mais motivado para concretizar suas aspirações, visões e sonhos, e dinheiro é uma das formas de avaliar, medir, esse desempenho;
- empreendedores já nascem empreendedores: se isso fosse verdadeiro, não estaríamos presenciando essa explosão de cursos, em todos os níveis, de graduação e pós-graduação, para formar empreendedores. Embora empreendedores nasçam com certa dose de inteligência natural, com uma forte aptidão para criar e com energia, devem reunir esses talentos, por eles mesmos, para moldar seu destino. Uma pessoa torna-se um empreendedor pelo acúmulo de relevantes habilidades, *know-how*, experiências e contatos que conseguiu reunir durante um bom período, e essa experiência inclui grandes doses de investimento em autodesenvolvimento. A capacidade criativa para detectar uma oportunidade, saber aproveitá-la com sucesso, na maioria das vezes, exige do empreendedor muitos anos de prática de negócios, fazendo-o reconhecer que o melhor atalho para dar a volta por cima nessa situação é investir maciçamente em mecanismos que facilitem a cooperação de seus parceiros.

Tendo examinado e refutado alguns dos mitos sobre o empreendedorismo, pode-se afirmar que os estereótipos que muitos alardeiam são realmente frutos de uma visão totalmente equivocada? Ou será que essas características podem ser cultivadas por todos os indivíduos para que possam se tornar empreendedores bem-sucedidos?

O pensamento empreendedor é guiado pelo sentimento de que o importante não é ser, ter ou parecer. O importante é fazer, construir e desenvolver. Esse é um atributo dos realizadores, fundamentalmente de indivíduos com espírito criativo, que tentam, de forma ética, captar os desejos e necessidades do mercado. A criatividade demanda do empreendedor uma crença apaixonada no poder das próprias ideias e a firme convicção de vê-las chegar até o fim. Isso pode resultar, muitas vezes, em uma batalha longa e solitária.

Os visionários estão sempre lutando contra o pensamento convencional, porque têm uma visão progressiva do mundo, em termos do que ele pode vir a ser, se alguém estiver disposto a encarar as coisas de maneira diferente. Por definição, são mais dependentes dos próprios instintos. Dedicam sua vida a um empreendimento, tornando-se totalmente absortos em seus múltiplos aspectos. São normalmente exigentes, teimosos, intransigentes e de difícil trato. Mas, quando sua perseverança e seus instintos se combinam, eles são perfeitos.

Os empreendedores/visionários são apaixonados pelo que fazem, idealistas e muitas das vezes brilhantes em suas áreas de atuação, e são imbuídos de uma missão singular – querem mudar o mundo. Assim, centram suas energias nessa mudança por meio de seus produtos/serviços. Suas equipes demonstram uma dedicação fora do comum ao trabalho, semelhante a um culto, indo, se necessário, noite adentro para resolver um problema de um cliente. Estão sempre avaliando o horizonte do amanhã.

Se a visão deles estiver no alvo certo, mudará o mercado e eles prosperarão – mesmo que isso signifique a perda de algumas batalhas pelo caminho. Contudo, dificilmente desistem de seus projetos, "tudo vale a pena quando a alma não é pequena", como afirmava o poeta Fernando Pessoa. Ao criar um negócio inovador, os empreendedores são sonhadores, conduzidos à paixão de transformar o mundo e torná-lo um lugar melhor para toda a humanidade. Não estão apenas interessados em vender produtos/serviços, mas em ser provedores, uma nova filosofia empresarial. Podemos afirmar que os cinco componentes do espírito empreendedor em ação são os mostrados na Figura 5.5.

Figura 5.5 Os cinco componentes do espírito empreendedor em ação

COMPONENTES	DEFINIÇÃO	CARACTERÍSTICAS
Autoconhecimento	Capacidade de reconhecer e compreender estados de espírito, emoções, impulsos, bem como o efeito desses aspectos em outras pessoas	Autoconfiança Autoavaliação realista Capacidade de rir de si mesma
Autocontrole	Capacidade de controlar ou redirecionar impulsos e estados de espírito perturbadores Propensão a não julgar e a pensar antes de agir	Confiança e integridade Bem-estar na ambiguidade Abertura a mudança
Automotivação	Paixão pelo trabalho por motivos que não dinheiro ou *status* Propensão a perseguir objetivos com energia e persistência	Forte impulso para alcançar o objetivo Otimismo, mesmo diante do fracasso Comprometimento com o empreendimento
Sociabilidade	Competência para administrar relacionamentos e criar redes Capacidade de encontrar pontos em comum e cultivar afinidades	Eficácia para liderar a mudança Persuasão Experiência em construir equipes e liderá-las

Fonte: Elaborada pelo autor.

Ao constatarmos que a maior parte dos mitos difundidos sobre os empreendedores não passa de mera especulação, gostaríamos de colocar em análise uma proposta de estudo sobre os atributos essenciais para um empreendedor, por meio da Figura 5.6:

Figura 5.6 Atributos essenciais para ser bem-sucedido como empreendedor no século XXI

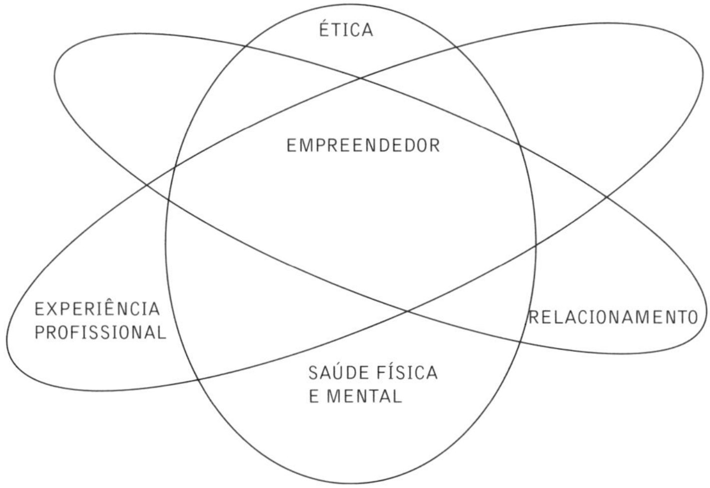

Fonte: Elaborada pelo autor.

5.6 Distinção entre empreendedor e empresário

A principal diferença entre o empreendedor e o empresário é que o primeiro é o pioneiro ou o criador de empresa; aquele que tem o mérito de iniciar um empreendimento empresarial, de lançar-se ao mercado com o objetivo de explorar novas oportunidades de negócios.

O empreendedor e o empresário são duas figuras que se completam e se diferenciam das demais, pelo fato de terem optado por um tipo de atividade com valores bem determinados, no caso dos negócios. O empresário *cresce* mais do que o empreendedor, o pioneiro, criador da empresa. Ele continua a sua trajetória, distanciando-se do empreendedor pelo fato de ele continuar insistindo em permanecer agarrado ao pequeno negócio, ou mesmo em não querer desenvolver-se como pessoa ou homem de negócios.

O empreendedor é um indivíduo de muita iniciativa, dotado de uma personalidade agressiva, um eterno farejador de oportunidades, sobretudo aquelas ligadas a seu interesse e motivações. Um dos fatores de sucesso do empreendedor é lançar-se naquilo que gosta de fazer. Ele é um criador de negócios e muito trabalhador, não só porque faz aquilo que gosta, mas, também, porque a quase totalidade dos seus empreendimentos gira em torno dele. Ele faz e gosta de fazer tudo sozinho. O seu sentimento de posse é muito acentuado. A empresa é ele mesmo. É um indivíduo com muitas ideias, adora o risco e, normalmente, é possuidor de elevada capacidade de iniciativa para se lançar em novos negócios, assumir riscos; costuma encantar, apesar de muitos empreendedores se limitarem a tocar seus pequenos negócios.

Há uma complexidade de fatores responsáveis pelo surgimento de empreendedores e criadores de empresas. O envolvimento dos empreendedores com a empresa é tão grande que se torna difícil – e até impossível – dissociar os objetivos da empresa dos pessoais, e a complexidade de motivação para os negócios aumenta de tal forma que fica difícil saber quais as verdadeiras razões pelas quais um indivíduo, ou grupo de indivíduos, criou um negócio. Essa complexidade aumenta quando as razões da existência se alojam, muitas vezes, nas profundezas do empreendedor.

O empreendedor (pioneiro, criador de novos negócios) começa a ter seu papel sufocado quando sua obra empresarial (a empresa ou grupo de empresas) cresce acima de suas possibilidades e ele não teve a iniciativa ou condições de dotá-la de uma estrutura organizacional e gerencial, de ter seus talentos criativo e de realização ampliados e, acima de tudo, de ver a sua obra consolidada e bem-sucedida ao longo da vida.[8]

O empresário é, também, um criador de empresas. Apesar disso, é mais raro o empreendedor ser um empresário. A não ser quando ele, o empreendedor, consegue romper suas limitações de meio fazedor de negócios; o empresário tem, portanto, características de pioneiro, de empreendedor, apesar de haver bem-sucedidos

---

8 AQUINO, C. História empresarial vivida – depoimentos de empresários brasileiros bem-sucedidos. São Paulo: *Gazeta Mercantil*, 1986, v. II, p. 7-22; AQUINO, C. História empresarial vivida – depoimentos de empresários brasileiros bem-sucedidos. São Paulo: *Gazeta Mercantil*, 1988, v. IV, p. 8-35.

empresários que não criaram empresas, residindo seus méritos em administrar com competência a obra herdada de seus antepassados.

O empresário, entretanto, tem outras características, usualmente não existentes no proprietário-empreendedor. Uma delas é que ele (o empresário) cresce tanto no plano individual (como pessoa, como indivíduo, como ser humano), quanto no empresarial, cumprindo obrigações ao nível da missão empresarial, investindo e realizando projetos, criando riqueza, dando empregos, contribuindo para o desenvolvimento do país, no qual ele opera e lucra. Assim, o empresário situa-se num plano superior ao do empreendedor, que, devido à correria do dia a dia, tem dificuldades de evoluir, desenvolver as tarefas mais relevantes, apesar de não ser a rotina de empresa a principal causa de sua não evolução.

O indivíduo torna-se empresário quando consegue superar o hábito de empreendedor, de meio criador e tocador de novos negócios, e passa a se envolver com tarefas de grande magnitude, mais ligadas à sociedade global. Diga-se de passagem: o ambiente externo é o verdadeiro local de trabalho do empresário.

Quanto mais fica desligado da operação da empresa, mais ele justifica seu papel de empresário. A operação é responsabilidade dos executivos. O fato de a empresa ser conduzida pelo empreendedor ou pelo empresário tem marcantes reflexos na forma de as gerir.

Quanto menos o empreendedor evolui para a categoria de empresário, ou seja, continua encolhido na sua condição de empreendedor, mais tende a querer que seus executivos trabalhem mais para ele do que para a empresa.

No entanto, à medida que vai evoluindo para a condição de empresário, a organização vai se estruturando e tornando-se mais impessoal – à medida que a empresa se vai profissionalizando, libertando-se da presença do dono (como acontece, de forma acintosa, nas empresas familiares).

Um empresário é um empreendedor em outra escala e com diferentes desafios e perspectivas. Podemos afirmar que todo empresário é, necessariamente, um empreendedor, mas nem todo empreendedor é, necessariamente, um empresário.[9]

---

9 AQUINO, 1988. v. III, p. 97-127; HORMADAY, J D. Research about living entrepreneur. In: KENT, C. et al. (Eds). *Enclyclopedia of entrepreneurship*. Englewood Cliffs: Prentice--Hall, 1982. p. 28-30.

Vejamos o motivo: um empresário deve possuir as características fundamentais do empreendedor e, além disso, uma visão mais ampla de suas responsabilidades sociais. Ele se diferencia também do empreendedor na sua forma de administrar um negócio.

A um empreendedor é dado um maior espaço para improvisar e administrar de maneira não ortodoxa. Um empresário, por outro lado, precisa ter uma visão mais ampla de espaço e tempo, atendendo às suas obrigações para com a sociedade em geral e para com o país. Necessita olhar o seu empreendimento (a empresa) como uma instituição que transcende necessariamente a própria figura e se insere num contexto de permanente contribuição para a riqueza de seus funcionários, seus acionistas e o próprio país.

Vale a pena ressaltar a diferença entre a denominação empreendedor e empresário. O empreendedor, como a própria palavra diz, é aquele que empreende alguma coisa, que inicia e tem, inclusive, essa ambição de empreender muito mais como administrador de alguma coisa que existe, de uma empresa. Quer dizer: ele é muito mais um administrador, no sentido de preservar a vida de um ou mais empreendimentos. É aquele capaz de montar uma estrutura dentro de um planejamento ou de uma empresa e a transformar em uma coisa permanente. Essa é a diferença básica entre o empreendedor e o empresário.

Alguns indivíduos desejam gerenciar seus negócios e estão preparados para arriscar o próprio capital, iniciando um empreendimento, tornando-se responsáveis pela geração de empregos. Eles podem gerenciar pequenas lojas, restaurantes ou estabelecer-se em grandes fábricas. Muitos homens empregados em organizações com pouca ou quase nenhuma chance de promoção consideram montar, iniciar seu próprio negócio o próximo e decisivo passo de sua vida.

5.7 Empreendedorismo no mundo

Empreendedorismo não é algo novo no Japão. Contudo, ele tem sempre sido raro. As grandes empresas japonesas, hoje, parecem ser menos atrativas para a nova geração de tecnólogos nipônicos, mesmo eles tendo de enfrentar obstáculos para se tornar empreendedores de sucesso. Tudo no Japão – sua religião, cultura, estrutura social – desincentiva a ação individual. O termo empreendedor em japonês – *datsusara* –, sugerindo mais um rebelde do que um pioneiro. Mesmo com todas as dificuldades enfrentadas pelos japoneses, um dos motivos que mais impulsionam os empreendedores nipônicos é o desejo de realização, sendo o lucro um dos últimos citados.[10]

Os japoneses querem ser empreendedores. Analisando a questão, podemos constatar que assuntos como espírito empreendedor e negócio próprio atraem mais o interesse de recém-formados naquele país. No entanto, essa área foi, até pouco tempo, alternativa para "perdedores". Profissionais tradicionalmente almejavam posições em grandes organizações ou no governo. Apesar disso, os micro e pequenos negócios começam com pouca tecnologia e identificam novos nichos de mercado. São essas frágeis micro e pequenas companhias que acrescentam postos de trabalho e introduzem ideias frescas.[11]

Os principais obstáculos para o desenvolvimento do *empreendedorismo* no Japão são basicamente culturais, tendo em vista que as perspectivas de trabalho por toda a vida em uma mesma empresa inibem as iniciativas de montar o próprio negócio.

O empreendedorismo pode ser visto sob duas perspectivas: uma ocidental e outra fundamentada em uma ótica oriental, mais especificamente na japonesa, como se pode perceber na Figura 5.7, onde são apresentadas as principais características entre os dois estilos de empreendedorismo.[12]

---

10 ADLER, Charles. Entrepreneurship in Japan. *Fortune*, n. 120, p. 66-67, Aug. 22, 1984.

11 ALDERSON, Albert. Small Business. *Forbes*, n. 120, p. 40-42, July 4, 1994.

12 BOTKIN, James W. *Winning combinations*: the new wave of entrepreneurial partnerships between large and small companies. New York: John Wiley & Sons, 1992. p. 165-170.

Figura 5.7 Estilos de empreendedorismo

Estilo japonês	Estilo ocidental
Kaizen (incremental)	Inovador, radical
Keiretsu (parceria, aliança nos negócios)	Competição (empreendimentos individuais)
Inovação	Invenção
Holismo	Individualismo
Grandes empresas	Pequenas empresas
Planejamento de longo prazo	Planejamento de curto prazo
Orientação para atividades não militares	Orientação para atividades militares
Pouco risco	Alto risco
Criação de riqueza coletiva	Alto lucro individual
Grandes empresas são eficazes e inovadoras (elas contam com a colaboração das micro, pequenas e médias empresas para atingir esse objetivo)	Grandes empresas são altamente burocratizadas e poucas inovadoras
Pequenas empresas são provavelmente as primeiras a serem afetadas numa crise econômica	Pequenas empresas são muito mais resistentes às crises econômicas

Fonte: Elaborada pelo autor.

Ao fazer uma análise sobre a abordagem da inovação, tendo como base os casos específicos dos Estados Unidos e do Japão,[13] pode-se observar o descrito na Figura 5.8.

Figura 5.8 Os fatores de sucesso na abordagem da inovação

ESTADOS UNIDOS	JAPÃO
Grande esforço de pesquisa	Grande esforço de pesquisa
Elevada proporção de engenheiros e cientistas na população ativa	Elevada proporção de engenheiros e cientistas na população ativa

(continua)

13 EUROPEAN COMISSION. Livro Verde da Inovação. 20 dez. 1995 – Directorate XIII/D. Luxemburgo.

(continuação)

Esforços de pesquisa bem coordenados (em particular nos setores da aeronáutica, eletrônica e espaço)	Fonte aptidão para adaptar informação tecnológica, de onde quer que ela venha; forte tradição para cooperação entre empresas em pesquisa & desenvolvimento
Relação estreita entre a universidade e a indústria, que dá origem a um elevado número de novas empresas de "*high-tech*"	Crescente cooperação entre universidade e indústria
Setor de capital de risco desenvolvido, que investe fortemente na tecnologia; bolsa de valores especializada em tecnologia (Nasdaq)	Relação forte e estável entre o setor financeiro e a indústria, visando estratégias de benefícios a longo prazo
Tradição cultural favorável ao risco e ao espírito empreendedor	Cultura favorável à aplicação de técnicas e de aperfeiçoamentos contínuos

Fonte: Elaborada pelo autor.

A Europa (re)descobre o empreendedor ao iniciar, de forma decisiva, programas de incentivo ao surgimento de empreendedores de *high-tech*. O processo para reviver o espírito empreendedor hoje na Europa é feito por meio de programas específicos, porém o trabalho desenvolvido com os países do Leste Europeu é lento mas seguro, pois há a necessidade de ensinar aos *ex-comunistas* a mentalidade empreendedora.[14]

O *high-tech* na Europa está sendo apoiado desde o final da década de 1980 por meio dos programas de apoio ao desenvolvimento tecnológico. Porém, o mais importante é que esse trabalho está fundamentado na premissa de que a Europa está decidida a amar o *entrepreneur*.[15]

Há uma nova geração de inovadores com formação nos Estados Unidos e de empreendedores de pequenos negócios, da biotecnologia aos computadores. E os europeus têm consciência de que somente bons projetos não resolvem a questão, a capacidade inovadora é de capital importância. Além disso, o clima nas universidades tem mudado – os acadêmicos têm trocado a segurança de um emprego em uma universidade pelo risco de criar o próprio negócio.

14 ARCHIER, Sam. High-tech. *Fortune*, n. 80, p. 44, Oct. 3, 1983.

15 KILMAM, L. Entrepreneurship. *Business Week*, n. 185, p. 75-77, Oct. 9, 1989.

As dificuldades para desenvolver empreendimentos de base tecnológica na Europa são bastante evidentes quando se analisa o caso francês. A França apresenta uma forte tradição no campo da pesquisa na área da matemática, sobressai-se na indústria de software, porém, no momento de explorar essas virtudes, a batalha é perdida. O fracasso é completo. E em muitos dos ramos industriais a França sente uma enorme carência de micro, pequenas e médias empresas ágeis que possam explorar novos nichos de mercado.

Os franceses têm uma forte cultura tecnológica, mas não apresentam uma vocação empreendedora. O setor bancário é muito cauteloso, não propiciando condições que permitam o surgimento de um ambiente favorável ao *start-up*, para que este possa desempenhar seu papel e assumir os riscos inerentes às atividades empreendedoras. Além disso, o estoque de recursos destinados ao investimento nas empresas via capital de risco é ainda muito reduzido. E isso não é nada bom para a economia francesa.

As barreiras encontradas pelo empreendedorismo na França são de tal forma complicadas que estas manifestam-se ostensivamente avessas ao risco.[16] É cada vez mais frequente o número de jovens empreendedores franceses que buscam, na Califórnia, um ambiente econômico mais dinâmico, propício à criação e ao desenvolvimento de empresas de inovação tecnológica.

Uma evasão de cérebros dessa magnitude representa um sério golpe para a França, que é conhecida por sua cultura hostil a empreendedores e por um setor de alta tecnologia subdesenvolvido – exatamente os problemas que estão afugentando engenheiros, programadores e administradores com mestrado e doutorado.[17]

Com efeito, a França sofre de hemorragia de sua força vital – as pessoas de que o país necessita para criar novos empregos e indústrias. Os franceses comportam-se como se tivessem medo de inovação tecnológica. Apesar dos inegáveis sucessos no desenvolvimento dos trens de alta velocidade e na aeronáutica, por exemplo, a França é, atualmente, o país com mais resistências a entrar na era da internet. Em 1997, menos de um por cento dos franceses estava conectado à web.

16 SULEIMAN, Ezra. Uncommercial, risk-averse, and antientrepreneurial people show an extraordinary bent for industry, they also managed to get their political house in order. Adieu, the golden age? *Time*, n. 200, p. 60, Dec. 4, 1995.

17 GAZETA MERCANTIL. Empreendedores franceses invadem os EUA. *Gazeta Mercantil*, n. 21300, p. C-8, 26 mar. 1998.

A aldeia global é sentida pelos gauleses como uma ameaça à sua identidade. O ex-presidente Jacques Chirac confessou uma vez a Bill Gates, o papa dos computadores e do software, nunca ter visto um mouse! Incompreensível, para o país que inventou o Minitel, que podemos considerar o precursor "pré-histórico" da internet.

Não é somente a França que apresenta um quadro desfavorável ao empreendedorismo. A maior parte dos países europeus tem o seguinte panorama: a sua crônica inabilidade para criar empregos deve-se a muitas e complexas causas, mas o problema central reside nas elevadas taxas, na enorme variedade de tributos, no excessivo número de encargos laborais e em leis trabalhistas muito rígidas.

5.8 Desemprego: uma enfermidade europeia

A taxa de desemprego na Europa é muito mais alta do que no Japão e nos Estados Unidos. Se não houver, por parte dos governos dos países que compõem a União Europeia, uma urgente reformulação de suas políticas de proteção social, o problema demorará muito a ser solucionado.

Muitos intelectuais nos Estados Unidos e na Ásia acreditam que o *welfare* europeu deve ser um modelo em seus países. Entretanto, essas políticas, para serem financiadas, implicam, geralmente, em uma elevada carga tributária sobre as empresas, sendo a principal causa de desemprego no Velho Continente durante os últimos anos. Esse mal europeu dificilmente pode ser considerado um modelo.[18]

A experiência americana demonstra que o crescimento do desemprego europeu não se deve só a um aumento da competência dos países menos desenvolvidos. O rápido crescimento dos custos trabalhistas em toda a Europa e a falta de uma política consistente de incentivos ao empreendedorismo parecem ser as principais causas da explosão do desemprego.

Quase a metade dos custos médios de um posto de trabalho na França e na Alemanha é destinada à seguridade social, à saúde, ao seguro-desemprego, a seguros contra invalidez e outros impostos. Em quase todos os países europeus a proporção é similar. As regulamentações que limitam a demissão e obrigam a conceder muitos dias de férias também podem ser consideradas um fator que contribui para a elevação dos custos do emprego.

---

18 GILDDEN, A. *Beyond left and right*: the future of radical politics, London: Polity Press, 1994. p. 135-197.

A elevada carga tributária, imposta pelos governos europeus, fomenta o crescimento de uma economia subterrânea. Segundo algumas estimativas, 25 por cento dos trabalhadores espanhóis e italianos ganham alguma coisa que não aparece em nenhum tipo de contabilidade. Na Bélgica, França, Alemanha e Suécia, onde o trabalhador é cada vez mais caro para a empresa, despedi-lo está se tornando uma tarefa muito difícil e as empresas relutam muito em aumentar seu quadro de colaboradores.

Diante dessa perspectiva, custa muito mais encontrar um posto de trabalho atualmente do que há dez anos. Ademais, na União Europeia, o emprego no setor privado quase não tem crescido – quase todo o crescimento de empregos se dá no setor público, ao contrário do Japão e dos Estados Unidos, onde tem ocorrido justamente o inverso: o emprego em empresas privadas, principalmente nas micro, pequenas e médias, tem crescido mais do que nas públicas.

Os desempregados, os jovens que não conseguem um emprego estável, os temporários e os empregados da economia subterrânea têm poucas oportunidades de investir em sua formação. Na Europa, há cada vez mais indivíduos enquadrados nesse perfil, o que implica no aumento do número de trabalhadores que não têm acesso a um processo de formação adequada. Isso, por sua vez, reduz cada vez mais suas possibilidades de encontrar trabalhos estáveis.

A presença na Europa de um generoso "*welfare*", um estado social com um amplo leque de benefícios e uma pesada carga de regulamentações que chegam mesmo a sufocar e em determinados casos abafam, matando no seu nascedouro as iniciativas de criação de empresas e o próprio *entrepreneurship*.

A morte do empreendedorismo, ou seja, a falta de incentivo ao desenvolvimento do espírito empreendedor entre os europeus, a pouca ou quase nenhuma existência de entidades direcionadas para a concessão de capital de riscos às empresas de alta tecnologia, podam pela raiz as iniciativas de criação de micro, pequenas e médias empresas dinâmicas, as quais já são responsáveis por mais de 66% de todo o emprego na Comunidade Econômica Europeia e podem ser a grande fonte de absorção de indivíduos que estão sendo demitidos pelas grandes empresas.

As barreiras burocráticas levantadas na Europa entravando os processos de criação de empresas são as maiores responsáveis pela situação de desemprego, e não o avanço tecnológico. A falta de incentivo e apoio ao empreendedorismo está gerando toda essa crise de inexistência de empregos no Velho Continente.

Para vencer o desafio de se implantar empreendimentos inovadores com forte base tecnológica, a Comunidade Econômica Europeia tem instituído várias iniciativas que visam incentivar os empreendedores do velho mundo.

O espírito empreendedor europeu está sufocado pela malha burocrática que inibe sua capacidade de iniciativa. Tem de enfrentar barreiras erguidas para a manutenção do *status quo*, deixando os indivíduos cada vez mais distantes de sua realização pessoal, com a criação do próprio empreendimento.

Em vez de celebrar a figura do empreendedor, parece que a sociedade europeia o vê com certa dose de suspeita. Uma pesquisa de opinião na Escócia revelou que os empreendedores estão abaixo dos motoristas de ônibus na lista das atividades profissionais mais admiradas.

Gradualmente, contudo, muitos europeus estão reconhecendo a importância de criar um novo clima de apoio aos empreendedores de empresas de base tecnológica. A razão é muito simples: a necessidade de novos postos de trabalho. O maior problema europeu é a criação de novos empregos, principalmente os que agregam valor.

A resposta a esse desafio passa pela união de esforços entre o setor governamental, sindicatos, universidades, institutos de investigação e empresas de capital de risco para instituírem programas de incentivo ao surgimento de empresas de base tecnológica, aproveitando as vocações regionais de cada país envolvido nesse tipo de ação.

As organizações estão diminuindo de tamanho, tentando encontrar fórmulas de produzir mais com menos empregados. A solução de curto, médio e longo prazos para o fim do desemprego é a conscientização de que, daqui para a frente, haverá uma maior necessidade de os indivíduos colocarem em prática uma postura totalmente diferente da que vinha sendo adotada até pouco tempo atrás – eles formavam-se e tinham várias propostas de colocação profissional, mas hoje é de capital importância a habilidade de criar seu próprio emprego.[19] É preciso implementar medidas como as sugeridas a seguir:

19 BRIDGES, W. *Um mundo sem empregos*. Trad. de José Carlos Barbosa dos Santos. São Paulo: Makron Books, 1995. p. 46-51.

- promover investimento: *start-ups* europeias necessitam de capital semente e de risco. Mecanismos de crédito e incentivos fiscais podem ser colocados à disposição dos empreendedores;
- apoiar a livre circulação de ideias: universidades europeias poderiam prestar consultoria nas áreas tecnológica e gerencial, quando da montagem do projeto empresarial, bem como permitir o acesso dos empreendedores a seus laboratórios de pesquisa;
- alterar a legislação trabalhista: pesados encargos trabalhistas e regras muito rígidas de contratação e demissão são responsáveis por elevadas despesas para as pequenas empresas, que reclamam uma urgente mudança nessa situação;
- celebrar empreendedores: a Europa precisa passar a apoiar iniciativas ligadas ao empreendedorismo. As universidades precisam introduzir em seus cursos disciplinas relacionadas ao empreendedorismo, as escolas de negócio devem, urgentemente, implantar mais cursos de empreendedorismo e a imprensa deve dedicar mais atenção ao tema.

Mecanismos de apoio, do tipo capital semente ou de risco, poderiam ser colocados à disposição dos empreendedores, para que pudessem iniciar empreendimentos de base tecnológica, em lugar de somente incentivarem as empresas já existentes.

O brilho e o carisma podem servir até certo ponto. Todavia, poucos empreendedores *high-tech* aprendem a gerenciar, com competência, seus empreendimentos. Os exemplos de empresas que têm um excelente arranque estão a se suceder – Atari, Osborne, Visicorp, Microsoft, e por que não acrescentar a Apple? Os empreendedores de *high-tech* lutam para encontrar a tão almejada fórmula gerencial que os leve ao sucesso. Afirmam que muitos empreendedores procuram basear-se na Microsoft, uma empresa de sucesso nessa área.[20]

Uma coisa, no entanto, está clara: não basta ter o espírito empreendedor, conhecer, dominar a tecnologia, ter capital e bastante entusiasmo. Os conhecimentos das práticas administrativas básicas, especialmente em áreas-chave do negócio, como mercado e finanças, são muito importantes para o sucesso do empreendimento, seja de *high-tech* ou não.

---

20 FLYMAN, J. Springtime for startup? *Business Week*, n. 210, p. 38-41, Apr. 24, 1995.

Os empreendedores de *high-tech* são em geral jovens, inteligentes, dedicados, arrogantes. Entretanto, poucos deles possuem as habilidades gerenciais para dirigir uma empresa de base tecnológica, que requer, muitas vezes, uma capacidade de gestão, na fase inicial do projeto, muito acima do normal. É necessário entender que:

- o empreendedor deverá compreender que um produto de tecnologia, por mais interessante e inovador que seja, não se venderá por si só. Normalmente terá que seguir uma estratégia de penetração no mercado para sobreviver;[21]
- planejamento – para se ter continuidade e expansão é essencial dispor de um plano a longo prazo razoável, que inclua uma estratégia de produto, revisando-o, atualizando-o continuamente;[22]
- habilidade em lidar com pessoas – esta é possivelmente a área mais difícil em um empreendedor típico. Entretanto, a habilidade de se relacionar bem com outros indivíduos e de conseguir atrair e manter na empresa pessoas capazes é atributo-chave para o sucesso de qualquer empreendimento;
- controle – sistemas de acompanhamento, especialmente na área financeira, são vitais.[23]

5.9 (Re)pensando o futuro do empreendedorismo

Assiste-se, atualmente, em todo o mundo, a uma mudança radical na esfera da produção e da vida empresarial, em consequência do enorme desenvolvimento da tecnologia da informação e das alterações verificadas no componente social da empresa.

Muitas tarefas foram suprimidas pelo computador, fazendo desaparecer quadros intermediários; a mão de obra, em geral, tornou-se mais jovem e a participação cada vez mais ativa das mulheres no mundo do trabalho obrigou a uma flexibilização nos horários.

---

21 DAVIDOW, W. H. *Marketing de alta tecnologia*. Trad. de Dalton Alencar. Rio de Janeiro: Campus, 1991. p. 30-34.

22 MCDONALD, M. H. B. *Planos de marketing*. Rio de Janeiro: Gráfica JB, 1993. p. 240-245.

23 ODIORNE, G. S. *Administração*: análise dos erros administrativos. Rio de Janeiro: Interciência, 1979. p. 20-22.

Ao mesmo tempo, ainda faz-se sentir uma crescente necessidade de quadros especializados, o que tem merecido uma particular atenção por parte dos empresários, de forma a melhorar a produtividade no trabalho.[24]

Para milhões de pessoas, ter o próprio negócio ainda é o melhor meio de trabalhar na sociedade da informação, de eletrônica ou de serviços.[25] Ao indivíduo que inicie um empreendimento em casa ou levante milhões de capital de risco, aplica-se um conselho: descubra uma necessidade e satisfaça-a. (Desde que possua visão, acredite em si mesmo e tenha capacidade especial de transformar sua visão em realidade.)

As mudanças nos recursos estratégicos do capital para informação, conhecimento e criatividade são fatores principais que impulsionam a expansão empreendedora atual. Mas há outros.

Por exemplo, as organizações não oferecem mais a segurança que sugeriam. O candidato a empreendedor imagina: se é para correr o risco de qualquer forma, por que não arriscar um pouco mais e, possivelmente, colher grandes recompensas? O ato de (re)pensar o futuro do empreendedorismo incentiva-nos a dizer que o empreendedor, para ser bem-sucedido, terá de ter:

- orientação própria: sentir-se absolutamente à vontade como seu próprio patrão, ser autodisciplinado;
- orientação para a ação: não se satisfaz com grandes ideias comerciais. O mais importante é o desejo intenso de realizar, atualizar e transformar seu sonho em realidade;
- alto nível de energia: é emocional, mental e fisicamente capaz de trabalhar por um longo e intenso período;
- tolerância com a incerteza: os empreendedores bem-sucedidos só assumem riscos calculados (se possível); não obstante, é preciso que sejam capazes da assumir risco. Não há meios mágicos para se prever quem pode se tornar um empreendedor, mas a combinação de visão e capacidade de agir para realizar essa visão são necessárias. Os empreendedores procuram independência, desafio, realização e justa compensação;

---

24 NAISBITT, J.; ABURDENE, P. *Reinventing the corporation*. New York: Warner Books, 1985. p.56-90; NAISBITT, J.; ABURDENE, P. *Megatrends*. New York: Warner Books, 1985. p. 126-200.

25 RIFKIN, Jeremy. *O fim dos empregos*. Trad. de Rulth Bahr. São Paulo: Makron Books, 1995. p. 23-150.

- compensação: as pessoas, às vezes, iniciam seus negócios porque acham que seus esforços, dentro da organização, não foram satisfatoriamente recompensados;
- independência: embora procure compensação equitativa, a maioria dos empreendedores não é obcecada por dinheiro. Hoje, mais de 50% dizem que estão no mercado por conta própria *porque não gostam de trabalhar para os outros*. Isso representa uma grande mudança da situação de décadas anteriores, quando os empreendedores se estabeleciam, principalmente, devido ao dinheiro;
- desafio: algumas pessoas trabalham por conta própria, pois é o único meio pelo qual podem satisfazer à sua necessidade de desafio;
- realização: concorda-se, geralmente, que os empreendedores buscam realização, ao passo que os gerentes bem-sucedidos desejam o poder.

O empreendedor pode ser considerado um (re)inventor organizacional. Novos valores estão surgindo como decorrência do progresso. Por outro lado, a pressão econômica está impondo mudanças dentro dessa crise que atinge países e grandes empresas.

Mas que tipos de mudanças deverão ocorrer nas organizações que possam justificar o que se convencionou chamar de (re)invenção das organizações? Essa mutação divide hoje as organizações em convencionais e não convencionais, sendo estas denominadas holísticas ou hipermodernas, em células, em arcabouços ou em rede.

Para que se possa entender e caracterizar melhor essa mutação, nada melhor do que apresentar tópicos que caracterizam a (re)invenção organizacional:

- as empresas que conseguem criar um clima favorável à realização pessoal poderão contar com pessoal mais bem preparado;
- nas empresas, o novo papel do empreendedor é cultivar e manter um ambiente propício ao desenvolvimento pessoal;
- os sistemas de remuneração atuam como estímulos ao recompensarem o desempenho e a inovação;
- o emprego permanente perde terreno para outras formas de prestação de serviço;
- o estilo de gestão autoritário, hierarquizado, cede lugar à administração do tipo "rede";
- as empresas passam a ser verdadeiras federações de *intrapreendedores*, funcionando sob uma mesma razão social;
- no novo modelo de empresa, a qualidade é primordial;

- a intuição passa a assumir um papel cada vez mais relevante;
- as grandes empresas, para serem competitivas em um mercado em evolução constante, precisam adotar os valores próprios das micro e pequenas empresas;
- na nova empresa, fruto da tecnologia da informação, ou no novo modelo que está sendo reinventado para as empresas, o centro de interesse se desloca da infraestrutra para a qualidade de vida.

5.9.1 Uma retrospectiva histórica do empreendedorismo

Teria a Revolução Industrial sido produto de empreendedores (empreendedores inspirados)?[26] O papel distintivo, e mesmo decisivo, do empreendedor, desse indivíduo que concebe ou assume um empreendimento enxerga e explora oportunidades e constitui a força motriz das mudanças e aperfeiçoamento econômico, é de fundamental importância para a economia.

O empreendedor fez muito – e ainda faz – pela economia. Ele brilha em um conjunto à sombra de trabalhadores braçais, de funcionários de colarinhos azuis, de executivos empertigados e dos mais variados burocratas empresariais.

Ao contrário do capitalista, o empreendedor não carrega consigo nenhum complexo de culpa de origem marxista. A inovação e a contribuição peculiar do empreendedor poderiam ser mais bem financiadas, incentivadas e recompensadas se o inovador estivesse livre de ameaças de imitação e da concorrência.

As consequências da moderna tecnologia para os empreendimentos individuais podem ser expressas da seguinte forma:

a) com a sofisticação da tecnologia, há um acréscimo de tempo do início à conclusão de uma inovação;
b) investimento de capital aumenta;
c) há uma grande divisão das tarefas e dos meios de produção;
d) mais mão de obra especializada é necessária;
e) mais esforços organizacionais têm de ser implementados;
f) e, por consequência, mais planejamento é obrigatório.

26 GALBRAITH, J. K. *O pensamento econômico em perspectiva*: uma história crítica. Trad. de Ségio Santos. São Paulo: Pioneira, 1987. p. 100-200.

5.10 Conclusão

Sintetizando, temos: o empreendedor não é capitalista. Embora precise de capital, não é um investidor, mas assume riscos, e não é um empregado, apesar de poder ser. E frequentemente é um empregador – ou alguém que trabalha sozinho e exclusivamente para si mesmo.[27] Empreendedor é alguém que cria algo novo, algo diferente, que modifica ou transforma valores. Ele está sempre buscando a mudança, reage a ela e a explora como uma oportunidade.

Os empreendedores inovam. A inovação é o instrumento específico do espírito empreendedor. O empreendedor, por definição, transfere recursos de áreas de baixa produtividade e rendimento para áreas de produtividade e rendimento mais elevados. O empreendedor é movido a desafios, como podemos constatar na Figura 5.9.

Figura 5.9 Desafios e respostas aos estímulos ambientais

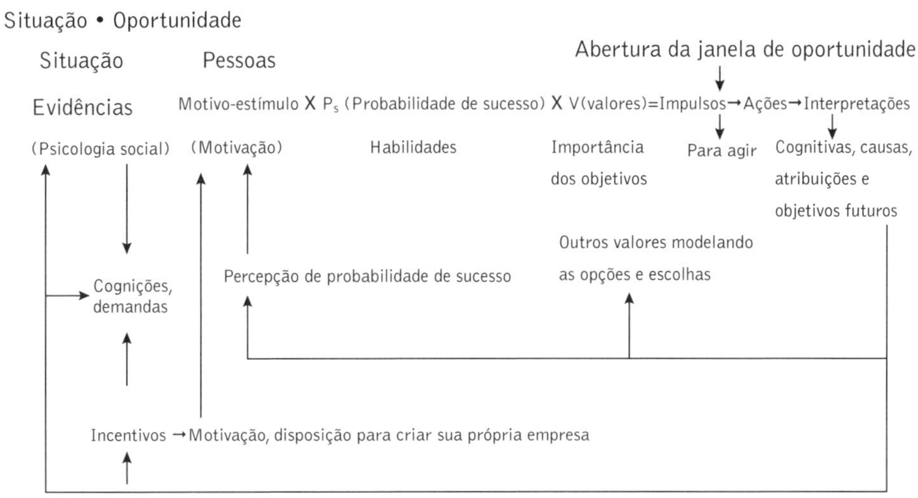

Fonte: Elaborada pelo autor.

27 DRUCKER. Peter F. *Innovation and entrepreneurship*: practice and principles. New York: Harper & Row, 1985. p. 150-200; ASTLE, R. *The commonsense MBA*: the seven practices of enduring businesses for the entrepreneur. New York: St. Martin's Griffin, 1994. p. 39-61.

Capítulo 6

Caracterização do empreendedor de empresas de base tecnológica

6.1 Introdução

Empreendedor de empresa de base tecnológica é aquele indivíduo que cria uma empresa para fabricar produtos ou serviços que utilizem conteúdo tecnológico elevado, incorporando princípios ou processos inovadores de aplicações recentes, mesmo que não sejam inéditos. A criação de empresas de base tecnológica é um empreendimento de alto risco.

Empresas de base tecnológica, em sentido amplo, são as que operam no nível do processo, produto ou serviço em que a tecnologia, considerada inovadora, constitui o eixo central da estratégia. Elas contrastam com a generalidade das micro e pequenas empresas tradicionais. Contêm, todavia, características comuns.

Para alguns cientistas, o homem é, talvez, o maior erro da natureza, e também seu maior sucesso. Parece difícil acreditar que aquele macaco sem pelos, que levava quase um ano para conseguir se locomover por conta própria e que era totalmente dependente dos genitores em seus primeiros anos de vida, pudesse sobreviver em um ambiente hostil. Desprovido de garras avantajadas ou caninos pronunciados, o frágil macaco sem pelos contava apenas com certa habilidade manual e notável capacidade de aprendizado pela experiência.

Diferentemente da maioria dos animais, o homem era capaz de antecipar o futuro e, assim, precaver-se contra dificuldades previsíveis, como o inverno, períodos de escassez etc. O binômio fragilidade-inteligência fez surgir no homem uma tendência para evitar o desperdício e maximizar os resultados daquilo que for capaz de empreender.

6.2 O que é um empreendedor de empresa de base tecnológica

Uma definição para empreendedor de empresa de base tecnológica, dentre muitas que se podem enunciar, é aquela que o considera uma pessoa que se predispõe a iniciar qualquer tipo de empreendimento econômico e a correr o risco inerente à atividade empresarial, enfrentando, muitas vezes, um ambiente hostil às suas pretensões.

O empreendedor de empresas de base tecnológica é um inovador que desenvolve tecnologia inédita. É o indivíduo que cria um negócio inovador, um empreendimento novo, mesmo enfrentando todos os riscos e incertezas inerentes a esse ato.

O termo "empreendedor" que, para muitos, significa alguém que organiza e assume o risco de um empreendimento objetivando auferir lucros, foi utilizado pela primeira vez em 1755 por Richard Cantillon, um economista irlandês de descendência francesa.[1] Veio a tornar-se muito usado depois que John Stuart Mill o popularizou, em 1848, no seu clássico *Principles of political economy*. Entretanto, ele desaparece da literatura econômica nos fins do século XIX.[2]

A razão desse desaparecimento é simples: na concepção de seus modelos matemáticos, os economistas normalmente não dedicavam muito espaço à figura do empreendedor. Contudo, nas últimas décadas, essa situação foi se revertendo e mais e mais economistas começaram a levar em conta o empreendedor, considerando-o mola propulsora do desenvolvimento econômico. Ao fazer isso, estão se espelhando em antigos economistas, que levaram o empreendedorismo mais seriamente.

De acordo com a definição original de Cantillon, o empreendedor é um especialista em assumir riscos. Ele assegura postos de trabalho, comprando e vendendo produtos ou serviços pelo preço que seus clientes estejam dispostos a pagar. Os trabalhadores têm um salário garantido no final do mês, enquanto o empreendedor tem de suportar o risco de gerenciar o empreendimento.

Como não é empregado da empresa, não recebe um salário. Sua remuneração é de caráter incerto, pois depende do sucesso ou não do negócio. Em outras palavras, depende do confronto final da receita com a despesa: se a primeira for maior que a

---

1 CANTILLON, R. *Essaie sur la nature du commerce en général*. London: Macmillan, 1931. p. 47-153.

2 CASSON, M. Entrepreneurship. In: HENDERSON, David R. (Ed.). *The fortune encyclopedia of economics*. New York: Warner Books, 1993. p. 631-635.

segunda, ele terá lucro. Caso contrário, terá prejuízo. Conclui-se, portanto, que o risco é a principal característica do papel de empreendedor.

Milhares e milhares de pessoas sonham ser empreendedoras, largando seus empregos e iniciando um negócio por conta própria. Diz-se até que o maior desejo de todo vendedor é um dia ter própria empresa de representações. Mas por que eles não se lançam na atividade empresarial? Porque, em sua grande maioria, têm medo de enfrentar sua incerteza.

Além disso, poucos dispõem de poupança suficiente para constituir o capital inicial da empresa. Às vezes, tentam suprir essa deficiência de recursos financeiros convidando irmãos, parentes ou amigos para serem sócios.

É bom esclarecer que correr risco não significa que uma pessoa vá ingressar em determinado ramo de negócios totalmente às escuras. Normalmente, o pretenso empreendedor coleta algumas informações sobre o mercado, principalmente a respeito da clientela e dos concorrentes, e, se concluir que há certa demanda insatisfeita que lhe possibilitará lançar seu produto ou serviço, ele abrirá a empresa. Assim, pode-se dizer que o risco é, até certo ponto, calculado. Todavia, se o empreendimento será bem-sucedido ou não somente o desenrolar de suas atividades dirá. Milhares de empresas são abertas anualmente e outro tanto, fechadas.

Verdade é que ninguém abre uma empresa pensando em ter prejuízo. Todos buscam o resultado positivo da atividade empresarial, que é a satisfação do cliente e, por consequência, o lucro.

É necessário frisar que o empreendedor deve ser visto também como agente e paciente do processo social, pois suas decisões podem afetar, em maior ou menor grau, a sociedade. Por outro lado, sua empresa também será influenciada por decisões tomadas por outros agentes econômicos.

Portanto, os empreendedores e seus empreendimentos bem-sucedidos são os principais agentes do processo de desenvolvimento econômico, sustentáculos da economia de um país. Ao inovar e executar a reorganização dos fatores de produção, o empreendedor torna-se o grande propulsor de uma economia em expansão.

São os empreendedores que investem seu capital, que por meio de sua empresa oferecem oportunidades de emprego à população, que contribuem com a maior parcela para a segurança social, que desenvolvem novas tecnologias e novos produtos e, acima de tudo, proporcionam a satisfação das necessidades dos consumidores.

Há alguma coisa sobre um empreendedor que o diferencia do resto da população. A proposta deste livro é esboçar uma linha de raciocínio e pesquisa para identificar a possibilidade de se delinearem as características psicológicas de um indivíduo que sucessivamente se lança a um novo empreendimento. Faz-se necessário, para isso, que se desenvolvam estudos direcionados à compreensão dos fatores relacionados às iniciativas e ao sucesso de um novo empreendimento. É um importante passo no encorajamento de potenciais empreendedores e aperfeiçoamento de seu impacto socioeconômico na luta pela geração de emprego e renda de qualquer nação.[3]

O estudo de técnicas administrativas e características de personalidades foi o trampolim de algumas das recentes pesquisas sobre empreendedores.[4]

As análises sobre a necessidade de realização de McClelland e várias outras pesquisas em torno de medida de risco são exemplos disto. Enquanto as características medidas por esses instrumentos parecem intuitivamente relacionadas com tendências empreendedoras, a pesquisa científica tem sido inconclusiva. O estudo quantitativo das características dos empreendedores é algo novo que tem que caminhar, avançar muito, no que diz respeito a resultados definitivos.

Um típico perfil de um indivíduo com características empreendedoras, em termos de experiência e de *background* familiar, é mais claramente definido como o estímulo dos adultos às crianças, ocupações dos pais e relacionamento interpessoal familiar, que criam um ambiente propício para que se desenvolva o espírito empreendedor que as pessoas carregam dentro de si, independentemente de sexo, cor e raça.

O encorajamento, frequentemente mais útil para o primeiro filho ou filho único, o exemplo do sucesso empreendedor dos pais e um apoio de parentes, os quais estimulam independência e realização, são fatores fortemente relacionados com o subsequente comportamento empreendedor dos indivíduos.

Existem características pessoais e habilidades normalmente presentes em empreendedores de sucesso, como traços de liderança, criatividade, senso de oportunidade

3 HISRICH, R. Entrepreneurship and intrapreneurship methods for creating new companies that have on the economic renaissance of an area. In: HISRICH, R. (ed.). *Entrepreneurship, intrapreneurship, and venture capital.* Lexington: Lexington Books, 1986. p. 6-96.

4 LEITE, Emanuel F. *O processo de criação de empresas do setor de transformação da cidade do Recife*: um estudo do perfil do empreendedor sob a óptica de McClelland. Dissertação de Mestrado. Universidade Federal da Paraíba. João Pessoa, 1992.

e intuição, porém, até aqui, nenhuma combinação de traços, experiências e habilidades adquiridas distingue um empreendedor de sucesso de um de insucesso.

O atual estágio da pesquisa sobre empreendedores tem claramente apontado a existência de muitas variáveis envolvidas na decisão de tornar-se um empreendedor. Há muitos e bem-sucedidos executivos que carregam, dentro de si, o espírito empreendedor, mas que preferem seguir carreira, sem querer montar o próprio negócio.

O significativo crescimento do número de mulheres exercendo uma atividade fora do lar tem criado um novo e diferente campo de pesquisa: as mulheres empregadas, gerentes e empreendedoras são diferentes do sexo oposto? Que pode ser aprendido do estudo quantificado dessas diferenças (se de fato elas existem)? Está claro que homens e mulheres empreendedores têm muito em comum e, ao mesmo tempo, significantes diferenças.

Enquanto algumas das experiências e características de personalidade são completamente similares entre os sexos, há notáveis diferenças entre eles no que diz respeito a motivação, ponto de partida e habilidades empresariais trazidas para o negócio.

A diferença no tipo de negócio iniciado pode ser atribuída, em larga escala, às divergentes formas de educação recebidas e ao histórico profissional.

No desenvolvimento da descrição de um empreendedor, diversos tipos de personalidades surgem como traços característicos. Um exemplo que podemos citar é o de um inventor, que pode tomar o papel de empreendedor se o negócio que criar for iniciado envolto do produto inventado. O que acontece é que geralmente o negócio é posto em segundo plano; o que importa é o invento; ele nunca evoluiu no sentido de se tornar realmente um empreendedor, sempre será um indivíduo de muitos projetos, mas nenhum deles concluído.

O indivíduo empreendedor tem uma alta carga de energia e é motivado, orientado, para ação e sensível aos resultados.[5] Ele pode ser identificado por uma série de traços característicos:

1. prefere ele mesmo tomar suas próprias decisões;
2. adora correr riscos;
3. deseja ver os resultados do que faz e aprecia bastante receber críticas construtivas;

---

5 KARLOF, Bengt. *Business strategy*: a guide to concepts and models. London: The Macmillan 1989. p. 50-51.

4. almeja ser capaz de ter presença ativa em seus empreendimentos e é, por conseguinte, frequentemente muito mais feliz em pequenas empresas;
5. gosta de ser rápido nas atividades de desenvolvimento e inovação;
6. prospera seus empreendimentos sempre com uma orientação voltada para o cliente e para o mercado; e
7. faz grandes exigências de si mesmo e das habilidades de sua equipe.

Aos fatores ambientais que estimulam o empreendedorismo podem-se apresentar algumas questões que os indivíduos empreendedores raramente toleram:

1. estagnação e falta de condições que permitam o progresso econômico e social;
2. burocracia e procedimentos burocráticos; e
3. excesso de planejamento.

Estudos sociológicos demonstram que o empreendedorismo tem crescido de forma acelerada na Europa, nos últimos anos. O número de indivíduos que consideram-se capazes de criar o próprio negócio está aumentando, e o empreendedorismo tem se tornado um meio de autorrealização. Esses empreendedores em potencial sentem uma forte necessidade de sucesso e desejam provar suas habilidades para competir e ser vencedores. Eles consideram o dinheiro que ganham no processo um sinal do sucesso, mais do que um exercício de poder.

As dificuldades enfrentadas hoje pelos empreendedores da era do *high-tech*, no seu processo de surgimento, desenvolvimento e consolidação, podem ser justificadas pelo fato de que, por décadas, os governos europeus investiram bilhões de dólares em subsídios para a agricultura, enquanto deixavam de lado seus empreendimentos de *high-tech* e baseados em informatização. Em 1995, a Europa possuía somente 7% do mercado mundial de computação e nenhum dos cinco computadores mais usados eram feitos dentro de seu território. Nessa mesma época, nenhuma das dez maiores empresas de semicondutores do mundo era europeia. A Europa está atrasada nos setores de telecomunicações, eletrônica e biotecnologia, sem contar os campos como cinema, televisão e multimídia, com um crescimento insignificante no comércio mundial.

A primeira metade da década de 1990 foi marcada pelo domínio dos Estados Unidos, considerados líderes da revolução da informática da Terceira Onda, terminologia criada por Alvin Toffler – a criação de empregos aumentou 33% entre 1976 e 1990 naquele país. Na Europa, o número de empregos subiu somente 8% – e 97% deles foram no setor público.

Em resumo, a antiga liderança da Europa basicamente ignorou a mudança histórica mais importante dos últimos 300 anos: o surgimento de uma economia e de uma sociedade baseadas no conhecimento da Terceira Onda. A Europa jogou dinheiro em seu setor agrícola da Primeira Onda, deixou de lado seu setor nascente da Terceira Onda e hoje assiste, sem esperanças, aos seus empregos da Segunda Onda se desviarem para as Bangladeshes do mundo. Se ela apoiar, de forma decisiva, o empreendedor *high-tech*, sem dúvida dará a volta por cima, mas isso não acontecerá em breve, nem será fácil.

É preciso apostar na mudança, investir no modelo da economia da Terceira Onda, com base em informatização, comunicação, finanças e outros serviços fundamentados no conhecimento. Nessa nova forma de percepção das forças econômicas, o papel do empreendedor *high-tech* é de capital importância.[6]

A difícil decisão de sair de emprego seguro e criar seu próprio negócio é tomada em função de uma série de fatores: primeiro, faz-se necessária uma mudança no atual estilo de vida, que pode ter como origem o próprio ambiente de trabalho do indivíduo, gerando um rompimento com a atual empresa e, levando-o a formar uma nova, que será produto da cultura, da subcultura e da influência de professores e amigos. As possibilidades de que esse empreendimento realmente se materialize estão na razão direta entre apoio governamental, *background* do candidato a empreendedor, seus conhecimentos de marketing, finanças e exemplos de outros empreendedores de sucesso.[7]

Estudos do Small Business Administration datados de 1991 constataram que as mulheres nos Estados Unidos são proprietárias de 5,5 milhões de empresas, equivalendo a 33% do total dos negócios norte-americanos. E esse número vem crescendo em uma taxa anual de 8,4%, entre 1979 e 1990, quase o dobro dos homens, cuja taxa é de 4,5%. As mulheres entraram com sua força de trabalho a passos rápidos, porém estão evitando grandes, inflexíveis e burocratizadas corporações.

---

6 LONG, Wayne. The meaning of entrepreneurship. *American Journal of Small Business*, 8(2), p. 47-56, Oct./Dec. 1983.

7 VESPER, K. *New venture strategies*. Englewood Cliffs: Prentice-Hall, 1980, p. 2.

A mulher empreendedora tem fé em sua habilidade para realizar e tem confiança suficiente para tentar uma carreira independente, gerindo suas próprias empresas.[8]

Muitas mulheres estão criando empresas em áreas nas quais têm experiência, o que é bom porque a prévia experiência no trabalho e o sucesso estão altamente correlacionados.

O fenômeno do empreendedorismo em empresas de base tecnológica envolve:

1. introdução de um produto ou serviço no mercado;
2. desenvolvimento de uma nova tecnologia;
3. descoberta de uma nova fonte de suprimento de algum recurso ou expansão dos já existentes;
4. abertura de um novo mercado; e
5. a reorganização de um empreendimento já existente.[9]

Quais os fatores que contribuem para o sucesso de uma micro ou pequena empresa? São eles:

- fator 1 – valores empreendedores: intuição; extroversão; assumir riscos; criatividade; flexibilidade; senso de independência; alta valorização do seu tempo;
- fator 2 – habilidades gerenciais: atuação em um nicho de mercado; administração eficaz do fluxo de caixa; sistema orçamentário simples mas eficaz; prévia experiência empresarial; nível educacional bom e uma estrutura organizacional enxuta;
- fator 3 – habilidades interpessoais: bom relacionamento com bancos, clientes e empregados;
- fator 4 – características ambientais: capacidade dos empreendedores em lidar com as taxas de juros, os impostos e o apoio governamental.

Podemos encontrar evidências consistentes de que o comportamento empreendedor (medido por atributos de personalidade) é percebido como um fator-chave de sucesso nos micro e pequenos negócios. A maioria dos estudos,

8 WILKENS, J. *A mulher empreendedora*: como iniciar seu próprio negócio. Trad. de Maria da Cruz. São Paulo: McGraw-Hill, 1989. p. 15-100.

9 KENT, Calvin A.; WOOTEN, Sandra P. Privatization: the entrepreneurial response. In: KENT, Calvin A. (ed.) *Entrepreneurship and the privatization of government* New York: Quorum Books, 1987, p. 145-157.

anteriormente citados neste livro, afirma que os traços de personalidade marcantes no empreendedor são: coragem para assumir riscos, autonomia, flexibilidade para mudança, estrutura cognitiva, inovação etc.[10]

Inovação, criatividade e capacidade gerencial são os fatores-chave de sucesso para o pequeno negócio.[11] Além disso, também podemos considerar incerteza e risco, aproveitamento das oportunidades e competência gerencial.[12]

6.2.1 Empreendedorismo e o criador de empresas de base tecnológica

Não há nada de misterioso envolvendo o processo de criação de uma empresa. Os empreendedores – criadores de empresas que nós, como pesquisadores do fenômeno, temos tido o privilégio de observar pessoalmente, muitos dos quais citados nesta obra – não são super-homens. Eles não são mais inteligentes do que qualquer um de nós. Não pertencem a nenhuma seita secreta.

Muitos deles ficaram confusos diante da questão: Qual é a razão do seu sucesso? "Segredo? Não há segredo; é a aplicação do bom senso", a maioria responde. Eles se referem às premissas básicas, expostas neste livro, sobre os traços característicos do comportamento empreendedor: têm uma visão clara do negócio que pretendem criar, tomam decisões estratégicas no local certo e no momento adequado, são inovadores e – sempre enfatizaram isso – executam, fazem benfeito o que tem de ser feito.

Um detalhe que não pode passar despercebido e que aprofunda a consideração que os empreendedores têm pelos clientes: eles constroem seus empreendimentos com base no respeito aos clientes, a eles mesmos, e no fato de terem sempre em conta o relacionamento com seus fornecedores e seu público envolvente. Mais importante: eles respeitam seus colaboradores, seus funcionários, independentemente do seu nível hierárquico e intelectual.

---

10 RONSTADT, Robert C. *Entrepreneurship*: text, cases and notes. Dover: Lord Publishing, 1984. p. 28-30.

11 CHAGANTI, R. A profitable and not so profitable small business. *Journal of Small Business Management*, 21(4), p. 45-50, 1988.

12 LONG, 1983, p. 47-56

6.3 Mandamentos para a criação de uma empresa de base tecnológica

Os dez mandamentos para uma micro ou pequena empresa obter sucesso são:

1. Recrutar um limitado número de colaboradores que concordem realmente em contribuir, de forma efetiva, diretamente na construção da empresa.

A lista dos erros mais comuns que os empreendedores frequentemente mais cometem, no momento de escolher seus parceiros para a montagem de um negócio, são:

a) o grupo fundador é formado aleatoriamente;
b) a família, o advogado e os amigos são quase automaticamente convidados para serem sócios;
c) a harmonia é tentada à custa da gestão de conflitos;
d) necessitando de pessoal administrativo, contrata-os, com salários fixos, em vez de salários variáveis, baseados na performance dos escolhidos;
e) pessoas com os mais variados níveis de motivação e comprometimento com o sucesso da empresa são recrutadas.

Este primeiro mandamento é importante, porque uma empresa nova é muito frágil, necessitando de um sistema de gestão bem desenvolvido para estimular, suportar e resistir às pressões de entrada na arena empresarial e competir, com sucesso, no nicho de mercado que determinou como seu alvo de ataque. Apoios e estímulos adequados podem ser concebidos e extraídos da própria pessoa que tenha qualificações especialmente desenhadas para servir nos diversos órgãos da empresa.

2. Definir o negócio da empresa em termos de que é para ser feito, por quem, quando e como etc.

As empresas são organismos vivos que executam uma larga variedade de tarefas associadas com o fornecimento de produtos e serviços para o mercado, a quem caberá julgar e decidir quais são os que realmente desejam comprar. No sistema capitalista, uma empresa só pode prosperar se atender, de forma eficiente e eficaz, aos desejos e necessidades dos seus clientes, respeitando a ética, os costumes e as leis que regem a sociedade na qual encontra-se inserida.

A execução das tarefas pode ser feita normalmente, ajustando-se às constantes mudanças que o ambiente empresarial exige. Uma empresa de sucesso responde aos desejos e necessidades manifestadas pelos clientes, que são, em última análise, a razão de sua existência.

O cliente, portanto, é quem define a natureza do empreendimento. O empreendedor astuto indagará, averiguará, quem é o cliente de seus produtos/serviços, procurando rapidamente adequar sua empresa às novas realidades do mercado.

As pessoas procuram satisfazer às necessidades, e não comprar produtos. Essa observação pode servir muito bem como um alerta para os empreendedores que tendem a concentrar-se somente no que pretendem vender, sem se aperceber de que o que o mercado diz que quer comprar pode ser totalmente diferente do que o empreendedor está querendo ofertar.[13]

Esse comportamento é muito comum entre os engenheiros, cientistas e inventores etc., que, quase por formação, são total e profundamente voltados para o produto ou processo. Empreendedores tendem a generalizar os clientes, mas eles são diversificados. Por isso, os empreendedores, em seu entusiasmo e contagiante otimismo, algumas vezes fracassam na tentativa de apontar para as verdadeiras razões pelas quais um cliente consome seu produto/serviço.

3. Concentrar todos os recursos disponíveis no acompanhamento de dois ou três objetivos específicos operacionais, dentro de dado período.

As empresas têm recursos escassos. Uma micro ou pequena empresa alcança vantagem competitiva quando desempenha suas atividades para obter ganhos limitados ao nicho de mercado que ela mesma tenha escolhido. A especialização cria uma organização sensível para atacar e aproveitar rapidamente as oportunidades. Porém, qualquer vantagem competitiva pode ser jogada fora se a execução do planejamento não for feita com competência. Será fraca, se os recursos disponíveis forem desperdiçados. A diluição de recursos é uma

13 LEVITT, T., *A imaginação de marketing*. Trad. de Auriphebo Berrance Simões e Nivaldo Montingelli. São Paulo: Atlas, 1985. p. 45-76.

fórmula segura para a mediocridade, um estado de espírito que quem aspira ver crescer um empreendimento não pode jamais permitir acontecer.

4. **Preparar e pôr em prática o plano de negócio que determine, de forma muito clara, quem é quem na empresa para fazer o quê, quando, onde, como etc.**

Escrever tudo o que se discute em termos de empreendimento não basta. Isso gera compreensão deficiente, *feedback* ineficaz e execução esporádica. Sem execução, não há como avaliar os resultados de uma ação concreta.

O processo de colocar planos no papel é tarefa relativamente fácil. As dificuldades começam na hora de botar o planejamento em prática. Por outro lado, a ausência do plano de negócio pode pôr em risco todos os esforços de consolidação do empreendimento. As decisões são tomadas sem coordenação, sem nenhuma direção coerente com os acontecimentos. Tempo é perdido e muita energia, desperdiçada.

5. **Utilizar sempre pessoas habilitadas para executar as tarefas de forma harmoniosa com os sistemas implantados na empresa.**

As pessoas fazem o que gostam com mais afinco; gostar do que faz é essencial para o desempenho dos indivíduos. Experiência e motivação são fatores que podem contribuir para o aumento da produtividade.

Os critérios para selecionar os futuros colaboradores devem constar de um documento mestre que balizará todas as políticas da empresa nesse setor, retratando os objetivos operacionais, a cultura da empresa e as intenções de seus fundadores.

6. **Recompensar a performance individual que exceda os padrões médios normais de desempenho.**

Performance acima do normal é algo que deve ser alvo de destaque. Isso fará com que os empregados, dotados de mais energia, talento e criatividade, sintam-se motivados a ir mais longe no desempenho de suas atividades.

7. **Expandir metodologicamente a partir de uma base lucrativa e de um negócio equilibrado.**

Otimismo é o veneno e o antídoto do crescimento na gestão de um empreendimento. Com recursos limitados, é prudente que a empresa cresça de forma equilibrada com o passar do tempo. Maior não é, automaticamente, melhor, nem necessariamente o mais fraco. Ter uma administração competente pode gerar uma vantagem competitiva sustentável. Cativar clientes é tarefa de toda empresa, e o sucesso econômico deve ser compartilhado por todos. A recompensa financeira normalmente é a forma mais comum de agradecer pelo esforço dos empregados. Contudo, existem outras maneiras de fazer isso – participação acionária e nos resultados –, e são opções que o empreendedor pode utilizar para motivar seus colaboradores.

8. **Projetar, monitorar e conservar a capacidade de gerar caixa e crédito.**

O fluxo de caixa é o sangue do crescimento da empresa. A capacidade de sobrevivência de um empreendimento é praticamente determinada nas operações do dia a dia, e não no seu balanço de final de ano. A correta aplicação dos recursos é fundamental para a perpetuação da empresa.

9. **Sustentar um ponto de vista imparcial.**

A gestão do processo de crescimento de uma empresa requer inflexível e obstinada dedicação, que consuma todas as atenções do empreendedor. Crescer implica assumir riscos. Riscos que podem gerar sucesso, bem como fracassos.

10. **Estar preparado para antecipar as mudanças, adaptando o plano de negócios às novas realidades empresariais provocadas pelas alterações ocorridas no mercado.**[14]

Não é possível antecipar o amanhã. Todavia, existem formas de trabalhar para não ser engolido pelos acontecimentos, ajustando o empreendimento às novas exigências do mercado.[15]

---

14 BRAND, Steven. *Entrepreneurship*: the ten commandments for building a growth company. New York: New American Library 1982. p. 1-165.

15 BATTLE, Carl. *Smart maneuvers*. New York: Aliworth Press, 1994. p. 77-101.

Para enfrentar as mudanças que ocorrem a todo instante no mercado, os empreendedores podem seguir o seguinte roteiro:

1. ação permanente;
2. atuação junto aos clientes;
3. autonomia e espírito empreendedor;
4. produtividade através das pessoas;
5. conscienciatização quanto à filosofia básica da empresa;
6. permanência no seu negócio;
7. formas simples e equipes dirigentes pequenas; e
8. delegação e controle simultâneos.[16]

São grandes as dificuldades de criar uma micro, pequena ou média empresa e de manter este empreendimento em atividade. Obter sucesso e sobreviver é algo que tem preocupado muitos pesquisadores do empreendedorismo. Algumas ações podem ser sugeridas para tentar elevar o período de sobrevivência e sucesso das empresas de base tecnológica.

As sete práticas para preservar um empreendimento de base tecnológica são:

1. colocar as pessoas em primeiro lugar: as empresas de base tecnológica não consistem, basicamente, de hardware, o qual pode ser duplicado, reproduzido em qualquer lugar do mundo, mas são altamente dependentes do capital humano, que pode reter conhecimento;
2. fazer o que se diz: a prática de ser digno de confiança, pontual e gozar de boa reputação com seus subordinados é algo que tem um peso muito grande na sobrevivência de um empreendimento;
3. construir confiança: o exercício cotidiano de desenvolver a confiança, respaldada em atitudes fundamentadas na honestidade e na ética, é um procedimento que colabora para o sucesso do empreendedor;
4. colocar as necessidades antes dos desejos: o hábil uso da prudência e da parcimônia na condução dos negócios e nas finanças pessoais é um procedimento que deveria ser adotado por todos os empreendedores que almejam o sucesso;

16 PETERS, Tom. Putting excellence into management. *Business Week*, n. 90, p. 50-60, July 21, 1981.

5. colocar qualidade em tudo o que faz: a política de preocupar-se com a qualidade, entregando, em tempo e horas, com o melhor esmero possível, os produtos/serviços aos clientes, é uma questão que deve preocupar todos os empreendedores;
6. não iniciar nenhuma atividade sem antes planejá-la: a prática de implementar uma política de ter um plano de negócios é uma atitude muito positiva para quem está conduzindo qualquer empreendimento. Se o empreendedor não sabe para onde deseja ir, fatalmente não conseguirá ir a lugar nenhum. Se ele pensa no sucesso, provavelmente estará planejando o fracasso;
7. marketing: o hábito de ter uma consistente estratégia de marketing e vendas é necessário a todo o empreendedor que pretenda ser bem-sucedido, pois de certa forma todos os indivíduos vendem alguma coisa.[17]

6.4 Conclusão

Por fim, podemos afirmar que, até pouco tempo atrás, "empreendedor" era uma palavra pouco significativa para os cidadãos comuns. Todavia, hoje a figura do empreendedor já é bastante conhecida. De fato, o empreendedor é umas das personagens com maior relevância na história recente da humanidade, sendo o maestro de uma das instituições mais importantes da sociedade: a empresa.

Mas, se a figura do empreendedor é tão importante, por que sua história nunca foi devidamente estudada? Intrigados por esse aparente paradoxo, escrevemos este capítulo. É a história social do empreendedor. Os romancistas e historiadores encararam os empreendedores como uma raça à parte, muito mais ainda do que os jornalistas, engenheiros etc. No entanto, eles estão no centro da sociedade, dotados de uma confiança baseada na sua capacidade de realização e no reconhecimento pelo que são capazes de executar.

À medida que a competição econômica e a necessidade de criar postos de trabalho vão crescendo, a figura do empreendedor é cada vez mais fundamental. É preciso resgatar esse ator que desempenha um papel importantíssimo no desenvolvimento econômico de qualquer país.

17 ASTLE, R. *The commonsense MBA*: the seven practices of enduring businesses for the entrepreneur. New York: St. Martin's Griffin, 1994. p. 39-61.

Capítulo 7

A caracterização do negócio

7.1 Introdução

Estamos vivendo uma nova era de empreendedores que são mestres da oportunidade, criadores de empresas e empregos e transformadores do mercado. Esses indivíduos com visão, energia e persistência, constroem organizações que estão fazendo uma enorme diferença aqui no Brasil e, cada vez mais, no mundo. Seu sucesso é uma parcela importante do que acontece hoje no mundo que corre em direção a um novo século XXI.

Os empreendedores são pessoas que cavam oportunidades. E o que mais é a criação de uma empresa, senão um tributo ao trabalho árduo e à ambição daqueles que buscaram as oportunidades e conseguiram administrar a incerteza? E o que é nossa sociedade cosmopolita, senão a história dos que correram atrás das oportunidades?

Os negócios de maior sucesso nascem da capacidade de aproveitar as oportunidades. Elas são as fontes das inovações. O desenvolvimento, a expansão e a disponibilidade da tecnologia são uma maravilha global. O senso de oportunidade, para o empreendedor, é mais do que uma virtude. É uma religião.

O sucesso de um produto ou serviço inovador, com forte componente tecnológico, deve, no mínimo, respeitar estes três fatores básicos:

1. ter a reputação de um campeão;
2. um mercado bem definido e que o empreendedor tenha a possibilidade de explorá-lo; e
3. um modelo de negócio viável, no qual o empreendedor possa trabalhar de forma que venha a atender, de maneira eficiente e eficaz, desejos e necessidades do mercado-alvo.

Uma boa ideia poderá valer muito, desde que saia do papel. Costuma gerar um bom negócio. Boas ideias têm gerado uma série de bons ou, pelo menos, promissores negócios, principalmente para os inventores com forte espírito empreendedor. São pessoas que não deixam suas ideias guardadas na gaveta e fazem o que for preciso para torná-las realidade.

7.2 A oportunidade do negócio

Uma empresa é criada e administrada por pessoas, não por forças. As forças econômicas fixam os limites para a administração criando suas oportunidades de ação. Mas não determinam, elas próprias, o que é uma empresa nem o que ela faz. O empreendedor precisa não só descobrir essas forças, como também deve criá-las.

Muitos pesquisadores questionam sobre como o empreendedor se comporta diante do processo de buscar, procurar, detectar, avaliar e explorar uma nova oportunidade de negócio.[1] Isso pode ser feito das seguintes formas:

- empreendedores bem-sucedidos progridem nos seus empreendimentos porque não entram no jogo para ser um simples participante. Raciocinam com base em planejamento estratégico, estudam a hora certa de entrar e sair do jogo. Caso percebam que a janela de oportunidade está fechada, têm sempre uma saída alternativa pronta;
- esse tipo peculiar de indivíduos tem bastante consciência de que poderosas forças resistem, criam barreiras à criação do algo novo, inovador. Para superar tais obstáculos, os empreendedores utilizam-se de seus dotes de liderança e desenvolvem uma enorme capacidade de resistência, autoconfiança e muito otimismo;
- autodisciplinam-se para não se desencorajarem ou se desmoralizarem diante dos retrocessos. Encaram o fracasso como uma forma de aprendizado;
- prospectam continuamente seu ambiente, empregando uma grande variedade de métodos, quer sejam formais ou informais, para identificar potenciais oportunidades. Queixas de clientes, bem como experiências pessoais com produtos ou serviços que não estejam satisfazendo plenamente aos seus consumidores, fazem com que frequentemente adotem o caminho de *new ventures*;

1 COOPER, A. C. The entrepreneurship-small business interface. In: KENT, C. A. et al. (Eds.). *Encyclopedia of entrepreneurship*. Englewood Cliffs: Prentice Hall, 1982. p. 193-205.

- reconhecem que eventos inesperados em seus negócios – como o sucesso ou o fracasso – são consequências das oportunidades de mercado;
- sabem que *experts*, quando entrincheirados nas quatro paredes da empresa, tendem a ser os últimos a enxergar, a ver a luz;
- diferentemente da maioria das pessoas, os empreendedores valorizam muito mais uma boa ideia do que o capital;
- são ávidos e curiosos acerca das mudanças – na demografia, estilos de vida, tecnologia, mercado, regulamentações governamentais, e nos passos dos concorrentes;
- percebem claramente que uma grande ideia não é o mesmo que uma oportunidade de negócio. Ela deve, primeiro, ter alta margem de lucro – o bastante para prover-se para o imprevisto, o inesperado, e enfrentar, resistir aos ataques dos novos concorrentes que utilizem baixos preços como estratégia de entrada;
- adequam as oportunidades que surgem com suas características pessoais, levando em conta seus pontos fracos e fortes, sendo um dos traços marcantes dos empreendedores que atingem o sucesso;
- estão conectados, ligados em tudo o que pode interessar aos seus negócios. Têm centenas, milhares de contatos – na escola, na família, nos negócios, em feiras, apresentações de produtos e conferências;
- adotam estratégias de se fazer rápido, procurando, desde o pré-projeto, sensibilizar entidades que possam financiar seus projetos;
- usam técnicas de investigação aliadas à forte dose de intuição;
- provam primeiro para si mesmos – e, depois, para os outros – que os clientes desejarão o que eles têm para oferecer;
- na fase do *pre-start-up*, quando o valor de seu empreendimento pode crescer de modo perigoso, eles retêm intencionalmente, tanto quanto possível, o controle acionário;
- negociam com competência com seus fornecedores, podendo obter, desta forma, mais recursos a um custo mais baixo;
- quando a aplicação de uma ideia não dá certo, têm a humildade de reconhecer e rapidamente corrigir sua falha;
- uma vez detectada uma oportunidade, usam todas as formas de criatividade no intuito de se determinar a melhor maneira de aproveitá-la; suas atividades empreendedoras são e proporcionam um constante aprendizado;

- sabem que o mercado – especialmente o de produtos de alta tecnologia – fica mais competitivo à medida que vai se tornando mais maduro, e que mesmo sendo o introdutor do produto ou serviço no mercado, nada garante que permanecerá como líder;
- sobressaem-se de forma excelente na execução de tarefas que exijam o emprego de canais fora dos padrões tradicionalmente usados;
- vendem sua visão para todos os que possam ajudar no alcance de seus objetivos.

No empreendedorismo, como em qualquer outra atividade humana, "sorte é uma feliz combinação de preparação com oportunidade". A ideia, por si só, não é realmente o que importa. No desenvolvimento do empreendedorismo, ideias realmente representam 10% do sucesso. Desenvolvê-la, implementá-la e construir um empreendimento próspero é o fato mais importante. Talvez a concepção mais equivocada, acerca de uma ideia para um novo empreendimento, é a de que ela deva ser única.

Muitos candidatos a empreendedores geralmente apresentam um comportamento obcecado com a necessidade de encontrar essa ideia única. São estes, basicamente, os elementos fundamentais para o sucesso de um novo empreendimento: a oportunidade, o empreendedor e sua equipe, seu potencial para correr riscos e a obtenção dos recursos financeiros e materiais necessários para o início do empreendimento, assim como para fazê-lo crescer. Esses ingredientes são materializados num plano de negócio.

Um empreendedor, ao detectar uma sólida e excelente oportunidade para iniciar um grande empreendimento, deve estar preparado para, rapidamente, avaliar se realmente seja algo que vale a pena investir tempo e recursos.

A avaliação de oportunidades para um novo empreendimento pode ser feita tendo em mente os seguintes parâmetros:

- **visão**: ingrediente crucial para o processo empresarial, em que o soberbo empreendedor percebe uma oportunidade, consegue reunir recursos, monta uma equipe e está disposto a correr os riscos de enfrentar as incertezas que pairam sobre todos aqueles que lançam negócios inovadores;
- **oportunidade**: a ideia por si mesma não é o importante. No empreendedorismo, ideias, realmente, são uma parcela pequena do sucesso. Desenvolver a ideia, implementá-la e construir um empreendimento de sucesso são os passos que realmente importam;

- **necessidades dos clientes**: candidatos a empreendedores que são incapazes de identificar seus clientes não estão prontos para arrancar com um negócio. Simplesmente detectaram uma ideia e ainda não foram capazes de identificar uma necessidade do mercado;
- ***timing***: a ocasião e a época desempenham papel importante em muitas das potenciais oportunidades que os empreendedores conseguiram visualizar. Em algumas indústrias emergentes, muitas vezes existe uma janela da oportunidade aberta que se abre uma única vez. Se ela aparece de forma rápida, pode-se perceber facilmente que é uma moda, com breve passagem;
- **equipe**: em primeiro lugar, empreendedores devem ter experiência no ramo em que estão pretendendo entrar. Criar um negócio é uma ação que, sem dúvida, demanda muita energia do seu autor. É uma atividade em que o aprendizado muitas vezes se dá com tentativas, acertos e erros. Se o empreendedor não domina todas as áreas da gestão de um empreendimento, é aconselhável que procure parceiros que detenham a experiência nessas áreas. O *know-how* de gestão é fundamental para o sucesso de qualquer empreendimento;
- **recursos**: empreendedores de sucesso são parcimoniosos com seus escassos recursos. Procuram manter seus custos os mais baixos possíveis, lutam para ter os índices de produtividade os mais altos que puderem, e evitam trabalhar com capitais de terceiros, via empréstimos.

A determinação das necessidades de recursos e a sua aquisição é uma tarefa árdua para um empreendedor de empresa de base tecnológica. É preciso perceber que:

- empreendedores de sucesso procuram iniciar seu empreendimento empregando o mínimo necessário de capital, quer seja ele humano ou financeiro. Montam uma estrutura simples e funcional;
- utilizam *start-up capital*, havendo vários tipos de que os empreendedores podem lançar mão, como empréstimos, abertura do capital e capitais próprios;
- o lucro potencial é o sucesso do empreendedor, com um fluxo de caixa positivo.[2]

O desafio que se coloca para o empreendedor de empresa de base tecnológica é que tire as boas ideias da gaveta. Há milhares de oportunidades de negócios que

---

2 BYGRAVE, W. D. *The portable MBA in entrepreneurship*. New York: John Willey & Sons, 1994. p. 105-107.

acumulam poeira, nas prateleiras das universidades e das empresas. É preciso coragem para empreender, criar empresas que possam explorar com competência aquilo que o mercado está desejando.

As principais tendências tecnológicas que poderão revolucionar a sociedade e o mundo dos negócios são: engenharia genética; bioquímica avançada; eletrônica digital; armazenamento ótico de informação; sistemas de vídeo de alta resolução; computadores de nova geração; informática distribuída; inteligência artificial; *lasers*; fibras óticas; micro-ondas; satélites; novos polímeros; cerâmicas de alta tecnologia; compostos reforçados a fibra; supercondutores; deposição em filmes finos; e design molecular.

Os ingredientes para o arranque de um novo empreendimento bem-sucedido podem ser sintetizados nos nove F's a seguir:

1. *founders* (fundadores): toda *start-up* empresarial deve ter um empreendedor de primeira classe;
2. *focused* (focalização): organizações empreendedoras focalizam, detectam um nicho de mercado. Por isso a especialização é chave para o sucesso;
3. *fast* (rapidez, agilidade): tomam decisões rapidamente, implementando-as velozmente.
4. *flexible* (flexibilidade): mantém a mente aberta. Antecipam e respondem rapidamente às mudanças;
5. *forever-innovating* (sempre inovando): são incansáveis inovadores;
6. *flat* (enxuta): organizações empreendedoras com poucos níveis hierárquicos quanto forem possíveis;
7. *frugal* (parcimônia): para manter os custos baixos e elevados índices de produtividade, organizações empreendedoras valem-se de uma gestão parcimoniosa;
8. *friendly* (amigável, parceira): empresas empreendedoras adotam, primam por uma postura amigável, de parceria com seus clientes, fornecedores e funcionários,
9. *fun* (descontração, alegria): um ambiente descontraído, alegre, está sempre associado a uma organização empreendedora.[3]

As três forças determinantes do sucesso empreendedor, que nos são ensinadas pelo mundo real, são: as características empreendedoras do seu fundador e sua equipe, o reconhecimento da oportunidade e os recursos necessários para sua implementação.

3 BYGRAVE, 1994, p. 110-115.

7.2.1 Ideias × oportunidades

O detonador da explosão empreendedora é a oportunidade. Empreendedores, inventores, inovadores estão cheios de novas ideias. Contudo, existem muito mais ideias do que boas oportunidades de negócios.

Este fato ocorre porque uma ideia não é, necessariamente, uma oportunidade. Ainda que no centro de uma oportunidade esteja sempre uma ideia, nem todas as ideias representam oportunidades.

Para se entender esta diferença crucial, entre ideias e oportunidades, é necessário perceber que o empreendedorismo é um processo direcionado pelo mercado.[4]

Uma oportunidade atrativa, durável, adequada ao momento em que se está, é ancorada num produto ou serviço que cria ou acrescenta valor para seus compradores ou usuários finais.

O empreendedor busca oportunidades no mercado e descobre como utilizar técnicas e tecnologias eficientes e produtivas de formas diferentes e mais interessantes, para fazer melhor o que outros vêm fazendo. Essas são oportunidades de desempate que beneficiam o consumidor.

Oportunidades são criadas porque há particularidades que exigem mudanças, como inconsistências, caos, lentidão, intervalos na divulgação das informações, vários outros vácuos no mercado, tendo em vista que se podem reconhecer e tirar vantagens dessas imperfeições. Em acréscimo, empreendimentos bem-sucedidos são invariavelmente ancorados em oportunidades como recompensas, lucros e satisfação de atender desejos e necessidades dos clientes.

Há um elenco de áreas específicas de negócios que os empreendedores/criadores de empresas de base tecnológica, via incubadora, devem constantemente monitorar para descobrir mudanças que podem ser convertidas em oportunidades de negócios.

As fontes para detectar as oportunidades inovadoras são:

1. sucessos inesperados;
2. fracassos inesperados;
3. eventos externos inesperados;
4. deficiências do processo;
5. mudanças na estrutura da indústria/mercado;

4 BURRUS, D. *Technotrends*. New York: Harper Business, 1994. p. 75-80; PETROSKI, Henry. *The evolution of useful things*. New York: Knopf, 1993. p. 90-190.

6. mudanças demográficas (mudanças populacionais);
7. tecnologia convergente;
8. áreas de alto crescimento;
9. mudanças em percepção, disposição e significado; e
10. conhecimento novo, tanto científico como não científico.[5]

Uma boa ideia nada mais é do que um instrumento nas mãos de um empreendedor. Descobrir uma boa ideia é somente o primeiro passo na árdua tarefa de transformá-la em uma oportunidade, tendo como pano de fundo a criatividade do empreendedor.

É necessário levar em conta a demanda por produtos ou serviços que possam ser comercializados em quantidades suficientes para atender a desejos e necessidades dos clientes. Geralmente é necessária uma série de repetitivas tentativas e erros até se conseguir um produto ou serviço que se apresente como promissor, dentro dos níveis de preços que o consumidor esteja disposto a pagar.

Muitos empreendedores alcançam o sucesso com produtos bem diferentes dos que originalmente constavam de seus planos de negócios. Outros crescem através de uma aplicação diferente da tecnologia que, em princípio, foi aplicada para o produto que fundamentou a sua criação.

A melhor ideia nem sempre leva ao sucesso. Se uma oportunidade não é exatamente uma boa ideia, o que é ela, então? Uma boa oportunidade é atrativa, durável e sintonizada com o momento em que se vive; está fundamentada num produto ou serviço que cria ou agrega valor para seus compradores ou usuários finais. Para uma oportunidade apresentar tais qualidades, a "janela de oportunidade" deve estar aberta o maior período de tempo possível para que o empreendedor possa aproveitar ao máximo o seu potencial.

Oportunidades são criadas, baseadas, fundamentadas em ideias e na criatividade empreendedora. As ideias interagem com as condições do mundo real e a criatividade empreendedora, num determinado período de tempo. O resultado desta interação é uma oportunidade em torno da qual um novo empreendimento pode ser criado.

Mudanças na envolvente ambiental dos negócios e as antecipações dessas transformações são um hábito salutar para os empreendedores. Um empreendedor com

---

5 DRUCKER, Peter F. *Innovation and entrepreneurship*: practice and principles. New York: Harper & Row, 1985. p. 70-80.

credibilidade, criatividade e decisão, pode captar uma oportunidade, enquanto os demais indivíduos ainda estão em seu estudo.

Oportunidades são situacionais. Algumas condições de sua geração são inteiramente idiossincrásicas, considerando que, em outras ocasiões, são generalizáveis e podem ser ampliadas com outras indústrias, produtos ou serviços. Desta forma, o cruzamento de associações de negócios pode engatilhar em uma mente empreendedora a capacidade de reconhecimento de sua existência ou o que a impede, ameaça o aproveitamento das oportunidades.

7.2.2 A janela de oportunidades

Oportunidades existem, ou são criadas, em tempo real e precisam ser analisadas pelo denominado janela de oportunidade. Para um empreendedor avaliar, medir o tamanho, a amplitude de uma oportunidade, a janela deve permanecer aberta em um período de tempo que permita a sua exploração com êxito.

Desenvolver o conhecimento do tempo em que a janela da oportunidade estará aberta é fundamental. Levar em consideração o espaço de tempo pode ajudar a determinar se o novo empreendimento terá chance de obter sucesso, ou fracasso. E, se ele é bem-sucedido, os benefícios deste sucesso precisam ser colhidos. Isto não acontece da noite para o dia. O investimento exige um período de tempo para sua maturação.

Os processos de criação e avaliação do dimensionamento da oportunidade em tempo real podem também ser vistos em termos de seleção de objetivos e circunstâncias. Um candidato a empreendedor move-se através de uma janela aberta, a janela de oportunidade. A rapidez com que o empreendedor percebe a mudança e a janela através da qual se move é constantemente alterada, como os movimentos do volátil e dinâmico mercado, em que a percepção do *timing* é de extrema importância. Uma oportunidade para ser criada, medida e avaliada, deve ser reconhecida, selecionada pelo empreendedor, antes que a janela se feche.

Muitos indivíduos costumam afirmar que: "Adoraria montar um negócio, mas não tenho uma grande ideia". Quando se estuda a história dos grandes empreendedores de empresas, como Sony, Hewlett-Packard, Motorola, Honda, Disney, Walmart, Merck ou Procter & Gamble, percebemos que não começaram com grandes ideias. Se tivessem esperado até lhes ocorrer tal grande ideia – se é que ocorreria – talvez essas companhias sequer existissem hoje. Desta forma, se o empreendedor ficar esperando que a lâmpada se acenda com uma boa ideia para começar um negócio, talvez esteja perdendo tempo.

A sorte favorece os persistentes. Essa é uma simples verdade que permeia o sucesso de quem levantou uma grande companhia. Mas, em que se deve persistir? Os empreendedores são bem claros: esteja preparado para abortar uma ideia, mas nunca desista da empresa. Se uma ideia naufraga, é hora de tentar outra.

Se o empreendedor é do tipo que compara e atrela o sucesso de uma empresa ao de uma ideia específica, como muitos empreendedores o fazem, ele está entre aqueles que tendem a desistir de tudo, se a ideia falha. Se a ideia emplaca, sua tendência será a de apegar-se a ela, como em um interminável caso de amor. Dessa forma, o empreendedor corre o risco de ater-se a algo que eventualmente deveria ser deixado de lado. Todas as ideias de novos produtos, não importa o quanto elas sejam brilhantes, tendem a se tornar obsoletas. Mas uma companhia nunca se tornará obsoleta, se tiver a habilidade de evoluir continuamente.

Um atributo decisivo do empreendedor é que ele enxerga o que as outras pessoas não estão vendo. Para muitos deles, empreender um negócio próprio é o projeto de toda uma vida – a possibilidade de dar um salto na escala social e pôr para fora a capacidade de iniciativa.

Os candidatos a empreendedor costumam tropeçar na parte objetiva do empreendimento – custos, preços, ponto de equilíbrio do negócio, exigências burocráticas e assim por diante. São questões que atordoam qualquer principiante, mas que, à medida que revelam experiências de sucesso, não devem fazê-lo recuar.

Um plano de negócio é o instrumento que permite aos empreendedores como vislumbrar brechas no mercado, transformar boas ideias em novos negócios e dizer adeus à vida de empregado. É o primeiro passo na direção da criação do manual para criar seu próprio negócio.

Essa proposta é feita sob a perspectiva de que os empreendedores são vistos como pessoas que correm riscos: inovadores, criativos e independentes. Os executivos, pelo contrário, procuram recompensas palpáveis e o sentimento de que fazem parte de uma equipe. Veja o que é preciso para passar de executivo a empreendedor. Os passos principais do processo de criação estão fundamentados na concepção de uma forma diferente de pensar o empreendimento.

7.3 A teoria do negócio

Atualmente, tem-se assistido ao lançamento de inúmeras técnicas gerenciais como: *downsizing*, terceirização, gerência da qualidade total e reengenharia. Todavia, quase todas foram concebidas como ferramentas de como fazer de forma diferente aquilo que já é feito.

Entretanto, o que fazer é, hoje, o maior desafio enfrentado pelos empreendedores, principalmente os de empresas de base tecnológica, em especial as que tiveram sucesso por muito tempo e agora enfrentam problemas aparentemente insolúveis. E este fenômeno é comumente enfrentado em diversos países e ocorre com a mesma frequência fora das empresas – em hospitais, museus e igrejas.

A causa básica dessas crises de meia idade não é que as coisas estejam sendo mal feitas, nem que estejam sendo realizadas da maneira errada. Na maioria dos casos, estão sendo feitas as coisas certas – mas inutilmente. Qual é o motivo desse aparente paradoxo? É que as hipóteses sobre as quais a organização foi construída não mais coincidem com a realidade. São elas que moldam seu comportamento e ditam suas decisões. São hipóteses a respeito dos mercados, valores e comportamentos, da tecnologia e dinâmica, das forças e fraquezas da organização que contam.[6]

É essencial este momento em que se entra em cena uma profunda reflexão sobre a teoria do negócio, isto é, as hipóteses sobre as quais a organização baseia seu desempenho e suas ações.

Toda organização tem uma teoria do negócio. Ela explica o sucesso de empresas como General Motors, IBM, e Apple, assim como seus fracassos. Na verdade, o que está por trás dos males das organizações, quer seja micro, pequena, média ou grande, em todo o mundo, é que suas teorias do negócio não funcionam mais.[7]

Quando uma grande organização teve sucesso por muito tempo e então passa por problemas, as pessoas culpam a preguiça, a arrogância, a burocracia. São explicações plausíveis? Sim, mas raramente corretas, como mostra o caso da IBM. Uma teoria do negócio tem três partes. Em primeiro lugar, existem hipóteses a respeito do ambiente da organização: a sociedade e sua estrutura, o mercado, o cliente, a tecnologia. Em segundo, hipóteses a respeito da missão da organização.

Em terceiro lugar, existem hipóteses a respeito das habilidades essenciais, necessárias à realização da missão de uma organização.

---

6 ZOGHLIN, G. *From executive to entrepreneur*: making the transition. New York: Amacom, 1991. p. 57-69.

7 DRUCKER, Peter F. *Administrando em tempos de grandes mudanças*. Trad. de Nivaldo Montingelli Jr. São Paulo: Pioneira, 1995. p. 100-120.

Tudo isto parece simples, mas normalmente são necessários anos de muito trabalho, reflexão e experimentação para se chegar a uma teoria do negócio clara, consistente e válida. Porém, toda organização precisa desenvolver a sua para ter sucesso.

São quatro as especificações para uma teoria válida do negócio:

1. as hipóteses a respeito do ambiente, da missão e das competências essenciais precisam estar de acordo com a realidade;
2. as hipóteses nessas três áreas precisam se encaixar entre si;
3. a teoria do negócio precisa ser conhecida e compreendida, em toda a organização; e
4. a teoria do negócio precisa ser continuamente testada.

Algumas teorias do negócio duram muito, mas, com o tempo, todas se tornam obsoletas e sem valor. Foi o que aconteceu com as teorias sobre as quais foram construídas grandes empresas americanas, como a General Motors, a Sears. Aconteceu com a IBM, e está acontecendo com os *keiretsu* japoneses.

O empreendedor deve estar atento, pois normalmente a primeira reação de uma organização, cuja teoria está se tornando obsoleta, é enterrar a cabeça na areia e fingir que nada está acontecendo. A reação seguinte é tentar remendar os problemas, mas isto nunca funciona. Ao contrário, quando uma teoria dá os primeiros sinais de obsoletismo, está na hora de se perguntar novamente quais hipóteses, a respeito do ambiente, da missão e das aptidões básicas, refletem, com maior precisão, a realidade.

Existem duas medidas preventivas. A primeira denominada de abandono. A cada três anos, a organização deve questionar cada produto, serviço, política, canal de distribuição, com a pergunta: Se já não estivéssemos nisto, onde nós entraríamos agora? Questionando políticas e rotinas, ela se força a pensar em sua teoria, a testar suas hipóteses.

A segunda medida preventiva é estudar o que acontece fora da empresa, porque os primeiros sinais de mudanças raramente aparecem dentro dela, ou entre seus próprios clientes. Quase sempre eles surgem primeiro entre não clientes.

Para se diagnosticar cedo os problemas, é preciso prestar atenção aos sinais de alerta. Uma teoria do negócio torna-se obsoleta quando a organização atinge seus objetivos originais. Portanto, atingi-los não é motivo para comemorações, mas para novas reflexões.

O crescimento rápido é outro sinal seguro de crise, na teoria de organização. Qualquer organização que dobre de tamanho em pouco tempo certamente ultrapassou sua teoria. Ela precisa se colocar novamente as perguntas a respeito do seu ambiente, sua missão e suas habilidades essenciais.

Há dois outros sinais de que a teoria do negócio de uma organização não é mais válida. Um é o sucesso inesperado e o outro, um fracasso inesperado – dela própria ou de um concorrente.

Alguns empreendedores mudam, com sucesso, suas teorias do negócio. Contudo, para cada empreendedor aparentemente milagroso, há inúmeros outros cujas organizações tropeçam. A renovação de uma teoria obsoleta não pode depender de milagres. Os empreendedores eficazes partem de diagnósticos e análises, e aceitam que a realização dos negócios e o crescimento rápido exigem que se repense a teoria do negócio. Eles tratam um fracasso inesperado como um sintoma de fracassos dos sistemas; e não assumem o crédito por sucessos inesperados, mas os tratam como desafios às suas hipóteses.

Os empreendedores de sucesso reconhecem que o obsoletismo de uma teoria é uma moléstia degenerativa e mortal. E aceitam o princípio de tomada efetiva de decisões: uma moléstia degenerativa não se cura com adiamentos. Ela requer providências decisivas.

O empreendedor que esteja preocupado com o futuro do negócio da sua empresa deve questionar-se a todo o tempo sobre:

- qual o real estágio de vida do atual modelo de negócio? Mesmo que não tenha ocorrido mudanças radicais durante um longo período de tempo, este fato por si só pode significar um sinal de alerta. Produtos classificados como *commodities*, por exemplo, o café, são especialmente vulneráveis para novos designs de negócios que podem alterar, de forma radical, as velhas regras de negócios até então praticadas;
- que novos modelos de negócios estão desafiando o de nossa empresa? Quem são nossos novos concorrentes? Descobrir os novos competidores é hoje muito mais importante que manter os olhos voltados para os antigos;
- está a visão competitiva ofuscada pela memória institucional? A memória institucional é a doença que torna mais virulenta a mais bem-sucedida empresa. A exemplo da IBM, que, no auge de sua performance, não aceitava vender computadores pelo correio. Urge que o empreendedor esteja sempre expandindo suas perspectivas de negócios, satisfazendo e atendendo a desejos e necessidades de seus clientes e não os seus. Procurando, assim, recrutar talentos fora de seu ramo industrial;

- a atenção dedicada especialmente aos seus clientes, lembrando-se de que eles são a razão da existência de sua empresa.

A teoria do negócio pode ser aplicada da seguinte forma:

- recursos: são muitos os requisitos para execução de um projeto inovador. Grandes ideias frequentemente demandam recursos e fortes estruturas organizacionais. Empreendedores bem-sucedidos são dotados de uma especial habilidade para atrair, reter e equilibrar os interesses dos investidores, funcionários e fornecedores para que todos passem a apoiar seu projeto. Por outro lado, ao empreendedor é requerido considerável conhecimento técnico, habilidades no campo do marketing, planejamento estratégico, recursos humanos, dentre outras;
- atacar um nicho de mercado: empreendimentos que são montados especificamente para satisfazer um nicho de mercado não visam transformar ou criar uma indústria, e não necessitam de ideias extraordinárias;
- alavancagem gerada por uma mudança externa: explorar oportunidades num processo de mudança ou mesmo em uma nova organização é geralmente mais fácil do que em uma indústria já plenamente estabelecida. Muita criatividade, experiência e contatos são necessários para transformar o negócio nesta indústria madura, onde as forças de mercado são muito rudes para com os que chegam. Porém novos mercados são diferentes. Os clientes são mais tolerantes com pequenas empresas que estão dando seus primeiros passos na selva que é o mercado;
- equilíbrio da balança gira entre fazer a coisa correta, no momento adequado: para se notar uma concepção inovadora ou uma nova forma de perceber algo que já exista no mercado, é preciso aliar à criatividade mais capacidade de execução das coisas certas, detendo uma excepcional habilidade para execução; e do outro prato da balança nota-se a presença da competição, significando o potencial da competição, da concorrência, com rivais diretos, novas empresas interessadas a entrar no mercado, produtos/serviços substitutos, poder de barganha dos compradores e fornecedores e outras formas de concorrência.[8]

---

8 MATHEWS, William H. *Conceptual framework for integrating technology into business strategy*. Geneva: Interscience Entreprises, 1989. p. 263.

Figura 7.1 Roteiro para a aplicação da teoria do negócio

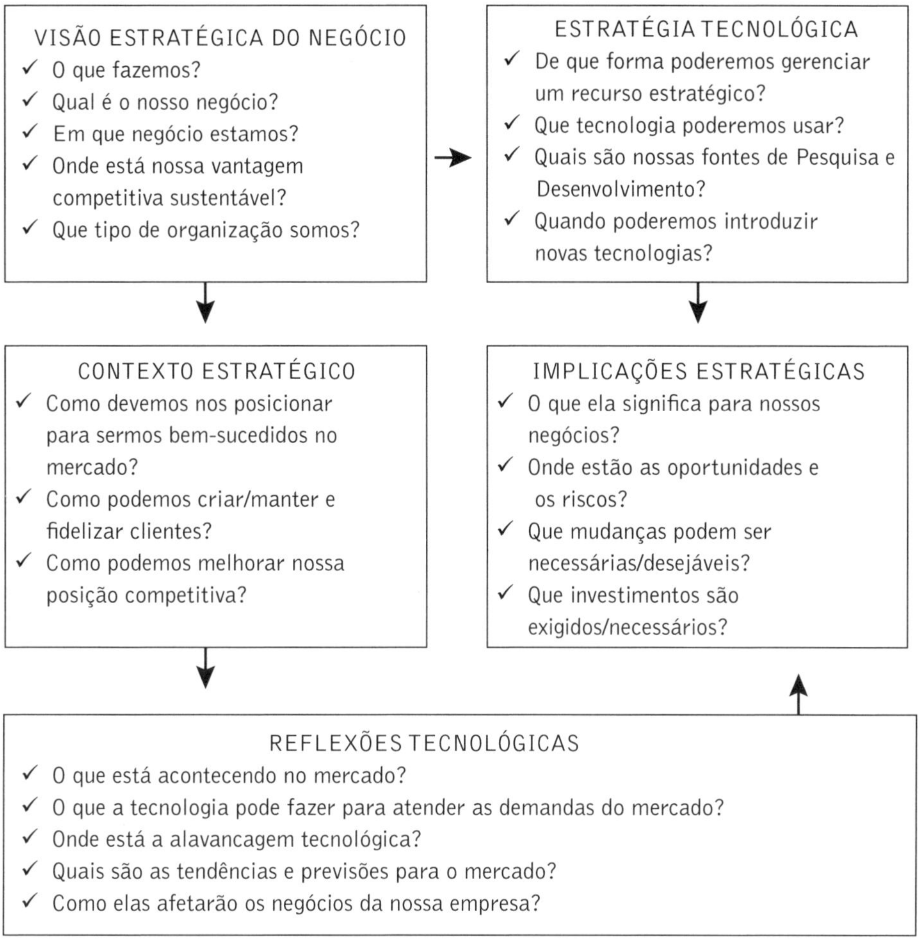

Fonte: MATHEWS, 1989, p. 263.

7.3.1 As bases da revolução empreendedora do século

Para a constituição de empreendimentos que sejam capazes de responder com eficiência e eficácia às oportunidades proporcionadas pela Terra, representada pelo silício e pelo *chip*, pelo vidro (fibras óticas) e pelo ar (*wired*), cujo resultado trará comunicação baratíssima e abundante para seres humanos através de computadores, é preciso que os empreendedores estejam atentos aos sete princípios básicos para que o seu empreendimento seja bem-sucedido:

1. tornar-se rapidamente operacional;
2. estar sempre atento ao ponto de equilíbrio do negócio;
3. dedicar especial atenção aos projetos geradores de caixa;
4. oferecer aos seus clientes produtos ou serviços com elevada taxa de agregação de valor;
5. ter uma equipe de trabalho coesa, capaz de enfrentar toda prova de dificuldades;
6. monitorar com bastante atenção o processo de crescimento da empresa; e
7. cultivar a política de não depender de empréstimos bancários e lutar pela obtenção de capitais de risco.

Flexibilidade e responsabilidade atualmente são as palavras de ordem para as micro, pequenas e médias empresas de base tecnológica. Em vez de ficar seguindo os passos das grandes empresas, hoje as empresas de sucesso focalizam os desejos e necessidades do mercado e vivem atentas às rápidas transformações que estão se passando na envolvente ambiental.

A empresa de base tecnológica pode ser enquadrada como uma empresa de um grupo muito especial: empresas inteligentes inseridas num mundo complexo.

O índice de complexidade de um empreendimento é uma função do número de fontes de informação necessárias para que possa ser administrado com eficiência e eficácia, como quantos elementos empresariais deve coordenar, o número e os tipos de relacionamentos que existem entre esses elementos.

As empresas de base tecnológica apresentam seu quociente de inteligência empresarial, que é definido como sua habilidade institucional para enfrentar a complexidade do mundo empresarial, isto é, perceber, compartilhar e extrair expressivos sinais emitidos pelo mercado.

Para se medir o quociente de inteligência empresarial, pode-se recorrer a:

- **conexão**: habilidade para ter acesso em tempo real às fontes de conhecimento e informação;
- **compartilhamento**: habilidade para integrar e compartilhar informação;
- **estruturação**: habilidade para extrair o real significado, o verdadeiro sentido que os dados estão a esconder.

Figura 7.2 Equilibrando a balança da competição

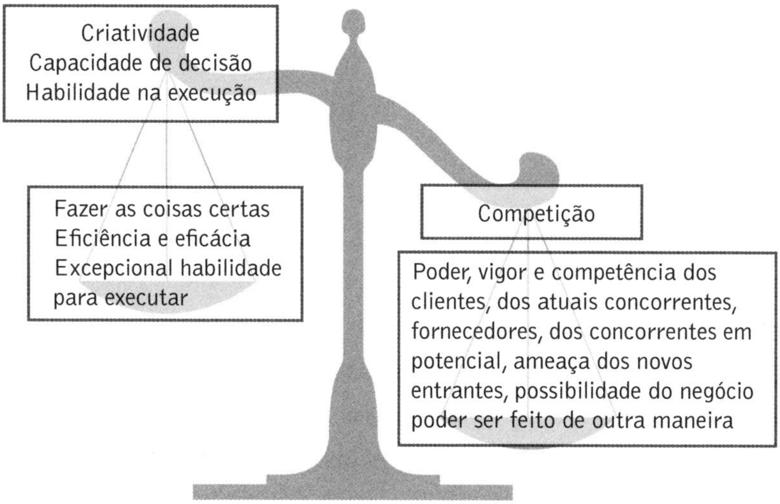

Fonte: Elaborada pelo autor.

O design de uma empresa inteligente passa por um raro senso de oportunidade, capaz de observar e interpretar, com grande eficácia, as mudanças ambientais, sendo capaz de decidir com rapidez e agindo no momento certo e no local certo.[9]

Um novo tipo de empreendimento está brotando sob o brilho das luzes dos refletores que iluminam o palco da economia global, local onde a velocidade de comercialização de produtos e serviços está de sobremaneira rápida e livre. Neste mundo novo, as empresas já não respeitam os tradicionais paradigmas. O que compartilham é uma tendência para gerar negócios e modelos industriais e redesenhar, cada vez mais, permeáveis fronteiras.

O que estamos assistindo, de fato, é ao fim de um modelo industrial. Isto não quer dizer que seja necessário, neste instante, derramar lágrimas pela dissolução da

9 BHIDÉ, Amar. How entrepreneurs craft strategies that work. *Harvard Business Review*, 150(2), p. 150-157, March/April 1994.

indústria aeronáutica ou do cimento. Ao contrário, significa a oportunidade ímpar para uma profunda reflexão acerca do fim da indústria como concepção útil na forma de se observar a maneira pela qual os empreendimentos eram criados.

A presunção de que há diferentes, imutáveis negócios, dentre os quais seus participantes lutam pela supremacia, é uma ideia ultrapassada, cujo tempo já superou.

7.3.2 Ecossistema empresarial e o processo evolutivo da concepção da incubação de empresas

Em vez de trabalhar com o tradicional conceito de indústria, pode-se utilizar uma abordagem mais apropriada para os dias de hoje: o ecossistema empresarial.[10]

O ecossistema empresarial cobre uma imensa variedade de indústrias. A Microsoft, por exemplo, ancora um ecossistema que abrange no mínimo quatro grandes indústrias: de computadores pessoais, eletrônica de consumo, informação e comunicações. O ecossistema da Microsoft também engloba uma extensa rede de fornecedores, incluindo a Intel e Hewlett-Packard e milhares de clientes, por meio da segmentação de mercado. A experiência de ultrapassar as fronteiras tradicionais de seus negócios não é constatada somente no caso da Microsoft. A Intel trabalha em parceria com muitos fabricantes de computadores para criar uma demanda contínua para cada nova geração de *chips*.

O conceito de fronteiras (uma metáfora retirada da teoria dos sistemas e aplicada às organizações tidas como sistemas sociais) se aplica tanto às fronteiras físicas das instalações, nas quais uma organização funciona, quanto às limitações tecnológicas enfrentadas, às fronteiras da lei, em cada cidade ou país onde vive como pessoa jurídica, aos limites de seu quadro de pessoal (quem é e quem não é membro) e, ainda, ao universo de valores, normas e ideologias prevalecentes na sociedade que permite essa organização funcionar. "Permitir funcionar" significa aceitar o ramo de negócios, a conduta e os objetivos da organização, com base na convicção de que

10 HAECKEL, S. H.; NOLAN, R. L. Managing by wire. *Harvard Business Review*, n. 158, p. 122-132, Sept./Oct. 1993.

esses três aspectos da existência organizacional são compatíveis com as necessidades e/ou interesses da sociedade.

A crescente importância do ecossistema traz no seu bojo uma outra mudança maior: que a competição, como nós conhecemos, está morta. Não que a competição esteja desaparecendo. De fato, ela está se intensificando cada vez mais. Porém, os empreendedores de empresas de base tecnológica, instalados em incubadoras, necessitam raciocinar sobre este tema de forma diferente. Seus produtos ou serviços são colocados no mercado contra aqueles dos seus concorrentes, e alguns ganham. Essa maneira de pensar ainda é importante, contudo, esse ponto de vista ignora o contexto – o ambiente – dentro do qual o negócio está inserido.

7.3.3 Uma galáxia de alianças no ciberespaço

Um exemplo de que a política de parcerias é mesmo para valer é o caso da aliança entre AT&T, America Online, Microsoft, e Netscape (todas as empresas envolvidas nesta operação, exceto a AT&T, têm produtos, softwares, competindo entre si), que fornecem serviços na internet, sendo somente uma minúscula amostra do potencial de crescimento daquilo que está se tornando rapidamente uma tendência no meio empresarial.[11]

A formação, em março de 1997, de um novo negócio – empresas de intranets – pode representar um desafio para a Lotus e Microsoft.

A Microsoft, em agosto de 1997, se alia à Apple, sua ex-rival. A empresa de Bill Gates investiu US$ 150 milhões na Apple. É a tentativa de acabar com a velha ideia de que, para a Apple ganhar, a Microsoft precisa perder. É mais uma aliança no ciberespaço.

A America Online (AOL), em novembro de 1998, pagou US$ 4,21 bilhões pela Netscape. É mais movimento estratégico da AOL no ciberespaço.

---

11 MOORE, James. *The death of competition*: leadership & strategy in the age of business ecosystems. New York: Harper Business, 1996. p. 15-200.

Figura 7.3 Parcerias no ciberespaço

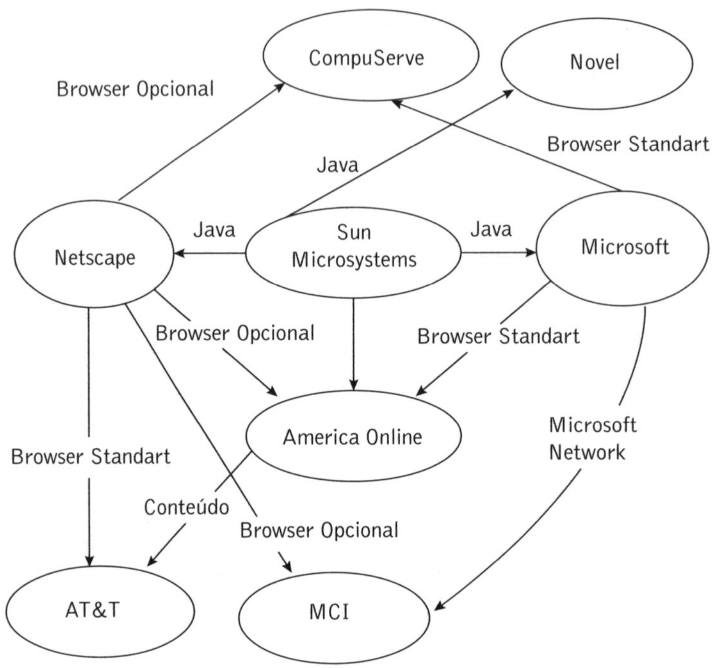

Fonte: Elaborada pelo autor.

O modo como uma empresa competia no passado constitui não somente uma orientação inadequada para o presente, como também pode não ser válido na qualidade de uma orientação para o futuro.

Existem inúmeras empresas de um único produto que riscam o céu como meteoros e se desintegram devido à sua incapacidade para fazer as transições necessárias. Há pessoas que entram e saem de um negócio, particularmente, quando ele é tão estranho à sua formação e desejos.

Para ter sucesso, contudo, será absolutamente essencial que o empreendedor de empresas de base tecnológica também compreenda como administrar a transição cultural e organizacional, de muitas vezes uma empresa com um único produto, erguida a partir de uma ideia, uma oportunidade de mercado, para uma coisa mais ampla.

A premissa básica é a de que qualquer empresa precisa ser boa, em mais de uma forma de inovação, no meio competitivo emergente de hoje.

Para ajudar a dar sentido à história dos empreendedores, é útil primeiro colocar no contexto a inovação tecnológica empresarial, empregando um modelo simples, sem esquecer a importância de eventos de transição básicos e escolhas estratégicas no desenvolvimento subsequente da empresa.[12]

Quando uma empresa analisa uma oportunidade de mercado, percebe que algumas vezes a melhor opção é explorá-la através de uma aliança estratégica com outra empresa do que arriscar uma competição com outra empresa, em que provavelmente ambas terão enormes probabilidades de ganharem muito pouco, ou quase nada, com esta disputa.

7.3.4 A metáfora biológica

Recorre-se à biologia para resgatar a noção de (co)evolução, que é um processo pelo qual espécies interdependentes envolvem-se num interminável recíproco ciclo evolutivo: mudanças em determinada espécie A provocam uma série de naturais transformações na espécie B e vice-versa.

Tome-se como exemplo um lobo e um veado. Um lobo escolhe o fraco veado, o qual se fortalece junto a seu grupo. Todavia, com uma forte manada, faz-se imperativo que os demais lobos envolvam-se para que possam ficar mais fortes que seus adversários e tenham mais chances de sucesso no ataque aos veados. Com o passar do tempo, como a (co)evolução é contínua, todo o sistema torna-se mais competitivo.

Para muitos empreendedores, a preocupação diária está ainda voltada em focalizar os passos de seus concorrentes mais diretos. Esse comportamento tem mudado nos últimos anos. E alguns empreendedores têm começado a enfatizar a cooperação: fortalecendo os clientes principais e o relacionamento com os fornecedores, e, em alguns casos, trabalhando com competidores diretos em iniciativas como padronização de normas técnicas e compartilhando pesquisas, em igualdade de condições para todos os participantes.

As Netscapes, AT&Ts e Microsofts, do mundo dos negócios, perceberam que é uma vantagem competitiva liderarem a economia da (co)evolução, tendo assim muito mais chances de desenvolverem empreendimentos inovadores. Essas empresas têm plena consciência de que estão vivas, num rico e dinâmico ambiente de oportunidades.

12 RAO, Rajium. Cyberspace. *Fortune*, n. 140, p. 15-16, April 15, 1996.

Para essas empresas, atualmente, a vantagem competitiva passa principalmente por uma estreita cooperação, relacionamento, com uma rede de outros colaboradores para melhor alcançarem seus objetivos empresariais.

A ideia básica é simples: compreender o sistema econômico que envolve a empresa e encontrar meios que contribuam para a sobrevivência do empreendimento. É a difícil tarefa de perceber o que realmente é essencial no seu negócio, investir somente energias para monitorar os produtos e serviços das empresas concorrentes.[13]

Quando as fronteiras da indústria tradicional se desgastam em torno de um empreendimento, as empresas normalmente apresentam um comportamento inesperado e colocam-se em uma feroz competição com improváveis rivais. As mais criativas e agressivas empresas sabem explorar, com habilidade, esses vastos territórios, transformando a paisagem a partir do ecossistema. O domínio dos novos ecossistemas provavelmente consistirá em rede de organizações, através de várias diferentes indústrias, que funcionarão em velocidade compatível à que se presencia atualmente nas redes de empresas ligadas via internet.

As empresas que quiserem ser líderes nesta volátil ordem do mundo novo do ecossistema empresarial devem transformar-se profunda e perpetuamente, a fim de que possam desafiar as que compõem o seu ramo industrial. Como a Intel, direcionada pelas realidades econômicas da indústria de semicondutores, ou guiada por diversas (co)envolventes, baseadas em uma competição centrada no ecossistema dos computadores pessoais? Como seus competidores, os fabricantes de *chips* como a Texas Instruments e NEC, ou a Microsoft e Compaq?

Ao administrar essas transformações, as organizações têm de enfrentar uma série de novos desafios. O empreendedor não pode ficar na dependência de qualquer fronteira já existente para bloquear o seu ecossistema empresarial. Ao contrário, o empreendedor de empresa de base de tecnológica deve criar e defender as fronteiras de seu ecossistema, construindo onde estas não existam, reforçando-as e erguendo barreiras para evitar a entrada de concorrentes.

A criação de uma empresa envolve as seguintes etapas:

1. a busca da oportunidade;[14]

---

13 CHANDLER, Alfred D. *Strategy and structure*. Cambridge: The MIT Press, 1969. p. 20-150.

14 CHANDLER, Alfred D. *The visible hand*. Cambridge: Belknap Press, 1977. p. 30-180.

2. a procura de mercados em expansão;[15]
3. a ideia;[16]
4. o conceito de negócio;
5. estimativas de vendas;[17]
6. como competir: competitividade, eis a palavra-chave que define o sucesso ou o fracasso de qualquer negócio;
7. a política de preços;[18]
8. a localização do negócio;
9. o movimento de caixa;
10. plano de negócio;[19]
11. obtenção de capital;
12. gestão profissional;
13. o apoio da parceria;
14. escolha dos sócios;
15. tipo de empresa;
16. peso dos impostos;
17. controle de estoque,
18. serviços de consultoria;
19. o momento de delegar;
20. a dimensão da empresa;
21. quando diversificar;
22. uma nova carreira.[20]

---

15 DEGEN, R.; MELLO, A. *Como empreender o seu negócio*. São Paulo: McGraw-Hill, 1988. p. 80-120.

16 FISCHER, J. Are you creative? Research shows creativity can be taught – and companies are listening. *Business Week*, n. 125, p. 46-56, Sept. 30, 1985.

17 LEVITT, T. *A imaginação de marketing*. Trad. de Auriphebo Berrance Simões e Nivaldo Montingelli. São Paulo: Atlas, 1985. p. 25-50; RICHERS, Raimar. *Surfando as ondas do mercado*. São Paulo: RR&CA, 1996. p. 20-288.

18 BOYD Jr., H. W.; WESTFALL, R. *Pesquisa mercadológica*: texto e casos. Trad. de Elcio Sá. Rio de Janeiro: FGV, 1979. p. 10-100.

19 PALDA, K. S. *Determinação de preços e política mercadológica*. Trad. de Danilo Nogueira. São Paulo: Atlas, 1976. p. 15-25; COSSMAN, E. J.; COHEN, W. A. *Making it!* wealth-building secrets from two great entrepreneurial minds. Englewood Cliffs: Prentice Hall, 1994. p. 150-250.

20 DUAILIBI, R.; SIMONSEN JR., H. *Criatividade & marketing*. São Paulo: Makron Books, 1993. p. 90-95.

7.4 A capacidade visionária do empreendedor

O empreendedor bem-sucedido tem uma excelente visão do que venha a ser correr riscos. A essência dos jogos, com a sistemática avaliação dos riscos e das possibilidades de êxito, constitui também a natureza dos negócios. Há semelhanças no comportamento de um jogador e de um empreendedor, no tocante ao fato de eles correrem riscos calculados quando do exercício de suas atividades. Contudo, sugere-se aos empreendedores que desenvolvam estratégias que levem em conta a natureza dos negócios que estão gerindo, procurando diminuir os seus riscos. Não existe nenhuma diferença entre a forma como um jogador toma os riscos num cassino para a que um empreendedor assume na hora de tomar uma decisão de investimento em um negócio de alto risco.

Como empreender diante das profundas transformações que as empresas estão vivenciando hoje? É preciso ter em conta as seguintes questões:

- Onde estão as oportunidades?
- Quais são os melhores e mais lucrativos ramos de negócios?
- Pensar globalmente; linhas de produtos/alianças/nichos de mercados/pesquisa e desenvolvimento; repensar estratégias de abordagem para uma economia em constante transformação.

A capacidade de enxergar as oportunidades é uma das características do comportamento empreendedor. Este profissional é dotado de energia e exímia capacidade técnica e intelectual. Desenvolve muito cedo habilidades voltadas para os negócios, que o ajudam bastante quando resolve montar seu próprio negócio, correndo riscos – coisas que as escolas de administração não ensinam. Nas escolas de administração se ensina a contar dinheiro, não a fazer dinheiro.

O exemplo de Gates, na criação e gestão da Microsoft, mostra-nos, muito claramente, que os indivíduos necessitam acreditar em suas ideias, serem criativos, inovadores, utilizarem a intuição, algo de que os empreendedores fazem uso, com muito sucesso, quando estão avaliando os riscos e oportunidades de um empreendimento.

A intuição é um clarão repentino, iluminador, de sabedoria que efetivamente guia muitos empreendedores de sucesso. Foram as empresas do setor de informática e eletrônico que apresentaram duas características básicas:

1. colocaram o cliente em primeiro lugar – ouvindo-o, compreendendo seus desejos e necessidades, e ao mesmo tempo servindo-o; e
2. adaptaram-se rapidamente às mudanças da envolvente ambiental.

A explicação disso é muito simples – a pequena empresa tem uma vantagem muito clara: uma equipe gerencial dedicada, totalmente focalizada nos clientes, produtos e mercados que atendem, especialmente em ramos de negócios dinâmicos como os das empresas de base tecnológica, onde conhecimento é o principal ativo.

As organizações inovadoras são, de fato, muito diferentes em suas estruturas, negócios, características e mesmo em suas filosofias administrativas e organizacionais. Mas apresentam certos traços em comum:

a) as organizações inovadoras entendem bem o que a inovação significa;
b) compreendem a dinâmica da inovação;
c) têm uma estratégia inovadora;
d) sabem que a inovação requer objetivos e metas distintas dos objetivos e metas da administração, e que requer padrões de medida adequados à dinâmica da inovação.[21]

7.4.1 Transformando uma visão em oportunidade de negócio

Muitos empreendedores estão todo tempo a converter suas visões, ideias, em oportunidades de negócio. Para conseguir obter sucesso, é sugerido um processo composto de três etapas:

1. a primeira é transformar a visão – clarificar a visão e ganhar consenso;
2. a segunda está relacionada com a comunicação e ligação – implantar um sistema de comunicação e educação contínua, de determinação e fixação de objetivos, e vincular as recompensas a uma sistemática que envolva avaliação de desempenho de todos os membros da empresa; e
3. a terceira é a elaboração do plano de negócio – fixar objetivos, elaborar as estratégias de negócio, determinar a melhor forma de distribuição dos

21 ZACCARELLI, S. B.; FISCHMANN, A. A.; LEME, R. A. S. *Ecologia de empresas*: um estudo do ambiente empresarial. São Paulo: Atlas, 1980. p. 26-72; ZOGHIN, G. *From executive to entrepreneur*: making the transition. New York: Amacom, 1991. p. 57-69.

recursos disponíveis, estabelecer as perspectivas atuais e futuras do empreendimento.

Vejamos a seguir a representação gráfica desta proposta.

Figura 7.4 Como avaliar a capacidade de transformar uma visão em um empreendimento viável

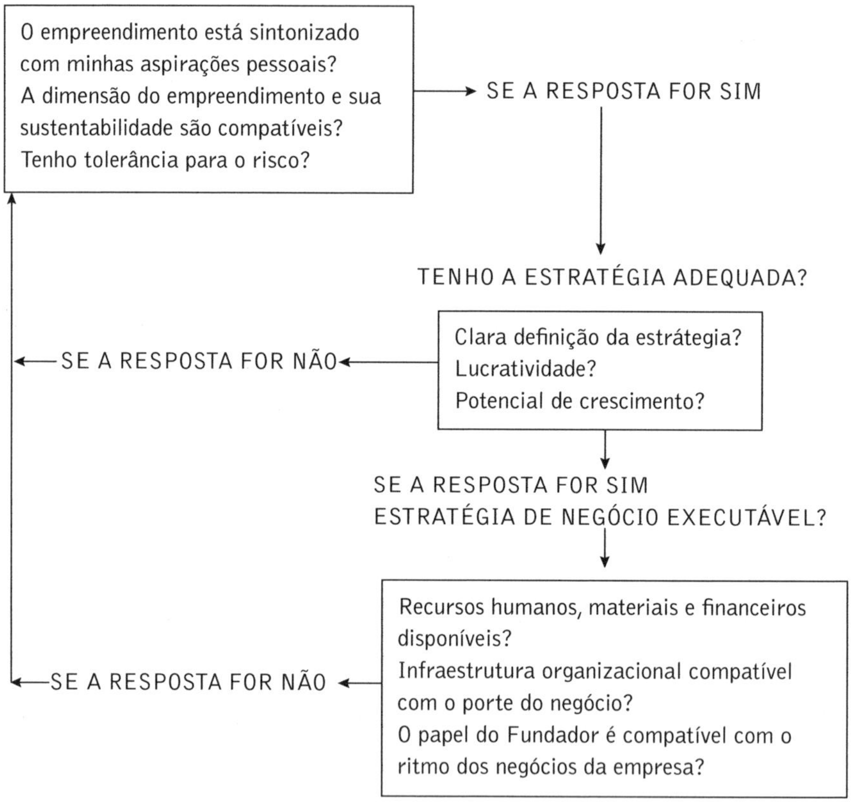

7.5 Conclusão

A título de conclusão, podemos afirmar que saber perceber uma oportunidade de negócio é uma das principais qualidades do empreendedor. Ele tem a noção exata da ocasião certa para arrancar com o seu empreendimento, "prospectando" a circunstância adequada ou mais favorável para investir seu tempo, recursos e energias.

Estamos convictos de que, tal como Peter Drucker, muito mais do que *chips* e bioengenharia, a tecnologia que move o mundo é a inovação, o espírito empreendedor e o empreendimento. Resumindo, podemos afirmar que a oportunidade é concretizada através de:

- a ideia para criar a empresa;
- o empreendedor (o promotor da empresa);
- destinatários do produto/serviço;
- projeto da empresa;
- descrição da empresa;
- descrição do produto/serviço;
- estudo de mercado;
- plano de marketing;
- plano de negócio.

Foi o tempo em que cientistas se trancavam nas universidades, como se o mundo fora delas não existisse. O cientista – empreendedor, o estudioso que resolveu buscar a aplicação comercial para suas ideias nascidas nos centros de pesquisa, normalmente de universidades – está fazendo crescer o número de empresas de tecnologia avançada. São empresas muito lucrativas e que despertam, cada vez mais, o interesse de investidores – como bancos, empresas de capital de risco e pessoas físicas interessadas em diversificar seu capital. Para montá-la, como foi visto, não basta desenvolver um produto ou um serviço com alto conteúdo tecnológico.

É preciso, antes de mais nada, saber se o projeto pode ser desenvolvido em escala comercial. Tem de se investigar se existem fornecedores para a fabricação do produto. Outra preocupação é descobrir como anda a evolução tecnológica no mundo todo, pois em todo lugar tal tipo de empreendedor tem uma avenida pela frente para fazer crescer.

A figura a seguir sintetiza a mensagem deste capítulo.

Figura 7.5 Modelo para a avaliação da capacidade empreendedora

Capítulo 8

Os riscos do empreendedor

8.1 Introdução

Nada na empresa substitui o risco. Assim como na política, quem não tem coragem não é estadista, é politiqueiro, na empresa quem não assume risco não é empreendedor, é burocrata.[1]

A noção de que o futuro reserva aos empreendedores mais do que um exato capricho dos deuses é uma ideia revolucionária. Nada mais foi debatido, nos últimos tempos, do que o traço característico do empreendedorismo, sua capacidade de correr riscos calculados.

A quantificação do risco define as fronteiras entre os tempos modernos e o restante da história da humanidade. A velocidade, o poder, a livre movimentação de ideias e capitais e a comunicação instantânea que caracterizam a era do empreendedor teriam sido inconcebíveis antes de a ciência substituir a superstição como um baluarte contra os riscos de todos os tipos.

A história do risco empresarial começa na Renascença, quando a imaginação humana rompeu os grilhões do passado. Surgem os primeiros raios e lampejos de coragem e abre-se um leque extraordinário de crenças a serem questionadas e desafiadas. Era um tempo de turbulências religiosas, construção do capitalismo e um entusiasmo pelas conquistas científicas assim como fortes apostas no futuro.

O que divide a História Moderna da História Antiga é o domínio do risco. A capacidade de administrar o risco e a vontade de correr riscos e de fazer opções ousadas são elementos-chave da energia que impulsiona o sistema econômico.

---

1 CARDOSO, Fernando Henrique. Entrevista concedida a Revista *Exame*, n. 209, p. 208, 5 maio 1996.

8.2 Empreendedorismo e o risco empresarial

Os empreendedores têm histórias reveladoras, que falam de seus altos e baixos, viradas, decisões-chave, erros – e também do papel das coincidências, descobertas acidentais, ou simplesmente da sorte. Ninguém, principalmente um empreendedor, deve subestimar a importância da sorte em uma carreira de sucesso. Acreditamos que a sorte e as oportunidades andam juntas. É preciso ter paciência para esperar pela sorte – e, quando ela chega, é preciso ter determinação para segui-la.

O empreendedor de empresas de base tecnológica tem de estar preparado para enfrentar, no seu dia a dia, três tendências: exposição a uma era de descontinuidades; arrogância de quantificar o inqualificável; ameaça do crescimento dos riscos, em vez da sua capacidade de saber administrá-los.

O que faz a diferença entre um empreendedor de sucesso e outro que acaba o negócio, ou se limita a mantê-lo funcionando, mas sem perspectivas de crescimento? Mais do que a criatividade ou uma boa ideia, são o trabalho árduo e o planejamento sistemático as características marcantes de um empreendedor de sucesso.

Em muitos dos casos estudados sobre pequenas e médias empresas, a falta de comprometimento é o principal obstáculo para que o negócio vá para a frente. Não basta apenas vender. É fundamental entregar no prazo e de acordo com as condições estabelecidas nas vendas.

"O artista é aquele que copia bem. O gênio é aquele que rouba as ideias", como nos afirma Pablo Picasso. O que o empreendedor tem de fazer é trabalhar muito em torno da sua ideia de negócio. E para isso deve buscar informação. As pessoas normalmente pensam que é muito difícil consegui-la, mas existe informação em quantidade ilimitada. O mais importante é ter coragem de abrir a boca e perguntar. Todavia, as pessoas têm medo de revelar sua ignorância.

Um mito que este trabalho identificou é que as micro, pequenas e médias empresas precisam de linha de crédito. A linha de crédito tem trucidado mais empresas que ajudado. O que as empresas necessitam é de informação e que haja um ambiente para o desenvolvimento do negócio.

Ainda se pensa que o empreendedor é um indivíduo calculista, frio e que só gosta de ganhar dinheiro. Essa visão não é a mais adequada. Os empreendedores são pessoas apaixonadas pelo seu produto e com grande necessidade de realização. Este perfil é muito admirado, principalmente nos Estados Unidos.

Entretanto, há países em que se dá mais valor ao patrimônio e legado acadêmico. A herança cultural portuguesa e espanhola passou a ideia de que as pessoas não têm de trabalhar e, sim, viver de renda. E isso não ajuda a incentivar a produtividade nos países que eles colonizaram.

Há uma corrente de pensamento que acredita que um empreendedor não aprende a profissão, mas já nasce com esse perfil. E há outras que afirmam que se pode treinar qualquer pessoa para ser empreendedor. Estes investigadores defendem a ideia da montagem de um programa de treinamento com um pé em cada uma dessas escolas e partem do pressuposto de que se pode fortalecer o que já existe, mas não criar. Assim, no modelo por eles proposto, uma pessoa que já tenha as características básicas de um empreendedor pode fortalecê-las.

Os micro, pequenos e médios empreendedores não estão acostumados a planejar, porque pensam que se deve passar por Harvard para aprender isso. E planejar significa só colocar em prática uma atividade que também começa com *p*, a de pensar. Mas pensar é muito difícil para os empreendedores, porque eles são movidos à adrenalina. E planejar – que exige que se sente e pense – é uma atividade considerada muito chata, que não proporciona nada de emocionante.

As organizações apresentam, em geral, um ciclo de vida compreendido pela sua criação e apresentação de um alto crescimento; nestas duas fases temos a presença do espírito empreendedor, em seguida há uma etapa em que prevalecem a burocracia e a luta pela sobrevivência – estas duas últimas são fases das vivências de várias experiências preconizadas pela ciência administrativa.[2]

As características fundamentais dos empreendedores são: simplicidade, fazer as coisas com obsessão, senso de missão, e valores e prioridades. Todo empreendedor é dirigido por uma filosofia pessoal e de negócios. Em termos práticos, significa que encaram, com responsabilidade e seriedade, o seu trabalho; valorizando muito seus clientes.

À medida que as empresas crescem, é comum se tornarem vítimas dos mesmos erros que seus administradores censuram em empresas maiores ou mais antigas. Os seis erros mais frequentes – sendo preciso evitá-los e eliminá-los sempre que ocorrerem para não comprometer o futuro da empresa – são:

1. gerir por atividade;
2. desequilíbrio nas contas;
3. especialização;

---

2 ADIZES, I. *Os ciclos de vida das organizações*. 2. ed. Trad. de Carlos Afonso Malferrare. São Paulo: Pioneira, 1990. p. 37-70.

4. uniformidade;
5. falta de responsabilidade em todos os níveis; e
6. falta de cooperação.[3]

8.3 Como o empreendedor pode tirar partido dos fracassos

O fracasso pode ser devastador para o empreendedor. Contudo, a lição que resta e o aprendizado que fica são fonte de referências para novos empreendimentos.

É preciso estudar profundamente as principais áreas da gestão da empresa – finanças, sistema administrativo, distribuição e marketing, e recorrer a consultores externos, quando necessário. O resultado é que a empresa tem muito mais chance de sobreviver, mesmo enfrentando condições ambientais adversas.

Para os estudiosos do "empreendedorismo", o fracasso é rotineiro, esperado no processo empreendedor, assim como é quase um requisito para o sucesso.

Muitos empreendedores chegaram ao sucesso utilizando as lições de erros anteriores. Não existe negócio perfeito, cabe ao gestor descobrir o que há de errado em sua empresa.

Embora a opinião popular diga o contrário, a primeira solução para um problema não é normalmente a melhor, é interessante procurar pelo menos quatro outras alternativas: em 80% dos casos, alguma delas se revelará melhor do que a original.

A possibilidade de fracassar num empreendimento pode atingir até aqueles que se julgam aptos ao exercício de uma atividade empresarial, como no caso de Michael Gerber, autor de um *best-seller* nos anos 1980, nos Estados Unidos, em que ensinava como montar e gerir com sucesso um pequeno negócio. Gerber enfrentou problemas em termos de gestão na sua pequena empresa, com grandes dificuldades na área financeira.[4]

O primeiro tropeço pode ser a salvação, ao alertar os empreendedores para livrarem-se do mito de que é preciso ter algo brilhante para começar. Muitas empresas, como a Sony e a Honda, nasceram de um erro.[5]

A primeira empresa automobilística administrada por Henry Ford I, a Detroit Automobile Company, fracassou, depois de um ano de sua criação. Ford responsabilizou

---

3 SCHLEH, E. Seis erros fatias de empresas jovens. *Exame*, n. 100, p. 87-94, jan./fev. 1974.

4 GERBER, M. E. O *mito do empreendedor*. Trad. de Gunter Altmann. São Paulo: Saraiva, 1990. p. 50-120.

5 COLLINS, J. C.; LAZIER, W. C. *Beyond entrepreneurship*. New Jersey: Prentice-Hall, 1992. p. 30-79.

os sócios que eram um grupo de homens com mente especulativa. Entretanto, não se deixou abater, vindo posteriormente a montar a Ford.[6]

8.3.1 Grande concepção + fraca execução = morte do empreendimento

Um dos principais riscos que o empreendedor corre é a falta de objetividade em relação à ideia: o futuro empreendedor fica como um adolescente apaixonado, disposto a enfrentar tudo e todos para provar que está certo. Porém esse não é o único risco. Pode-se listar uma série de outros perigos:

1. o desconhecimento do mercado em que se pretende atuar. É o caso da padaria ou do posto de gasolina que começa a funcionar num determinado sítio porque o empreendedor acha que o ponto é bom. Uma simples pesquisa por telefone, com clientes em potencial, pode eliminar, ou pelo menos amenizar, esse problema;
2. erros na estimativa das necessidades financeiras – para mais ou para menos;
3. subavaliação de problemas técnicos;
4. falta de diferenciação dos produtos ou serviços em relação aos concorrentes;
5. desconhecimento dos aspectos legais do novo empreendimento;
6. escolha equivocada de sócios; e
7. localização inadequada para a atividade.

O despreparo pode inviabilizar um empreendimento. A passagem de assalariado para empreendedor exige planejamento e persistência, pois o retorno pode demorar mais do que o esperado pelo criador do negócio.

A realização profissional, financeira e pessoal – a felicidade – de quem deixa a condição de empregado para tentar a sorte em um negócio próprio está ligada à maneira como é feita a preparação para essa mudança.

O domínio de aspectos psicológicos – como a consciência de uma possível perda de *status*, ou perdas materiais, assim como estar preparado para investir durante um período considerável de tempo na maturação do negócio – e o domínio e aspectos estratégicos – como pesquisar o mercado e avaliar sua afinidade com ele – são os principais fatores de sucesso do novo empreendedor.

As armadilhas mais recorrentes que o empreendedor tem de evitar são:

---

6 LACEY, Robert. *Ford*: the men and the machine. Boston: Little, Brown & Company, 1986. p. 45-57.

- escolher negócio incompatível com sua personalidade, habilidades e experiência profissional;
- superdimensionar as expectativas;
- fazer avaliação incorreta do mercado e da aceitação do produto;
- não se preocupar com localização e projeto físico do novo local de trabalho;
- desconhecer princípios de administração, finanças e contabilidade;
- relacionar-se de forma imprecisa ou desvantajosa com fornecedores e clientes na tentativa de seduzi-los;
- exagerar na obtenção de empréstimos;
- divulgar-se de forma ineficiente ou com alto custo;
- aplicar técnicas inadequadas de vendas;
- não calcular o preço de vendas e estoque ideais;
- contratar funcionários além do necessário;
- viver do fluxo de caixa e não dos lucros;
- ao primeiro sinal de sucesso, tentar dar o passo maior que a perna.

Como líder, o empreendedor precisa permanentemente se perguntar: a tecnologia instituída funcionará a longo prazo? As relações com o cliente evoluirão a longo prazo? A maneira como foram determinados os salários e incentivos na empresa funcionará por muito tempo?

Quando um empreendimento parece saudável, é difícil se comportar como se houvesse uma crise. Eis porque uma das etapas mais difíceis em gestão, especialmente em empreendimentos de alta tecnologia, é reconhecer a necessidade de mudança e agir enquanto é tempo. É preciso estar vigilante para perceber a onda de mudança sempre, não sendo tarefa fácil.

Diante de ondas de mudanças, as empresas podem ser tentadas a adotar modismos atuais da administração que apregoam mudanças radicais em todas as suas dimensões. Os empreendedores devem tomar cuidado, porque esses modismos não apenas estão errados, mas também são perigosos. Qualquer instituição humana que quer ser duradoura precisa estabelecer um conjunto de valores básicos assim como um senso de propósito central que nunca devem mudar.

Quando o ambiente competitivo de uma empresa está mudando, contribui, de forma significativa, a postura do empreendedor ao afirmar: "Vamos levar isso adiante. Vamos usar alguns de nossos recursos e seguir em frente". Todavia, a realidade demonstra que este comportamento, infelizmente, é raro.

O que acontece, na prática, é que alguns funcionários, ao verem surgir uma grande mudança, soam o alarme. Esse aviso pode ser seguido por um período em que nada parece mudar, provocando críticas aos alarmistas: "Esses sujeitos disseram que teríamos problemas, mas as vendas continuam ótimas!" Bem, os alarmistas talvez tenham se enganado quanto à época em que a mudança ocorreria, mas não estavam errados, ao se alarmarem. É claro que uma empresa deve ter objetivos a curto prazo. Mas objetivos a longo prazo e estratégias são essenciais para um sucesso duradouro. Empresas que enxergam longe lutam para construir novas tecnologias, sistemas e relações que anteciparão as exigências do futuro.

A luta pela sobrevivência no mercado é, realmente, muito árdua, tendo o empreendedor que enfrentar desafios a todo instante. O empreendedor vive a todo momento enfrentando uma verdadeira corrida de obstáculos.

Os erros mais comuns, cometidos quando da gestão de um empreendimento, são:

1. desconhecer as necessidades do consumidor;
2. depender de poucos fornecedores e compradores;
3. basear o negócio em apenas um produto/serviço;
4. desprezar a concorrência;
5. ignorar as variáveis e tendências do mercado;
6. prescindir de vantagens competitivas;
7. descuidar da formação e treinamento dos funcionários;
8. esquecer de definir metas;
9. usar equipamentos e processos industriais e administrativos obsoletos;
10. deixar de definir parâmetros e sistemas de controles;
11. negligenciar o controle de qualidade;
12. dimensionar mal o nível de endividamento; e
13. investir pouco ou nada na imagem da empresa.

O risco do fracasso é um fator com que o empreendedor tem de aprender a conviver. Todo fracasso empresarial tem sua própria história, sendo esse, na maioria das vezes, fruto de equívocos que podem levar o empreendimento à falência.

O empreendedor, geralmente, percebe que o fracasso é uma excelente oportunidade de começar novamente, de forma mais inteligente com mais experiência, um novo empreendimento. O sucesso de um empreendedor pode ser precedido por uma série de fracassadas tentativas de empreender um negócio com êxito.[7]

---

7 WARSHAW, M. 10Th annual great comebacks. *Success*, n. 250, p. 36-46, July/Aug. 1995.

Para sobreviver, os empreendedores devem perceber que é necessário desenvolver mecanismos visando:

- adaptabilidade: quando o tempo é de transformações, é preciso mudar rapidamente para poder acompanhá-las;
- independência: empreendedores não desejam um emprego, por mais seguro que seja. O controle de seu próprio destino é um dos seus principais objetivos;
- audácia: por meio da fixação de metas e objetivos desafiantes para si e seus colaboradores;
- persistência: enfrentar com muita garra os obstáculos, procurando fórmulas criativas para vencê-los;
- aceitação de sacrifício: com plena consciência do preço do sucesso, adia retiradas monetárias, caso a situação do empreendimento exija tal comportamento;
- habilidade: para dirigir seu empreendimento em tempos de mudanças e turbulências;
- capacidade: para avaliar suas ideias, dimensionando-as em termos de oportunidade;
- ter o espírito empreendedor no seu sangue.

Os passos necessários para que o empreendedor de base tecnológica seja bem-sucedido são:

1. investir todas as forças na determinação e perseguição de elevados objetivos;
2. perceber que nunca se deve deixar de estudar – a reciclagem e a aquisição de novos conhecimentos é de fundamental importância para um empreendedor de empresa de base tecnológica;
3. ter um plano estratégico de negócios delineado;
4. ser criativo; e
5. cercar-se da melhor equipe de colaboradores que puder formar.

A teoria socioeconômica sobre o capitalismo não dispõe, entretanto, de análises suficientemente conclusivas no que diz respeito à ação empresarial e à própria função dos empreendedores, vistos como uma categoria social em dois momentos cruciais do atual desenvolvimento da economia do mundo ocidental: no capitalismo monopolista das áreas altamente desenvolvidas e no capitalismo marginal das regiões subdesenvolvidas.[8] Podemos estudar, em profundidade, a questão do empreendedor apresentando o seguinte panorama:

a) o empreendedor na economia clássica e
b) os empreendedores e o desenvolvimento do capitalismo.

Em análise clássica, é possível caracterizar o empreendedor econômico típico de sua época, procurando distingui-lo do agente econômico do período de formação do capitalismo – quando empreendedor e capitalista eram categorias indiferenciadas. Nesta perspectiva, a atividade empresarial aparece como uma função na dinâmica do desenvolvimento que pode ser exercida independente da qualidade de capitalista ou proprietário dos meios de produção.[9]

Na concepção schumpeteriana, a atividade empresarial não aparece nem como um momento de fluxo circulatório (isto é, da realização rotineira do processo de produção e inversão), nem como a concretização da ligação necessária entre a inovação no processo econômico e o surgimento de capitais. Por certo, a função de prover crédito é essencial nas economias que encontram, no mecanismo de acumulação privada de capital, o recurso para reservar parte da poupança com fins de custear as inversões em novos procedimentos produtivos. Tão essencial que "esse é o processo característico do tipo de sociedade capitalista – e de importância suficiente para lhe servir de *differentia specifica*".

A categoria de capitalista não se confunde, porém, com a de empreendedor. Tanto que, enquanto o mecanismo de suprir os recursos para custear as inovações pode variar de um tipo de sociedade para outro, a função empresarial mantém-se. Da mesma forma, Schumpeter vê, na motivação fundamental da ação do empreendedor, apenas um grupo de incentivos que se liga diretamente à propriedade privada: a vontade de encontrar um reino privado e, em geral – embora indispensavelmente – uma dinastia também.

Basicamente, a função empresarial, nas economias capitalistas, consiste, segundo os estudos de Schumpeter, na combinação nova dos meios de produção e de crédito: o empreendimento de novas combinações denominamos empresa, e os indivíduos cujas funções são realizá-las, os empreendedores.

---

8 CARDOSO, Fernando Henrique. *Empresário industrial e desenvolvimento econômico no Brasil*. São Paulo: Difusão Europeia do Livro, 1964. p. 20-100.

9 SCHUMPETER, Joseph Alois. *Teoria do desenvolvimento econômico:* uma investigação sobre lucros, capital, crédito, juro e o clíclo econômico. Trad. de Maria Sílvia Possas. São Paulo: Abril Cultural, 1982. p. 30-105.

Sem novas combinações, não há desenvolvimento econômico, ainda que possa haver crescimento, isto é, aumento da população e riqueza que não implica em alterações qualitativas. Só quando as transformações da vida econômica se originam no âmago do sistema, rompendo o ponto de equilíbrio através das inovações na combinação dos elementos da produção, tem-se um processo de desenvolvimento. Essas novas combinações podem operar, na visão schumpeteriana, em vários níveis:

a) na difusão de um novo bem ou de uma nova qualidade de bem;
b) na adoção de um novo método de produção;
c) na abertura de novo mercado;
d) na conquista de nova fonte de suprimento; e
e) na execução de uma nova organização de qualquer indústria.

O conceito de empreendedor, na análise schumpeteriana, é, pois, mais lato e restrito que a noção corrente. Ao mesmo tempo que não se liga diretamente à categoria de capitalista, podendo abranger gerentes, membros de juntas diretivas e outros tipos de assalariados de uma companhia, não inclui todos os industriais ou administradores: depende da capacidade inovadora que efetivamente possuam. Em consequência, a função do empreendedor não pode ser herdada, nem é uma posição na empresa ou na sociedade que possa exprimir-se como uma categoria profissional ou uma classe.

Um empreendedor é como um tipo especial de pessoa. Eles são capazes de realizar funções inovadoras, não como quem descobre ou inventa novas possibilidades de combinação econômica, mas como quem as coloca em prática. Isto é, trata-se de líderes, na medida em que a função do líder consiste em executar o que pode ter sido percebido por muitas pessoas, das quais os líderes se distinguem, exatamente porque, ao perceber chances de inovação, transformam seus objetivos em ato, antes que se extinguam as possibilidades concretas de efetivá-las.

O homem faz a história; a história do capitalismo é a (ação) dos empreendedores. O empreendedor, ao modificar as práticas tradicionais, age como um Deus *ex machina* que fecunda a história.[10]

Até montar seu próprio negócio, todo empreendedor acha que sabe tudo sobre a arte de empreender. Muitas vezes, isto é puro engano. É necessário observar os seguintes detalhes:

10 CARDOSO, 1964.

- de onde vem o dinheiro. As lições de experiências de criação de empresas são: (1) ao buscar dinheiro, vá além dos caminhos óbvios; por óbvio entenda-se, por exemplo, bater à porta de pessoas endinheiradas; (2) a menos que seu empreendimento pertença a um setor em vigorosa expansão, não espere muito das empresas de capital de risco; e (3) certifique-se de que suas economias são o suficiente para bancar os custos iniciais;
- o que contribui a favor do sucesso. Nesta fase, o empreendedor depara-se com três novas ponderações: (1) procure montar uma equipe harmoniosa e coesa; (2) conhecer os interesses que motivam a equipe é indispensável, e isso se consegue através de conversas francas sobre os objetivos de cada um; (3) preocupe-se em manter na equipe alguns membros capazes de lidar com diferentes responsabilidades;
- a importância do marketing. O resultado dessas reflexões é de grande utilidade para os empreendedores, pois estes chegam à conclusão de que: "nosso negócio não é o de uma companhia que está lançando mais um detergente no mercado". São necessárias ideias adequadas para um negócio que está começando. Qual o canal de distribuição mais apropriado aos nossos produtos/serviços. Muitos empreendedores vivem tão voltados para o produto/serviço e a tecnologia que nunca reconhecem a importância do marketing. A questão do marketing pode ser assim encarada: (1) não transfira a área de marketing para um perito pensando que o assunto está resolvido; e (2) trabalhe no produto, mas não deixe de monitorar o mercado e de acompanhar as suas mudanças;
- o imprevisto em ação. Os empreendedores são pessoas que fazem tudo acontecer. Muitas vezes, porém, você tem de se sentar e esperar, e as coisas acontecem de uma forma que o mais criativo cineasta de Hollywood jamais poderia imaginar. As sugestões aos empreendedores para enfrentar esses desafios são: (1) se seu empreendimento requer um longo período de implantação, conte com o surgimento de imprevistos de tempos em tempos; (2) tente evitar que seu empreendimento entre em estado de calamidade financeira, procurando ter um pouco mais de capital do que o previsto para começar; e (3) esteja preparado para esperar por investidores, distribuidores, fornecedores etc. Ao contrário do que se lê nos estudos de "casos", as pessoas reais não se mexem rapidamente.

Para que os empreendedores de empresas de base tecnológica possam enfrentar, com sucesso, todas as dificuldades, no momento de lançarem os seus produtos/serviços, sugerimos a leitura do item a seguir.

8.4 Regras básicas para o lançamento de produtos/serviços de base tecnológica

Muitas empresas de tecnologia intensiva estão vivenciando uma situação de caos nos mercados em que atuam. Clientes tornando-se competidores, novas tecnologias ficando obsoletas, tão logo lançadas, e a procura por novas fontes de rendimentos para os investimentos em inovação, enquanto a expansão dos lucros vem mudando, de forma radical, as regras do jogo no campo do marketing.

Este novo quadro, que se desenha na arena empresarial, tem levado os empreendedores de empresas de base tecnológica a depararem com uma série de dificuldades no momento de priorizarem seus investimentos.

A necessidade de se constituir uma boa equipe de marketing faz-se mister neste momento, pois terá que orientar, sob a ótica de tal especialidade, quais projetos devem ser levados ao mercado.

A base de sucesso de uma empresa de base tecnológica é sua capacidade de inovação e a ação de um marketing inteligente.

Os responsáveis pelo marketing perceberão, facilmente, que conceber produtos/serviços, criar consumidores, são estratégias que consomem muitos recursos – financeiros e humanos – durante prolongado período. Para ter sucesso na corrida pelo mercado é preciso que o empreendedor use muito de sua criatividade para vencer primeiro os obstáculos.

O processo de concepção e lançamento de um produto é muito similar ao da construção de uma nova residência. É preciso que os alicerces sejam muito bem fincados à terra. Muitos empreendedores mais apressados, ou mesmo despreparados, querem começar a edificação pelo teto. Como resultado, quando do lançamento do novo produto, as previsões mais otimistas fracassam por completo.

A aplicação das técnicas de marketing não se limita aos bens de grande consumo que estão nas prateleiras dos supermercados. A gestão de produtos de base tecnológica é uma área em expansão que requer metodologias específicas.

As empresas tecnológicas sempre foram, por natureza, conduzidas pela engenharia. Hoje, o sucesso pertence àquelas que são orientadas para o mercado. O público-alvo já não é o comprador profissional, mas, sim, o cliente final.

Como os empreendedores bem-sucedidos reduzem os riscos no lançamento de novos produtos ou serviços? Aqui estão algumas das novas regras a serem seguidas:

- compreender os objetivos, desejos e necessidades imediatas dos clientes atuais, as correntes alternativas. As questões críticas a serem respondidas são: Como nosso cliente-alvo teve acesso aos nossos novos produtos ou serviços? Que critérios utiliza para avaliar nossos produtos ou serviços?
- que produtos/serviços alternativos ou substitutos já existem para resolver o mesmo problema que seu produto/serviço se propõe a solucionar?
- é nosso novo produto ou serviço superior o bastante para, do ponto de vista dos clientes, justificar o tempo e o esforço para mudar a marca, e manter a lealdade, por um período prolongado para que justifique nosso dispêndio de tempo e esforço para educá-lo, transformá-lo e retê-lo?
- ter em mente que o ciclo de vida dos produtos nunca alcançará a maturidade. Colocar toda sua ênfase na compreensão, previsão e capacidade de gestão, nas fases de introdução e crescimento dos produtos/serviços. Esta é uma posição, uma tomada de atitude radical para muitos, necessária para reconhecer algumas simples verdades, nas implicações da aplicação do conceito de marketing pelas empresas de base tecnológica. Administrar o lançamento inicial é o mais crítico de todos os estágios, se um produto/serviço está para tornar-se bem-sucedido; o terceiro e quarto compradores não surgirão até que o primeiro e o segundo tenham começado a divulgar as qualidades do que acabaram de adquirir. Desta forma, empreendedores não conseguiriam ir muito longe, na curva do ciclo de vida do produto, devido aos desafios provocados pela competitividade, mudanças nas necessidades e preferências dos consumidores, mas as transformações sofridas pela envolvente tecnológica indicam que as revisões e atualizações dos produtos/serviços ocorrerão em ciclos cada vez menores;
- ficar atento aos produtos/serviços concorrentes ou substitutos, e a dinâmica inovativa do seu setor de negócios;
- explore a riqueza proporcionada pelas pesquisas com populações menores de pesquisados, porém muito bem escolhidas, que, muitas vezes, geram análises mais acuradas.
- todo cuidado que o empreendedor tiver, em suas pesquisas com a figura do cliente médio, é pouco. Esta não é, simplesmente, mais uma razão pela qual previsões, muitas delas custando verdadeiras fortunas aos empreendedores,

elaboradas para produtos/serviços inovadores que estão até hoje fora dos mercados para os quais foram previamente concebidos;

- o mais recente ou mais novo produto/serviço, o menos vantajoso, será a tradicional medida do sucesso no mercado. Os softwares são os melhores exemplos desta proposição.

Um dos melhores meios para que o empreendedor de empresa de base tecnológica possa receber em termos de *feedback* do mercado são as medidas fundamentais, como a aceitação de seus produtos/serviços pelos clientes, incluindo taxa de utilização, o número de pessoas que, mesmo experimentando o produto/serviço, terminam por optar por outro concorrente – quais as razões deste procedimento? Frequência de uso (com que frequência o produto é utilizado), a taxa de adoção entre os inovadores e os mais recentes utilizadores (o número de clientes em função do tempo). A taxa de penetração (a proporção de compradores no mercado potencial) pode proporcionar um proveitoso índice, porém somente quando aplicada em segmentos de compradores recentes no mercado-alvo de interesse do empreendedor.

Pode-se concluir que o sucesso mercadológico, no mundo das empresas *high-tech*, não gira em torno do volume de vendas agregadas, porém em como atingir o cliente certo para experimentar, depois, então entusiasticamente o produto/serviço, o novo oferecimento, tão mais cedo possível. Mais que anteriormente, o trabalho do empreendedor, na área de marketing, exige que ele tenha habilidade em formular uma estratégia que permita, de fato, construir uma sólida estrutura que capte melhor do que seus concorrentes os desejos e necessidades dos clientes.

As transformações que vêm ocorrendo no mercado e as preferências dos consumidores não respeitam mais a reputação das corporações. Os produtos/serviços das empresas de base tecnológica estão se tornando uma *commodity*, exigindo que, cada vez mais, empreguem indivíduos com experiência de vendas em produtos de grande consumo, e que tenham consciência de que seus produtos/serviços têm um ciclo de vida cada vez mais curto, como os produtos de moda. Elas não podem negligenciar num ponto fundamental: a obsolescência de seus produtos.

8.5 Conclusão

Em síntese, podemos afirmar que o caminho a ser percorrido pelos empreendedores está repleto de dificuldades, mas, apesar de todos esses problemas e riscos, a cada dia que passa o número de indivíduos criando novas empresas aumenta num ritmo cada vez mais alucinante.

As palavras "faliu", "fechou", já não existem, tornaram-se vulgares nas conversas diárias. Cada vez mais empresas atingem o estágio terminal do seu ciclo de vida, sendo obrigadas a fechar, por não terem conseguido acompanhar a evolução do consumidor ou aguentar o choque da concorrência acrescida.

A mudança constante é um modo de vida no mundo empresarial de hoje. De fato, para se manter competitiva, não basta dar atenção ao que a empresa está fazendo agora para obter melhores desempenhos, é preciso pensar no que tem de fazer amanhã para manter a competitividade no futuro. Sempre foi difícil fazer duas coisas ao mesmo tempo.

A pergunta que se coloca, na conclusão deste capítulo, é: como poderá o empreendedor gerir bem o presente, se está preocupado com o futuro? Como poderá ler o horizonte do futuro eficazmente, quando está a pensar no presente? Será uma missão possível apostar em simultâneo na continuidade e na inovação?

O que faz alguns empreendedores alçarem voo, enquanto a maioria simplesmente corre, quando não perde o fôlego? A resposta é uma só: a capacidade empresarial do empreendedor, que assume riscos calculados. A vontade é criadora.

Não é em torno dos inventores de novo ruído, mas sim em torno dos inventores de novos valores que o mundo gira; e gira inaudivelmente. Assim falava Zaratustra.[11]

Por que muitas empresas tiveram sucesso onde tantas outras companhias fracassaram? A história das empresas de sucesso é história da obsessão de um empreendedor por uma ideia que era maior que um produto, de uma parceria entre empreendedores, muitas vezes com personalidades bastante diferentes, de erros dramáticos e correções ousadas e de tenacidade. É a história de uma inovação, introduzida no mercado na hora e tempo certos, com a qual toda empresa recém-nascida sonha.

Existem muitos tecnovisonários com ideias de grandes produtos. Mas não são produtos que criam grandes inovações – quem faz isso são as empresas. E as empresas precisam de uma boa base. Precisam de flexibilidade e perseverança capazes de mantê-las em ação, mesmo quando o jogo muda.

É preciso saber tirar partido dos erros. Às vezes, o produto errado é o melhor professor. Em muitos casos, o primeiro produto de uma jovem empresa é um fracasso. Mas, na maioria das ocorrências, pode ser um mal necessário. É preciso reconhecer

---

11 NIETZSCHE, Friedrich. *Assim falava Zaratustra*. Trad. de Paulo Osório de Castro. Lisboa: Relógio D'Água, 1998. p. 152.

o erro e reinventar-se. A partir dele, o empreendedor tem a oportunidade de descobrir o que seus clientes realmente querem.

Numa equipe, não existe um "eu". Muitas vezes, é fácil atribuir o sucesso de um empreendimento à visão de seu fundador. Mas o percurso, desde a ideia inicial até o produto inovador que faz sucesso, exige a cooperação de uma equipe comprometida. O que realmente faz as coisas acontecerem é a equipe, mais do que a ideia do produto.

Eis que o tolo diz: "Não coloque todos os seus ovos num cesto só" – o que não é senão uma forma de dizer: " Dissipe o seu dinheiro e sua atenção"; mas o sábio diz: "Coloque todos os ovos num cesto, só fique de olho nesse cesto".[12]

Neste capítulo, também foi estudado como os empreendedores arrancam com seu empreendimento. Eles têm a difícil tarefa de lidar com a criação de empresas e com o ritmo da mudança e da intensidade da concorrência que lhes tem sido imposta, nos últimos tempos. Esses indivíduos têm tentado transformar as suas organizações para conseguirem triunfar neste mundo novo e interativo. É um capítulo onde é possível aprender as duras lições da realidade, através das análises aqui desenvolvidas e também acerca do fator-chave para atingir o sucesso empresarial sustentado: a estratégia.

O êxito não acontece por acaso. Apesar de as empresas viverem tempos difíceis, existem razões de os empreendedores manterem a esperança. A criação de uma empresa abarca assim a transformação da motivação em si mesma. O seu propósito é encontrar uma forma de motivar – a derradeira vantagem competitiva dos empreendedores e a única capaz de sobreviver à imprevisibilidade e aceleração da mudança que caracteriza a era em que vivemos.

Atualmente, qualquer empreendedor/criador de empresas de base tecnológica, via incubadora, se depara com quatro desafios:

- missão – O que estamos, de fato, tentando atingir?
- competição – Como se pode garantir uma vantagem competitiva?
- performance – Como se assegura uma implementação com qualidade superior à concorrência?
- mudança – Como se está lidando com a mudança?

---

12 TWAIN, Mark. *Pudd'n'head Wilson*. London: Penguin Books, 1986. p. 163.

Capítulo 9

O empreendedor como fator de desenvolvimento

9.1 Introdução

Procura-se: empreendedor para orquestrar uma oficina de mágicos. Esse podia ser um anúncio de convocação de indivíduos para se instalarem em uma incubadora de empresas.

À medida que vai tomando forma a percepção de um novo paradigma, melhor vão sendo definidos os vetores que contêm as qualidades para poder gerar uma resposta eficiente e eficaz à questão da geração de emprego e renda.

É importante destacar, neste contexto, o papel do empreendedorismo, que acreditamos ser uma via virtuosa, porque corresponde aos anseios de indivíduos criadores e com iniciativa. É uma forma de permitir que os empreendedores possam emergir e cumprir sua nobre missão de criar e distribuir riquezas.

Existem Prêmios Nobel da química, física, medicina, paz, economia, mas por que não há um Prêmio Nobel para os negócios? A questão pode, à primeira vista, parecer pouco pertinente, mas esta proposta é perfeitamente justificável, tendo em vista que a geração de um negócio é mais importante para a sociedade que a descoberta de um *quark top*. Um *quark top* é quase tão útil como colecionar borboletas, enquanto um negócio de sucesso cria riqueza, trabalho e uma quantidade de produtos e serviços necessários. Quanto à personalização, também não existem dúvidas: sem Bill Gates, a Microsoft não teria existido.[1]

É importante recordar que Alfred Nobel era um paradoxo; um pacifista que inventou a dinamite e um homem de negócios bem-sucedido que se sentia embaraçado pela sua riqueza. Parece não lhe ter ocorrido, durante a sua vida de empreendedor,

1 EMMOTT, Bill. Nobel. *The Economist*, n. 300, p. 2-3, Oct. 15, 1994.

que o mundo dos negócios, tal como a ciência e a política, pode ter uma enorme importância em prol da humanidade. Com certeza, o mundo sabe hoje melhor.

Seria esta uma das formas de reconhecer o papel e a responsabilidade social dos empreendedores, indivíduos com a visão, a capacidade empreendedora, o dinamismo e a ousadia.

9.2 O empreendedor como fator de fomento do crescimento e do desenvolvimento econômico da sociedade moderna

Há que avaliar as condições de ser ou tentar ser empresário, em qualquer lugar do planeta Terra, em especial no nível das micro, pequenas e médias empresas (que são o tipo de empresa onde se cria o maior volume de postos de trabalho).

Em termos históricos, a figura do empreendedor, mesmo que desempenhada pelo burguês, comerciante ou industrial, nem sempre foi querida socialmente e pelos poderes estabelecidos. Em tempos recentes, o ente capitalista continuou a sofrer desse estigma social.

No tempo presente, esta figura já parece ser aceita e desejada. No entanto, haverá que perscrutar, nos mais diversos domínios, se, de fato e *de jure*, esta aceitação e apoios são reais. É o duro ofício de ser empreendedor. "Patrão é quem não aceita ser empregado."[2]

Atente-se no domínio burocrático. O sistema está em vias de ser adequado ao normal nascimento, vida e morte das empresas que caracterizam as economias atuais? Quanto tempo demoram as empresas a nascer e com que custos (incluindo o custo tempo)? E o viver – que vicissitudes tem que sofrer para sobreviver? E morrer – será que podem? E os empreendedores que fracassam em algumas das suas tentativas dispõem de condições para ressuscitarem em outras empresas, processo que é natural ao modo de funcionamento das economias de mercado.

9.2.1 O papel do empreendedor como criador de riquezas

A maioria dos críticos do capitalismo aceita, hoje em dia, o papel decisivo dos empreendedores nas primeiras etapas deste sistema. Em sua opinião, no entanto, as nações do Ocidente passam no momento por vastas e irreversíveis mudanças

2 SCHREIBER, Jean-Lois. *Profissão patrão*. Trad. de Carlos Paiva. São Paulo: Cultura Editores Associados, 1990. p. 56-90.

históricas. Impelidos pelos imperativos da ciência moderna e pela crescente escassez e poluição dos recursos naturais, o capitalismo é visto como entrando em uma nova fase, madura. Nesta fase, diz-se, a inovação e o crescimento só podem ser proporcionados por grandes burocracias: empresas e órgãos governamentais, em combinações anárquicas, e frutíferas, que não deixam espaço para os inventores e investidores individuais.

As empresas modernas, financiadas cada vez mais por seus próprios recursos de capital e seus valores negociáveis, dirigidas por administradores e técnicos profissionais, em grande parte fora do controle dos acionistas ou do conselho diretor, estendendo suas operações ao redor do mundo, são vistas como multinacionais "leviatã" que requerem um poder governamental sempre crescente, simplesmente para mantê-las na linha. Os lendários empreendedores, vacilantes financistas e inventores de pequena escala do capitalismo primitivo, são encarados como uma raça em extinção, sem importância na nova economia mundial.

Essa é a posição essencial, divulgada continuamente por Galbraith[3] e seus seguidores, e há nela verdade suficiente para disfarçar sua falsidade essencial. Galbraith está certo, por exemplo, a respeito da existência de uma grande tecnoestrutura comercial, um tanto divorciada do controle direto de seus proprietários. As empresas modernas têm, de fato, certo domínio sobre suas próprias reivindicações, são pelo menos em parte capazes de fixar preços e, em certa medida, dão realmente origem a poderes contrapostos e a serviços complementares do governo.

Esses analistas estão convencidos de que as grandes empresas tendem a ser mais eficientes e produtivas do que as pequenas. Assim preveem que as pequenas empresas seriam engolidas pelas grandes, sem nenhuma chance de sobrevivência. A prática tem demonstrado que o pequeno empreendedor está mais vivo do que nunca, até mesmo nos países recém-saídos de uma economia socialista.[4]

Essa predição tem sido feita mais ou menos de cinco em cinco anos, desde a Revolução Industrial, por algum autor de prestígio. Mas os profetas do desaparecimento do pequeno empreendedor estão fazendo observações estáticas de fenômenos

3 GALBRAITH, J. K. *O novo estado industrial*. Trad. de Sonia Lima. São Paulo: Nova Cultural, 1985. p. 26-96; GALBRAITH, J. K. *O pensamento econômico em perspectiva*: uma história crítica. Trad. de Sérgio Santos. São Paulo: Pioneira, 1987. p. 57-100.

4 SCHUMPETER, J. Alois. *Capitalismo, socialismo e democracia*. Trad. de Sérgio Góes de Paula. Rio de Janeiro: Zahar, 1985. p. 172.

dinâmicos. Em qualquer época da história de uma economia razoavelmente madura, as empresas maiores tendem a ser as mais eficazes. Tornam-se grandes porque se beneficiam da economia de escala e da especialização. Contudo, isto está mudando diante do impacto da tecnologia da informação na vida das grandes empresas. Mas somente alguém que veja a economia como um sistema de quantidades estatísticas poderia asseverar que o tamanho é o fator mais importante das companhias bem-sucedidas. Os aspectos decisivos de grandes empresas não são quantitativos, e sim qualitativos: a natureza do produto e o modo de produzir e comercializar.

Como discorrido anteriormente, em geral, as empresas bem-sucedidas começam lentamente, ao fazerem os investimentos iniciais em um novo produto; depois, entram em um período de crescimento muito rápido, quando os mercados se desenvolvem e os métodos produtivos se aperfeiçoam; finalmente, atingem uma fase rotineira de produção em massa.

Em qualquer economia, somente um número relativamente pequeno de grandes empresas acaba chegando a essa fase final com preeminência nos mercados nacional e internacional. Essas empresas descobriram meios tão eficazes para fabricar seus produtos que praticamente desencorajaram a concorrência. Sua grande eficácia deriva de produzir a mesma coisa, durante muitos anos, melhorando-a continuamente e aperfeiçoando os meios de produzi-la e vendê-la.

Essas empresas acabam altamente rígidas e especializadas e, em termos estáticos, grandemente produtivas. Muitas delas experimentam, no momento, devido aos processos de restruturações e *downsizing*, nova vida no âmbito internacional. Mas, do ponto de vista do crescimento econômico geral e de inovação tecnológica, são de pouca importância para a economia. Mostram-se eficazes agora somente porque foram dinamicamente ineficientes e competitivamente agressivas, durante sua fase inicial.

Há críticas da performance dos pequenos negócios, na presunção de que as maiores companhias estão aumentando seu controle sobre a economia, porém não há fortes indícios de que as empresas grandes estejam eliminando os pequenos empreendedores.

As empresas estão em uma fase de crescimento em que inovação decai e a excessiva burocratização só deixa lugar a modificações menores, como mudanças de embalagem e maior eficácia produtiva, a fim de extrair os últimos ganhos de produtividade de uma indústria essencialmente estática que já passou há muito de sua fase de crescimento rápido.

Os novos aperfeiçoamentos quase nunca emergem das principais empresas de um ramo industrial. Até mesmo quando se consegue um avanço em uma grande empresa, este é, em geral, lançado comercialmente por pequenas empresas, muitas vezes criadas por equipes de engenheiros e administradores, saídos da empresa matriz. Assim como surgiram empresas para dominar cada uma das novas fases do desenvolvimento de aviões e motores; e como a IBM ficou atrás de outras empresas na adoção da maioria das inovações importantes como minicomputador, computador pessoal, laptop.

O próprio processo de racionalização e burocracia, pelo qual uma empresa se torna a mais produtiva em uma indústria, tende a torná-la menos flexível e inventiva. Uma preocupação exclusiva com produtividade estatística – simples coeficientes entre *inputs* e *outputs* – pode levar a uma economia rígida que acaba se tornando improdutiva.

Quase tudo que Galbraith diz a respeito da natureza da tecnologia moderna conflita com o que temos presenciado, ultimamente, em relação a ela. Embora ele imaginasse bem no centro da realidade futura a partir de seu conceito de novo estado industrial, o fato é que uma verdadeira revolução industrial emergia, maciçamente, às suas costas. Aconteceu em centenas de pequenas empresas, lideradas pelo espírito da revolução do semicondutor e do microprocessador, transformando a matéria mais comum do mundo, a substância da areia, em um incomparável recurso da mente: um fragmento de silício do tamanho de uma mosca com poderes de processamento de dados, milhares de vezes mais capaz do que um milhão de indivíduos juntos que somassem e subtraíssem por milênios – uma maravilha infinitesimal que estende o alcance do cérebro humano incomparavelmente além do que o petróleo, o aço e as máquinas haviam multiplicado os músculos do homem na era industrial.[5]

Não existe meio de calcular todo o potencial dessa tecnologia, verdadeiro Prometeu em embrião que, juntamente com outros avanços, já está transformando a atividade humana e forjando, por fim, a era dos computadores, do mesmo modo que a máquina a vapor e as locomotivas inauguraram a era industrial. É possível menosprezar esse aperfeiçoamento e ridicularizar seus entusiastas, apontar os inevitáveis problemas e fantasiar quiméricas ameaças de máquinas desumanizadoras e robôs frankensteinianos. Mas se considerarmos friamente essa tecnologia, vemos que ela

5 GUMBER, S. Born saved aid from U.S.A. now uses it to kick – start some small business. *The Wall Street Journal*, 12 (253), p. 1-2, Jan. 26, 1995.

não contém qualquer dessas ameaças, ao passo que buscam o que ela promete em benefícios incalculáveis, até para as próprias máquinas.[6]

O microprocessador tem esse caráter explosivamente revolucionário como certas invenções do passado – a imprensa, o navio transoceânico, a máquina a vapor, o gerador elétrico, o trem, o automóvel e o telefone – que transformaram a economia e ampliaram as dimensões do mundo.

Tal como essas tecnologias fundamentais, o microprocessador não opera dentro dos limites da estrutura industrial existente, mas torna possível uma nova estrutura. Esse minúsculo dispositivo cria novas e radicais capacidades, aplicáveis a todas as indústrias, inclusive a sua própria, tornando possível uma vasta difusão da ciência aplicada e do saber técnico.

Efetua uma simultânea animação e miniaturização de máquinas, tornando-as mais baratas, portáveis, flexíveis, adaptáveis, possantes, sistemáticas, autoajustáveis, confiáveis, economizadoras de trabalho e energeticamente eficazes, assim como multiplica e redistribui os meios de produção, reduzindo, possivelmente, a necessidade de viajar e desenvolvendo sem sair de casa o seu papel de centro industrial. Hoje, as empresas ascendentes são senhores não de terras ou matérias-primas, mas de ideias e tecnologia.

Quem quer que prediga o futuro tecnológico, cairá logo no ridículo. Pois ele surge da criatividade humana e assim, inevitavelmente, é uma caixa de surpresas. Só podemos indicar os poderes e as potencialidades manifestas de um novo aperfeiçoamento. Suas aplicações transpirarão em uma complexa ação recíproca com outras tecnologias novas ou ainda não descobertas, tudo o que permanece hoje insondável. Talvez a melhor razão de confiança no futuro do microprocessador seja seu caráter – em certo sentido – de reator autorregenerador, criando seu próprio combustível de conhecimentos. Não é só um produto da ciência, mas também um produto de ciências; não apenas um resultado do progresso técnico, com múltiplos usos industriais e comerciais, mas também uma fonte singularmente fértil de maior progresso em todos os campos, da astrofísica à medicina, senão talvez à economia.[7]

---

6 KIRKPARTRICK, D. Breaking up IBM – Big Blue Follow the Leader. *Fortune*, 250(600), p. 115-117, July 27, 1992.

7 GILDER, George. *Microcosm*: the quantum revolution in economics and technology. New York: Simon & Schuster, 1990. p. 29-59.

Desnecessário dizer que os benefícios materiais não asseguram valores morais, espirituais ou estéticos, nem aliviam os apuros mais profundos do homem. Mas para alguém atuar como especialista em tecnologia e economia precisa entrar em acordo com o fragmento de silício. As questões relacionadas com a ética na condução dos negócios são uma preocupação do empreendedor de sucesso.

O equívoco dos que defendem as grandes empresas é bem compreensível. Entretanto, esse aperfeiçoamento lança dúvida mais séria sobre suas predições econômicas. Se estivesse correta a sua teoria da burocratização da invenção e dos empreendimentos, a revolução do computador, presumivelmente, teria sido lançada pela principal empresa de computadores, IBM, ou pelo menos, por uma das principais companhias de computadores, provavelmente em aliança com o governo.

Em vez disso, a revolução foi desenvolvida por grande número de novas empresas dirigidas por empreendedores, notavelmente agressivos e não burocratizados, e alcançou seu avanço decisivo, em 1971, em uma empresa minúscula, a Intel. Esta microempresa criou o microprocessador somente três anos depois de formada com um quadro de 12 pessoas, inclusive os diretores, Robert Noyce e Gordon Moore, e o inventor, Ted Hoff. Cinco anos mais tarde, era o principal produto mundial dos dispositivos, com oito mil empregados, do Vale do Silício, na Califórnia, à Cingapura.

Não se pode negar que empresas como a IBM desempenham um papel absolutamente vital, tanto na economia de seu país como na mundial. As grandes empresas tanto consolidam e racionalizam as conquistas de outras, como atuam para contrapor-se aos poderes das demais grandes empresas, e até mesmo do próprio governo. A IBM não somente desafiou o domínio da Xerox no negócio de cópias como competiu engenhosamente com uma série de monopólios estatais em nações espalhadas pelo mundo.

Um perigo é que a grande publicidade, que sempre cerca uma batalha de titãs, leve uma geração a aceitar a ilusão predominante de que são as empresas enormes que detêm o controle das novas tecnologias. Satélites de comunicações à parte, não há indício de que o desenvolvimento tecnológico tenha mudado fundamentalmente para favorecer as grandes empresas. (As grandes empresas foram necessárias em certas aplicações de antiga tecnologia, particularmente nos transportes e nas comunicações.) De fato, é bem provável que o caso dos microcomputadores tenha superado avanços tecnológicos anteriores, quanto à quantidade de pequenas empresas que participaram de seu desenvolvimento e também quanto à intensidade da competição entre elas pela exploração de suas novas aplicações.

Além disso, pode-se afirmar, com segurança, que a indústria de microcomputadores não é um caso especial, uma exceção à fundamental regra moderna de grandeza e burocracia. No rastro do microcomputador estão vindo duas novas tecnologias: a do laser e a da microbiologia. Ambas oferecem grandes potencialidades, mas ainda em sua maior parte indecifráveis.

Essas duas novas tecnologias ainda estão principalmente nas mãos de um grande número de jovens cientistas e empreendedores, que desbravam o caminho à maneira clássica do capitalismo.[8]

O progresso material é inelutavelmente elitista: tornar os ricos mais ricos e mais numerosos, exaltando os poucos e extraordinários homens que produzem riqueza, em detrimento das massas democráticas que consomem.

O progresso material depende da expansão de oportunidades: os gênios se identificam uns aos outros muito mais por suas obras do que por hereditariedade ou notas obtidas em exames. O progresso material é difícil: exige, de seus protagonistas, longos anos de diligências, sacrifício, dedicação e riscos que só podem ser trazidos à tona com alta recompensa, e não com retorno médio de capital.

Embora democraticamente exigido, o progresso material é pragmaticamente antidemocrático: implica um custoso dispêndio de atividades e rigor, além dos horizontes do povo e, não raro, até mesmo de seus governantes. O progresso material é radicalmente imprevisível (prever uma inovação é, em essência, criá-la): os desenvolvimentos mais importantes acontecem na fronteira onde as coisas estão sempre escapando ao controle. O progresso material é inimigo da economia científica: não pode ser explicado, nem mesmo previsto, em termos matemáticos ou mecanicistas.

Ao andar por um mundo racional e previsível, vê-se um sistema de administração e controle científico e material. Um mundo sem inovações sucumbe às leis infalíveis da deterioração e do declínio.

Na medida em que a escassez de recursos se torna previsível, os governos haverão de aplicar seus controles. A distribuição torna-se um fator supremo. O planejamento entra em ação. E até mesmo uma pálida certeza parece a muitos melhor do

---

8 GILDER, George. The world's next source of wealth. *Fortune*, 180(500), p. 78-82, Aug. 28, 1989.

que a ideia de uma luta constante e incalculável para ampliar o domínio do homem sobre a natureza e aumentar o fundo da riqueza material.

É a ideia de inutilidade econômica – e não o crescimento capitalista – o que dá margem à cultura do hedonismo e da sensualidade.

Em um mundo imperfeito e sofredor, a possibilidade de progresso implica a responsabilidade de tentá-lo. Só em um mundo de "limites ao crescimento" socialmente controlados – onde o esforço humano, a iniciativa e a criatividade jamais poderão triunfar por muito tempo sobre a pobreza e o sofrimento não necessários – o sonho progressista de liberação sexual, de lazer, de redistribuição e de prazer sensual pode perder seu estigma de decadência e de injustiça.

O sonho de estagnação tanto rejubila o político quanto o hedonista. Só em uma economia estacionária é que o governo já não pode submeter-se aos cientistas, tecnólogos e empreendedores como os heróis do dia. Num país estacionário, o que interessa são as obras do poder e da burocracia: o comportamento das massas e suas leis. A conservação, a distribuição e o controle tornam-se valores absolutos. Os economistas, por sua vez, investem em seus direitos. Sem as surpresas da criatividade, seus modelos podem, realmente, prever o futuro. A mudança tecnológica teve e continua tendo mais impacto sobre o bem-estar material do que os requintes da alocação estática de recursos, à qual os microeconomistas dedicam mais atenção.

Visto que a economia é governada por pensamentos, ela não reflete as leis da natureza, mas as leis da inteligência. E uma das leis básicas da inteligência é de que a crença precede o conhecimento. Não se chega a um novo conhecimento sem um mergulho na hipótese, uma projeção por parte do senso intuitivo. A lógica da criatividade é um salto no escuro. Nada de novo pode ser visto por completo, a partir de um lugar velho. O conhecido ditado que recomenda olhar antes de saltar só se aplica à elaboração e ao aprimoramento contínuo de velhas ideias que abrangem uma carga de conhecimentos (e uma carga de progresso industrial das grandes e estáveis empresas).

O conceito da teoria da informação passa, igualmente, ao largo do indispensável salto de surpresas, em toda inovação radical. A ideia de que os negócios compram conhecimentos como qualquer outro fator de produção, até que seu custo a exceda, e de que eles podem sem perigo e sistematicamente acumular fatos até que o terreno se lhes estenda firmemente à frente, põe de lado a diferença radical que existe entre os conhecimentos e todas as demais coisas. É o salto, e não o olhar, que dá origem às informações decisivas, é o salto no tempo e no espaço, além do acúmulo de fatos observáveis, que abre a perspectiva da descoberta.

A imaginação precede o conhecimento. O pensamento criativo não é um processo indutivo pelo qual um cientista acumula provas, de um modo neutro e objetivo, até que uma teoria se torne visível. Mais propriamente, a teoria é que chega primeiro, determinando quais provas podem ser vistas.

A criatividade sem limites, mas com ordem, é a proposta do guru do "Pensamento Lateral" Edward de Bono, que defende o ponto de vista de que "se o cérebro foi concebido para não ser criativo, há que trocar-lhe as voltas, saindo dos esquemas habituais de reflexão".

Imaginação, intuição e hipóteses são apenas os primeiros passos do saber. Como a inteligência humana é capaz de ideação infinita, ao pensador cabe selecionar conceitos particulares em que acreditar. Tal como na escolha de uma mulher, o homem tem que confiar na intuição e agir, antes mesmo de conhecê-la. A ideia não se revelará em sua plenitude, nem suas possibilidades, senão depois que a pessoa acreditar nela e se comprometer com ela, outorgando-lhe emoção e, de certo modo, amando-a. O pensamento criativo exige um ato de fé. O crente tem que confiar em sua intuição, nas criações espontâneas de sua inteligência, o suficiente para persegui-las laboriosamente até o ponto de experiência e do conhecimento.[9]

Ao observador externo, o amor parece cego. Mas as pessoas que amam sabem que o sentimento é guiado por uma visão mais exaltada que abre novos domínios do conhecimento e da criatividade. O compromisso pode criar sua própria confirmação. Ao homem que não se atreve a amar, o mundo inteiro parece estéril e monótono, e o futuro, carregado de sombras. O amor e a fé é que inspiram ideias relacionadas com vida e fogo.

Todo pensamento criativo é, de certo modo, religioso, sendo de início um produto de fé e de crença. Mas nem todas as ideias são dignas de confiança. O compromisso é necessário, mas não suficiente. O fanático é um homem que abraça uma ideia e impõe sua vontade, alheio à resposta do mundo e dos fatos. E para o pensamento criativo, a sensibilidade a respostas é fundamental, o que significa outro aspecto do amor. O pensamento criativo terá de ser aberto a mudanças e surpresas. Outra

9 SHEFSKY, Lloyd E. *Entrepreneurs are made not born*. New York: McGraw-Hill, 1994. p. 87-150.

forma de enunciá-lo é a partir de ideias que devem ser refutáveis (isto é, expressas de uma forma pela qual se possa demonstrar que são verdadeiras ou falsas).

Há que existir um processo de rejeição, porém se todas as ideias errôneas fossem abandonadas, não haveria ninguém para correr o risco de se comprometer com elas, num mundo indeciso, e todo progresso cessaria.

Mas qual é a fonte de ideias para o desenvolvimento do progresso intelectual? A resposta, convenhamos, é o acaso. As teorias surgem espontâneas e misteriosamente, quer por intuição, quer por eventualidade. Esse mistério é que constitui o problema decisivo da história da inteligência. Um racionalista agnóstico desconfiará do mistério e há de querer desenvolver modalidades mais automáticas e mais racionalizadas de progresso.

Ao longo de toda a história do pensamento, especialmente nos tempos modernos, o homem tem procurado desenvolver sistemas de raciocínio que sejam autossuficientes; que marchem passo a passo, através de encadeamentos de lógica hermeticamente coesos; que olhem antes de saltar, reunindo dados ou provas objetivamente e derivando teorias indutivamente.

Os racionalistas sempre quiseram reduzir o processo do pensamento à bússola do cérebro humano individual, com sua experiência e estrutura demonstráveis, interpretando as ideias em termos de matéria, governadas por leis coerentes e até físicas.

O positivismo lógico, a psicologia behaviorista, o freudismo, o marxismo, a economia clássica, o neokeynesianismo, a análise bayesiana das probabilidades, a teoria da informação – todas essas correntes representam formas, marcadas por graus variáveis de convicção e flexibilidade, de excluir do comportamento humano o acaso e a novidade, na prática ou em teoria.

A todos esses movimentos repugna-se a ideia de que o ponto crucial da evolução e da criatividade seja o acaso. Todos admitem que os preceitos da oportunidade são casuais e inseguros porque, como acreditam, além da bússola da racionalidade humana, o que existe é um universo intelectualmente vazio e sem reações. Tal como os pernósticos teóricos da entropia, o pensador moderno admite que, no fundo, o universo está morto. A inteligência humana é vista como uma consciência solitária, à procura de captar os objetos que lhe são próximos, governada, em última análise, pelas coisas que ela reflete e recolhe, e também pela própria substância e estrutura: afirma-se que ela é parte de um sistema governado por leis físicas.

A inteligência humana não é, necessariamente, autônoma nem limitada ao cérebro do indivíduo. A inteligência tem acesso a uma consciência mais alta, às vezes chamada de inconsciente coletivo (depois de Jung) e às vezes definida como Deus. Na medida em que a inteligência de uma pessoa se funde com a consciência viva, o substrato último do cosmo, essa pessoa alcança novas verdades e vislumbra as novas ideias – projeções de luz no futuro desconhecido – pelas quais se realiza o progresso intelectual.

Todos os homens, entretanto, esquivam-se desse contato, temerosos com a força e o mistério cósmico. É decerto assustador abandonar a bússola do cérebro individual, seu pequeno fundo de experiência, seus instrumentos cômodos de raciocínio e mergulhar no reino da transcendência sombria, onde a verdadeira luz e a criatividade são encontradas. Além disso, se for realmente nova e importante, a ideia acarretará a rejeição de muitas outras ideias conflitantes, ou então forçará um maior esforço de síntese paradoxal. Novamente o cérebro se rebela.

Até mesmo os processos criativos mais simples exigem um mergulho no escuro – a dependência de uma providência incalculável, que confunde muitos. Grande parte da cultura moderna evidencia atitudes presunçosas, preocupações estreitas e ansiedades mórbidas de mentes humanas, congeladas de medo no limiar da consciência mais alta. Dado que ninguém pode escrever nada digno de valor, a partir de seu próprio e imediato cabedal de conhecimentos, o bloqueio do escritor é, em essência, uma falta de fé, uma relutância em entregar-se a uma força mais alta. Do mesmo modo, os tomos infindáveis de economia, matemática e de sociologia devem suas obsessões estéreis e resultados banais à recusa em reconhecer que toda criatividade exige um salto de imaginação e de fé. O investidor que nunca opera senão depois que os estatísticos lhe indiquem sua opção; o atleta ou político que só se dispõe a encetar um treinamento ou uma campanha tarde demais, o negociante que espera pela confirmação do mercado – estão todos condenados à mediocridade pela própria confiança em uma racionalidade espúria e pela falta de fé.

O estratagema talvez mais característico da ansiedade liminar é o plano detalhado. Em grande medida, os planos são mitologias de um mundo racionalista e secular, os ritos supersticiosos, através dos quais um governo, um empreendedor ou um pensador adquire confiança num ato remissório, e o forjamento de ofertas que criam demanda, exigem a adoção de uma nova ideia que projete uma luz protetora, um mergulho no desconhecido que é produzir conhecimentos.

O processo de intuição e fé é fase inicial na carreira das ideias. Novas ideias podem facilmente tornar-se velhas. Uma vez aprendidas na intensidade da nova relação, elas tendem a espalhar e difundir sua luz, acumulando, mais e mais, conhecimentos e fatos até que se sedimentem em uma generalização imóvel que se aproxima da matéria. Na medida em que são elaboradas, as ideias tornam-se cada vez mais complexas, cobrindo trechos cada vez mais largos de conhecimentos, de uma forma sempre menos satisfatória.

Diz-se que, quando alguém apresenta uma solução individualmente complicada para um problema, essa pessoa não tem a solução e, sim, um problema novo. Pode-se ver, em muitos campos da vida moderna, do Departamento de Energia à teoria do desenvolvimento econômico, a elaboração das respostas múltiplas amontoando-se em uma complexidade cada vez maior que, em conjunto, constitui o problema essencial da era racionalista e secular.

Uma das facetas concludentes da lei da inteligência – talvez a mais decisiva de todas no atual estágio da humanidade – é o papel dos problemas. Problemas, dilemas e paradoxos não são fontes de desestímulos nem de frustrações, mas o necessário incentivo dos conhecimentos e da criatividade. A mentalidade racionalista e secular vê os problemas, as dificuldades e os paradoxos como obstáculos às conquistas e à verdade. Se uma nova ideia parece contradizer uma antiga verdade, joga-se fora a ideia nova. Essa atitude do pensamento convencional só produz refinamento e elaborações de ideias prévias, coibindo a consecução de novas iluminações – formas de se ver ambos os lados de um paradoxo a uma luz diferente e conciliadora.

A lei da inteligência exalta o conflito e a dificuldade como condições invariáveis de conhecimento, num mundo que passa através do tempo. As dificuldades não reprimem o pensamento; ao contrário, propiciam a criatividade e iniciam o recurso a uma transcendência salvadora. As dificuldades podem até mesmo robustecer a fé e libertar novas energias e verdades. Um pensador que foge do paradoxo e do conflito está quase proibido de inovar.

As leis supremas do pensamento criador podem ser enunciadas como sendo a fé, o amor, a franqueza, o conflito e a refutabilidade. As leis supremas da inovação econômica e do progresso são a fé, o altruísmo, o investimento, a competição e a falência, que são também as leis do capitalismo. A razão pela qual o capitalismo obtém êxito é que suas leis se ajustam às leis da inteligência. Ele é capaz de satisfazer às necessidades humanas porque se fundamenta em pressupostos que dependem da sensibilidade dos outros. É aberto à fé e à experiência porque é aberto também à competição e à falência. O capitalismo acumula os lucros de capital não apenas provenientes de seus sucessos, mas também de seus fracassos capitalizados em novos conhecimentos. É o único sistema adequado a um mundo no qual toda certeza absoluta é um embuste.[10]

A dinâmica do pensamento econômico consiste, portanto, no processo fundamental de toda evolução e todo desenvolvimento que se operam na natureza e no pensamento: um fluxo, em grande parte espontâneo e de todo imprevisível, de diversidades e diferenciações crescentes, de novos produtos e novas modalidades de produção. O padrão do desenvolvimento costuma ser o mesmo (as ideias tendem inerentemente a se fragmentarem e se especializarem na medida em que são aplicadas). Mas o processo é, não obstante, imprevisível, cheio do mistério de todas as coisas vivas e que crescem (como ideias e negócios). Para que esse processo frutifique em todo o sistema, é preciso que haja atividade, além do controle do sistema.

A nova produção terá de ser feita normalmente por indivíduos cujo trabalho e cujas ideias não sejam absorvidos por uma instituição maior.

É imprescindível, pois, que haja espaço para os indivíduos encontrarem sua própria e inesperada forma de dividir e especializar o trabalho, originando e adaptando novos artigos e novos serviços. Esses indivíduos e suas ideias novas são o caminho que um sistema econômico dispõe para crescer e se transformar. São eles que contribuem para que pequenos negócios e novas atividades sejam finalmente agrupados com outros em novos sistemas, que quase sempre se tornam rígidos e sem nenhuma flexibilidade, a menos que possam continuar assimilando ou descartando novos produtos e novos processos. É esse intercâmbio de oportunidade, mudança e crescimento, muito convencional, mas absolutamente decisivo, que os economistas tão frequentemente ignoram.

Nesse processo é de capital importância observar que a maioria de suas atividades motrizes ocorre fora da visão do estatístico. É o drama pessoal e psicológico de um homem que decide se ele ousará fazer empréstimos e assumir riscos para executar uma ideia inovadora, que todos os estatísticos mostram – a exemplo do que acontece com dois terços dos novos empreendedores – que provavelmente haverá de fracassar num lapso de cinco anos. Tal decisão será afetada por injunções

10 GILDER, George. A necessidade de fé. Trad. de Luiz Chagas. *Diálogo*, n. 80, p. 24-30, nov. 1981.

governamentais; será dissuadida por altos impostos e altas taxas de juros; mas expressará, no fundo, um impulso de fé, uma crença no futuro e uma sensibilidade às necessidades dos outros, ainda que táticos. Aqueles que não acreditam no futuro do capitalismo tendem a ignorar a dinâmica do acaso e da fé que em grande parte determinam esse futuro. Os que desconfiam da religião sempre deixarão de compreender as sutilezas litúrgicas através das quais se alcança o progresso. Pois o acaso é o fundamento da evolução e o receptáculo do divino.[11]

9.3 Conclusão

Resumindo o que foi exposto neste capítulo, podemos concluir que o estudo do empreendedor, como fator de desenvolvimento, serviu para a compreensão do papel relevante dos empreendedores como fator de fomento do crescimento e do desenvolvimento da sociedade moderna, no que diz respeito principalmente às mudanças radicais que atualmente vive a humanidade.

Os empreendedores são dedicados à criação de organizações adeptas da mudança, em que pontificam a liderança, a estratégia, e a inovação.

Atravessam, rompem todas as fronteiras, atuando de forma a criar a mudança, para através de passos cruciais, muitos deles imprescindíveis, criar novas empresas.

11 GILDER, 1989, p. 140-280.

Capítulo 10

O empreendedor e a sua formação

10.1 Introdução

No cenário de hoje, empreendedores, empresários, executivos e professores ligados à formação profissional estão visualizando de forma diferente o tradicional MBA (Master of Business Administration), com uma percepção mais crítica dos objetivos e conteúdo. Vivemos em uma era empolgante, inédita na formação de empreendedores.

Nas décadas de 1950 e 1960, constatou-se a expansão das grandes empresas multinacionais. Nessa ocasião, as universidades foram surpreendidas pela forte demanda de cursos na área de gestão. Surpreendidas pela nova situação, as universidades foram apenas capazes de satisfazer necessidades de capital humano das grandes empresas, oferecendo programas de formação em áreas técnicas, como engenharia e química, e no campo dos negócios, uma licenciatura em gestão, que, pouco tempo depois, começou a ser oferecida em níveis mais avançados.

10.2 Formar empreendedores e criar empregos

O MBA foi criado para suprir essa necessidade emergente: a grande empresa precisava de recursos humanos mais sofisticados, capazes de formular rápidas e eficazes respostas às novas e complexas questões.

A explosão da informação começou nos anos 1980, através do rápido desenvolvimento de hardware e aplicações cada vez mais sofisticadas de software, que começam a democratizar o acesso à informação pelas micro, pequenas e médias empresas. Esses dois acontecimentos geraram algo que julgamos fundamental no campo empresarial – a redução econômica do lote unitário de produção, fato que tanto beneficiou as grandes empresas como as micro, pequenas e médias, e ajudou as últimas a ganharem mais fôlego para ter acesso a mercados que antes eram cativos somente das grandes. E o mais importante: as transformações tiveram enormes repercussões nas universidades.

O conjunto de competências e habilidades aprendidas com o tradicional MBA sempre é muito relevante para grandes empresas, todavia, cada vez mais torna-se menos pertinente no contexto de empresas emergentes.

O MBA, na forma como apresentado hoje, mostra-se insuficiente para desenvolver as habilidades e demandas necessárias aos criadores de empresas de base tecnológica, que enfrentam um ambiente de concorrência cada vez mais acirrada e o mercado altamente competitivo. O processo de formação e reciclagem dos empreendedores é constante na vida desse profissional.

As principais "diferenças" entre um MBA tradicional e um concebido de forma específica para os empreendedores de empresas de base tecnológica são:

- o MBA tradicional ensina técnicas de gestão voltadas para empresas já existentes, enquanto em um MBA específico para criadores de empresas deve-se ensinar como iniciar e operar um novo empreendimento;
- o MBA direcionado às grandes empresas é menos sensível à globalização dos mercados, enquanto o MBA que tenha como público-alvo os criadores de empresas tende a reconhecer o inerente crescimento dos mercados emergentes;
- o MBA clássico ensina como administrar mercados existentes, enquanto o MBA renovado ensina aos gestores de micro, pequenas e médias empresas de base tecnológica como identificar um mercado emergente, ou mesmo criar um novo;
- o antigo MBA focaliza primordialmente a evolução dos negócios, pelo retorno sobre os ativos. O principal foco do novo MBA está voltado às questões relacionadas ao mercado, tais como identificação de negócios e o desenvolvimento de produtos;
- o MBA histórico ensina como conservar os atuais ativos, enquanto o MBA proposto para empresas emergentes ensina aos empreendedores como maximizar seus recursos com o mínimo de ativos fixos;
- o antigo MBA aborda as oportunidades, encaixando-as nos modelos já existentes de produção e negócios. O novo MBA ensina os gestores a administrarem mudanças que ocorrem em um ambiente empresarial globalizado.

10.2.1 Os mitos no processo de formação de empreendedores

Existe o mito de que alguns indivíduos já nascem empreendedores. Quando ministramos cursos de empreendedorismo, todos os participantes caracterizam os empreendedores como indivíduos que gostam de correr riscos. Alguém que conhece um empreendedor logo diz: "Onde está o risco?" Tendo como resposta: "Eu o assumirei". A plateia cai na gargalhada. Não, a questão não é tão simples. Empreendedorismo não é só isso. É também identificar oportunidades, avaliar riscos e implementar estratégias que permitam satisfazer os desejos e necessidades do público-alvo.

Empreendedores usam inovação, criatividade e visão para explorar as oportunidades. Na visão schumpeteriana, temos a presença da criatividade, tanto no momento da aplicação de uma nova ideia, quanto em uma antiga ideia ampliada com novo propósito. Portanto, a visão é um fator crítico de sucesso. Empreendedores devem ser capazes de visualizar o futuro.

Uma oportunidade é um estado porvir desejado que se diferencia do presente. Para atingi-lo, o empreendedor deve ter uma forte crença de que sua realização é possível.

Quase tudo tradicionalmente ensinado sobre administração está relacionado à gestão de recursos. Para ensinar os estudantes a se tornarem empreendedores, devemos focalizá-los nas oportunidades. Porém, isso implica mudar os hábitos de pensar, já enraizados.

Dessa maneira, foi criada uma geração de administradores com base nesse modelo, difundido por todo o mundo. Administradores perguntam: "O que fazer com os recursos de que dispomos?" O empreendedor, por outro lado, desperta e pergunta: "Que oportunidade se esconde por trás do desejo, da necessidade não atendida? O que devo fazer para satisfazê-los?"

Um empreendedor tem plena consciência de que a janela da oportunidade pode se abrir e fechar muito rapidamente. Assim, seu comportamento é marcadamente voltado para a ação, atento às oportunidades e à gestão acurada dos riscos envolvidos.

A estrutura horizontal de uma empresa administrada de forma empreendedora favorece a construção de uma equipe forte, porque ela encoraja seus membros a desenvolverem senso de independência e controle. Estando livres das restrições impostas por culturas e estruturas organizacionais tradicionais.

O empreendedorismo é baseado nos seguintes princípios:

- busca de oportunidade;
- processo decisório, baseado em múltiplos estágios;
- emprego de recursos de outras pessoas;
- gestão de rede de contatos e relacionamentos;
- reconhecimento e recompensa pelo valor criado.

O empreendedor é a chave do próprio sucesso. Seu empreendimento é alimentado por seus conhecimentos, contatos e habilidades. Empreendedores bem-sucedidos têm em comum características como: tenacidade, atenção ao detalhe, rápida percepção ao assumir riscos, forte crença em si mesmo e em seus objetivos, e compreensão bem aguçada dos fatores que motivam outras pessoas a serem capazes de assumir uma postura proativa em suas atitudes.

Um duplo encaixe de habilidades é crucial ao sucesso: capacidade de previsão das transformações ambientais e criação de condições para que as mudanças possam ser administradas.

Muito do progresso da humanidade tem sido feito a partir da habilidade das pessoas em prever e avaliar as consequências de suas decisões. O sucesso da cultura empreendedora está em tornar a vida previsível para os outros. Nada é certo, havendo sempre risco e imprevisibilidade. Muito do que fazemos nos negócios tem de ser feito gerenciando riscos. Se você está administrando um restaurante, um dos riscos é: quantas pessoas virão no próximo sábado e quantas desejarão comer peixe? Nos negócios, desenvolve-se o tempo todo a gestão do risco.

O exercício da capacidade de previsão é fundamental para quem está inserido no ambiente empresarial. Os participantes do jogo precisam ser capazes de preverem, com elevado grau de exatidão, o comportamento das variáveis que interferem no seu empreendimento, porque sobreviver requer ação imediata, visto que há sempre consequências. Sem confiança na leitura que se faz do cenário futuro, não podemos decidir, com segurança, o que será executado. A imprevisibilidade é o inimigo mortal de uma ação bem determinada. Por que as pessoas receiam fazer investimentos? Porque elas não podem prever os resultados. A tarefa de prever, especialmente os resultados, é sempre difícil.

A humanidade tem designado muitos recursos na investigação da previsibilidade. Desenvolvemos religiões, ciência e organizações. Elas nos ajudam a compreender o mundo que está fora de nosso controle.

Por que, então, é tão fácil lutar contra uma grande corporação? Porque enquanto eles estudam as consequências, empreendedores estão agindo, mudando, alterando de forma radical o mundo. Sem confiança nas habilidades para prever as consequências de seus atos, os empreendedores nunca serão proativos.

Grandes líderes constroem culturas fortes. Eles congregam ao seu redor pessoas que compartilham do mesmo modelo do mundo que idealizaram. Este é o mecanismo que os torna sólidos. Criar condições que permitam a previsibilidade é a tarefa primária de um empreendedor. Se todos na empresa compartilham da mesma visão e percepção estratégica, provavelmente não terão dificuldades em implementar um conjunto de ações que permita atingir objetivos previamente traçados. Lembrem-se de que os seres humanos são avessos à descontinuidade. Quando o indivíduo não tem um modelo de mundo que funcione, sente-se desconfortável.

Uma das razões pelas quais as pessoas estão se tornando empreendedoras é que seu modelo de mundo sofreu uma mudança radical. Não existe, nas grandes empresas, nenhuma escada rolante que permita aos indivíduos ter acesso fácil a postos mais elevados da hierarquia nas corporações.

O empreendedor bem-sucedido mostra às outras pessoas como galgar, através de esforço, iniciativa e capacidade de assumir risco, e como progredir na difícil tarefa de criar e montar o próprio negócio.

Em uma ação empreendedora, todos os envolvidos devem ser capazes de exercer atividades de previsão: prospectar clientes, fornecedores, fontes de financiamentos e montagem da equipe. Por que as fontes de financiamento exigem planos de negócios? Para assim se saber quais são os passos e estratégias que a empresa adotará quando colocar em prática as ações.

Criar o próprio posto de trabalho é um desafio dos dias de hoje. Mas dificilmente um empreendedor desconhece a importância da necessidade de criar a própria empresa, isto é, a capacidade que o indivíduo tem de desenvolver para gerar o próprio negócio (posto de trabalho) e a remuneração, mesmo sem ser em uma atividade formal. São seis os pilares que garantem a nova maneira de se posicionar diante dessa atual situação:

- **Adequação ao novo papel.** Esse é o principal pilar da nova concepção de emprego. O indivíduo deve criar seu próprio emprego em uma atividade que corresponda à sua vocação profissional, pois assim trabalhará mais motivado.
- **Competência profissional.** Os empreendedores precisam estar constantemente atualizados para competir no mercado.
- **Idoneidade.** Um empreendedor idôneo é respeitado e valorizado. Essa é uma questão que não admite meio-termo. Ou a pessoa é honesta, ou não é.

- **Saúde física e mental.** Um empreendedor saudável suporta melhor as tensões, consegue trabalhar mais. O cuidado com a saúde evita um desgaste exagerado.
- **Recursos financeiros.** É importante que o empreendedor disponha de fontes de financiamentos compatíveis com o porte do empreendimento que pretende desenvolver.
- **Relacionamento.** Quem conhece muitas pessoas e cultiva uma rede de relacionamentos pode contar com uma ajuda preciosa para abrir portas.

10.3 A morte dos empregos "para toda a vida"

O conceito de emprego para toda a vida está irremediavelmente afastado do mercado de trabalho. Chegou o momento de reconhecer que a forma tradicional de geração de empregos está saturada. Os heróis de um passado recente não têm sido as grandes corporações, quer sejam elas públicas ou privadas, porém os empreendedores que transformarem as suas *start-ups* em verdadeiras máquinas de fazer dinheiro: Bill Gates da Microsoft, Steve Jobs da Apple, que, diga-se de passagem, não cursaram nenhum MBA.

Entretanto, está surgindo uma nova geração de criativos e aparelhados empreendedores de empresas de base tecnológica com preparo intelectual. Muitos deles com formação universitária, com MBA e cursos técnicos, como é a situação de Scott G. McNealy, CEO da Sun Microsystems.

As escolas de negócios precisam urgentemente se voltar para as micro, pequenas e médias empresas – onde a economia tem crescido de forma silenciosa, contudo firme, nos últimos anos. As críticas aos modelos de escolas de gestão são muito contundentes.[1] Todavia, a opinião sobre os programas dos MBA não é muito diferente das escolas de administração.[2]

Seja qual for o modelo de capitalismo ou pós-capitalismo em questão, simplesmente não há vida onde não existam apostas de alto risco e apetite de inovação.

---

1 BIRCH, D. Where the schools aren't doing their homework. *Business Week*, n. 140, p. 84-86, Nov. 28, 1988.

2 BIRCH, 1988, p. 84-86.

Somente o empreendedorismo pode explicar como um indivíduo, com uma brilhante ideia e uma garagem, pôde se transformar num gigante e vencer como Steve Jobs da Apple, e os fundadores da HP, que iniciaram seu empreendimento em uma pequena garagem alugada.[3]

Hoje, enfrenta-se a crise do desempregado qualificado, isto é, pessoas com formação de nível superior que não conseguem emprego no seu campo de formação ou especialização.[4]

Essa afirmação nos remete a uma profunda meditação sobre o papel das escolas de negócio como elemento formador de futuros empreendedores.

Muitos indivíduos tornaram-se empreendedores porque não quiseram ou não tiveram oportunidade de emprego. Em outras palavras, por falta de opção resolveram assumir o risco de empreender. Foi essencial o despertar do espírito empreendedor que existia dentro deles, ao descobrirem que tinham ideias, iniciativa e coragem para fugirem do trabalho em liberdade vigiada, que é o emprego.

A figura do emprego é hoje cada vez mais rara. Esta realidade deve ser encarada como mais uma das preocupações da humanidade neste início de século.

O trabalho como artefato social foi criado durante a Revolução Industrial para acomodar trabalhadores em tipos de empregos altamente especializados. Ele está se tornando cada vez mais provisório e escasso com a revolução provocada pela automação e globalização dos mercados. Empresas ficam eficientes quando encolhem e passam parte de suas atividades a terceiros.

Os empregos que estão sendo extintos hoje não voltarão jamais. Esse é um fato que caracteriza, de forma marcante, a era da informação.

A era industrial baseou-se no trabalho em massa para a produção de bens e serviços. A era da informação, diferentemente, está fundamentada no uso de pouca mão de obra, porém em uma força de trabalho altamente qualificada e equipada com sofisticados computadores e outras tecnologias, formando o que se pode denominar de setor do conhecimento. Os trabalhadores não qualificados terão enormes dificuldades em sobreviver a essa era da informação.

---

3 PACKARD, D. The HP way: how Bill Hewlett and I built our company. *Success*, n. 75, p. 44-48, June, 1995.

4 KARPLAN, J. *Startup*: a Sillicon Valley adventure. New York: Houghtton Mifflin, 1994. p. 80-90.

O setor de conhecimento demanda fortemente por engenheiros, consultores e técnicos muito especializados.

O modelo tradicional de geração de novos postos de trabalho, criado nas organizações já existentes, está saturado. Propõe-se um caminho alternativo: a formação de empreendedores.

Retomemos a questão de se o empreendedorismo pode ser ensinado, aprendido. Esta discussão tem gerado muita polêmica no ambiente acadêmico. Alguns acreditam que o "empreendedorismo" é algo que nasce com o indivíduo – pois o desejo de ser independente e a ânsia de gostar de assumir riscos não poderiam nunca ser ensinados em sala de aula; outros argumentam que o empreendedorismo é uma habilidade que pode ser aprendida em um curso de contabilidade ou engenharia.

A polêmica tem crescido na comunidade acadêmica, nos últimos anos, com fortes argumentações, de ambos os lados. Recentemente, contudo, os crentes na educação empreendedora pararam de investir na argumentação, partindo para a ação.[5] O debate vai perdurar ainda por muito tempo, porém os cursos de preparação de empreendedores já estão sendo ministrados, desde os Estados Unidos até a China. É a resposta da comunidade acadêmica à pressão da sociedade para que sejam treinados indivíduos capazes de dar soluções mais rápidas aos problemas de falta de empregos e à criação de negócios de base tecnológica.

Há pouquíssimo tempo, porém, o meio educacional despertou para uma realidade já bastante conhecida dos jovens que estão deixando as universidades e entrando no mercado de trabalho. É a constatação de um fato bastante preocupante: a existência de um enorme abismo que separa os novos talentos ambiciosos do mercado de trabalho com cada vez menos oportunidades de exercerem as atividades nas quais concluíram seus cursos de nível superior.[6]

A realidade é cruel, e aos indivíduos resta uma única alternativa: montar o próprio negócio e criar o próprio emprego. Todavia, atualmente, poucas são as escolas de nível superior que habilitam os alunos a criar o próprio negócio.

---

5 FORBES, C. Wichita States: A leader in entrepreneurial education. *Entrepreneur,* 200(19), p. 91-97, Oct. 1989.

6 HAMMONDS, K. What business schools doesn´t teach you about startup. *Business Week,* n. 110, p. 63-64, July 24, 1989.

O empreendedorismo já está sendo ensinado. Nos treinamentos, os participantes têm a oportunidade de aprender técnicas que lhes permitem desenvolver um projeto empresarial e assim começar o empreendimento, sendo capazes de inventar o próprio posto de trabalho e dominar o próprio destino.

Nenhum curso, certamente, pode garantir, na fase atual da história do empreendedorismo, que os indivíduos educados em empreendedorismo serão melhores empreendedores do que aqueles que não tenham recebido nenhuma formação na área, somente porque estudaram.

Por outro lado, é difícil que alguém possa fazer comparações acerca das inúmeras disciplinas que um indivíduo tem de cursar num programa de formação de gestores com as que compõem um curso de preparação de empreendedores.

Entretanto, há fortes indicações de que uma educação empreendedora produzirá mais e melhores empreendedores do que os que foram gerados no passado.

Empreendedores mais bem preparados terão excelentes condições de saber quando, como e onde iniciar seus empreendimentos, quais as alternativas para traçarem suas carreiras como empreendedores, de que forma maximizar seus objetivos, não só para satisfação pessoal, como também para melhoria da sociedade.

10.4 Escola de empreendedores

Nos anos 1980, o empreendedorismo estabeleceu sua importância, ao ser introduzido como disciplina em diversas escolas de negócios americanas, europeias e asiáticas.

Diante do ritmo acelerado de crescimento, o estudo do empreendedorismo tem experimentado algumas mudanças significativas. De fato, o processo de transformação já começou. Percebe-se, hoje, perfeitamente, uma nova concepção e abordagem curricular sendo testadas nas salas de aula, o que pode ser considerado uma alteração fundamental em relação ao que era praticado. As mudanças marcam, assim, uma nova era na pedagogia da educação empreendedora: empreendedorismo é processo que pode ser aprendido e ensinado.

O mecanismo de mudanças no ambiente universitário é muito lento. Contudo, uma vez iniciado o movimento de implantação de programas de estudos do empreendedorismo, as mudanças se consolidam rapidamente.

A universidade parece estar se movimentando em direção à nova era da educação empreendedora. Especificamente, um número cada vez maior de eventos acadêmicos está sendo realizado para difundir um novo elenco de atividades ligadas ao estudo e ensino do empreendedorismo.

A nova postura das universidades revela uma autocrítica de que o tipo de visão de curto prazo e o enfoque avesso ao risco do "tradicional MBA" estão equivocados, não somente na sua proposta de formação de potenciais empreendedores, mas também na de gestores.

É também "um reconhecimento ou, no mínimo, a aceitação de que o empreendedorismo é um processo que pode ser aprendido e, portanto, ensinado".[7] O número crescente de trabalhos de investigação sobre a figura do empreendedor, levado a cabo pelas principais universidades do mundo, evidencia, cada vez mais, a importância do estudo do empreendedorismo.

A escola antiga de empreendedorismo não é de longa data. Os primeiros cursos foram ministrados por volta dos anos 1940, nos Estados Unidos. Porém menos de uma dúzia de escolas oferecem cursos de empreendedorismo nos anos 1970, como algo distinto dos cursos de criação de pequenas empresas. O crescimento significativo começou, todavia, no início dos anos 1970. Em 1975, cerca de cem escolas de negócios dos Estados Unidos tinham iniciado cursos de empreendedorismo, isto é, cursos focalizando primariamente a criação de novas empresas.[8]

Foram necessários vários estudos para se detectar que existem muitos tipos genéricos de empreendedores (o que significa prescrições normalmente baseadas nas experiências ou traços de personalidade de um tipo de empreendedor que não são necessariamente aplicáveis a outros empreendedores).

Inúmeras pesquisas evidenciam que os empreendedores, ao iniciarem os seus empreendimentos, tinham as mais diferentes faixas etárias, bem como os mais variados motivos.

O novo conhecimento acerca dos empreendedores sugere uma nova e melhor abordagem pedagógica. A nova escola de empreendedorismo está emergindo para ocupar essa necessidade, uma vez que essa forma é mais consistente com a realidade

---

7 DRUCKER, P. F. *Innovation and entrepreneurship*: practice and principles. New York: Harper & Row, 1985. p. 26.

8 DIXON, R. B-schools try to churn out entrepreneurs. *Business Week*, n. 100, p. 78-79, March 5, 1984.

empreendedora. Algumas diferenças fundamentais entre a escola antiga e a nova escola são a seguir apresentadas.[9]

10.5 A universidade empreendedora

Atualmente, a formação universitária passa por uma violenta crise: além de banalizada, há milhares de desempregados com formação nos quatro cantos do planeta.

A questão que permanece é saber se a universidade é capaz de construir respostas educativas adaptadas às diferentes expectativas, necessidades, características pessoais, projetos de vida dos nossos jovens. Isso é tão importante quanto o diploma de nível superior.[10]

O mundo mudou, e mudou muito, trazendo um ritmo vertiginoso do trabalho, das profissões, das empresas. Essas mudanças são tão rápidas que a contribuição de cada pessoa para a sociedade é colocada em dúvida: o que é ter um trabalho, um emprego, o lazer, e até qual é o momento de estudo ao longo da vida.

Nunca os sistemas educativos conseguem acompanhar as transformações sociais no ritmo em que elas acontecem. É necessário preparar as novas gerações para adaptação a um mercado de trabalho e a uma economia impregnada de incertezas, caracterizada pela inovação técnica, flexibilidade laboral e pela globalização econômica.[11]

Ao ensino superior cabe preparar os futuros empreendedores para ampliar a mobilidade profissional, para maior rotatividade entre as várias opções de negócios, diante da "incerteza" e da "imprevisibilidade" do mundo atual.[12]

Na universidade tradicional, as atividades de ensino, pesquisa e extensão estão voltadas prioritariamente para a produção de conhecimentos e formação de especialistas.

No modelo de universidade empreendedora, agregam-se ao tradicional os aspectos da inovação tecnológica (geração, adoção e transferência) e da formação de

---

9 RONSTADT, R. The educated entrepreneurs: a new era of entrepreneurial education is beginning. *American Journal of Small Business*, 11(4), p. 37-53, Spring 1987.

10 SEXTON, D. L.; BOWMAN, N. B. Entrepreneurship education: suggestion for increasing effectiveness. *Journal of Small Business Management*, 22(2), p. 18-25, April 1984.

11 SEXTON, D. L. *Entrepreneurship*: creativiy and growth. New York: Macmillan, 1991.

12 SEXTON, D. L.; VAN AUKEN, P. M. (Eds.). *Experiences in entrepreneurship and small business management*. Englewood Cliffs: Prentice Hall, 1982.

empreendedores, em resposta às demandas da sociedade, em permanente estado de transformação.[13]

As universidades vêm desenvolvendo o processo de transferência de tecnologia, em todas as suas unidades. Contudo, faz-se necessário que essa sistemática seja, cada vez mais, incentivada.

As principais experiências das universidades podem ser sintetizadas em: cursos de graduação, pós-graduação, extensão, e em pesquisa (informação tecnológica), hospitais universitários, empresas de consultoria formadas por docentes, consultorias júnior, estágio integrado, entre outras.

Futuramente, pode-se pensar na perspectiva de uma universidade empreendedora que disponha de parque tecnológico, centro de alta tecnologia, escola de empreendedores, incubadora de empresas, entre outras.

Figura 10.1 Três modelos de universidade

1. Burocrata

Governo ———— Universidade ———————— Indústria

2. Escravocrata

Governo ———————————— Universidade ———— Indústria

3. Independente/Empreendedora

Governo ———————— Universidade ———————— Indústria

A universidade, a sociedade e as empresas são parceiras por motivos de que:

- a universidade precisa de recursos para atingir seus objetivos e ser útil à sociedade;
- a empresa necessita de conhecimento para ser competitiva;
- a sociedade necessita de ambas para gerar bem-estar, mantendo as duas esferas.

13 LEITE, Emanuel Ferreira. *O fenômeno do empreendedorismo*: criando riquezas. 2. ed. Recife: Bagaço, 2000.

10.6 A dinamização da capacidade empreendedora

Sugere-se a utilização do termo "empreendedor", no lugar do termo "empresário", por se revelar mais abrangente e aplicar-se também no que concerne ao processo de criação de empresas.

O emprego desse termo pode, em certo sentido, gerar uma valorização social do termo. Com mais espírito de iniciativa e com o conhecimento de mensuração de risco, é possível criar riqueza por meio do desenvolvimento de uma ideia, transformando-a em um empreendimento.[14] Nesse contexto, o ideal que anima os empreendedores poderá ser chamado de "espírito empreendedor".

Para apoiar os empreendedores a criarem seus empreendimentos, existe uma série de agentes que se revestem de diversas naturezas (pública e privada).

Sente-se a necessidade do lançamento de campanhas de promoção e de valorização social do papel do empreendedor nas universidades.

A sociedade contemporânea evidencia duas características únicas em toda a história da Humanidade, com implicações profundas em sua organização, cuja extensão e profundidade ainda não são conhecidas na totalidade, e com uma inequívoca e importante valorização do capital humano.

A primeira é o ritmo de mudança que se verifica no contexto econômico e social. O encurtamento do ciclo de vida dos produtos, o volume de descobertas científicas e a volatilidade dos mercados adquiriram uma dimensão sem precedentes, que obriga os indivíduos e as organizações a se adaptarem e alterarem seus comportamentos, de forma a acompanhar as exigências da envolvente ambiental.

A segunda característica é a importância do intangível na economia mundial, na qual, entre outras manifestações, aponta-se o peso crescente dos ativos intangíveis nos investimentos das organizações.

Nesse contexto, a capacidade de inovação reflete o modo como a empresa, por meio dos indivíduos que a compõem, combina a base de conhecimentos existentes sob novas formas, envolvendo buscas, descobertas e processos cumulativos de aprendizagem. Assim, o comportamento das pessoas, seja individual ou organizacionalmente, é o aspecto fundamental da dinamização da capacidade empreendedora e de espírito empreendedor.

---

14 DRUCKER, Peter F. *The practice of management*. New York: Harper & Row, 1954.

Esse comportamento (empreendedorismo) deve ser observado, por um lado, no quadro empresarial, onde devem existir indivíduos capazes de criar e desenvolver ideias que se materializam em novos processos e produtos, ou seja, em inovações, mas também no espaço acadêmico, através da valorização do potencial científico, nomeadamente no nível de criação de novos negócios (*spin-off* de tecnologia).[15]

O papel do empreendedor surge a partir dessa nova realidade. É a existência de indivíduos com capacidade de aprenderem, combinarem em novas formas o conhecimento, e o materializarem em inovações, que pode garantir a sobrevivência e o desenvolvimento das organizações e dos países.

Sendo inequívoco o papel a ser desempenhado por indivíduos que evidenciam atitudes e capacidades empreendedoras, é importante compreender quais são as suas características e qual o processo pelo qual surgem e se desenvolvem.

10.7 O empreendedorismo e a universidade empreendedora

O empreendedor é qualquer indivíduo com características como:[16] capacidade de iniciativa; poder de persuasão; correr risco calculado; flexibilidade; criatividade; inovação; autonomia; alta necessidade de realização; capacidade para a resolução de problemas; imaginação; controle do próprio destino; liderança. A figura a seguir sintetiza essa visão.

Figura 10.2 Os aspectos do comportamento empreendedor

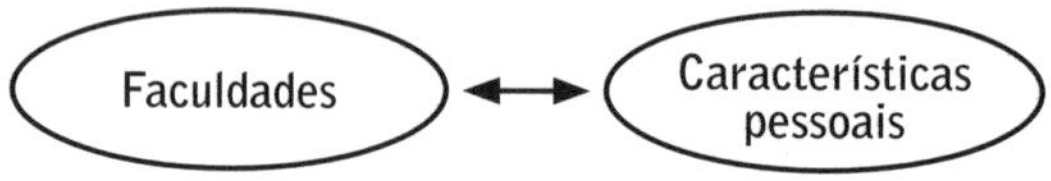

Faculdades	Características pessoais
Imaginação	Determinação
Criação e execução de Planos (Inovador)	Otimismo
Negociação	Independência
Liderança	Coragem para gerar desafios
Comportamento empreendedor	Vontade para correr riscos

15 MCCLELLAND, David C. *The achieving society*. New York: D. Van Nostrand Company, 1961. p. 205-258.

16 LEITE, 2000.

Vários estudos internacionais têm avaliado os aspectos característicos do indivíduo empreendedor. As conclusões sumariadas na Figura 10.2 apontam para o fato de que a capacidade empreendedora de determinado indivíduo é fruto de um conjunto de faculdades e características pessoais que interagem entre si, potencializando o comportamento singular.

A parte significativa das características dos indivíduos resultará, entre outros aspectos, do ambiente familiar, da educação, das experiências de vida, das formas de pensar, e do ambiente em que se está inserido. Desse modo, a questão que se coloca é saber quais as formas de intervir das universidades para estimular o comportamento empreendedor, formando ou desenvolvendo indivíduos com tais características.

De fato, um processo de dinamização da capacidade empreendedora dos docentes, discentes e funcionários das universidades evidencia detalhes importantes, difíceis de incorporar nos conceitos e métodos mais tradicionais de formação de recursos humanos. Por um lado, exige intervenção continuada, sendo a vontade e o esforço dos próprios indivíduos de importância fundamental. Por outro lado, as faculdades e características exigidas obtêm-se normalmente por via experimental e não através da educação convencional em sala, de forma que se abranja a globalidade do indivíduo que deverá sentir, de forma real, a aceitação do risco e/ou do desafio; a necessidade de determinação etc.

O desenvolvimento da capacidade empreendedora nos indivíduos, por meio de mecanismos educativos que levem em consideração as particularidades apontadas, baseia-se na percepção dos vetores que suportam esta capacidade. De fato, a atitude empreendedora está diretamente relacionada com a dinâmica de valorização do indivíduo como agente que interage com a sociedade, ao longo dos ciclos virtuosos do tipo apresentado na Figura 10.3 a seguir.

Figura 10.3 A dinâmica de valorização dos indivíduos

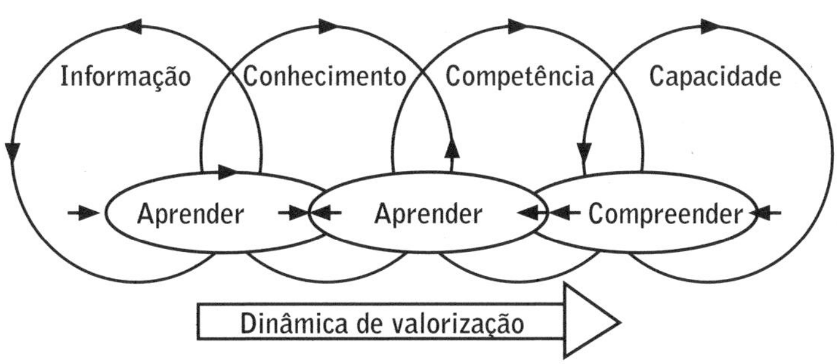

O ensino formal, apesar das importantes limitações ao desenvolvimento das características empreendedoras dos indivíduos, tem um papel importante e até basilar. É através dele que se faz a transformação da informação em conhecimento – o aprender. Esse processo de aprendizagem é aquele que normalmente encontramos associado à formação dos indivíduos, desde a escola primária à universidade, mas também através da leitura ou nas ações de formação dirigidas, ao longo da vida.

A segunda etapa está associada à aquisição de competências por integração dos conhecimentos adquiridos – o aprender. A apreensão envolve a aplicação dos conhecimentos em novas situações, e está normalmente associada a interações com a envolvente ambiental, onde se obtém *feedback*, que permite estabelecer um "saber-fazer".

O terceiro estado – o empreender – corresponde à transformação das competências em capacidades, isto é, o "fazer-com-saber". De fato, o indivíduo empreendedor manifesta-se por meio daquilo que faz acontecer, evidenciando combinações únicas de competências (que envolvem determinadas faculdades e características, nomeadamente as apontadas na Figura 10.3), que se materializam em capacidades singulares ou distintivas.

Esse processo não linear envolve fortes fluxos e refluxos, ao longo dos três ciclos. Por exemplo, é de se esperar que a manifestação das capacidades leve à identificação de competências em falta, que induzam novos processos de aprendizagem; ou que o ciclo de aquisição de competências evidencie sucessivos conhecimentos que são necessários incorporar para a sua sedimentação.

Assim, o empreendedor é o indivíduo capaz de atuar segundo esta dinâmica, assimilando a informação, integrando os conhecimentos e transformando as competências em capacidades (capacidade empreendedora). São eles que suportam as organizações e as sociedades, protagonizando os comportamentos inovadores que permitem o seu desenvolvimento e afirmação.

10.8 Conclusão

Muitos indivíduos, alguns deles empreendedores, ainda não encaram o empreendedorismo como uma carreira. Apesar disso, a criação e desenvolvimento de um ou mais empreendimentos é uma etapa, um objetivo a ser perseguido, uma visão, um modo de vida que contém a noção básica de uma carreira. Para alguns, a passagem é breve. Todavia, para muitos, a situação persiste por toda a vida adulta.

Figura 10.4 Antiga Escola *versus* a Nova Escola do empreendedorismo

A ANTIGA ESCOLA DIZIA	A NOVA ESCOLA DIZ
Não pense muito acerca do empreendimento. Execute-o.	Empreendedores bem-sucedidos são pensadores críticos, bem como orientados para a ação.
Encontre qualquer oportunidade. Não importa qual seja. Agarre-a. Coloque-a em prática.	Construa e confie na experiência pessoal em atividades industriais, nos conhecimentos técnicos anteriormente adquiridos. Isto contribui para a formação da "experiência empreendedora".
Espere você ter no mínimo 35 anos.	Qualquer idade pode ser a idade certa, porém as carreiras singulares mostram que se deve começar o mais cedo possível.
Fazer primeiro o plano de negócios.	Planos de negócios tomam muito tempo e não são apropriados para muitos empreendimentos. Fazer um criativo "*venture feasibility analysis*" e escapar cair na tentação de desprezar sua concepção inicial prematuramente.
Focalizar exclusivamente a "*venture start-up*", quase sempre o empreendimento inicial. Valorizar de forma exagerada todas as sugestões que lhes são feitas.	"Empreendedorismo"é uma carreira, composta, mais frequente que nunca, de múltiplas "*ventures*". Como tal, outras iniciativas "empreendedoras" existem junto às janelas de oportunidades que se abrem para o primeiro empreendimento. Empreendedores bem-sucedidos filtram com bastante cuidado as sugestões que recebem.
Pouco ou quase nada se discute sobre questões éticas. Na melhor das hipóteses dedicam umas horas de reflexão sobre o tema, e não certamente como um princípio do curso.	O respeito pela ética é um fator crítico para o sucesso a longo prazo para o empreendedor. As questões ligadas à ética são itens fundamentais do programa do curso.

"É preciso desenvolver uma metodologia para o ensino do empreendedorismo."[17]

Um programa de formação em empreendedorismo deve fornecer instrumental para que os participantes sejam capazes de:

17 Ver RONSTADT, 1987, p. 37-53.

- descrever o papel do empreendedorismo e sua contribuição para o desenvolvimento econômico do seu país;
- perceber a importância das micro, pequenas e médias empresas como geradoras de emprego e renda;
- ser capaz do aplicar modelos de tomada de decisão, no seu dia a dia, e ter conhecimentos dos diversos tipos de habilidades e decisões necessárias ao sucesso de "*entrepreneurship*";[18]
- reconhecer a necessidade de um processo contínuo de aprendizagem para a expansão de seu empreendimento;
- identificar, através de um conjunto de processos, seus pontos fortes e fracos como empreendedor;
- identificar novas oportunidades de negócios e ampliação dos mercados já existentes;
- desenvolver um plano de negócio que inclua vários componentes, tais como aspectos financeiros, produção, recursos humanos e marketing;
- identificar e utilizar serviços de apoio de entidades voltadas para o fomento do empreendedorismo;
- ser capaz de implementar estratégias gerenciais eficazes.

Urge uma profunda reflexão e inserção de cursos de empreendedorismo em escolas de todos os níveis, do mais elementar, passando pelos intermediários, chegando à universidade.

A proposta de criação de uma escola de empreendedores é o ponto alto das propostas de ação em favor de uma criação do próprio emprego.

Em uma visão de futuro, os empreendedores são os homens e mulheres de negócios do século. E vão ter cada vez mais que investir na sua formação; além de apostar na capacitação pessoal e de seus colaboradores tendo muito mais chances de sucesso.

As mulheres empreendedoras, que se destacam como aprendizes da vida e agentes de mudança, vêm demonstrando sua facilidade para montar e participar de equipes em rede nas empresas que constroem. Raciocinam mais em termos de participação do que em termos de hierarquia. São rápidas em responder ao mercado e

---

18 GROVE, Andrew S. *Só os paranoicos sobrevivem*: como tirar melhor proveito das crises que desafiam empresas e carreiras. Trad. de Carlos Cordeiro de Mello. São Paulo: Futura, 1997. p. 15-181.

estão abertas para aprender e desenvolver novas técnicas e habilidades. Estão sintonizadas com a organização virtual no mundo dos negócios. Se fizermos uma retrospectiva do século XX, o crescimento da participação das mulheres é marcante, tanto no mundo dos negócios como na própria sociedade.

É claro que esses traços não são exclusivos das mulheres, mas distingui-las nesse contexto serve para reforçar quem será o empreendedor do próximo século: global em sua visão; capaz de responder a mudanças na vanguarda da tecnologia; concentrado em construir, movimentar o negócio e se tornar maior e melhor, dando ênfase ao trabalho em equipe. Todos esses traços presentes nos empreendedores de hoje anteveem o futuro, que sem dúvida será pleno de surpresas.

Apesar de tudo, uma característica previsível desses empreendedores nunca vai mudar. E, nesses representativos perfis, isso fica evidente naquilo que fizeram, em como fizeram e, em especial, no que eles próprios dizem. A característica? Eles amam o que fazem.

Para concluir, podemos afirmar que a formação de empreendedores será uma das alternativas para vencer a crise da falta de emprego que vem castigando o mundo todo.

Capítulo 11

Características das novas empresas

11.1 Introdução

A mudança no cenário dos negócios do futuro será a crescente importância de empresas de dimensões micro, pequenas e médias altamente focalizadas, assim como a rápida redução da importância e da lucratividade das grandes empresas.

A fórmula da empresa da nova era é:

- **Aprendizagem permanente**: as organizações aprendem com os concorrentes, fornecedores, clientes etc. Usam o *benchmarking* (imitar iniciativas bem-sucedidas das empresas líderes) como ferramenta no processo de crescimento, e são inovadoras.[1]
- **Competitividade global**: é a capacidade de competir em qualquer mercado. A qualidade dos produtos e serviços, o atendimento e a produtividade tornam as empresas competitivas nos mercados internacionais, e estão em sintonia com o que ocorre no ambiente.
- **Qualidade total**: voltada para a satisfação de seus clientes, a empresa de sucesso gerencia seus negócios pela voz do cliente. Necessidades, requisitos e expectativas dos consumidores são os combustíveis de transformações.
- **Pioneirismo**: a empresa deve estar apta a modificar os padrões de desempenho e estabelecer uma mentalidade pioneira. A prioridade é chegar antes dos concorrentes para sobreviver às mudanças no mundo dos negócios.
- **Velocidade**: rapidez é um diferencial competitivo. Entregar o pedido antes da concorrência, solucionar imediatamente um problema detectado pelos clientes e reduzir o tempo de fabricação/fornecimento dos produtos/

1 SPENDOLINI, Michael. *Benchmarking*. São Paulo: Makron Books, 1993. p. 140-200.

serviços, ser ágil na utilização dos instrumentos do marketing são características essenciais.

- **Tecnologia**: elemento amplamente utilizado e que permite a personalização da produção, a automação dos processos e de atendimento aos clientes, além de diminuir o tempo de fabricação e de entrega dos pedidos.
- **Adaptabilidade**: orienta as mudanças com base nas necessidades de seus clientes e de outras organizações, com as quais mantém relações. Os colaboradores abandonam práticas obsoletas;
- **Tamanho reduzido**: as pequenas empresas adaptam-se às mudanças porque são mais ágeis e flexíveis. Organizações burocráticas não têm jogo de cintura necessário em tempo de mudanças aceleradas.
- **Excelência**: o padrão de desempenho da empresa é a excelência. Procura ser, no mínimo, igual ao da melhor concorrente. Não se contenta com o possível, mas com o desejável.
- **Ética**: tem responsabilidade em relação à preservação ambiental, compete, de forma leal, e honra compromissos financeiros com clientes, fornecedores, trabalhadores, mantendo em dia suas obrigações fiscais.

A gestão de um empreendimento dessa natureza exige o seguinte perfil do empreendedor:

- **Capacidade de assumir riscos**: é a disposição de enfrentar desafios, de abandonar a vida relativamente segura de assalariado para experimentar os limites de sua capacidade, em um negócio próprio. Saber enfrentar riscos é a característica número um do empreendedor. Depois de instalada a empresa, é preciso renovar os produtos e serviços. O avanço tecnológico, modismos, costumes e o comportamento mudam tudo isso e afetam o negócio. É preciso arriscar no futuro para não ficar defasado. As recompensas estão associadas aos maiores riscos, que, bem dosados, garantem sucesso ao empreendimento.
- **Sentido de oportunidade**: enxergar oportunidades onde outros só veem ameaças, eis a chave da questão. Identificar tendências, necessidades atuais e futuras dos clientes. Chegar à frente com produtos e serviços novos ou diferenciados. Para isso, é necessário estar permanentemente ligado ao que acontece a sua volta, na sociedade, nos meios de comunicação, no setor

onde a empresa opera. Há décadas, os ecologistas eram vistos como seres lunáticos. Hoje, a ecologia é marketing para qualquer negócio.

- **Liderança**: capacidade de induzir pessoas, de usar o poder de influência para solucionar problemas. Delegar responsabilidade, valorizar o empregado, formar uma cultura na empresa, para alcançar o objetivo principal: a satisfação dos clientes. Flexibilidade, velocidade e competência. Outros valores devem ser cultivados e introduzidos na organização. As armas de sua administração são a liderança e a participação. O dirigente deve ser um líder, alguém em quem todos confiam.
- **Jogo de cintura**: ser flexível. Ter capacidade de reconhecer o que é melhor e, se for preciso, mudar tudo em busca da excelência: de produtos e serviços, processos, métodos de trabalho e até políticas empresariais – o necessário para ajustar a organização às expectativas dos clientes. O empreendedor deve entender o conceito de parceria nos negócios. Ganhar à custa de outros é uma postura predatória; reduz a possibilidade de que outros bons negócios aconteçam e traz o isolamento. O mesmo pode acontecer em negociações desastradas com empregados. Conceder aqui para conquistar ali é ter jogo de cintura. No processo de negociação, todos devem ganhar.
- **Persistência**: definir e manter o direcionamento das energias rumo a uma visão de sucesso. O caminho de um empreendedor até a estabilidade pode ser longo e difícil. Muitas vezes, pode ocorrer a vontade de desistir, e para que isso não aconteça, a visão do futuro deve ser ambiciosa. Não se contentar com o possível, mas com o desejável. Entretanto, é necessário estabelecer caminhos seguros que o levem a tornar os sonhos realidades. Manter o rumo é saber para onde se vai e como chegar lá.
- **Visão global da organização**: ver a organização como processo de satisfação das necessidades do cliente, em permanente interação com o meio onde atua. Para atender bem aos clientes externos, é necessário que os clientes internos, empregados e colaboradores, estejam satisfeitos. A visão global requer perfeito entrosamento com fornecedores e uma política de boa vizinhança com a comunidade.
- **Atualização**: aprender tudo o que for relacionado com o negócio, clientes, fornecedores, parceiros, concorrentes e colaboradores. Uma descoberta abre caminho para tantas outras e a consequência é o aperfeiçoamento.

A observação do comportamento das pessoas, de suas preocupações, nos ensina muito. A convivência com outros empreendedores, o relato de suas experiências e opiniões, tudo isso importa.

- **Organização**: ter sentido de organização é compreender que só se obtêm resultados positivos com aplicação dos recursos disponíveis de forma lógica, racional e organizada. Definir as metas, garantir a execução conforme o planejado e corrigir os erros de forma rápida são processos essenciais para se obter o sucesso desejado. Os princípios da qualidade total, sistemas organizacionais modernos, reengenharia, são assuntos que devem ser conhecidos e, principalmente, praticados.
- **Inovação**: cultivar ideias novas, algumas em fase de estudo, outras em via de execução, é fundamental para o empreendedor de sucesso. O mais importante é transformar as ideias consideradas viáveis em fatos concretos e dinâmicos, que possam garantir a permanente evolução da organização. O espírito empreendedor surge como necessidade imperativa para que a organização sobreviva aos novos tempos.
- **Disposição de trabalho**: ter sucesso na atividade empresarial significa se envolver com a organização em todos os sentidos, da forma mais completa possível, desde a fase da criação. Não basta simplesmente ser o dono. É preciso dedicação total. Brincar de ser empreendedor pode custar muito caro. Ser empreendedor é aceitar que o negócio faz parte de sua vida, que é um projeto a ser realizado.

Abrir um negócio já passou, certamente, pela cabeça de boa parte das pessoas no mundo inteiro. As tendências econômicas apontam para a terceirização e expansão do setor de serviços. Motivos suficientes para a proliferação das micro, pequenas e médias empresas.

As dificuldades que as micro, pequenas e médias empresas enfrentam para sobreviver são:

- **Modelo econômico**: ao contrário das grandes empresas, as micro, pequenas e médias têm menor influência na formulação do modelo econômico do país. Dificilmente os dirigentes consultam os pequenos empreendedores quando traçam programas de governo. Geralmente, os técnicos migram das grandes empresas privadas e carregam os paradigmas adquiridos.

- **Oligopólios**: grandes setores da economia nacional são oligopolizados. Três ou quatro grandes empresas dividem o mercado entre si, dominam a melhor fatia e deixam às organizações de menor porte o que não lhes interessa – podendo, assim, representar oportunidades para as pequenas empresas atuarem em determinado nicho de mercado.
- **Individualismo**: o pequeno empreendedor é resistente à ideia de sociedade como forma jurídica de se constituir uma empresa, o que seria um meio de fortalecer a organização, em termos de capital, de gestão ou em capacidade técnica. Repartir o poder quase sempre se torna complicado. Quando existe sociedade, é comum ver um sócio dominar o outro e acumular capital para comprar a outra parte.
- **Dependência**: a baixa disponibilidade de recursos pode prejudicar as relações comerciais com as grandes empresas. Se não houver visão de parceria, as micro, pequenas e médias empresas perdem capital para as grandes, quer nas transações de compra (por conta de volumes reduzidos, prazos de pagamentos etc.), quer nas vendas, quando grandes quantidades são pedidas a baixo custo unitário.
- **Marginalização**: em decorrência da menor representatividade, as micro, pequenas e médias empresas têm muita dificuldade de se enquadrarem nos modelos de desenvolvimento criados, mais voltados para as grandes empresas. Vez por outra, os governos criam mecanismos de apoio às micro, pequenas e médias empresas, com o intuito de não permitir o desaparecimento dessas organizações.
- **Isolamento**: enquanto grandes empreendedores trabalham de mãos dadas, os pequenos veem os concorrentes apenas como ameaças, jamais como oportunidades. Essa visão ultrapassada dificulta as associações das pequenas empresas com as organizações similares, não sabendo tirar proveito do fenômeno da cooperação e de alianças estratégicas.[2]
- **Centralização**: desprovido de eficientes instrumentos de controle, o empreendedor assume postura de desconfiança e medo. Acha que pode estar sendo enganado pelos empregados. O clima criado impede a participação,

2 LEWIS, Jordan. *Alianças estratégicas*: estruturando e administrando parcerias para o aumento da lucratividade. Trad. de Pedro Viegas. São Paulo: Pioneira, 1992. p. 80-200.

a iniciativa e a divisão de responsabilidade entre os funcionários. O empreendedor torna-se refém dos subordinados e a tendência é a perda da qualidade.

- **Capitalização**: outra grande dificuldade é a escassez de capital nas micro, pequenas e médias empresas, pela falta de financiamento. O pequeno empreendedor tem garantido apenas seu capital, normalmente acumulado em anos de poupança, indenizações trabalhistas, heranças ou outras formas de ganho esporádico. Modernizar e desenvolver torna-se um grande desafio.

As micro, pequenas e médias empresas enfrentam uma série de problemas, que começam no seu nascimento e as acompanham durante toda a sua vida. Exigências incompatíveis com a estrutura dessas empresas são observadas em várias áreas, desde sua formalização até seu encerramento. Como consequência das dificuldades, a criação de novas empresas de pequeno porte tem sido desestimulada, a ação empreendedora fica fortemente prejudicada e o aumento da informalidade torna inevitáveis as principais dificuldades das micro e pequenas empresas:

- **Processo de formalização**: dificuldades na escolha da melhor forma de constituição jurídica da empresa.
- **Tributação**: sistema complexo que cria dúvidas sobre as reais obrigações com determinações fiscais.
- **Área trabalhista e previdenciária**: encargos incidentes sobre mão de obra são extremamente exagerados nas micro, pequenas e médias empresas.
- **Exigências fitossanitárias**: condições compatíveis apenas com a capacidade das micro e pequenas empresas do ramo agropecuário, com finalidade de preservação da vida vegetal.
- **Crédito**: incapacidade de atender a exigência de garantias dos agentes financeiros, por parte das micro e pequenas empresas, faz com que acabem sendo alijadas do acesso ao crédito, e, quando há disponibilidade, o custo é muito mais elevado do que para as empresas maiores.
- **Processo de encerramento complexo**: não tendo consciência da responsabilidade de fechar uma empresa sem tomar as devidas providências legais.

11.2 Desaparecimento dos micro e pequenos negócios: crônica de uma morte desmentida

Por mais de 150 anos, os discípulos de Marx apregoaram que o primeiro passo, no caminho da grande revolução proletária, seria a destruição dos pequenos negócios pelas grandes empresas. Nos dias atuais, pode-se tomar tal pensamento como não factível. A comunicação social, todos os dias, mostra exatamente o contrário. O renascimento do capitalismo na China, o Leste Europeu que troca Marx por Adam Smith, são exemplos que constatam o papel importante que os pequenos negócios vêm desempenhando no ressurgimento do capitalismo nessas áreas do globo terrestre. Até aquele que pode ser considerado um dos últimos seguidores de Marx, Fidel Castro, também mudou de opinião e permitiu a abertura de pequenos negócios em Cuba, apostando que essas empresas podem ajudar a estancar a sangria que a economia cubana vem sofrendo desde meados dos anos 1980.[3]

De alguma forma, o exemplo de Cuba traz o cerne de um dos debates mais polêmicos da atualidade: a micro, a pequena e a média empresa detêm a chave do crescimento econômico? Pode uma economia desenvolver seu pleno potencial sem utilizar capacidade de respostas rápidas e o poder de inovação de seus empreendedores?

O que se pode observar é o surgimento, em todas as partes do mundo, dos pequenos negócios; assim como no Leste Europeu, onde as pequenas empresas estão lutando para ocupar seu espaço nas emergentes economias capitalistas. Entretanto, os pequenos negócios enfrentam a ambiguidade dos sentimentos dos soviéticos em relação às mudanças econômicas. A própria China está se deparando com o paradoxo do dinâmico espírito empreendedor de seu povo, enquanto esmaga a democracia nas praças de Pequim.

Muitas micro, pequenas e médias empresas nascem todos os dias nos quatro cantos do planeta, porém a maioria delas morre dentro de cinco anos. A realidade é muito cruel para com as pequenas empresas; as sobreviventes proporcionam pouco mais que uma retirada decente aos seus proprietários e um salário razoável aos funcionários.

Porém, o ponto principal do debate, a discussão do papel da micro, pequena e média empresa na economia, não deve ser o fato de que elas são geradoras de empregos. O real valor das empresas empreendedoras está em forçar que as grandes empresas respondam também com iniciativas inovadoras, gerando novas tecnologias para novos mercados. É o processo que o economista austríaco Joseph Schumpeter tão bem batizou de destruição criativa. Pode não ser considerado por muitos ideal, porém é fundamental e necessário à prosperidade, ao crescimento, até mesmo

3 COY, Peter. Entreprise. *Business Week*, n. 210. p. 22-66 (edição especial sem data).

à sobrevivência do sistema capitalista. Criar empregos é o pilar de uma moderna economia, o outro é o papel da inovação e mudança tecnológica. As micro, pequenas e médias empresas têm se tornado as forças motrizes direcionadas para tornar real a transformação.

No entanto, as micro, pequenas e médias empresas, mais do que as grandes, são as principais vítimas dos ciclos econômicos. Todos os dias, um punhado de pequenas empresas surge e um outro bom número desaparece, diante de uma série de problemas que engloba desde a falta de crédito até a incapacidade de gestão da empresa. Porém, as grandes empresas estão ainda se refazendo dos difíceis dias vividos pelos processos de *downsizing*, lutando para serem ágeis como as pequenas. A estrutura básica da economia experimenta um constante processo de mudanças, bastante influenciado pela formação e crescimento dos novos negócios.

O dinamismo tem produzido um culto aos empreendedores. Milhares de publicações surgem, todos os dias, com títulos direcionados àqueles que querem montar o próprio negócio. As grandes empresas estão se esforçando para refazer sua própria imagem de empreendedoras.

Muitos jovens hoje, de todo o mundo, preferem lutar mais para obter condições de montar as próprias empresas a terem que ir trabalhar em uma grande empresa ou para outrem.

Os empreendedores de sucesso são responsáveis pelo casamento perfeito entre tecnologia, habilidades de marketing e gestão inovadora. Podem revolucionar toda uma indústria ou mesmo construir uma inteiramente nova, como Bill Gates.

Como acompanhar as rápidas mudanças que a economia vem apresentando? Em 1980, a Microsoft tinha ao todo 125 empregados. Hoje, tem mais de 10 mil e mantém o mesmo espírito empreendedor dos primeiros dias, quando Bill Gates e Paul Austin começaram a bolar o primeiro software, no dormitório estudantil.

11.3 Empresas de base tecnológica revolucionam a gestão

As bem-sucedidas empresas de base tecnológica de informação, sediadas na costa oeste dos Estados Unidos, são famosas por gerarem uma gama incrível de novos produtos que agradam em cheio seus mais exigentes consumidores.

O que não é bastante difundido é que essas empresas americanas de base tecnológica desempenham um papel pouco conhecido. São uma espécie de laboratório nacional para o desenvolvimento de ideias inovadoras sobre como gerir negócios.

Algumas das práticas de gestão e conceitos organizacionais gerados, como a importância de acabar com a hierarquia, já é moda nas empresas de qualquer ramo industrial.

Apesar de muitas empresas se restringirem a comentar essas teorias, as de base tecnológica as praticam até o limite. Como fonte de novas ideias ou como modelos a se pôr em prática, essas empresas oferecem uma série de lições para qualquer gestor empenhado em alcançar o sucesso na agitada economia atual, impulsionada pela informação. Seguem os 16 preceitos mais úteis e polêmicos da indústria:

1. Organize o trabalho em torno de tarefas e aceite a reorganização constante como um modo de vida.
2. Promova o correio eletrônico e outras formas de comunicação eletrônica: o homem absorve mais rapidamente a informação escrita do que a oral e assim o correio eletrônico acelera o trabalho. O conceito de gestão "andar por aí", criado pela HP nos anos 1980, transformou-se em "a gestão é ler por aí".
3. Atribua uma importância extraordinária ao processo de recrutamento.
4. Divida a empresa em equipes pequenas: oito pessoas é provavelmente o número ideal. É difícil resistir à tentação de aumentar a equipe. Quando uma equipe cresce, o pessoal gasta muito mais tempo em comunicar o que já sabe do que aplicando o conhecimento.
5. Cultive o cliente mais exigente.
6. Não tome decisões críticas antes de ser obrigado a agir: com o ritmo atual de mudança do hardware informático, o planejamento a longo prazo é difícil.
7. Glorifique as pessoas que criam um produto. Os indivíduos que são capazes de criar algo novo, diferente, inovando, devem ser considerados os deuses dentro da empresa e todos os outros que compõem a organização, incluindo os gestores, existem para servi-los.
8. Pratique a competição. A ideia é que, na prática, verifica-se, muitas vezes, que o iluminado interesse próprio da empresa a leva a cooperar, de forma entusiástica, com os detestados rivais enfrentados todos os dias, em diversos mercados. A competição surge no atual negócio de computadores estável em padrões a que centenas de empresas aderem.
9. Ajude colaboradores a se tornarem técnicos mundialmente reconhecidos nas suas áreas. O livre fluxo das ideias promove a inovação. As empresas que se veem como parte de uma rede alargada de colaboração tendem a obter

melhores resultados. Um sentimento que motiva verdadeiramente homens altamente educados e qualificados é o orgulho por suas realizações.

10. Adote uma cultura igualitária, mas não exagere. Igualitarismo só funciona até certo ponto.
11. Procure o lucro vendendo um serviço único ou produtos feitos sob medida, que sejam passíveis de melhoramento e incremento incessante. Os empreendedores das empresas de base tecnológica perceberam que os grandes lucros estão nas relações a longo prazo com o cliente. A AT&T construiu sua fortuna ao longo de décadas, cobrando pelos serviços de telefone, e não pelos próprios aparelhos.
12. Coma o seu almoço antes que alguém o faça. A ideia dos empreendedores de alta tecnologia é de canibalizar o próprio negócio, competindo com ele.
13. Espalhe profusamente a informação por todos os níveis hierárquicos. Isso faz com que os empregados se sintam respeitados, merecedores de confiança e apreciados, e lhes dá um contexto para compreenderem qual o seu lugar dentro da empresa. É um conceito fácil de aceitar, contudo, a implementação exige uma verdadeira dedicação.
14. Acelere! A urgência é um motivador. A cultura da velocidade confere uma vantagem às empresas de alta tecnologia que a adotam – acabando, assim, com a burocracia. As empresas descobriram que a adoção de um sentido de urgência funciona como um motivador inestimável.
15. Abandone a ideia de que os salários e o *status* devem depender da idade. Como acontece com os grandes matemáticos e físicos – lembre-se de Einstein e Newton –, os grandes criadores de software tendem a realizar trabalhos antes dos 30 anos. As empresas de base tecnológica aprenderam a ultrapassar a tradicional fobia aos jovens e a tirar proveito de sua juventude.
16. Institua uma política de períodos sabáticos frequentes. Períodos sabáticos de seis semanas por cada cinco ou seis anos de trabalho são comuns nas maiores empresas do Vale do Silício, como a Apple, a Silicon Graphics e a Intel.

Todos os empreendimentos vivem atualmente em fase de turbulência. A tecnologia, os governos e a globalização são os três epicentros de um furacão que arrasa os empreendedores.

Os empreendedores de empresas de base tecnológica questionam-se: como serão nossas organizações no futuro? Como poderemos gerir o processo de mudança? O que acontecerá com o papel da liderança e da gestão?

11.4 Paradigma empresarial do século XXI: produtos/serviços inovadores + marketing criativo

O novo modelo organizacional será cada vez mais:

- baseado na informação;
- descentralizado e, ao mesmo tempo, interligado pela tecnologia;
- rapidamente adaptável e ágil;
- criativo e aberto às parcerias, com uma estrutura baseada em equipes;
- formado por uma ampla variedade de trabalhadores qualificados;
- autocontrolado, o que só é possível em um ambiente em que existam princípios de funcionamento e de confiança claros, fortes e partilhados.

Para enfrentar os novos desafios que se colocam, o empreendedor tem que assumir a seguinte postura:

- ser guiado por forte ambição;
- manter, ao mesmo tempo, um profundo senso de humildade;
- procurar constantemente e de forma persistente a verdade;
- não fugir à ambiguidade, à incerteza e ao paradoxo;
- assumir total responsabilidade pelos seus atos;
- ser altamente disciplinado no seu dia a dia;
- manter total autenticidade.[4]

11.5 As empresas de base tecnológica e as tecnologias de informação

À medida que os empreendimentos se alteram, as tecnologias de informação tornam-se o alicerce fundamental da nova organização. São enormes os desafios e implicações que os empreendedores terão de enfrentar para conduzir suas organizações.

---

4 CHAMPY, J.; NHORIA, N. *Fast forward*: the best ideas on managing business change. Cambridge: Harvard Business Press, 1996. p. 50-75.

Esse tipo de organização terá de preencher os seguintes requisitos:

- ter objetivos simples, claros, que possam ser traduzidos em ações concretas;
- concentração em um só objetivo ou no mínimo possível de objetivos;
- cada um, na organização, precisa assumir a sua responsabilidade na informação;
- possuir um sistema de prêmios, reconhecimento e oportunidades de carreira para os especialistas;
- ter uma visão unificada em uma organização de especialistas;
- possuir uma estrutura de gestão adequada para uma organização em *task forces*;
- assegurar o recrutamento, formação e avaliação da gestão de topo.[5]

A lógica do capitalismo era simples, primeiro um indivíduo portador de recursos financeiros tinha uma ideia para um negócio. Ele transformava seus fundos monetários – e se estes não fossem suficientes para financiar o empreendimento, levantava o restante necessário junto a um banco – em ativos fixos, em uma fábrica, máquinas, escritórios etc. Recrutava uma pessoa para administrar os ativos; esse gestor, por seu lado, recrutava empregados para operar as máquinas. O proprietário dos capitais – monetários e fixos – paga os salários. O dono do negócio fica com todos os lucros. Ele também é responsável pela amortização do empréstimo bancário, manutenção dos equipamentos e sua reposição.

Em meados do século XIX, Karl Marx percebeu que o trabalhador industrial, diferentemente do artesão e do pequeno agricultor, não era mais proprietário dos instrumentos de trabalho ou do produto. Marx estava equivocado acerca de muitas coisas, porém não tocante a esta, à qual denominou "alienação do trabalho". Henry Ford possuía tudo o que era necessário para a fabricação de automóveis e detinha sua posse até vendê-los. Então, o cliente tornava-se o proprietário.

Na era das empresas de base tecnológica, o paradigma mudou. O capitalismo intelectual é diferente. Em empresas de conhecimento intensivo, não está muito nítido quem é o detentor da propriedade da empresa, dos instrumentos, dos ativos ou dos produtos. O moderno descendente do antigo proprietário dos recursos financeiros – o empreendedor/criador de empresas de base tecnológica, via incubadora – tem hoje a oportunidade de financiar sua ideia, através de capital de risco.

---

5 DRUCKER, Peter F. The coming of the new organization. *Harvard Business Review*, 70(2), p. 60-65, Jan./Feb. 1988.

Atualmente, muitas atividades empresariais ainda demandam, e sempre demandarão, máquinas caras; porém, na era do capital intelectual, a parte mais valiosa das ações são tarefas humanas: criatividade, construção de relacionamentos, sensibilidade, julgamento. Longe de ser alienado dos instrumentos de comercialização e dos frutos do trabalho, o trabalhador do conhecimento carrega seus ativos no cérebro. Se um programador desenvolve um software revolucionário, a empresa onde trabalha será detentora da patente, dos direitos de comercialização do produto. Todavia, o conhecimento necessário para criá-lo continua com o autor. Se você comprar o produto não será o único a deter o conjunto de instruções contido no programa. O autor tem a fórmula para fazer o programa, a empresa detém seus direitos de comercialização, e, ao comprá-lo, como muitas outras pessoas, passa a ter a licença para usá-lo.

Em uma empresa de base tecnológica, empreendedores, empregados, empresa e clientes partilham de diversas formas a propriedade dos ativos tangíveis e intangíveis e o resultado do trabalho, produto dos conhecimentos de todos os envolvidos no processo, muitos deles anônimos.

Essa transformação muda radicalmente a natureza e a forma pela qual as empresas são geridas. Urge ao empreendedor tecnológico perceber a mudança.

Neste livro, já alertamos para as várias evidências do valor do capital humano. Por que, então, as empresas, através dos gestores, o gerenciam da mesma maneira como fazem com os demais ativos? Uma razão é que apresentam grande dificuldade em distinguir entre o custo de remunerar uma pessoa e o valor investido nela. Ao mesmo tempo, a estrutura do sistema de remuneração e a legislação trabalhista não estão preparadas para tratar, da forma como deviam, os possuidores de ativos intelectuais.

Capital humano é o lugar onde tudo começa: a primavera da inovação, a *home page* do *insight*.[6] Dinheiro compra, todavia não pensa; máquinas executam frequentemente de forma mais eficiente e eficaz do que qualquer ser humano possa fazer, entretanto, não se obteve até hoje uma máquina que inventasse outra. Pensamento e invenção, contudo, são os ativos dos quais as empresas dependem cada vez mais – sendo assim, o ponto de apoio das empresas de base tecnológica é o capital humano dos colaboradores.

---

6 STEWART, Thomas. *Intellectual capital*. New York: Doubleday/Currency, 1997. p. 68-70.

É importante destacar que a rotina de tarefas que demandam trabalhadores semiqualificados, ou que possam ser executadas manualmente, não produzirá ou empregará capital humano na empresa. Normalmente, essas atividades envolvem trabalhos que podem ser automatizados. Atualmente, esses tipos de trabalhos são a maioria, porém na fase de transição são os que estão mais ameaçados de desaparecer.

Observa-se também que se a atividade não puder ser automatizada, o trabalhador, embora contribua e tenha uma participação pequena na sua execução, pode facilmente ser substituído. Se ele deixar a empresa, é um empregado cujo principal ativo é a habilidade manual, ele não está empregado devido ao seu conhecimento.

Não estamos afirmando que os trabalhadores manuais não têm habilidades nem talentos. Eles os têm, porém, para a nova realidade – com as empresas de base tecnológica – o perfil exigido será o do trabalhador do conhecimento.

A tarefa das empresas de base tecnológica não é somente adquirir o capital humano, é saber como "capitalizá-lo", usá-lo de forma lucrativa para a empresa. O capital humano cresce de duas maneiras: quando a organização está constantemente usando-o em atividades que envolvam grandes desafios e quando os detentores do conhecimento nunca estão satisfeitos com o nível de contribuição que dão à empresa.

A atração do capital humano para uma organização, assim como a retenção pela empresa de capital humano altamente qualificado, exige uma alteração profunda na forma como ele é tratado. Os tempos do taylorismo já passaram. É preciso propiciar condições para o capital humano ser empregado em sua plenitude.

Na era da informação, nenhuma empresa, principalmente as de base tecnológica criadas via incubadora, pode se dar ao luxo de usar, de forma ineficiente ou ineficaz, o capital humano. As ideias que realmente contam são aquelas passíveis de concretização, sem poder contar com uma segunda chance. As empresas que não apostarem no capital humano terão muitas dificuldades para enfrentar um mercado cada vez mais competitivo.

A empresa nunca poderá comprar "capital humano". As pessoas podem ser contratadas, porém nunca serão propriedade da empresa. A cessão do direito de uso do capital humano para uma organização tem de ser um ato voluntário.

É paradoxal o que acontece nas organizações da era da informação e, também, nas de base tecnológica: ao mesmo tempo que os empregados se sentem temerosos pela segurança no posto de trabalho, o mesmo ocorre com a organização, que, se não souber como "cativar" o empregado, corre o risco de perdê-lo, bem como todos os conhecimentos que ele detiver.

A nova tecnologia é inútil, a menos que o empreendedor saiba para onde ela o está levando. Os empreendedores precisam ter melhores meios para medir o conhecimento e a capacidade para criá-lo e convertê-lo em lucro.

A (re)invenção das técnicas de gestão para competir e sair vencedor é uma meta, qualquer empreendedor precisa atingi-la para sobreviver no jogo dos negócios. Mas estabelecer metas é relativamente fácil, muito mais complicado é alcançá-las.

As empresas de base tecnológica terão de abandonar antigos hábitos, (re)criando toda forma de estar no mercado, para subsistir. Mudar ou morrer, eis a dura lei dos negócios na virada do século.

A criatividade e o arrojo dos empreendedores de empresas de base tecnológica são as marcas maiores dos criadores de empreendimentos, tendo o valor agregado de produtos ou serviços como algo preponderante.

Um empreendedor não adia as decisões, e sim reflete bastante antes de agir. Considera sua formação, responsabilidade e compromisso com os clientes, empregados e investidores. Procura manter a serenidade, analisando cada passo.

Entretanto, no momento em que toma uma decisão, segue adiante. Não fica duvidando do que escolheu, nem muda de percurso, se as circunstâncias diferirem do que foi imaginado.

A vida é sempre inconstante; o empreendedor sabe. Se sua decisão for certa, ele vencerá o combate pelo sucesso no ramo de negócios que escolheu – mesmo que demore mais tempo do que o previsto. Se sua decisão foi errada, ele será derrotado e aprenderá a não repetir os mesmos equívocos.

O exemplo da Microsoft, quando, em outubro de 1983, promoveu uma verdadeira revolução no mercado de software ao inserir 400 mil disquetes como amostra grátis na revista *World Magazine*, é uma ação de marketing bastante corajosa.[7] O software estava tornando-se uma *commodity*. O marketing de software agora assemelha-se ao marketing de livros ou de cereais, onde as empresas têm que disputar, lutar por um espaço nas prateleiras dos distribuidores.[8]

Apesar das fusões empresariais cada vez maiores e mais barulhentas, a maior modificação no mundo dos negócios é a diminuição no tamanho das empresas.

---

7 ALBRECHT, Steve. Marketing, *Fortune*, n. 140, p. 50-51, Jan. 23, 1986.

8 RIGDON, J. Microsoft to sell version of software on the Internet. *The Wall Street Journal*, n. 200, p. 32, June 24, 1994.

A tendência de um século foi invertida. Até meados dos anos 1970, o tamanho das empresas, em todos os lugares, estava aumentando; e a quantidade dos trabalhadores por conta própria, caindo. A Ford e a General Motors substituíram as oficinas de fabricação de carroceria; a McDonald's, a Safeway e a WH Smith suplantaram a pequena loja da esquina. Agora, as coisas já não são mais assim; as grandes empresas é que estão encolhendo e as pequenas aumentando em quantidade.

As estatísticas comprovam que aproximadamente um quinto da mão de obra não agrícola norte-americana, no final da Segunda Guerra Mundial, os autônomos – ou seja, os que trabalham por conta própria para suas próprias empresas ou sociedades – diminuíram até atingir praticamente o *status* de uma espécie em perigo de extinção. Em 1975, apenas 6,9% da mão de obra não agrícola dos Estados Unidos era formada por autônomos. Em 1986, no entanto, essa quantidade tinha aumentado para 7,4% do contingente de mão de obra. E outros parâmetros de medição de tamanho das empresas mostram que, pelo menos nos Estados Unidos, os pequenos negócios realmente ficaram mais comuns, para não mencionar seu elevado índice de popularidade entre as várias camadas sociais norte-americanas.

A razão desse crescimento é que a tecnologia acabou com muitas das vantagens de se ser uma empresa de grande porte. Os computadores e os equipamentos, controlados por tecnologias informatizadas, demosntram que empresas com algumas centenas de funcionários podem atualmente fazer coisas que, em outros tempos, somente podiam ser produzidas por milhares de pessoas. Além da agilidade proporcionada pelo tamanho, as empresas também lutam para estar sempre à frente no que concerne à inovação. Apesar disso, a grande empresa não é apenas mais lenta em perceber as mudanças, como tem dificuldade em manter o seu quadro.

O risco nas micro, pequenas e médias empresas é maior, mas os pequenos empresários de alta tecnologia ficam mais próximos de oportunidades extraordinárias de lucros e devem estar aptos a formar novas redes e alianças estratégicas.[9]

Urge que o empreendedor de *high-tech* tenha um pé no laboratório e outro no mercado. Um dos maiores desafios enfrentados pelos empreendedores de base tecnológica é não entenderem verdadeiramente a estratégia de marketing. Não é possível introduzir produtos seguidamente, sem nenhum planejamento de marketing. É preciso ter um plano de negócios que defina claramente os passos a serem trilhados.

---

9 CHEESBROUGG, H. W. When is virtual? Organization for innovation. *Harvard Business Review*, 96(6), p. 65-73, Jan./Feb. 1996.

Um empreendedor clássico luta, desde cedo, em busca do sucesso no ramo dos negócios – focalizando clientes, gostando de correr riscos –, com alta necessidade de realização.

Uma das razões do sucesso é que ele trabalha muito próximo do cliente que avalia constantemente as inovações que leva ao mercado – se uma inovação não é simples, ela não funcionará a contento e, portanto, deverá ser melhor trabalhada. Outro fator de destaque, na excelente performance das micro, pequenas e médias empresas, é sua estrutura organizacional normalmente bastante reduzida, compacta, flexível e totalmente voltada para o cliente.[10]

Alguns anos atrás, ter uma pequena empresa era cair no obscurantismo. Hoje, existe um clima bastante favorável para que os empreendedores possam iniciar um pequeno negócio, especialmente se ligados à alta tecnologia, ocupando nichos de mercados que a economia proporciona aos empreendedores.[11]

A onda do empreendedorismo está realmente varrendo o mundo. Nos Estados Unidos, os estudantes de MBA estão preferindo montar o próprio negócio a serem empregados em grandes empresas, fato que tem obrigado as universidades norte-americanas a alterarem as propostas de cursos, visando atender o novo perfil de profissional que a realidade econômica está exigindo.[12]

Diante de tal quadro, os norte-americanos estão se deparando com um termo até então desconhecido por eles, *the microbusiness alternative*, e que hoje é, sem dúvida, algo que vem dando sustentação à economia norte-americana.

A economia de qualquer país ganha um novo impulso com o surgimento das microempresas. Não existe, nos Estados Unidos, uma definição clara do que é uma microempresa, normalmente com menos de quatro empregados. Os microempresários têm experimentado crescimento explosivo, ajudados pelas mudanças ocorridas na economia, por meio da utilização da tecnologia.[13]

As micro, pequenas e médias empresas têm mais flexibilidade, podendo se concentrar em determinados mercados. Há setores, como a indústria automobilística

---

10 MADIA, F. *Introdução à sexta geração do marketing*. São Paulo: Makron Books, 1994. p. 150-200.

11 LINNEMAN, R. O mercado de massas está morto. *Exame*, n. 152, p. 48-59, 21 jul. 1993.

12 BIRCH, D. *Job creation in America*. New York: Macmillan, 1987. p. 100-150.

13 GILDER, G. *O espírito de empresa*. Trad. de José Ricardo Brandão Azevedo. São Paulo: Pioneira, 1989. p. 100-150; PETERS, T. Putting excellence into management. *Business Week*, n. 90 p. 50-60, July 21, 1981; PETERS, T. Who's excellent now? *Business Week*, 175 (3), p. 46-55, Nov. 5, 1984.

ou de aviação, nos quais o tamanho é fundamental. Mas, onde isso não é necessário, as micro, pequenas e médias empresas têm um papel importante, delas depende basicamente a expansão da oferta de emprego. Todos os governos destacam a importância das pequenas e médias empresas, mas, na prática, adotam medidas que acabam por destruí-las, preferindo trabalhar com as grandes, que sempre têm maior poder de pressão e disponibilidade de recursos. Nos últimos 50 anos, as grandes empresas perderam 20% dos empregados.

As indústrias de alta tecnologia são sempre ineficientes, e elas podem se dar ao luxo de sê-lo, pois, em pouco tempo, o avanço tecnológico as carrega.

As companhias com melhor desempenho nos últimos 20 anos, em todos os países desenvolvidos, não têm sido nem as micro nem as muito grandes – são as de porte médio, por combinarem vantagens das pequenas com os recursos próprios das maiores.

Para todo tipo de animal, há um tamanho mais conveniente e uma grande mudança na dimensão, que inevitavelmente é gerada por uma alteração na forma. Assim, como existe um melhor tamanho para todo animal, o mesmo é verdadeiro para toda instituição humana.

O *big versus small* está se tornando um grande debate. E parece que as micro, pequenas e médias empresas estão vencendo. Essas empresas têm se destacado como o motor da economia mundial, criando empregos e gerando inovação tecnológica. A grande empresa tem fracassado como precursora em muitas das mais importantes inovações tecnológicas das últimas décadas.

As empresas grandes lutam de forma desesperada para se tornarem menos volumosas, mais rápidas e flexíveis, através de uma nova forma de organizar as operações, descentralizando produção e atividades que não envolvem o recurso às competências centrais das empresas, através da subcontratação. É uma ação voltada para tentar retomar a liderança do mundo empresarial.

Virtualmente toda inovação na área dos computadores, desde o *mainframe*, o microprocessador, o computador pessoal, o netbook, a estação de trabalho, o supercomputador e muitos dos softwares foram criados ou comercializados por pequenas empresas altamente empreendedoras, gerando milhões de empregos.

Uma penalidade por conta do tamanho é que a empresa tenta fazer tudo e termina não fazendo nada benfeito. As mais recentes inovações tecnológicas, nos Estados Unidos, foram geradas nas micro, pequenas e médias empresas.

Para ganhar agilidade e limitar a complexidade da gestão empresarial, muitos já defendem o abandono da ideia da autossuficiência como virtude. A eliminação dos vários níveis de decisão nas empresas, resultante da diminuição de seu tamanho, também favorece a desburocratização do processo gerencial. As rápidas mudanças geradas pelo avanço tecnológico têm levado as pequenas empresas a serem o canal ideal para atender os desejos e necessidades dos clientes.

11.6 Conclusão

Ideias valem mais do que capital; e é possível – e até melhor – começar um negócio sem capital. Essas opiniões costumam provocar polêmicas quando proferidas. Porém, o objetivo é criar nas pessoas o desejo de iniciarem um negócio próprio, pois é assim que se gera riqueza e progresso. Todo mundo pode ser um empreendedor, mas existem fatores muito importantes para que isso ocorra. O primeiro é uma grande necessidade de realizar. Isso é fundamental, é o que faz um estudante estudar mais do que os outros, ou um nadador nadar oito horas por dia. Quem não tiver isso, pode até ser um empreendedor, mas um empreendedor medíocre, em negócios medíocres. O verdadeiro empreendedor assume um negócio medíocre e dá a ele outro caráter.[14]

Figura 11.1 Como as companhias são administradas

GRANDE	MICRO/PEQUENA/MÉDIA
Grandes fábricas e espalhadas por vários locais	Micro/pequena/média fábricas
Integração vertical	Subcontratação
Economia de escala	Flexibilidade
Organização hierarquizada	Organização enxuta
Homens organizacionais	Empreendedores
Partidários do *market share*	Criação de novos mercados
Marketing de massas	Marketing de nichos
Quantidade	Quantidade

14 BYNE, John A. Is your company too big? *Business Week*, p. 46-47, March 27, 1989.

A relação entre a necessidade de realização e a de se ganhar dinheiro é importante para o empreendedor, tendo em vista que a parte financeira é a medida mais clara da realização, mas o dinheiro em si não é o fim. Vale mais o *status*, o simples fato de conseguir vencer.

Não basta ter necessidade de realização, é preciso também predisposição para negócios. Só faz bons negócios quem conhece o assunto, quem estuda e vive os negócios. Ninguém pode pensar em ficar em casa e esperar um bom negócio bater à sua porta. A vida não é assim. É como o trabalho do atleta, com muito suor do empreendedor. Visitar centenas de clientes, falar com centenas de pessoas, ver como elas fizeram, andar pela rua, estudar. Se você vê uma loja que deu certo, vá falar com o dono, faça perguntas. Há uma frase de Bernard Shaw que diz: "o homem racional adapta-se ao mundo, o irracional tenta adaptar o mundo a si. Portanto, todo progresso depende do homem irracional". Ou seja, o conformista, o que se enquadra em tudo, esse não vai fazer o progresso – essa é a base dos negócios.

Não existe vocação para ser empreendedor, o que existe é a disposição de assumir os riscos, o capital social e a imagem social. Capital social são aquelas crenças e valores embutidos na pessoa durante sua formação. Quem tem um pai empreendedor, como é meu caso, capaz de transformar o intangível em tangível, terá muito mais facilidade para se tornar também um empreendedor, pois aprende a conviver com o risco, cria afinidade com isso. E imagem social é não ter vergonha de fazer o que se quer ou precisa.

Ter dinheiro não é o que garante o sucesso. Aliás, estatísticas provam que muito mais gente fracassa tendo dinheiro do que não o tendo. É uma questão de domínio de mercado e de conhecimento de negócios. O segredo é o aprendizado, conhecer a fundo o negócio que se pretende abrir.

A experiência nos ensina que a dúvida mais comum entre nossos alunos que pensam em se tornar empreendedores é a frustração por não ter recursos. E a colocação deve ser justamente esta: recursos não são a garantia de sucesso. Só que isso é difícil de se transmitir ao empreendedor, o qual não se imagina carregando uma sacola para começar um negócio. Na realidade, o argumento de falta de recursos é uma eterna desculpa para não fazer nada.

Ninguém aprende a empreender na escola. Mas acreditamos que a universidade possa fornecer o instrumento necessário ao desenvolvimento de quem já nasceu com o chamado "tino" empresarial.

O empreendedor é uma pessoa disposta a aplicar sua criatividade em uma coisa nova, seja para identificar novos clientes, distribuir ou produzir de uma maneira diferente. Mas o conceito de empreendedor não está ligado apenas ao mundo dos negócios. Os Estados Unidos, por exemplo, foram fundados por empreendedores sociais. Eram pessoas descontentes com seus antigos patrões – a Inglaterra – e decididas a controlar os próprios destinos. Aceitaram os riscos, atravessaram o Oceano Atlântico, reuniram recursos e deram início a um país. Não é muito diferente do que começar um negócio.

As micro e pequenas empresas contabilizam muitas das mais importantes inovações e invenções que temos conhecimento neste século. Apesar disso, pode-se afirmar que são muitas as empresas e os indivíduos que se questionam em relação ao futuro das micro e pequenas empresas, perante o crescimento acelerado da competição global, das alterações rápidas e constantes, em termos de tecnologia, e das novas tendências e valores sociopolíticos. Que estratégias os empreendedores terão que abraçar para que suas empresas mantenham a continuidade e alcance objetivos?

Por fim, ressalta-se que a competição mundial em torno de novas ideias, a educação da força de trabalho, a feminização da cultura organizacional, as novas tecnologias (particularmente no que diz respeito à comunicação e à informação), a institucionalização da mudança constante e, por fim, a nova compreensão das organizações nos levam a afirmar que as micro e pequenas empresas terão de ir ao encontro do desafio dessa crescente competição global. Sob a forma de novas ideias necessárias para manter a organização inovadora, procurando reduzir as consequências sociais das mudanças organizacionais constantes e as inevitáveis transformações tecnológicas, percebendo o impacto cada vez maior das mulheres na cultura organizacional e o seu papel na organização do futuro, reconhecendo as consequências das inovações radicais nas comunicações em outras tecnologias da informação e vivendo o presente pensando no futuro.

Capítulo 12

A inovação e a empresa de base tecnológica

12.1 Introdução

Por mais de uma década, analistas de negócios têm previsto o surgimento de um novo tipo de economia – baseada no conhecimento. Para muitos observadores, ela já está dando claras evidências de que chegou para ficar.

Os empreendedores de hoje demonstram que a nova economia é baseada na inovação, e que o sucesso vem para aqueles cujas soluções rompem paradigmas. Ao responderem às oportunidades, sabem como modificar a direção estratégica quando necessário e continuam a buscar o que é novo e melhor. Não há como fazê-los parar. Observemos duas enormes mudanças no modo como a economia está organizada. Como exemplo das placas tectônicas que se chocam, o velho sistema de produção em massa, que propiciava bons empregos à classe média, ficou sob enorme pressão das novas tecnologias da informação, do comércio e de investimentos globais, criando uma fenda na economia.[1]

Os empreendedores de sucesso estão do novo lado do fosso e se saem bem. Os indivíduos que permanecem entalados na velha economia perdem terreno. Pois não sabem quais aptidões e habilidades são necessárias para arrancar com um negócio sintonizado com a nova era, ou não podem pagar para assimilar as novas ideias, ou se sentem muito velhos para aprender a se adaptarem à nova realidade, ou não podem facilmente se soltar e avançar.

A consequência mais visível é que as pessoas que não estão sintonizadas com a nova economia. Ao perderem seus empregos normalmente enfrentam grandes

1 REICH, R. A hand across the great divide. *Financial Times*, n. 190, p. 11, March 6, 1996.

dificuldades para encontrar um novo, e, quando conseguem, nunca é com mesma remuneração e benefícios que tinham anteriormente.

A lógica dos novos tempos está baseada na revolução da informação e em novas tecnologias de comunicações que fazem do conhecimento o novo recurso, fonte da nova competitividade.

Porém, o conhecimento só flui através da tecnologia; ele reside nas pessoas – nos trabalhadores altamente qualificados e nas organizações onde trabalham. Com a nova economia, a tarefa dos empreendedores/inventores é criar um ambiente que permita ao novo trabalhador aprender através de suas próprias experiências e por um intenso relacionamento com clientes, fornecedores e parceiros de negócios.[2]

Informação instantânea, ligações entre empresas e acesso direto aos dados sem intermediários são as promessas de uma nova era de oportunidades que está surgindo para os empreendedores de empresa de base tecnológica. A convergência das indústrias de computação, entretenimento e comunicações criou uma nova estrutura global para a economia.

A era da economia digital não é apenas uma época de máquinas inteligentes, mas de empreendedores que, através da capacidade de inovar, correm riscos ao abandonar um emprego seguro, e conseguem combinar sua inteligência, saber e criatividade e partir para uma nova experiência: criar sua própria empresa.

A história dos construtores da nova economia nos mostra que as pessoas que atingiram o sucesso foram as que cometeram muito mais erros do que as que se acomodaram em seus empregos.

É a epopeia dos que lutaram para se tornar os melhores, encarando os erros, como normalmente o fazem os cientistas diante dos resultados de uma experiência fracassada. Não veem nos grandes insucessos perdas pessoais e de força de vontade, mas, antes, são antecessores da descoberta, etapas a serem vividas para o alcance do sucesso.

A nova economia propicia todas as condições ao empreendedorismo – é capaz de reunir ideias aos produtos e transformá-las em produtos. Juntar ideias é o motor da criação de riquezas na economia digital.

---

2 BURNHAM, D. *The rise of the computer state.* London: Randon House, 1983. p. 150-160; STEWART, Thomas A. *Intellectual capital.* New York: Doubleday/Currency, 1997. p. 1-221.

Um novo setor emergente, que provavelmente atrairá muitos empreendedores, é o da convergência da computação (computadores, software e serviços) com as comunicações (telefone, cabo, satélite e sem fios) e com o conteúdo (entretenimento).

Na nova economia, a concorrência não vem necessariamente dos concorrentes diretos (e óbvios), vem de todo lado, pode surgir de qualquer parte, inesperadamente. Quando a informação se torna digital e entra em rede, os muros caem e nenhum negócio está a salvo.

O empreendedor de empresa de base tecnológica é um artesão do processo de esculpir empreendimentos, em que o conhecimento é o principal *input*. É um produto da economia digital, pois os meios de produção são a massa cinzenta de quem produz; ressaltando que cada vez mais é o saber que gera valor. Contudo, os criadores de empresas precisam, urgentemente, ser apoiados. O gênio já saltou para fora da garrafa.

As características que marcam a nova economia são:

- A nova economia é uma economia do conhecimento. As tecnologias de informação tornam-no possível e acessível, democraticamente, com os meios apropriados. E, apesar de o crescimento da inteligência artificial e de outras tecnologias do saber, o conhecimento continua a ser coisa exclusiva dos humanos.
- É igualmente uma economia digital, porque toda a informação é apresentada em bits. Este fato abre uma série de oportunidades.
- À medida que a informação passa de analógica para digital, as coisas físicas podem se tornar virtuais – mudando o metabolismo da economia, tipo de instruções e relações possíveis, e a natureza da própria atividade econômica.
- É também cada vez mais uma economia molecular. Da massa passa-se à molécula, e isto em todos os aspectos da vida social e econômica.
- Trata-se, ainda, de uma economia em rede, integrando moléculas em *clusters* que fazem rede com outros, criando riqueza.
- A desintermediação torna-se norma. As funções do meio, entre produtores e consumidores, são eliminadas pelas redes digitais. De fato, o fosso entre consumidores e produtores está sendo apagado. Estamos na era do "produssumo" (produção + consumo).
- O setor econômico dominante nasce da convergência de três indústrias, que, por sua vez, desenvolvem a infraestrutura para a criação de riqueza por todos os outros setores.

- A nova economia é claramente uma economia baseada na inovação. A palavra de ordem é tornar obsoletos os próprios produtos – e se não fizer você mesmo, alguém o fará.
- Enfim, em uma economia assente em bits, a chave é o imediatismo, o "já", o acesso instantâneo a dados e informação. Os ciclos de vida dos produtos e serviços estão a abrir crateras. O que levava, antes, seis anos da concepção à produção, hoje leva míseros dois anos.
- A nova economia é, também, global. O escritório deixa de ser um local e passa a fazer parte de um sistema global. A tecnologia elimina a localização física do posto de trabalho. A nossa casa pode muito bem ser onde está o coração, mas o escritório está onde a cabeça puder estar conectada.
- A própria cadeia de valor torna-se uma rede de valor digitalizada, em que as empresas se relacionam por via da tecnologia, com clientes, fornecedores, grupos de afinidade e até com concorrentes.[3]

12.2 O impacto da economia digital no tecido empresarial

Hoje, todas as empresas pertencem à indústria das tecnologias de informação. A tecnologia de informação muda tudo na vida das pessoas e empresas, desde a produção à distribuição e ao retalho. Em breve, deixarão de existir empresas não tecnológicas. O fenômeno da globalização exige empresas globais, o que não é possível sem a tecnologia da informação. Hoje, até os produtos mais tradicionais, como os tratores ou os caminhões, já contêm microprocessadores.

O novo ambiente empresarial exige uma nova postura dos empreendedores – conhecimento de tecnologia de informação, que servirá de suporte a uma nova revolução organizacional, a qual, por sua vez, redesenhará o sistema de produção, a economia dos serviços, as estruturas setoriais e as empresas. A tecnologia de informação, automação e comunicação permanecerá como fonte principal de mudanças e aumento de produtividade.

Em uma economia em que as ideias e o conhecimento têm substituído produtos e serviços, o trabalho do empreendedor de empresa de base tecnológica começa por ele mesmo. Joseph Schumpeter observou que a destruição criativa era a maior

3 TAPSCOTT, Don. *Networked intelligence*. New York: McGraw-Hill, 1996. p. 15-30.

característica do capitalismo. Hoje, o empreendedor de empresas de base tecnológica é um produto desta afirmação.

Se o empreendedor deseja os benefícios proporcionados pela expansão de seus empreendimentos e pela inovação tecnológica, precisa, também, estar consciente de que a ideia e a oportunidade, que proporcionaram a criação de seu atual negócio, podem estar com os dias contados, pois a concorrência pode estar preparando um ataque.

Em toda indústria de base tecnológica, em todos os níveis, os empreendedores são obrigados, pela forte concorrência que enfrentam, a ter de colocar em prática toda a capacidade de iniciativa, sendo individualista na concepção de negócio, trabalhando cada vez mais de forma independente, de maneira mais criativa, e sendo forçado a pensar e raciocinar rápida e inteligentemente. Ao mesmo tempo, são desafiados a fazer mais com menos e acrescentar cada vez mais valor àquilo que produzem.

Os empreendedores na nova economia devem estar preparados para viver seus instintos e ouvir seus valores. Devem se tornar indivíduos que pensam e meditam, porém, agem de maneira enérgica e ágil.

O desafio do empreendedor da nova economia é traçar novos mapas, trilhar muitas vezes caminhos nunca antes percorridos, elaborar consistentes planos de negócios, criar novas formas de avaliação, reinventar a si mesmo e seus negócios no contexto da economia do conhecimento que pontifica –, colocando os princípios individuais em primeiro lugar, devido a sua primazia sobre os demais.

O empreendedor da nova economia depara-se, a todo instante, com questões como: Qual é nosso negócio? Em que negócio estamos? Qual é nosso modelo de negócio? Somos realmente competentes na fabricação de nossos produtos, ou existe alguma outra forma de melhor acrescentar valor ao que fornecemos aos clientes? Quais habilidades necessitamos desenvolver para, realmente, sermos uma empresa da era do conhecimento? Como administramos os trabalhadores do conhecimento?

Na nova economia, o primeiro princípio é o da supremacia do empreendedor do conhecimento. Nessa perspectiva, pode-se afirmar que o trabalho é intensamente pessoal, porque o próprio executante primeiro labora, com ideias e conhecimentos, mais do que com produtos e serviços, trazendo a fusão, a união da intuição e experiência.

O segundo princípio é consequência do primeiro: o empreendedor não administra o trabalhador do conhecimento, ele administra o contexto.

12.2.1 Como navegar nas ondas das mudanças da nova economia

Na nova economia, nada é mais poderoso do que uma grande ideia. E nada é mais implacável do que sua implementação errada.

A nova economia demanda novos modelos organizacionais. O desafio para os empreendedores, certamente, é muito maior, como criar organizações que sejam dotadas de suficiente capacidade e habilidades, ser inteligente o bastante, e acima de tudo, saber responder a todas as ameaças advindas do ambiente. É a busca incansável da procura do modelo ideal de organização, principalmente para as empresas de base tecnológica.

Essas questões certamente serão objeto de pesquisa de todos os interessados no estudo do processo de criação de empresas e principalmente dos empreendedores durante um largo período de tempo. Pois é central para a nova economia.

O campo da biologia oferece uma sedutora forma de percepção, de visão, para os empreendedores tentarem navegar por um mundo marcado por mudanças aceleradas e implacável competição.[4]

Não é difícil tirar lições para a gestão de empresas ao estudarmos biologia. Os sistemas biológicos são adaptáveis, flexíveis e capazes de gerar perpétua inovação. Essa não é uma má lista de atributos para uma empresa de base tecnológica. Para atingir tais atributos, contudo, o sistema biológico faz sacrifícios – na eficiência, na capacidade de controle e previsibilidade e na competência em fornecer resposta imediata a um desafio. Essa não é uma má lista de predicados para as empresas da segunda onda.

O desafio para os empreendedores de empresas de base tecnológica está em apreciar a força da natureza e o design organizacional que envolvem sua lógica. A genialidade da natureza está na sua capacidade de "criar alguma coisa do nada", para construir sistemas de grande complexidade sem nenhum prévio planejamento.

Os princípios básicos do processo são:

- Os sistemas naturais distribuem inteligência para o exterior e rejeitam autoridade central.
- Os sistemas naturais alcançam complexidade pela criação de múltiplos níveis, via várias camadas de simplicidade.

4 KELLY, Kelvin. *Out of control*: the rise of neo-biological civilization. New York: Addison-Wesley, 1994. p. 170-200.

- Os sistemas naturais sobrevivem porque encorajam a diversidade, a excentricidade, a instabilidade.
- Os sistemas naturais não somente mudam, mas estão sempre alterando também a forma de se metamorfosear. Organizam-se em torno de regras de autotransformações.

Uma empresa que poderia simbolizar a nova economia – assim como o casamento do poder da elasticidade da biologia com uma forte concepção de negócios fundamentados no conhecimento – é a Microsoft.

Microsoft é a porta-bandeira organizacional na nova economia, a mais poderosa força na mais importante indústria do mundo. Ela simboliza a história de desafio da gestão de novas formas de trabalho e organização exigidas pela nova economia. O software, por exemplo, nada mais é do que puro conhecimento, a expressão de ideias abstratas, funcionais e com excelente design.

Existem pelo menos sete mudanças em paradigmas que exercem influência na manipulação dos meios dinâmicos com que as empresas de base tecnológica se confrontam.[5]

O pensamento orgânico coloca um novo produto em um contexto cultural mais amplo de forças e condições econômicas, políticas e sociais, que determinam o modo como será utilizado e valorizado.

Os inovadores são, portanto, responsáveis por uma avaliação, o mais abrangente possível, do contexto mais amplo em que seus novos produtos e serviços são introduzidos no mercado.

Inerente ao modelo da "era da máquina" é a visão da organização como uma fortaleza com limites bem definidos entre o que está no seu interior e o que constitui seu meio ambiente. A conceituação de sistema fechado de organização está, felizmente, sendo abandonada. A noção de limites foi, desde o início, uma fantasia burocrática da era da máquina; o limite entre a organização e o meio ambiente é, na melhor das hipóteses, uma peneira.

A organização é um sistema aberto em profunda e constante interação com seu meio. O que as empresas precisam perceber é que um conjunto diferente de

5 MCCANN, J. E. *Doce sucesso*: como a NutraSweet criou um negócio de um bilhão de dólares. Trad. de Elizabeth Braga. Rio de Janeiro: LTC, 1991. p. 109-125; ACKOFF, R. *Redesigning the future*. New York: John Willey & Sons, 1974. p. 25-60.

capacidade será necessário para que possam competir efetivamente em uma economia pluralista.

Os custos da mentalidade de "caminhar sozinho", encarando a empresa como uma fortaleza, são simplesmente altos demais para a maioria das micro, pequenas e médias empresas.

O ritmo da mudança tecnológica e industrial torna o levantamento de qualquer tipo estrutural comparável à criação da Linha Maginot, à época da Segunda Guerra Mundial. A empresa rápida, flexível e adaptável é aquela que vence nos mercados de hoje. Maneabilidade e habilidade para ter impacto máximo em determinado ponto no mercado podem contar mais que a escala.

Em um estudo da indústria de semicondutores, percebeu-se que produtos novos são gerados muito mais por empresas empreendedoras menores do que pelas empresas de alta tecnologia de maior porte.

A administração do processo de inovação em um mercado dinâmico altamente competitivo exige a aceitação da chamada estabilidade em ação – mudança incremental contínua.[6]

O processo é cada vez mais um substituto da estrutura. Para os empreendedores, significa aprender como se tornar excelentes mediadores do processo, inclusive negociadores, comunicadores e administradores de conflito, com uma grande tolerância com relação à incerteza e à mudança. Também significa que as pessoas, com sua capacidade, habilidade e empenho, são mais importantes para a empresa do que regras e políticas – apontando, assim, uma perspectiva maravilhosa!

Os dias das introduções programadas e coordenadas de inovações terminaram. Com o maior volume de conhecimento científico e com a expansão da base tecnológica, o ritmo da inovação também se acelerou. Com a concorrência mais intensa entre as empresas, através de tecnologias, o fluxo de inovações no mercado está se tornando contínuo.

O século passado pode ser caracterizado por introduções episódicas e espaçadas de inovações tecnológicas. Tecnologias mais modernas, como a bioengenharia e os computadores, também estão sendo introduzidas e aperfeiçoadas em ritmos muito rápidos.[7]

---

6 WATTERMAN, R. H. *The renewal factor*. New York: Bantam, 1987. p. 40-60.

7 ZACHARY, G. *Showsoper*. New York: Free Press, 1994. p. 20-70.

Para as empresas de base tecnológica, pulsar tecnologias significa ter um fluxo contínuo de ideias novas, trabalhando internamente, apesar de que uma busca ativa de novas ideias ocorre, também, fora da empresa.

Os mercados e a concorrência são definidos ao longo de dimensões globais e não nacionais. Atualmente, a inovação tecnológica e a concorrência desconhecem fronteiras nacionais. Inovações tecnológicas e criação de empresas de base tecnológica podem surgir, hoje, em qualquer parte, dadas as condições suficientemente estimulantes.

Os empreendedores de empresas de base tecnológica devem promover suas estratégias de negócios voltadas para o longo prazo.

12.2.2 A tecnologia da informação como motor da nova economia

Uma reflexão do impacto da tecnologia da informação na estrutura(ção) organizacional das grandes e pequenas empresas é que, nos dias de hoje, uma empresa não precisa ser grande para alcançar o sucesso. De fato, é quase o contrário.

A tecnologia da informação e das telecomunicações tem transformado não somente a maneira como as empresas fazem seus negócios, mas também que tipo de negócios elas empreendem. As tecnologias têm criado uma nova economia de informação que derrubou completamente as tradicionais barreiras de espaço e tempo.

Talvez mais importante que a destruição das tradicionais barreiras de espaço e tempo, por parte da tecnologia da informação, é a maneira como estão redefinidas as tradicionais suposições e fundamentos sobre os negócios e a economia.

A informação é a nova matéria-prima. E a forma como o material é aplicado nos produtos, empresas, ramos de negócios e atividades está mudando. A tecnologia transforma a lógica da competição – entretanto, por ser objeto de cópia, imitação, pode não ser uma vantagem competitiva duradoura. É o que tem acontecido com diversas empresas, em todo o mundo. A habilidade de qualquer empresa para dominar novas tecnologias cessa no momento em que outra for capaz de reproduzir o mesmo conhecimento. Em lugar de a tecnologia direcionar a lógica da nova economia para a execução, o próximo passo será dado pelas pessoas – os trabalhadores qualificados, portadores do conhecimento, habilidades, talentos, e que, em última análise, são responsáveis pelo sucesso do empreendimento.

A principal característica do capital intelectual é a mobilidade: pode deslocar-se para onde quiser, ficar onde desejar, e não pode ser dirigido, somente atraído. A locação da nova economia não é na tecnologia, como o *microchip* ou a rede de telecomunicações globais, e sim está na mente humana. Esse fato trará profundas modificações na maneira como empreendedores/inventores administrarão seus empreendimentos.

Os avanços tecnológicos estão reduzindo, drasticamente, o número de postos de trabalho que empregam mão de obra intensiva, muitos dos empregos em indústrias emergentes, como computação, biotecnologia e microeletrônica, requerem indivíduos com habilidades altamente técnicas. Essas tendências exigem dos empreendedores de empresas de base tecnológica que sejam dotados de excelente formação intelectual, e que tenham sólidos conhecimentos de gestão empresarial.[8]

Para enfrentar a questão do desemprego, a Europa e o Brasil precisarão de um grande número de empreendedores, versáteis e bem preparados. A fim de que se consiga formar o contingente necessário para atender à demanda, deve-se proporcionar, a todos os jovens interessados em criar a própria empresa de base tecnológica, a oportunidade de participar de programas de formação na área de criação de negócios.

Esses jovens são pesquisadores, inventores e inovadores que podem contribuir, com habilidade e talento, para a geração de empregos, renda e riqueza para toda a sociedade. Suas atividades engrandecerão nossas vidas.

Contudo, a despeito de cultivar a cultura da excelência, a Europa e o Brasil ainda não despertaram para a instituição de programas que encorajem seus mais talentosos jovens, com vocação para o campo tecnológico, a se tornarem empreendedores, com exceção dos patrocinados pelo Serviço Brasileiro de Apoio às Micro, Pequenas e Médias Empresas e pela Associação Nacional dos Jovens Empresários, em Portugal.

Um produto superior, hoje em dia, é geralmente o resultado de progresso científico e técnico. O científico envolve a teoria; o técnico diz respeito ao que efetivamente pode ser feito. Produtos ou serviços necessitam de mercados, logo, só faz sentido criar algo que vise a satisfação de desejos e necessidades dos consumidores. Todavia, uma percepção de pequeno ou mesmo um nicho de mercado é de fundamental importância para as micro, pequenas e médias empresas de base tecnológica, que nunca devem esquecer que seu empreendimento existe para atender desejos e necessidades dos clientes.

As atividades de alta tecnologia exigem que seus atores sempre estejam em posição de liderança. Um produto é percebido como superior por meio do valor que lhe é atribuído pelos usuários, e não pelo custo para criá-lo. Produto ou serviço não têm preço e sim valor.

---

8 GILDER, George. *Microcosm:* the quantum revolution in economics and technology. New York: Simon & Schuster, 1990. p. 80-100.

A alta tecnologia economicamente viável é única por definição. Se ela não é unicamente valiosa, fatalmente desaparecerá.[9]

Em um passado não muito recente, alta tecnologia ou *high-tech* significou uma melhor máquina a vapor, um processo mais rápido de obtenção do aço ou um novo composto químico. Hoje, simboliza um novo remédio ou uma revolucionária tecnologia, envolvendo computadores e telecomunicações.

Começando por um *high-tech* mágico, denominando-o de tecnologia dos pequenos. Esse *high-tech* penetra na sociedade, com os poderosos PCs, redes de computadores, base de dados e informações computadorizadas, permitindo que pequenas empresas possam agir como grandes e vice-versa.

Empregada com sabedoria, a tecnologia pode tornar as empresas mais rápidas, ágeis e flexíveis. Se a tecnologia permite que as pequenas empresas possam agir como as grandes, sua ação é significativa, assim como permite que grandes empresas atuem como se fossem pequenas: rápidas, flexíveis e conhecendo os clientes tão intimamente como o pequeno empreendedor da esquina.

A tecnologia está transformando e revolucionando a vida das pequenas e grandes empresas. Ela pode ampliar os poderes de uma pequena empresa ou ajudar as grandes, "implodindo" seus sistemas altamente burocratizados. Ao empregar redes de computadores, as empresas ou suas divisões podem concentrar-se naquilo que sabem fazer melhor, procurando parceiros que estejam aptos a fornecer o que não estiver diretamente ligado ao negócio principal.[10] Algumas aplicações da tecnologia permitem que as pequenas empresas possam agir como as grandes e também propiciam condições para que as grandes comportem-se da mesma forma que as pequenas.

O binômio tecnologia-competitividade está permeando o setor produtivo nas economias pós-industrializadas em países intermediários e em países subdesenvolvidos. A nova onda tecnológica transforma o cenário empresarial. Uma vaga que ameaça a sobrevivência de empresas, promove novos mercados, torna obsoletas competências acumuladas, facilita a globalização e permite a geração de novas empresas – principalmente via incubadoras. Para analisar o fenômeno, é preciso destacar a figura do empreendedor e a da tecnologia

9 DAVIS, Stan. *Visão 2020*. Trad. de Teresa Lemos. Rio de Janeiro: Campus, 1993. p. 25-27.

10 LEIRIA, J. S. *Terceirização*. Porto Alegre: Sagra de Luzazatto, 1993. p. 40-45.

A revolução científico-tecnológica, ocorrida nos últimos 25 anos, impulsionou o processo de globalização, em uma escala e intensidade sem precedentes. Esse processo objetivo, não passível de reversão, vem permitindo o deslocamento rápido, barato e massivo de mercadorias, capitais, serviços e trabalhadores. Abriu-se a possibilidade de criação de empresas e pode-se pensar, num futuro bem próximo, no surgimento de um único mercado planetário de bens, serviços e trabalho.

Diante da constatação, é importante destacar três eixos de análise: as motivações dos empreendedores para perceberem, acompanharem, adaptarem e criarem negócios, aproveitando as vagas de mudanças tecnológicas.

Para a execução das tarefas, faz-se necessário estudar, em profundidade, o perfil do empreendedor e da equipe, as características do empreendimento e o ambiente. Vejamos a representação gráfica da proposta na Figura 12.1.

Figura 12.1 Tecnologia e marketing: bases da estratégia empreendedora

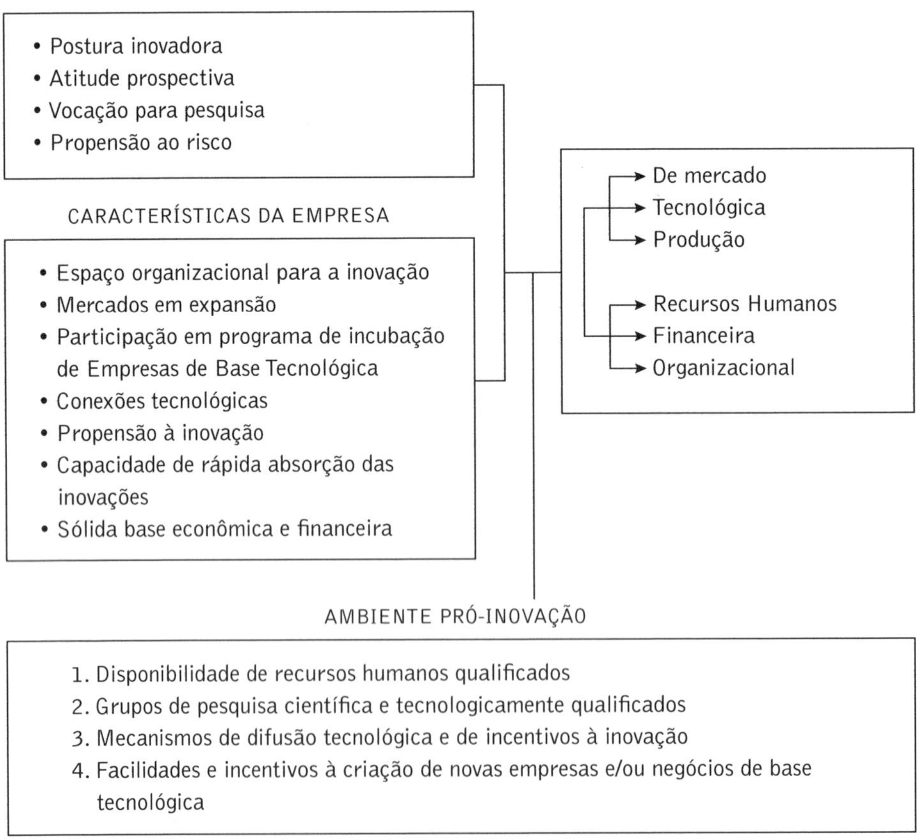

No momento, o efeito mais visível, mais acentuado, no nível de emprego, é sobre os *white-collar*. Porém, de forma semelhante nas fábricas, tradicionais noções de economia de escala estão mudando. Grandes empresas adotam tecnologia que permite emular fábricas mais flexíveis. E pequenos empreendedores, com uma percepção mais acurada do ambiente empresarial, estão investindo, de forma maciça, em tecnologia, no afã de se posicionarem no mercado como fornecedores de produtos de qualidade, ou no mínimo para suprir empresas grandes, via subcontratação.

As pequenas empresas, normalmente, não conseguem usar a plena capacidade dos equipamentos de alta tecnologia de que dispõem. A principal razão é que os gestores estão mergulhados no dia a dia das empresas, preocupados em tocar os negócios, sem dedicar atenção necessária para estudar, aprender a empregar a capacidade máxima dos equipamentos disponíveis.

Apesar de muitos pequenos empreendedores não perceberem a importância da tecnologia no desenvolvimento dos negócios, uma nova geração com 20, 30 e 40 anos está muito consciente da importância dos computadores pessoais, fax, telefones celulares e correio eletrônico nas empresas. São as armas de guerrilha dos pequenos empreendedores, são os chamados *teleworks* – termo inglês que define aqueles que usam computadores e linhas telefônicas como instrumentos de trabalho.[11]

Pode-se afirmar que se busca, com o emprego da tecnologia, uma maneira mais simples de criação de novas formas de organização nas empresas, mas não se deve encará-la como instrumento determinante de mudança. Porém, os discípulos da era da informação não estão particularmente interessados em tais distinções. Provaram que a inteligente aplicação de novos instrumentos de gestão, aliados à tecnologia avançada, pode significar sucesso para grandes e pequenas empresas.

O empreendedor da empresa de base tecnológica tem plena consciência de como a tecnologia da informação está transformando empresas, mercados e concorrência. Urge que esteja atento aos seguintes tópicos:

- A revolução digital e seu impacto nos negócios.
- A interface do empreendedor de empresa de base tecnológica com a tecnologia na era digital.

---

11 WHEELWRIGHT, G. Teleworks: gains more flexibility. *Financial Times*, 159(5), June, 1995.

- Como os *Intelligent Networks* estão transformando o trabalho dos empreendedores.
- Como qualquer empresa de base tecnológica, mesmo na fase de incubação, pode se tornar global instantaneamente.
- Como a tecnologia de informação está transformando o marketing, as vendas e o relacionamento com clientes.
- Como a publicidade on-line conduzirá o cliente pelo processo de compra.

12.2.3 Empreendedor "literato" em computadores

O mundo empresarial está assistindo, entusiasmado, à chegada ao mercado da primeira geração de empreendedores recém-saídos de cursos de segundo grau no Brasil, bem como os formados nos diversos cursos de nível superior dos dois países, os "literatos" em computadores.

Esses indivíduos podem ser considerados aqueles que durante todo o processo de formação tiveram acesso a computadores. Eles têm uma grande familiaridade com as técnicas computacionais, comunicam-se via internet mais facilmente do que a geração anterior o fazia por meio do telefone.

Esse fato é de fundamental importância, pois o ritmo de criação de negócios, usando novas tecnologias, tende a crescer, haja vista que a base intelectual, o capital humano tão necessário para esse tipo de empreendimento, já está presente no mercado. Urge que sejam propiciadas as condições necessárias para que o empreendedor "literato" em computador possa arrancar com o próprio empreendimento. Um vasto leque de oportunidades é aberto para os indivíduos que estão, de alguma forma, ligados aos negócios que têm como base funcional os *microchips*.

Do computador pessoal até o cabo de fibra ótica, do satélite de comunicação até o CD-ROM, a nova geração de empreendedores de empresa de base tecnológica está no comando das mais poderosas ferramentas de informação da história – como a microeletrônica que está destruindo monopólios e hierarquias da sociedade industrial.

12.3 O papel do marketing no processo de inovação

O gestor de uma empresa dessa nova ordem investe bastante recurso e tempo em frente ao PC, navegando na internet, garimpando, monitorando as estratégias e táticas do marketing cibernético dos concorrentes, lendo boletins informativos dos produtos de outras empresas do mesmo ramo, caçando novas ideias, e checando o surgimento de empresas que possam ser parceiras ou mesmo que signifiquem uma ameaça. Assim, pouco a pouco, o empreendedor on-line está se tornando um usuário regular da internet, oferecendo e consumindo serviços.

Outra grande arma para os criadores de empresas inovadoras é o *database* para controlar vendas e coordenar o *mailing* dos clientes. As bases de dados podem ser um excelente aliado na tarefa de identificar clientes e na preparação de estratégias de marketing personalizadas para cativá-los. É a informação na ponta dos dedos.

Em todo o mundo, presencia-se uma verdadeira revolução. Os pequenos negócios estão usando a tecnologia da informação, que antigamente somente estava disponível para as grandes empresas. O novo instrumento tem-se revelado uma arma mortífera na batalha pela fidelização dos clientes.

Tudo está ocorrendo graças ao PC e às redes de computadores que permitem o acompanhamento, em tempo real, de todas as atividades da empresa. Isto significa que uma caixa registradora, além de executar suas tarefas rotineiras, passa a coletar os principais dados dos clientes e suas preferências.

Esses dados são coletados e processados empregando softwares, que emitem milhões de correspondências personalizadas com ofertas dos produtos/serviços os quais mais agradem aos clientes em foco, através de redes on-line que acionam mecanismos para que o marketing da empresa seja feito em tempo real.

Muito tempo depois de as grandes empresas terem reinado, e ditado as regras de elaboração das estratégias de marketing, que não podiam ser acompanhadas pelas pequenas – elas pontificavam no mercado –, hoje, em função das facilidades proporcionadas pela tecnologia, as pequenas empresas podem personalizar produtos e serviços. Vive-se a era do posicionamento cliente a cliente.

A montagem da base de dados, que num passado recente requeria o emprego de equipamentos informáticos de milhares de dólares, agora é facilmente administrada através do emprego de computadores pessoais. A prática do marketing de relacionamento tornou-se uma tarefa acessível a qualquer empreendedor dotado de iniciativa.

É o marketing cliente a cliente *versus* o marketing de massa. É um grande passo para o estabelecimento de um relacionamento individual com cada cliente.

Pode-se afirmar que as tecnologias e serviços estão permitindo que pequenas empresas pesquisem novos mercados, testem suas ideias e construam estreitas ligações com os clientes.

A convergência das tecnologias de comunicações e o *database* mostra que a integração do *database*, internet e CD-ROM é onde se encontra o avanço real na forma como a pequena empresa inovadora pode concorrer e fazer frente aos gigantes já estabelecidos no mercado. A coisa mais interessante e bonita é que a tecnologia nivela todos – pequenas e grandes empresas – num mesmo patamar, ela está se tornando um tremendo equalizador. O tamanho não será nem de longe uma força determinante no mercado, mas sim a criatividade e a inovação aparecem como principais fatores. A dimensão física da empresa torna-se irrelevante para a entrega do produto ou serviço. Do ponto de vista do marketing, a pequena empresa pode ter uma performance tão boa quanto a grande, e apresentar um desempenho no mesmo nível ou melhor do que as empresas gigantes, porque geralmente as empresas de menor tamanho não têm muitas camadas de dirigentes participando do processo decisório.

De fato, com a tecnologia na ponta dos dedos, os empreendedores sentem-se estimulados a desafiar as grandes empresas, com uma boa probabilidade de obterem sucesso.

Por quê? Esses empreendedores podem fixar pequenos objetivos para atacar nichos de mercado, e rapidamente mudar planos e entrar em novos mercados (algumas vezes até mais lucrativos). Empreendedores atualmente são capazes de ver o que está acontecendo de imediato. Não é preciso esperar por relatórios; o *feedback* é, muitas vezes, instantâneo.

Certamente, ao usar a tecnologia para determinar e alcançar os objetivos de marketing, podem, de repente, ver-se diante de uma grande lista de alternativas, em termos de opções informáticas. Porém, há uma boa notícia: novos softwares tratam e manipulam, de forma magistral, informações de marketing em máquinas simples, como os computadores pessoais, reduzindo o nível de dificuldade para que qualquer gestor de pequena empresa possa facilmente executar em uma tarde ou nos finais de semana.

As perspectivas geradas pela tecnologia da informação são as de que os serviços on-line, prestados às pequenas empresas, são realmente encorajadores, ao ponto de podermos afirmar que isto tem contribuído, de maneira significativa, para o levantamento das barreiras que impediam o acesso das empresas ao mercado de massa.

A maneira pela qual se pode ter acesso aos clientes, utilizando-se o marketing apoiado em alta tecnologia, é sintetizada a seguir:

- comprando *mailing lists* em CD-ROM,
- estando disponível na internet,
- enviando fax para cliente – PCs com fax podem ser programados para enviar mensagens personalizadas para seus principais clientes,
- criar sua própria página.

A empresa de base tecnológica criada via incubadora enfrenta as condicionantes provocadas pela inovação.

12.4 A primavera da inovação

Quando observamos uma nova civilização irrompendo a nossa volta, perguntamo-nos se estamos nos tornando obsoletos. Grandes avanços em campos como a genética e a eletrônica nos assombram. A economia mundial torna-se irreconhecível. Os novos meios de comunicação deslumbram-nos. Rompe-se o sistema da família. Tudo isso nos parece de forma crescente irrelevante à medida que o quadro industrial secular se distende, ou é rompido pela ascensão da Terceira Onda.[12]

As transformações que a economia está gerando mostram um novo sistema de criação de riquezas, que rapidamente se espalham por todas as nações detentoras do capital, destruindo a sociedade de massa do passado industrial.

O que torna a economia da Terceira Onda revolucionária é o fato de que a terra, a mão de obra, as matérias-primas e talvez até o capital podem ser considerados recursos finitos, e que o conhecimento é inesgotável. Diferentemente de uma linha de montagem, o conhecimento pode ser usado por duas empresas ao mesmo tempo. Assim, as teorias baseadas em insumos finitos não se aplicam às economias da Terceira Onda. No entanto, a maioria dos economistas fica impressionada e descarta essa ideia, por ser é difícil de se quantificar.

Toffler nos revela que há uma maneira nova de pensar as atividades empresariais. Em vez dos rígidos departamentos convencionais, a empresa se divide em uma estrutura altamente flexível, composta de arcabouços e módulos.

As estruturas organizacionais, existentes na maioria das empresas, estão projetadas para produzir, repetitivamente, poucos tipos de decisão. Pelo sistema burocrático tradicional, para cada problema há um componente correspondente da organização –

12 TOFFLER, A. *A terceira onda*. Rio de Janeiro: Record, 1980.

marketing, produção, finanças etc. Como os tipos de problemas são limitados e repetitivos, basta encaminhá-los para as unidades apropriadas. Mas hoje surgem problemas crescentes que não podem ser perfeitamente enquadrados em qualquer componente da organização.

A organização arcabouço apresenta características como:

- A burocracia será substituída pela adhocracia, uma estrutura similar a *holding*, coordenando as atividades de unidades de trabalho temporárias, adquirindo e perdendo existência, de acordo com o meio onde está inserida.
- As pessoas na organização devem ser capazes de fazer julgamento, adotar decisões, em vez de executarem mecanicamente ordens transmitidas de cima para baixo.
- Fruto da diferenciação de valores, a empresa terá de assumir uma grande flexibilidade para poder corresponder a essa existência diversificada.
- Em função da deseconomia de escala, as empresas terão de superar as barreiras de comunicação, o estrangulamento de inovação, a impessoalidade e a perda de motivação.
- A organização terá de avaliar a importância da informação e atuar de acordo com essa nova realidade.
- A produção tende a se tornar novamente artesanal, com produção de bens e serviços personalizados.
- Trabalho deverá ser variado, não repetitivo e responsável, desafiando a capacidade de apreciação, avaliação e julgamento das pessoas.
- As atividades de uma empresa mudarão, de ano para ano, a estrutura interna deverá acompanhar as alterações, flutuando, sendo flexível e maleável.
- Deve haver deslocamento seletivo e controlado de centralização do poder.
- As empresas devem se dedicar, de forma crescente, a temas como: teoria do aprendizado, comunicação intercultural e metodologia pedagógica.

As principais ideias de Toffler sobre os valores e tendências predominantes na era da informação – também denominada de era dos computadores, de Terceira Onda, em sequência à Segunda Onda industrial[13] – podem ser discutidas pelos principais tópicos de seu estudo, a seguir:

---

13 TOFFLER, A. *Creating a new civilization*. Atlanta: Turner: 1995. p. 50-60; TOFFLER, A. *A empresa flexível*. Trad. de Paula Cunha. Rio de Janeiro: Record, 1985. p. 250-300.

- Desmassificação do mercado: o avanço tecnológico viabiliza a substituição do ciclo da produção em massa, com produtos padrões vendidos em grandes volumes, pela segmentação quase infinita de produtos e serviços, podendo atingir o nível de partículas-artigos confeccionados para famílias étnicas ou membros de um clube. Por exemplo: cartões de afinidade que vêm conquistando o mundo inteiro.
- Valores intangíveis: o valor das empresas passa a ser determinado menos por seus ativos fixos (prédios e máquinas) que pela capacidade de implementar estratégias vencedoras que geram novas patentes e reforçam suas marcas no mercado.
- Corrida da inovação: o acirramento da competição internacional despertou nas empresas uma obsessão sem precedentes pela inovação. Não apenas para orientar os lançamentos de novos produtos, mas igualmente aplicada nos processos produtivos, mercadológicos e financeiros.
- Desburocratização: na batalha pela eficiência, as corporações tratam de desmantelar suas estruturas burocráticas e hierarquias piramidais. Mercado, tecnologia e necessidades do consumidor mudam tão rapidamente e geram pressões tão diversificadas sobre a empresa que a uniformidade burocrática está com seus dias contados.
- Redes de dados: incalculáveis cifras vêm sendo investidas, nesta década, na instalação de redes eletrônicas que conectam computadores a bancos de dados. Isso se deve à necessidade de sincronizar as entregas, colher informações de fornecedores e clientes e manter as equipes de pesquisas e desenvolvimento informadas sobre as mudanças.

12.4.1 Os novos mandamentos da economia no século XXI

Os novos mandamentos da economia são:

- Saber como fator central: enquanto terra, matérias-primas, trabalho e capital eram "os fatores de produção" da economia da Segunda Onda, o Conhecimento – definido aqui, num sentido lato, de modo a incluir, também, dados, informação, imagens, símbolos, cultura, valores e ideologia – é, atualmente, o fator central da "Nova Era".
- No reino do intangível: enquanto o valor, na economia da Segunda Onda, era expresso pelos cifrões afetos aos ativos tangíveis, neste instante começa

a se avaliar em termos intangíveis. O real valor das empresas com futuro depende, cada vez mais, de ideias, visão e informação armazenadas na cabeça dos recursos humanos e nos dados e patentes que a empresa controla. Uma sociedade desmassificada: enquanto a economia da Segunda Onda definiu como um mercado de massas (termo que nasceu na política revolucionária e acabou por ganhar os capitalistas) a sociedade emergente, aqui desenvolve-se como uma salada de micromercados.

Figura 12.2 Paradigmas gerenciais contrastantes

CARACTERÍSTICAS	SEGUNDA ONDA	TERCEIRA ONDA
Organização Produção	Hierarquia Fatia de mercado	Rede Criação de marketing
Concentração	Instituição	Individual
Estilo	Estruturação	Flexível
Resistência Estrutura	Estabilidade Autossuficiência	Mudança Interdependência
Cultura	Tradição	Código Genético
Missão	Objetivos/Planos Estratégicos	Identidade/direções/valores
Liderança Qualidade	Dogmático Mais Suportável	Inspiracional Sem compromisso
Expectativas	Segurança	Crescimento pessoal
Status	Cargo e Função	Fazendo diferenciações
Recurso Vantagem	Numerário Maior semelhança	Informação Diferenças significativas
Motivação	Para completar	Para construir

- A emergência do trabalho "indireto": enquanto na economia da Segunda Onda o trabalho que produzia era a mão de obra direta, na nova sociedade é o dantes considerado trabalho "não produtivo" que paradoxalmente "dá hoje a adrenalina às economias".
- A inovação permanente: enquanto na economia da Segunda Onda a inovação mostrava uma passada longa, a realidade atual mostra sua infernal

cadência diária (só nos supermercados americanos são introduzidos mensalmente mil novos produtos).

- Fim da lógica da escala: enquanto na economia da Segunda Onda reinavam as famosas economias de escalas, hoje nota-se, cada vez mais, que tal lógica só provoca deseconomias de complexidade. Quanto mais complexa a empresa (em tamanho, em verticalização, na pirâmide organizacional etc.) e mais diversificada de A a Z, mais "a mão esquerda ignora o que a direita irá fazer a seguir".
- A desburocratização da organização: enquanto a economia da Segunda Onda só sobrevivia apoiada em uma forte burocracia (de gestão, de *staff*, estatal e política) a tendência atual nas organizações é desmantelar essa herança.
- A integração sistêmica: enquanto a economia da Segunda Onda era apresentada em fatias, a crescente complexidade atual exige cada vez mais integração e gestão das sinergias.
- A nova infraestrutura: enquanto a economia da Segunda Onda vive sofregamente de infraestruturas de betão que permitam uma rápida e fácil circulação física de pessoas e bens, a lógica da nova economia exige um investimento massivo nas estradas eletrônicas, que permitam a rápida e transparente circulação virtual de informação, saber, ideias e capitais. Não se trata, contudo, de contrapor um tipo de infraestrutura a outro. A questão é "avaliar o balanço entre os dois pratos".
- O princípio da aceleração: a Terceira Onda substituiu as economias de escala e a lógica sequencial pela economia de velocidade. O princípio da aceleração puxará os negócios para uma proximidade cada vez maior do tempo real.

Paradoxalmente, quase todos os líderes dos primórdios da era industrial eram basicamente realizadores e hábeis criadores de empreendimentos.

A fonte da força das empresas da Terceira Onda está na mudança – na habilidade de transformar empresa e produtos em resposta às alterações na economia, nos hábitos sociais e nos interesses dos clientes.

Em contraste, a fonte de poder, nas empresas da era industrial, é a estabilidade. Nelas, tudo gira em torno de prover a estabilidade – incluindo a ênfase no posto e na hierarquia, em vez de estabelecer as necessidades da instituição colocando-as antes dos anseios individuais. Não é sem razão que as empresas de Segunda Onda são lentas na reação aos sinais externos.

Essa é a diferença entre as empresas de Segunda e Terceira Ondas. E está se tornando ainda mais crucial à medida que a rapidez da mudança aumenta, devido, principalmente, ao rápido ritmo da era da informação. As empresas da Primeira Onda foram construídas na era agrícola. As da Segunda, sob modelo da era industrial, foram edificadas para o crescimento, com uma atitude repetitiva e não com reconhecimento para realizar mudanças.

Os ingredientes que determinarão o sucesso das empresas na era da informação são: flexibilidade, criatividade e inovação. Vejamos de que forma isso está presente no dia a dia das empresas.[14]

Os seres humanos são profundamente prejudicados pelas limitações de suas mentes, o que raramente reconhecem. As respostas, segundo Sócrates, são, muitas vezes, sinais de ignorância, confundindo-se com falta de conhecimento. O empreendedor da empresa de base tecnológica tem plena consciência de que não existe resposta absoluta; há somente respostas parciais. É a habilidade de fazer perguntas que aprofundam o conhecimento. Muito mais interessante que as respostas, são os diferentes pontos de vista, novas atitudes e opiniões que eventualmente conduzem a uma verdade geral.

A tecnologia propicia uma boa razão para não aceitar tudo cegamente. Thomas Edison afirmava que era uma boa esponja. "Absorvo ideias e as coloco em uso. A maioria de minhas ideias pertencia a pessoas que não se deram ao trabalho de desenvolvê-las", pois, "muitas ideias crescem melhor se plantadas noutro cérebro, do que no cérebro de quem lhes deu origem", disse Oliver W. Holmes.

Uma incubadora de empresas pode ser um sonho de garimpeiro para quem tiver a habilidade de farejar as pessoas certas, as melhores ideias, os mais apurados produtos/serviços e fomentá-los. Muitos transformam-se em empreendedores, fundam uma empresa, construindo, em muitos casos, um mundo novo. As empresas da Segunda Onda encaram o futuro como uma extensão do passado. As da Terceira, contudo, inventam seu próprio futuro.

De uma sociedade da Segunda Onda totalmente homogeneizada, caracterizada pela produção, consumo, ensino e saúde, passar-se-á para uma sociedade desmassificada, caracterizada não via segmentos, mas através de partículas, pela individualização levada ao extremo (sem confundir individualização com individualismo).

---

14 SCULLEY, John. *Odyssey:* from Pepsi to Apple. Trad. de José E. A. do Prado. New York: Harper & Row, 1987. p. 129-130.

O capital e o trabalho serão substituídos, enquanto recursos mais importantes, pelo conhecimento – sendo que quem tiver a informação terá o poder.

E o conhecimento é inesgotável, portanto tem de se levar em conta que toda teoria econômica, assente na escassez dos recursos, terá de ser revista.

A época onde a matéria-prima era o fundamental para a riqueza das nações e para a faturação das empresas é coisa do passado. Atualmente, fabricar um produto é a parte menos lucrativa de uma operação empresarial. Vive-se em uma era em que o principal negócio de uma empresa deve ser a produção de ideias.

Para desenvolver o Windows 95, por exemplo, a Microsoft empregou mais de 200 especialistas para pensar, planejar, executar e testar o produto. É a importância do intangível. Então, quem apostar nos setores de tecnologia e de informação estará no caminho certo. Onde surgirão as próximas fortunas? É difícil responder, mas não é impossível delinear suposições.

A história dá uma pista, mostrando que cada era tem se caracterizado por uma maneira diferente de se acumular riqueza. A mais contemporânea, e que prevalece desde a Revolução Industrial, é baseada no modelo do empreendedor que agarra a oportunidade certa na hora certa e faz fortuna considerável.

Nas próximas décadas, esse tipo de empreendedor, capaz de pressentir o futuro, continuará em alta e sua chance de fazer muito dinheiro será tão grande quanto sua competência para embarcar em uma das seguintes tendências:

- a informação como uma nova fonte de transformação, substituindo a energia;
- o envelhecimento da população do mundo desenvolvido;
- a emergência de economias regionais integradas, envolvendo várias nações;
- a exploração de novas tecnologias.

É do século XVIII o modelo de criação de fortunas que se conhece hoje, nascido com a primeira Revolução Industrial. Gradualmente, os monopólios da nobreza foram varridos do comércio por homens e máquinas capazes de produzir melhores produtos, com maior eficiência.

Surgiam os modernos empreendedores, os *first movers*, digamos, inovadores. Ainda que não tenham inventado uma nova tecnologia, eles tiveram a visão de organizar e dominar indústrias emergentes, naquele estágio inicial de desenvolvimento, obtendo altíssimos índices de crescimento e rentabilidade.[15]

15 CHANDLLER JR., A. *Scale and scope*. Cambridge: Harvard University Press, 1990. p. 120-170.

Os *first movers* continuam em ação, fazendo fortunas, com uma aguçada percepção do futuro e muita habilidade para se adaptarem rapidamente a condições mutantes.

12.5 A criação de formas de empregos não tradicionais

Quer queiramos, quer não, já ultrapassamos o ponto crítico da era da informação e jamais voltaremos para trás. Basta pensarmos o que seria de nós sem os computadores, faxes, telefones, modems e televisões, indispensáveis à nossa vida cotidiana. A evolução foi de tal forma progressiva que quase não foi apercebida, mas as diferenças instauradas são profundas e irreversíveis.

Um conjunto substancial do nosso dia a dia tenderá à desmaterialização, o que, aliás, já acontece com o dinheiro, as ações e as informações em geral, que circulam eletronicamente em tempo real.

A emergência da era digital requer novas atitudes. Ela trará consigo mudanças na forma como aprendemos, trabalhamos e nos divertimos. A velocidade de criação e circulação do conhecimento exigirá a atualização constante e a respectiva mudança de hábitos de formação.[16]

Os rebatimentos da era digital no mercado de trabalho já começaram a se fazer sentir, pelo achatamento da estrutura das organizações (redução do número de níveis hierárquicos) e pela automatização das tarefas rotineiras, que tornaram muitos postos de trabalho obsoletos e, portanto, perfeitamente dispensáveis.

A realidade que enfrentamos é muito preocupante, porque o que está desaparecendo não são apenas determinados empregos em setores de atividade específicos, e sim a figura do emprego em si – essa entidade social tão procurada como uma espécie que ultrapassou o período evolutivo.

O mundo moderno está prestes a dar mais um importante salto, em termos de criatividade e produtividade, mas o emprego não fará parte da realidade econômica de amanhã. Existe e existirá sempre uma quantidade imensa de trabalho para ser desempenhado, mas vai deixar de se enquadrar dentro das categorias tradicionais que rotulamos como empregos.

A ideia de emprego surgiu no início do século XIX para designar o trabalho exercido nas florescentes unidades fabris e instituições burocráticas, em plena Revolução Industrial. Antes disso, as pessoas tinham empregos, trabalhavam com a mesma

---

16 NEGROPONTE, N. *Being digital*. New York: Alfred Knopf, 1995. p. 20-90.

dureza, mas em tarefas diferentes, em locais diferentes, com um horário estabelecido pelo Sol, pelas condições atmosféricas e pelas necessidades do dia.

O emprego moderno surgiu como uma ideia surpreendentemente nova – para muitos um conceito desagradável e mesmo perigoso. Os críticos alegavam que se tratava de uma forma de trabalhar não natural e mesmo desumana. Acreditavam que a maioria das pessoas não conseguiria cumprir os requisitos necessários.

Atualmente, o mundo do trabalho está novamente mudando. As condições que há 200 anos criaram empregos – a produção em massa e as grandes organizações – estão desaparecendo. A tecnologia permite-nos automatizar as linhas de produção, quando anteriormente um elevado número de empregados executava tarefas repetitivas. Em vez de longos processos de produção, em que a mesma ação tem de ser repetida vezes sem conta, opta-se, cada vez mais, pela produção individualizada.

As grandes companhias, onde antes se encontravam os melhores empregos, desdobram as atividades e as entregam a pequenas empresas que criaram ou ocuparam nichos de mercado rentáveis. Os serviços públicos estão privatizados, e a burocracia governamental, o último bastião da segurança no trabalho, vem sendo reduzida. Com o fim das condições que criavam empregos, desaparece a necessidade de rotular o trabalho dessa mesma forma.

Em vez de empregos, existem cada vez mais situações de trabalho em *part-time* e temporárias. As organizações de hoje estão deixando de ser estruturas baseadas em empregos, tendo-se tornado vastos campos de trabalho que necessitam ser executados, apesar de existir uma esfera que não se inclui claramente em nenhuma tarefa concreta. Com o tempo, as responsabilidades têm de ser ajustadas e é necessário criar novos cargos para que tudo continue a ser feito.

Quando a economia mudava a um ritmo mais lento, as discrepâncias entre as matrizes dos empregos e o campo de trabalho podiam ser ignoradas. Porém, em uma economia com crescimento acelerado, os empregos são soluções rígidas para um problema elástico. Podemos (re)escrever ocasionalmente a descrição da função de determinada pessoa, mas não podemos fazê-lo todas as semanas. Quando o trabalho a executar está sempre mudando, não é possível viver com a inflexibilidade que um emprego acarreta.

Além disso, em uma época em que as organizações competitivas são forçadas a reduzir o número de trabalhadores, os empregos – aquelas caixas nos fluxogramas, com tarefas regulares, horários e salários – encorajam a contratação. Os empregos não incentivam ainda a responsabilização pelos resultados, uma vez que recompensam as pessoas pelo "cumprimento de tarefas" e não por objetivos predefinidos. Os empregos já não são socialmente adaptáveis. É por esse motivo que estão tomando o rumo dos dinossauros.

O século XXI pode trazer alterações que marcarão a evolução da sociedade. Será algo pouco espetacular, nada semelhante a uma grande inovação tecnológica, mas com efeitos de amplitude imprevisível. Será uma revolução silenciosa que afetará cada um de nós, de forma definitiva e inevitável.

Não resultará em novos empregos, não implicará menores salários, não oferecerá semanas de trabalho com menos horas. Será muito mais radical e perturbadora, exigindo de todos enorme capacidade de adaptação.

Essa revolução será a extinção dos empregos, não do trabalho, porque esse existirá sempre. Mas como sobreviver num mundo sem empregos? De fato, parece uma tarefa impossível, ainda mais quando todos os dias somos bombardeados com notícias que ilustram os esforços dos governos em reduzir o desemprego, considerado uma das pragas do final de século. Não haverá um contrassenso nessa atitude?[17]

O emprego é um artefato social tão profundamente enraizado em cada um que nos leva a esquecer que muitas sociedades prosperaram sem ele. O conceito de emprego apareceu com a Revolução Industrial, tendo sido útil face às necessidades das fábricas emergentes. Hoje, porém, o contexto social e econômico alterou-se totalmente. A revolução da informação trouxe consigo novas necessidades, e diferentes da produção em massa e das poderosas organizações há 200 anos. As grandes empresas que tradicionalmente geravam empregos seguros, premiando a fidelidade dos empregados, estão reduzindo sua escala de operações, recorrendo a técnicas de gestão como *downsizing* ou *outsourcing*. E como tal, a segurança no emprego perdeu-se para sempre.

Sendo assim, como viver com o subsídio de desemprego? De uma só forma: trabalhando. Não procurando empregos, mas, sim, trabalho. Identificando o que necessita ser feito e apetrechando-nos para convencer os outros de que somos a melhor opção para realizá-lo. Descobrindo aquilo em que somos realmente bons e oferecendo nossas competências a quem delas precisar. Funcionando como uma empresa individual, em concorrência com uma multidão de outras empresas individuais.

17 BRIDGES, W. *Um mundo sem empregos*. Trad. de José Carlos Barbosa dos Santos. São Paulo: Makron Books, 1995. p. 100-200.

Cada um de nós será um empreendedor gerindo um ativo precioso: a si mesmo. No futuro, abundarão os *freelancers*, não só em áreas onde já hoje dominam, mas na maioria das atividades econômicas.

Se as ideias lhe agradam, por significarem a reconquista de uma liberdade e flexibilidade que o tradicional emprego das 9 horas às 18 horas, de segunda a sexta--feira, não se esqueça de que qualquer moeda tem sempre duas faces. E o autor não escondeu a face menos agradável de todo o processo: os custos sociais da mudança.

Estes não devem ser minorados pela defesa do sistema atual, mas pela gestão de mudança. "Estamos todos juntos nesta batalha": empregados em vias de deixarem de ser, organizações pós-emprego e a própria sociedade. A fase de transição deverá ser cuidadosamente conduzida para que a resistência natural das pessoas não se transforme em medo, cinismo, desvinculação psicológica ou rejeição à mudança.

12.5.1 *Cyberjobs*: a autópsia da formação profissional

Telemedicina. Jornalismo digital. São dois exemplos entre as milhões de novas oportunidades de carreiras profissionais que se abrem para os jovens. São nichos de mercados que a tecnologia da informação já vem proporcionando àqueles que não têm medo de viver o futuro agora.

Os avanços tecnológicos têm pulverizado algumas profissões e transformado radicalmente outras. Porém, uma reflexão profunda dos impactos provocados pela era da informação pode revelar uma gama incrível de oportunidades aos indivíduos com visão, e não somente ameaças de obsolescência.

E não só para as da área técnica – que elabora o design, fabricação e operação do hardware e software que estão modificando a forma como atuamos. Através de treinamento, a tecnologia está, de forma marcante, criando novas carreiras e alterando, de forma significativa, as que atualmente conhecemos.

É difícil apontar uma só indústria que não esteja sendo transformada de forma radical. Trabalho em casa, *home banking*, videoconferência, telemedicina – o grande responsável por todas as novas atividades é o explosivo crescimento da internet e da rede de computadores.

Os novos paradigmas do trabalho para um mundo sem empregos são:

- Emprego do futuro: atividades ligadas à proteção do meio ambiente e à informação.

- MPMEs: sigla de micro, pequenas e médias empresas, que se pretende valorizar, a partir do pressuposto de que são as grandes geradoras de emprego. A tese facilita o acesso ao capital, à tecnologia e aos mercados.
- Investir no homem: significa investir pesadamente na formação do capital humano, a partir do pressuposto de que só terá trabalho quem tiver conhecimento.
- Estudar a vida toda: como complemento do anterior, parte da ideia de que a velocidade das transformações exige que o empreendedor esteja atualizado sempre. Estudar deixou de ser característica de uma só etapa da vida, a juventude.
- Empregabilidade: é não ter de se preocupar mais com o emprego em que está, mas em estar preparado para mudar, sem perder renda.
- Teletrabalho: o empreendedor não mais precisa ir à empresa. Pode ficar em casa, desde que tenha um computador conectado à empresa.

12.5.2 Empreendedor do século XXI: o desafio de ser a própria empresa

O rápido crescimento da economia digital fará com que muitos indivíduos descubram que exercerão as atividades profissionais não mais na condição de meros empregados, porém assumindo o papel de um trabalhador autônomo, por conta própria, como uma verdadeira empresa individual. Sendo trabalhadores do conhecimento, seus papéis serão o de escolher, selecionar e analisar dados eletrônicos armazenados em bases de dados, via internet, interagir com parceiros distantes vários milhares de quilômetros e conduzir os negócios, com computadores portáteis, em qualquer lugar onde estejam. Seus desafios: investir no próprio desenvolvimento, como se fosse uma empresa.

A alternativa que se coloca aos responsáveis pela área de formação, em todos os níveis, é que a maneira pela qual a questão vem sendo conduzida precisa ser urgentemente reavaliada. Isto pode muito bem significar (re)desenhar o sistema – pesquisar de que forma a tecnologia criará oportunidades e então traçar as linhas de ação. Certamente significará investimentos maciços em educação contínua. Se um indivíduo é incapaz de resolver os problemas no trabalho, então existem grandes chances de ele estar rapidamente sendo substituído por uma máquina ou sua atividade poderia ser levada a cabo, via trabalhadores de menor qualificação.

Para muitos indivíduos, os riscos de entrarem em rota de colisão com a nova realidade profissional que se avizinha são estatisticamente prováveis, não sendo necessário surfar na onda das mudanças. Em campos não técnicos, tais como jornalismo e direito, a arte e a experiência ainda contarão bastante.

As facilidades criadas pelas telecomunicações e a oportunidade de redução de custos fazem com que uma grande quantidade de empresas optem, mais do que num passado não muito recente, pela alternativa de que seus empregados possam desenvolver suas atividades em casa. Os empregados devem ser avaliados pelo o que vierem a produzir e não onde produzem.

Os passos que os empreendedores podem seguir para a criação do próprio posto de trabalho são:

- Desenvolver uma relação íntima com os computadores. Pode parecer óbvio, porém, sem essa capacidade, o empreendedor não terá acesso à chave de todas as portas: a informação e os demais instrumentos relacionados com alta tecnologia.
- Dominar os princípios básicos de como administrar um pequeno negócio. Provavelmente dirigirá uma empresa com somente um empregado: ele mesmo.
- Pensar pequeno: apoiado pela tecnologia da informação, o empreendedor atualmente é capaz de criar um negócio que envolva poucas pessoas.
- Aprender a trabalhar em equipe: as distâncias entre o empreendedor e o empregado estão cada vez mais diminuindo.
- Não se apegue em demasia aos detalhes: o mundo avança mais rápido do que o indivíduo pode perceber, assim, de quase nada adianta a superespecialização. É a era da flexibilidade.
- Fazer aquilo que gosta: já que está tudo tão difícil, não escolha um ramo de atividade empresarial sem primeiro meditar se é realmente nisso que gostaria de empreender.
- Ser otimista. Pensar novas formas de negócios. Rejeitar a ideia de que ter sido demitido representa fracasso, pois esta é uma maneira antiquada de perceber o mundo, baseado na antiga premissa do emprego para toda a vida. O empreendedor tem a rara capacidade de acreditar que faz, rompe com todos os modelos pessimistas, que são traçados nos dias de hoje.

12.6 Conclusão

A leitura deste capítulo remete-nos a uma profunda reflexão de que os negócios são um jogo de alto risco. O desafio mais importante, nas empresas de base tecnológica, criadas via incubadora, é gerir com sucesso todas as mudanças. Este capítulo tratou exatamente como gerir essas mudanças.

É preciso que se perceba que a prosperidade das empresas depende de uma transformação com êxito no processo de mudança. Muitos empreendedores são a favor da inovação, desde que não tenham eles próprios de inovar. É preciso lutar contra essa atitude ambígua face à inovação.

A inovação – seja ela incremental (introduzindo melhorias técnicas nos atuais processos produtivos ou nos produtos que já existem), seja radical (provocando-nos descontinuidade nos processos produtivos, exemplos: nylon, polietileno etc.) – e a revolução tecnológica (que afeta todos os setores econômicos e tem por suporte várias inovações incrementais e radicais como biotecnologia, eletricidade, informática etc.) são fundamentais para o surgimento das empresas de base tecnológica.

Percebemos os ciclos de vida dos produtos cada vez mais curtos, a importância crescente de novos produtos e as grandes variações de um mesmo produto.

A gestão da inovação é fundamental para as empresas de base tecnológica, oriundas de incubadora, porém é importante destacar que o processo de gestão da inovação envolve questões como a cultura da empresa, o que deve ser inovado, a abordagem integrada e a gestão dos sistemas de informação e do tempo no processo de inovação.

Capítulo 13

Micro, pequenas e médias empresas: razões do encantamento

13.1 Introdução

O significativo papel exercido pelas micro, pequenas e médias empresas, na economia, pode ser sintetizado da seguinte forma:

- pelo seu número, são o motor da economia real;
- pela sua dimensão, são flexíveis e adaptáveis à mudança;
- pela sua natureza, são a essência da iniciativa empresarial, a fonte do "empreendedorismo";
- pela sua diversidade, cobrem, praticamente, todos os setores da economia;
- pela sua heterogeneidade de culturas, cada caso é um caso e não existem seguramente dois casos iguais;
- pela sua capacidade de inovação, são mais ágeis nas respostas às necessidades do mercado.

O principal obstáculo ao desenvolvimento das micro, pequenas e médias empresas é o fato de parte considerável de seus empreendedores não ter a clara percepção de que o dia de amanhã será completamente diferente do dia de hoje. Com ou sem globalização, este segmento de empresas tem urgentemente de se preparar para competir. A falta de consciência sobre este nível ainda é enorme. As micro, pequenas e médias empresas têm de avançar para os mercados internacionais, de modo agressivo, desde a sua criação.

Das micro, pequenas e médias empresas serão exigidos maiores rigor, qualidade, formação, inovação, parcerias, e acesso aos mercados – o que conta é o domínio do mercado, não o controle do processo de fabrico –, maior personalização e menor produção em série – há quem, por exemplo, produza por encomenda.[1]

É preciso que as empresas de base tecnológica, criadas via incubadora, estejam atentas às seguintes questões:

- a modernização das tecnologias de processo e de produto;
- o desenvolvimento de uma nova cultura de empresa, valorizando os aspectos humanos e sociais relacionados com as atividades das empresas, principalmente as de P&D, produção e marketing;
- a promoção de ações de formação, elevando o nível de competência do próprio empreendedor e de sua equipe;
- a valorização dos fatores relevantes de competitividade (qualidade e inovação);
- a adoção das ferramentas de gestão estratégica (logística, marketing, gestão de estoques, qualidade total, entre outras).

O ringue do mercado está cheio de novatos. A combinação é mortífera – competição crescente e tecnologia, em mudança veloz, assim como as oportunidades, estão por toda a parte.

As tradicionais placas tectônicas, termo emprestado da geologia para designar cinco características da economia mundial dos anos 1990, aparecem hoje como fonte de reflexão para os empreendedores/criadores de empresas de base tecnológica, via incubadora. São elas:

1. o fim do comunismo;
2. uma valorização das indústrias de base tecnológica;
3. uma evolução demográfica, sem antecedentes na História da humanidade;
4. uma economia globalizada; e
5. uma época sem potências econômicas, políticas e militares dominantes.

Os indivíduos que se destacam por serem empreendedores, criando empresas em uma indústria que iguala juventude à inovação e inspiração, têm plena consciência de que uma empresa é um organismo vivo e se comportará do modo que seu DNA foi programado. Sua contribuição ao banco de genes de seu empreendimento passa pela visão do negócio; assumindo responsabilidades; evitando que a burocracia

---

1 PINE II, B. J. *Personalizando produtos e serviços*: customização maciça. Trad. de Edna Emi Onoe Veiga. São Paulo: Makron Books, 1994. p. 70-150.

mate o espírito empreendedor; e mantendo o mesmo clima inovador de quando a empresa foi criada.

São jovens que estão exercendo o direito de ser empreendedor por não quererem ser empregados de nenhuma organização. Caçar um emprego foi sempre o primeiro desafio de jovens recém-licenciados. Agora, muitos montam suas próprias empresas.

Desenvolver o espírito empreendedor tornou-se uma exigência para os jovens nos anos 1990. Se até a década de 1980 a maioria dos universitários almejava seguir a carreira de executivos, hoje o roteiro para muita gente mudou.

Nestes tempos de *outsizing*, e reengenharia, o emprego perdeu boa parte de seu brilho. As empresas buscam ter estruturas enxutas e ágeis, mesmo quando os negócios estão aquecidos. O perigo de uma demissão está sempre presente. É compreensível, diante disso, que os jovens contemplem seriamente a possibilidade de montar um negócio próprio.

É uma geração de jovens empreendedores que acredita na sua intuição e ama o negócio em que investe. Estão criando as suas fortunas do nada, e uma progressão a pulso conduz esses jovens ao topo. Essa compulsão feroz pela conquista fez deles empreendedores natos. Em coro, afirmam que o trabalho duro é o motor das suas realizações.

A história, porém, traz vários relatos de pessoas que trabalharam noite e dia e nunca chegaram a enriquecer. A questão não passa apenas pela transpiração, e sim implica inspiração e um faro especial para o negócio. Não esperam proteção dos governos. Empreendedores com tais características pertencem a uma casta rara.

Nada disso é possível sem muita persistência e alguma dose de risco. O empreendedor de faro aguçado, aliás, adora o perigo e não foge dos embates. Mais do que o trabalho de escritório, gosta de descobrir oportunidades. Para além de sua apurada intuição, ele acredita nela.

Há toda uma geração digital hoje na faixa entre os 20 e 30 anos e, logo atrás, vem o que a revista *Wired* denomina de geração do milênio – seus filhos e meus filhos, que são criados com uma compreensão maior da tecnologia. E grande parte do receio e da resistência que se notam nos meios mais antigos vem dos cinquentões, que não têm o mesmo domínio da tecnologia.

13.2 A mulher empreendedora

A participação feminina no processo de criação de empresa, em uma época em que ainda perduram barreiras à participação das representantes do sexo feminino no processo de geração de empreendimentos na área tecnológica – um setor de negócios até agora de predomínio masculino –, merece uma reflexão mais profunda.

A percentagem de mulheres na população ativa, no mundo todo, não para de crescer. Se se mantiver o ritmo de alteração das brasileiras cuja ocupação se designa "doméstica", é muito provável que a igualdade entre os sexos seja atingida, neste particular, ainda no corrente século.

Para identificar as tendências sociais reais, é necessário esquecer o modismo apontado pela comunicação social e seguir a trilha do dinheiro. A comunicação social repete o tempo todo que existe um teto de vidro impedindo que as mulheres ascendam além dos escalões gerenciais médios do mundo empresarial. Mas, se esse teto é tão sólido assim, como explicar o que ocorreu com os atuais resultados? O que vem acontecendo de fato na criação de empresas de base tecnológica, via incubadora?

Há cinco anos era raro um(a) gestor(a) de uma incubadora receber propostas vindas de mulheres querendo abrir uma empresa de base tecnológica. Hoje, esta situação mudou radicalmente.[2]

A "feminização" das empresas de base tecnológica é inevitável. Estamos em vésperas de uma revolução social. O século XXI poderá não ser o século das mulheres, mas com certeza será menos dos homens.

Na indústria de base tecnológica, as pessoas não ligam para idade ou sexo dos empreendedores. Isto tem levado as mulheres a arriscarem a arrancar, muitas delas com sucesso, com um negócio próprio. As oportunidades para as mulheres que criam empresas de base tecnológica, principalmente via incubadora, são maiores porque não existem homens com 20 anos de experiência se candidatando ao emprego que a mulher está desejando.

As evidências comprovam essa tese. Como tudo no ramo das empresas de base tecnológica muda tão rapidamente, as novas oportunidades demoram menos a surgir do que nos campos de trabalho mais tradicionais. O crescimento lento inibe a transformação. As empresas nascem e crescem rapidamente, o que realmente interessa é a competência das suas empreendedoras.

---

2 WILKENS, J. *A mulher empreendedora*: como iniciar seu próprio negócio. Trad. de Maria da Cruz. São Paulo: McGraw-Hill, 1989.

Existe, é claro, uma barreira importante à entrada no campo das empresas de base tecnológica, criadas em incubadoras, e tem pouco a ver com o sexo: o nível de instrução – pois é preciso ter uma sólida formação intelectual.

O que essas mulheres têm em comum, além do ótimo nível de instrução? É o seu espírito empreendedor que as torna realmente diferentes das outras representantes do sexo feminino. Elas querem apenas construir vidas e carreiras bem-sucedidas.

Nas décadas de 1980 e 1990, centenas de empresas de base tecnológica foram criadas. E em certos segmentos da economia, empreendedoras são encaradas com naturalidade, porém, no setor de alta tecnologia, a desconfiança é maior. Ainda há gente que considera masculinos o desenvolvimento e a preocupação com a inovação, duas características do mercado.

A luta da mulher pelo seu espaço no mundo dos negócios é um fenômeno que se vem observando no mundo inteiro. Estamos vivendo a revolução feminina. As representantes do chamado sexo frágil estão estudando e trabalhando mais e melhor do que os homens e se adaptando, com mais facilidade do que eles, às grandes transformações pelas quais o mundo vem passando.

Discretamente, como convém em uma revolução desta natureza, e com muita tenacidade, as mulheres no mundo ocidental vão ocupando, lenta e sistematicamente, as posições, profissões e cargos, antes reservados apenas aos homens. Há quem prenuncie o fim do domínio masculino no mundo dos negócios. As mulheres empreendedoras vêm pisando forte e não há quem as pare.[3]

13.3 Exemplos familiares: fatores condicionantes para que um indivíduo se torne um empreendedor

O exemplo dos pais é fundamental. Embora existam muitos indivíduos que se destacam pelas suas atitudes em favor da criação de empresas, esta simples manifestação de comportamento não é garantia plena do sucesso.

A visão tradicional é de que jovens sucedem seus pais num determinado empreendimento por conta de obterem substancial ajuda material de seus pais. Será que a contribuição financeira dos pais ou mães é realmente importante?

3 HERREN, R. La revolución feminina. *Tiempo*, n. 87, p. 72-80, 4 nov., 1996.

Preocupados com este fenômeno, Dunn & Holtz-Eakin[4] analisaram a performance de jovens e seus pais, desde meados de 1960 até 1980. Como esperado, constataram que a riqueza dos pais tinha um efeito estatisticamente significativo, na probabilidade de que os filhos pudessem, um dia, tornar-se um empregado por conta própria. Estudaram também a forma como os jovens geriram os seus recursos, e os resultados desta gestão foram incrivelmente modestos.

O que verdadeiramente surpreendeu os investigadores foi a constatação de que a profissão, o *status* profissional dos pais, especialmente o paterno, foi o que realmente pesou no momento de os jovens optarem por criar a própria empresa. Não obstante normalmente tenham escolhido diferentes ocupações, os filhos de homens empregados por conta própria apresentaram forte tendência de eles também optarem por ser empregados por conta própria. Em outras palavras, mais do que ajuda financeira, a entrada de capital financeiro foi o capital humano dos pais – como modelo e transmissão do gosto pela atividade empresarial e dos conhecimentos de como gerir um empreendimento – que, segundo este trabalho, aparentemente impulsionou os indivíduos pesquisados a tornarem-se empreendedores bem-sucedidos.

A Figura 13.1 sintetiza um modelo fundamentado em quatro fatores e explica o desenvolvimento cognitivo do empreendedor de empresa de base tecnológica. O primeiro fator que exerce preponderante influência sobre o indivíduo é seu *background* familiar – fato que, sem sombra de dúvidas, afeta todos os outros aspectos do desenvolvimento da personalidade do indivíduo, incluindo certamente uma orientação voltada para resultados, personalidade forte e motivação, fé inabalável no que pode ser alcançado, bem como o desenvolvimento de elementos como a educação e a preparação, formação profissional –, antes de vir a ser um empreendedor. A natureza e a extensão da experiência profissional indubitavelmente estendem-se por três ramos, porém também o *feedback* altera objetivos e motivos, e podem afetar o processo educacional do empreendedor. Os elementos que compõem essas quatro dimensões são apresentados na Figura 13.1 e afetam a opção de ser ou não empreendedor e de iniciar uma empresa, considerando prováveis diferentes efeitos sobre cada indivíduo.

---

4 DUNN, T.; HOLTZ-EAKIN, D. What makes an entrepreneur parental example is a big factor. In: KORETZ, Gene. Economic Trends. *Business Week*, (3510-820), p. 13, Dec. 9, 1996.

A percepção do processo de criação de empresas de base, via incubadora, pode começar de diversas formas. Contudo, propomos que esta análise seja feita levando em consideração a envolvente ambiental ou a experiência de negócios, a vivência empresarial familiar dos empreendedores.

A seguir apresentamos uma proposta de modelo de desenvolvimento de empreendedores.[5]

Figura 13.1 Modelo de desenvolvimento de empreendedores/criadores de empresas de base tecnológica via incubadora

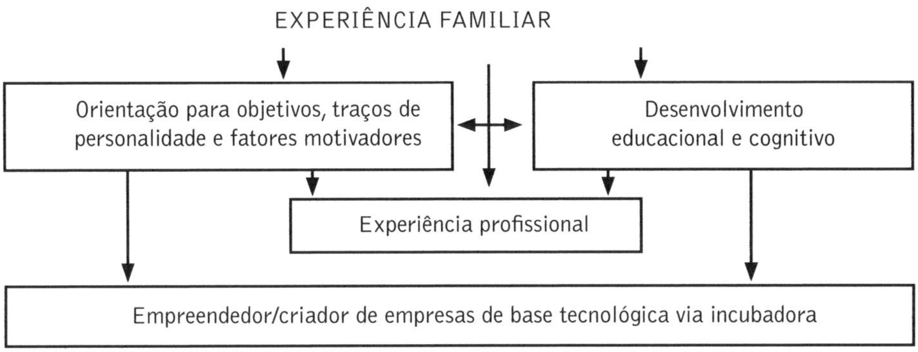

Não há mão de obra desqualificada que possa concorrer, com sucesso, contra inovações tecnológicas de produção e/ou produtos geradoras de vantagens competitivas sustentáveis. Para inovar e competir, é preciso que empresas de base tecnológica invistam em ações de formação de seus recursos humanos.

Paralelamente e como efeito induzido, a inovação tecnológica forçará e incrementará o nível de competência, uma vez que as empresas, para sobreviverem em um ambiente instável, já não podem somente imitar, por mais ardilosos métodos que usem de espionagem ao melhor estilo dos *benchmarkings*. O que realmente é necessário é inovar, substituir, promover processos que anulem o auto-obsoletismo. E fazê-lo de um modo repetido, nesse período de turbulência que os empreendedores

5 ROBERTS, E. B. *Entrepreneurs in high technology*: lessons from MIT and beyond. New York: Oxford University Press, 1991. p. 52-55.

estão enfrentando, fonte de enormes oportunidades de negócios, para os mais atentos e ágeis.

O *benchmarking* pode se dar de duas formas: passiva, na qual uma companhia copia as práticas de outra; ou criativa, na qual uma companhia copia e melhora os processos que observou em outra. No *benchmarking*, trata-se de "bater o melhor" e não "copiar o melhor". Nesse sentido, a necessidade de *benchmarking* não conduz a uma perda de diferenciação.

A palavra de ordem – flexibilidade – remete a processos de adaptar-se rapidamente às mudanças, mutações do mercado, incentivando e desenvolvendo uma cultura inovadora que promova o aperfeiçoamento da mentalidade aberta e receptiva à mudança, à criação e manutenção de estruturas organizacionais flexíveis e enxutas; assim como de implementar mecanismos de recompensa às ações participativas de todos os colaboradores da empresa, sendo seguidores do credo da aceitação e da adaptação à mudança, fixação de objetivos desafiantes e factíveis; e de monitorar sistematicamente a evolução do mercado, inovando em função dos desejos e necessidades do seu público-alvo, com acompanhamento atento de todos os movimentos da concorrência.

A concorrência nos anos 1990 é melhor e mais exigente do que a dos anos 1980. Muitos mercados passaram de competitivos para hipercompetitivos. Em um mercado competitivo, podia-se manter uma posição de mercado e uma vantagem competitiva. Já em um mercado hipercompetitivo, dificilmente pode existir qualquer vantagem competitiva sustentável. A rápida mudança tecnológica e a globalização podem destruir vantagens competitivas, em uma só noite.

13.4 Empreendimento e empreendedores

A única esperança reside em praticar uma melhoria contínua. Talvez a única vantagem competitiva que uma companhia pode ter é a capacidade para mudar mais depressa do que os seus competidores.

Essa cultura inovadora (tecnocultura) – como transferência do conhecimento –, tanto das universidades como das empresas, implicará em os gestores públicos e privados terem uma nova postura para não perderem seus melhores quadros.

O conhecimento é algo intangível, porém pode ser perfeitamente transferido, seja por meio de cursos, palestras, ou outras formas. É importante destacar que, sem as contribuições das diferentes instituições citadas pelos entrevistados, o processo de criação de uma empresa de base tecnológica via incubadora seria muito mais difícil do que se imagina.

Faz parte das características de comportamento empreendedor aproveitar uma oportunidade fora do comum para começar um negócio, obtendo financiamentos, equipamentos, terrenos, local para instalar a empresa (por meio de um programa de incubação de empresas). Aos empreendedores não basta possuir informações sobre as oportunidades emergentes – que, aliás, se alteram de dia para dia –, mas sim devem fazer uso da criatividade, uma ferramenta essencial no momento de se avaliar a viabilidade das oportunidades que surgem a todo momento.

A vantagem competitiva sustentável das empresas advém, especialmente, da criatividade com que conseguem operar as informações antecipadas das oportunidades de negócios, reveladas através dos mercados.

O principal ativo de um empreendimento de base tecnológica é o conhecimento dos seus promotores e colaboradores. Assim, pode-se facilmente perceber a razão de a importância de reunir uma equipe de elevado potencial ser uma preocupação dos empreendedores.

Na Sociedade da Informação – ambiente no qual as empresas de base tecnológica criadas via incubadora irão florescer –, a principal barreira de entrada será a habilidade com que a empresa consiguir concentrar a propriedade intelectual interna.

O capital humano que a empresa terá que dispor exigirá que as organizações apliquem, cada vez mais, recursos no desenvolvimento da capacidade intelectual de seus empregados, mesmo porque pode ser uma estratégia para também atrair investimentos dos adeptos a capitais de risco.

Na sociedade do conhecimento, a mais provável hipótese para as organizações – e certamente a alternativa que têm para conduzir seus interesses e negócios – é que elas necessitam dos trabalhadores do conhecimento muito mais do que os trabalhadores do conhecimento precisam das organizações.

Quando os indivíduos são por eles mesmos capazes de obter e rentabilizar quase todos os valores de seu capital humano, frequentemente tornam-se empreendedores. Para muitos que não têm esse espírito empreendedor, contudo, há também valor econômico criado ao fazerem parte de uma organização. Isso porque o trabalho que eles realizam juntos é uma riqueza maior do que a soma dos esforços individuais de cada membro da organização a que pertençam. A empresa de base tecnológica tem a legítima aspiração de ser depositária do capital humano, porém não uma exclusividade sua.

O aproveitamento de oportunidades únicas no mercado e a montagem de uma altamente capaz implicam que os gestores dos empreendimentos de base tecnológica devem ter mentalidade aberta ao diálogo constante com seus colaboradores, clientes e concorrentes, fato que faz com que ajam de forma a assumir os riscos inerentes a qualquer projeto de inovação; a incentivar a criatividade, de modo que facilite a passagem da ideia à concretização – identificando uma entidade para confeccionar o protótipo do produto –; assim como a promover o espírito de grupo, catalisador da cooperação interna – onde todos estejam preparados para o exercício de toda e qualquer atividade –, evitando que surjam atitudes de recusa, por inadaptação dos colaboradores às tarefas que lhes são solicitadas.

Empreendimentos de base tecnológica exigem, de seus promotores, um amplo domínio da tecnologia que será empregada na caracterização, concepção e implementação do produto/serviço a ser oferecido aos futuros clientes. Assim, os resultados não surpreendem os estudiosos do processo de criação desse tipo de empresas.

A ausência de tecnologias próprias limita seriamente as opções de estratégias de empresa, a médio e longo prazo. Os empreendedores devem, por isso, investir mais tempo, recursos humanos e financeiros no desenvolvimento de sistemas de inovação que lhes permitam enfrentar, com sucesso, os desafios futuros da competição global.

A Figura 13.2 sintetiza o exposto sobre a questão da dependência tecnológica.

Figura 13.2 Implicações estratégicas da dependência tecnológica

Fonte: Adaptada de FREIRE, 1997, p. 564.

A empresa é uma abstração que se realiza todos os dias. Uma empresa de sucesso é permanentemente jovem, principalmente as de base tecnológica, criadas via incubadora. O negócio são as pessoas. A função do empreendedor é gerir o potencial humano e a relação da organização com o futuro. O empreendedor deve ser a pessoa mais disponível, porém sabendo distinguir o essencial do acessório.

Para se criar uma empresa de base tecnológica é preciso, entre outras coisas, dominar a tecnologia a ser empregada e conhecer, muito bem, as potencialidades da equipe que será responsável pela execução do projeto. É de fundamental importância inventariar os recursos humanos e tecnológicos da empresa para que possam ser otimizados os recursos disponíveis, fato que facilitará a alocação mais racional dos investimentos em investigação própria a fim de que não se dependa de compra ou licenciamento de tecnologia de terceiros. Faz-se necessário proceder periodicamente a uma avaliação das capacidades reais de investigação e desenvolvimento e inovação da empresa.

Raras são as empresas que realmente conhecem o valor de seu capital humano e tecnológico. E por esse completo desconhecimento das competências humanas e tecnológicas, ressalta-se o contraste com o controle, quase obsessivo, dos bens materiais da empresa. Em outras palavras, valoriza-se mais o patrimônio tangível (equipamentos, máquinas etc.) do que o intangível (ideias, experiências e conhecimentos acumulados etc.).

A principal característica das empresas de base tecnológica, sem exceção, é o seu patrimônio tecnológico, que, na maioria dos casos, revelará um estoque de conhecimentos, competência e habilidades permitindo que a empresa possa posicionar-se no mercado não como possuidora de ativos tangíveis, mas sim de intangíveis.

É árdua a tarefa de enriquecer esse patrimônio. É preciso adotar uma postura que permita instalar uma cultura inovadora que estimule, em todos os seus membros, a criatividade – fonte inesgotável de ideais e inovações –, que será um fator de competitividade.

É importante destacar que cerca de 90% dos produtos que serão consumidos nos próximos dez anos, ou ainda não existem, encontram-se, atualmente, em uma fase de ideia ou projeto. Essa realidade aconselha que as empresas estejam em permanente estado de alerta, de modo a antever as mudanças, e que saibam aproveitar a janela de oportunidades ocasionadas pela constante evolução tecnológica.

O domínio da tecnologia a ser empregada, uma boa equipe e uma oportunidade única de mercado são ingredientes que podem levar ao sucesso os empreendimentos de base tecnológica, criados via incubadora.

A maioria das empresas de base tecnológica não sobrevive ao ritmo de mudança e à concorrência a longo prazo. A vantagem competitiva das empresas consiste na sua capacidade de aprender mais rapidamente do que a concorrência. Trata-se de uma aprendizagem organizacional em que o pressuposto é o grau de aprendizagem individual dos seus membros. Assim, as empresas de base tecnológica que queiram ter sucesso terão de responder com eficácia a dois desafios: a envolvente externa e a problemática dos trabalhadores com expectativas e aspirações de carreira.

A fundação da empresa e o início da sua concentração no negócio principal têm de ser fortes. Ela necessita de um alicerce de fundação em que possa exercer posição dominante. Pois é premente dominar de origem um segmento de mercado. Assim como é preciso que *core business* continue com elevado padrão de envolvimento com a sociedade.

Antigamente, as empresas vendiam aquilo que produziam. Agora, produzem aquilo que se vende. A orientação para o mercado é fundamental para o sucesso do negócio. As micro e pequenas empresas de base tecnológica, criadas via incubadora, podem perdurar em nicho de mercados onde possam coabitar com as grandes – muitas vezes trabalhando naquilo que as grandes não querem fazer.

A sobrevivência das empresas de base tecnológica passa também pela capacidade de adaptação às exigências do mercado e à procura de novos produtos e oportunidades de negócio.

É preciso que o empreendedor tenha uma liderança forte, ativa e imaginativa para enfrentar as situações críticas provocadas pela concorrência, cada vez mais intensa.

Todos os negócios de hoje competem em dois mundos: um mundo físico e um mundo virtual, feito de informação. As tecnologias da informação oferecem às empresas e indivíduos oportunidades para explorar e descobrir novos mundos.

O empreendedor sabe que não existe nada tão importante, na sua carreira, quanto o ato de pensar, refletir, questionar, quebrar paradigmas. Tudo isso é vital para quem queira, em uma palavra, fazer a diferença.

O empreendedor sem dúvida é alguém que assume riscos e inova, tendo em mente um objetivo empresarial preciso – o de iniciar e manter um negócio independente –, sendo o empreendedorismo o processo de criação e desenvolvimento de negócios autônomos, baseados na inovação sistemática.

O empreendedor é o indivíduo que estabelece um negócio independente. E nos estágios iniciais de evolução deste negócio, é fundamental que ele empenhe toda a sua atenção para que consiga sobreviver.

Empreendedores e empreendimentos existem desde os primórdios da nossa história. Tivemos um surto de empreendedorismo quando da ocorrência da Revolução Industrial. Outro surto vem ocorrendo a partir de 1970, impulsionado pela transição para uma sociedade da informação.

A percepção da importância do *espírito empreendedor* para o desenvolvimento econômico e social tem provocado, por sua vez, o surgimento de um grande número de pesquisas sobre o tema.

As principais qualidades observadas nos empreendedores são apresentadas a seguir.

13.5 As dez qualidades de um empreendedor bem-sucedido

1. Curiosidade: em primeiro lugar, é bom possuir uma curiosidade fundamental acerca dos produtos/serviços de sua empresa. É preciso que o próprio empreendedor use esses produtos/serviços. Se o empreendedor não sente um fascínio pelo produto/serviço, fica muito difícil acompanhar as mudanças no mercado. É preciso estar em ação permanente, ligado 24 horas dos sete dias da semana ao negócio.
2. Atuação junto aos clientes: o empreendedor precisa estar realmente interessado em conversar com os clientes. A percepção de seus desejos e necessidades são fundamentais para o empreendedor. O sucesso decorre do fato de o empreendedor compreender e se importar profundamente com seus produtos/serviços, sua tecnologia e as necessidades de seus clientes sobre como eles utilizam os produtos/serviços – como o que gostam, o que não gostam.
3. Capacidade de trabalho, honestidade e ética: essas qualidades são cruciais, e sua importância é tão evidente que talvez nem precise ser citada.
4. Saber delegar: autonomia e espírito empreendedor devem ser a tônica de toda a equipe.
5. Conscientização quanto à filosofia básica da empresa: os valores essenciais da empresa. Não importa o quanto o mundo ao redor da empresa mude, os ideais essenciais de um empreendedor nunca mudam.
6. Nunca negligenciar a sua formação: o empreendedor precisa estar atualizado com o que vem ocorrendo, no ramo de atividades de sua empresa.

Possuir conhecimentos ou habilidades especializadas, ao mesmo tempo que mantém uma perspectiva ampla. A disposição em mudar, em aprender coisas novas, é crucial.

7. Flexibilidade: o empreendedor precisa ser suficientemente flexível para aproveitar as oportunidades de negócios que vão surgindo.
8. Percepção da envolvente ambiental: compreender o contexto econômico em que sua empresa atua. É preciso perceber os fatores que podem provocar o crescimento ou a falência de sua empresa, para que se possa saber que medidas e estratégias deve adotar.
9. Monitorar a concorrência: acompanhar os passos da concorrência. Estudar o que vem acontecendo no mercado. O que nossos concorrentes andam fazendo de inteligente? O que podemos aprender com eles? Como podemos evitar os erros que eles cometeram? São perguntas fundamentais neste processo.
10. Usar a cabeça: analisar os problemas que vão surgindo, mas ter a preocupação de não se tornar vítima da "paralisia analítica". Fazer bom uso do tempo, priorizando as coisas mais importantes.

13.6 Conclusão

Os resultados deste estudo constituem-se valiosos subsídios para que se possa compreender melhor o processo empreendedor, o próprio ato de criar empresas, o mecanismo de criação de empresas de base tecnológica, via incubadora, assim como o papel e características daqueles indivíduos que são os principais agentes desse processo – o empreendedor/criador de empresas.

A análise e revisão bibliográfica sobre a criação de empresas e a figura do empreendedor permitem avançar conclusões das quais se destacam:

- apesar de existirem muitas e variadas publicações acerca deste tema, tanto em língua portuguesa (Portugal e Brasil), como em línguas estrangeiras, que estão destacando a figura do empreendedor/criador de empresas, não há nível correspondente de conhecimento gerado, uma vez que muitos estudos produzidos pouco acrescentam aos anteriores. O fato de a maioria dos estudos abordar apenas uma dimensão da análise desta problemática torna suas conclusões pouco potentes e incompletas, dificultando a aplicação da base conceptual adquirida à prática administrativa;

- constatou-se que a generalidade dos trabalhos e estudos publicados não considera as distinções relativas a dimensão, ramo de atividade, entre outras, e também inviabiliza a aplicação dos resultados ao exercício da gestão das empresas investigadas;
- as questões mencionadas anteriormente são agravadas pela pequena divulgação de pesquisas e estudos sobre a criação de empresas de base tecnológica, via incubadora, bem como a complexidade de sua gestão, quer no ambiente acadêmico como empresarial;
- o processo de criação de empresas é ainda pouco estudado, pois a maioria das pesquisas tem como foco o empreendedor. Sugere-se ainda que as futuras pesquisas levem em conta as associações existentes entre indivíduos, processo de criação de empresas, a sistemática de estruturação organizacional, resultados e influência do contexto ambiental, assim como a criatividade e os mecanismos de incubação de empresa;
- urge estudar, analisar e discutir a obra de Drucker, Schumpeter e McClelland, autores que abordam como solucionar o quebra-cabeça de posicionar o saber, o conhecimento, nos empreendimentos de base tecnológica, criados via incubadora, o que implica saber trabalhar com processos baseados no conhecimento. É a luta para tornar produtivo tanto o trabalho baseado no saber como os trabalhadores do conhecimento. Este foi o desafio do final do século XX: enfrentar o impacto social das tecnologias e as implicações da inteligência competitiva.

As micro, pequenas e médias empresas apresentam-se como a melhor solução para vencer o grave problema do desemprego. Não adianta buscar outras soluções. Os grandes conglomerados já estão com lotação esgotada, em escala local e global. Não pretenderam criar nenhum emprego no século passado – talvez se pretenda neste e em Marte.

Os impasses sobre o desemprego, que se arrastam há mais de uma década, não têm solução na grande empresa. Não adianta fazer reunião do G-8 ou seminários sobre o tema. Não adianta esperar que a Ford ou a General Motors criem novas frentes de trabalho – elas têm o mundo como horizonte, podem fazer rodízios, aumentar turnos e salários, mas não empregos.

As micro e pequenas empresas são a solução política porque têm a dimensão da possibilidade humana. A prova disso é que, de cada dez empregos criados no Brasil, seis são oriundos das microempresas. Não se trata de tornar grande a microempresa, mas de fazer milhares, por todo o planeta. A grande empresa é um dinossauro, com data marcada e não sabida para morrer, a microempresa é a vida resistindo e renascendo, a cada dia.

Na elaboração deste livro, foi constatado que a microempresa é uma alternativa econômica porque torna viável, a partir de uma, duas, três, quatro ou dez pessoas, uma determinada atividade produtiva– sendo, portanto, generalizável.

A microempresa é uma solução tecnológica, por ser capaz de somar simplicidade com complexidade, por meio da inteligência. E, principalmente, por estar ao alcance de cada pessoa que tome a iniciativa, é berço do espírito empreendedor.

Assiste-se a uma verdadeira explosão de cursos de capacitação de mão de obra e da criação de uma mentalidade de empreendedor. As universidades, por exemplo, estão desenvolvendo potencial tecnológico e gerencial.

O avanço das mulheres como criadoras de empresas mereceu uma especial atenção, tendo em vista o preconceito de o empreendimento de base tecnológica ser considerado um negócio "masculino".

De maneira sintética, os empreendedores/criadores de empresa de base tecnológica, via incubadora, apresentam as seguintes características básicas:

- necessidade de realização;
- necessidade de independência;
- alta dedicação à empresa;
- uma visão em que acreditam;
- são voluntários e perseverantes;
- autodomínio: traçam objetivos a longo prazo e perseguem-os com grande determinação;
- gostam de aprender constantemente e veem oportunidades onde os outros só veem constrangimentos;
- são sensíveis à inovação e à qualidade; acreditam na partilha dos lucros;
- sabem que devem ser inovadores e originais;
- acreditam que a sorte foi importante, mas deve ser provocada.

Este trabalho revela ainda que os empreendedores/criadores de empresas de base tecnológica, via incubadora, têm em comum:

- saberem identificar e tirar partido das oportunidades, em vez de tentar imitar os outros;

- serem visionários audaciosos e trabalhadores incansáveis, capazes de superar os limites;
- demonstrarem que o orgulho e o gosto pela vitória são poderosos motores para o sucesso;
- que o sucesso depende de agir consoante as próprias crenças, mas também da vontade de vencer;
- que a receita dos sucessos inclui o respeito pelo ambiente e pelas pessoas, sejam ou não seus empregados;
- apostarem na inovação.

As principais constatações referentes a este capítulo são:

- a inovação é cada vez mais um fator determinante para o sucesso das empresas de base tecnológica, criadas via incubadora, e faz com que sejam mais empregadas estratégias de crescimento, por meio da inovação, focalizando a inovação como elemento de diferenciação, tendo consciência da necessidade de saber gerir o caos gerado pela inovação, pois conhecer e fazer uso dos incentivos para a inovação é algo que os empreendedores/criadores de empresas de base tecnológica demonstraram no decorrer desta investigação;
- as empresas de base tecnológica, criadas via incubadora, são responsáveis por uma verdadeira revolução no tecido empresarial, pois criam vantagens competitivas sustentáveis, baseadas no conhecimento, protegendo, potencializando capacidades e características intelectuais, proporcionando o surgimento de organizações com poucos níveis hierárquicos e sempre medindo, avaliando e recompensando a produção intelectual de seus colaboradores;
- os empreendimentos de base tecnológica caracterizam-se pelo gerenciamento do intelecto profissional, através dos seguintes fatores: conhecimento cognitivo (saber o quê), aptidões superiores (saber como), conhecimento de sistemas (saber por quê) e criatividade motivada (preocupar-se por quê). A perfeita combinação e harmonia destes fatores levam a empresa a ter

  intelecto ⟶ produtos / serviços ⟶ valor

- a competência é essencial, fundamental para os empreendedores/criadores de empresas de base tecnológica, porque é básica – importante para os clientes –, é a plataforma flexível a longo prazo para o empreendimento, é baseada em habilidades ou conhecimentos na cadeia de valores da empresa; o intelecto é o item de maior peso, gerando um poder de controle e domínio cada vez maior pela empresa, visando a satisfação dos desejos e necessidades dos seus clientes;

- o empreendedor/criador de empresa de base tecnológica, via incubadora, sabe que a inovação tem as seguintes características: muitas vezes é fruto de uma necessidade orientada, geralmente é um processo complexo que requer muito tempo, podendo ser vítima de arranques, atrasos, contratempos, e envolvendo também muita intuição; e somente os que conseguem atingi-la são os entusiastas e vencedores;
- a inovação, portanto, é crucial para as organizações de micro e pequenas dimensões. Para dominá-la, é preciso ser gerida para uma necessidade orientada, ser entusiasta com experiência, ter perspectiva a longo prazo, manter custos baixos desde a fase de arranque, ser flexível, tolerar o caos, ter poucos planos formais, implementar fórmulas criativas de recompensa dos colaboradores e ter espírito empreendedor;
- nem a mais bem fundamentada das doutrinas alimenta a esperança de progressão social, como o fazem as histórias dos empreendedores que edificaram seus empreendimentos como *self made men*. As empresas estudadas neste trabalho, muitas delas à boa maneira norte-americana, são protagonizadas empreendedoras, que têm uma ideia em que acreditam ao ponto de nela tudo arriscar. E que medem o seu grau de sucesso à medida que o negócio se expande e enriquece;
- está ocorrendo uma incubadora, local onde alguns sonhadores transformaram a sua fantasia em indústrias que estão mudando o ambiente empresarial, nos quatro cantos do globo. De fato, os capítulos que compõem este trabalho tentam explicar, amiúde, as circunstâncias nas quais estes empreendedores vêm desenvolvendo seus empreendimentos, muitas das vezes tendo por cenário instalações improvisadas;
- estes são casos de empreendedores schumpeterianos, com um papel ativo na renovação do tecido econômico e social, devido à "destruição criativa" que nele opera; empreendedores "capazes de agir com confiança para além dos limites dos sinais familiares"; ou ainda os féis à visão de Peter Drucker,

que, entre as qualidades que fazem um empreendedor, enaltecem a inovação. O empreendedor está sempre à procura da mudança, a que responde explorar como oportunidade e, sob a perspectiva de McClelland, que destaca a necessidade de realização dos empreendedores;

- reconhecer a presente época como um melhor exemplo da aplicação das ideias de "destruição criativa" de Schumpeter: atualmente, é quase impossível criar uma coisa realmente nova, sem mudar radicalmente ou até mesmo destruir o que já exista;
- a literatura é por vezes ingrata com os empreendedores, contando-os com adjetivos pouco lisonjeadores, da ficção de Dickens à realidade não longínqua dos anos 1970. Este trabalho vem demonstrar que a visão maniqueísta dos negócios – com exploradores e explorados – está já irremediavelmente fora de moda. De vilão, os empreendedores/criadores de empresas de base tecnológica, via incubadora, estão passando a heróis, em uma história em que também o cenário mudou radicalmente;
- estamos presenciando o surgimento de um novo tipo de empreendedor, mais experiente, conhecedor das nuanças da vida empresarial, que tem muito mais chances de sucesso do que seus antepassados;
- é preciso estar atento aos novos problemas gerados pelo saber voltados aos empreendimentos de base tecnológica, criados via incubadora como: grandes variedades e enorme incerteza sobre os *inputs* e *outputs* da empresa; rotinas e normas muito individualizadas e pouco formalizáveis; continuidade entre processos *inputs* e *outputs* (dificuldades em separá-los com objetividade); dificuldade de estabelecer critérios objetivos de medida; assim como a autonomia profissional gerada e os suportes tecnológicos para esse tipo de trabalho e trabalhador;
- além de saber ganhar dinheiro, essa nova geração de empreendedores tem em comum o fato de haver identificado, antecipadamente, as novas oportunidades de negócios que nasceram com a globalização e a explosão proporcionadas pela tecnologia. São empreendedores que descobriram territórios virgens e férteis para plantar negócios que contrariavam o conhecimento tradicional das pessoas;
- por outro lado, constata-se que os empreendedores/criadores de empresa de base tecnológica, via incubadora, ao lidar com o saber, devem estar atentos

que é preciso: investir na pesquisa e aquisição ativa do saber existente ("inteligência" competitiva); a criação de novo saber; a "embalagem" de saber criado externamente; como a aplicação de saber estandardizado e reutilização do saber;

- a revolução tecnológica, perpetrada nas empresas de base tecnológica, e a valorização do capital humano resultariam na versão massificada do iluminismo em pleno século XXI: a conhecida sociedade da informação em sociedade do conhecimento. Os mais afeitos a livros do que a computadores a denominaram "a grande sociedade aberta", descrita pelos austríacos Poper e Hayek;
- um empreendedor é um indivíduo que concebe um negócio, é como um general a planejar uma batalha ou um médico a preparar uma terapêutica. A gestão de empresas é um empreendimento semelhante à captura de um criminoso, à conquista de uma namorada ou à educação de um filho. São tarefas de tal complexidade que nunca há certeza sobre o que se deve fazer. Nessas funções, é bom conhecer as técnicas, mas é melhor usar o bom senso e deixar o máximo de alternativas abertas;
- a ciência da gestão não pode nunca dar a resposta certa e específica para o problema particular de uma empresa concreta. Como na guerra, no amor ou na investigação policial, o que se pode fazer é enunciar princípios gerais ou descrever casos antigos, onde certas opções tiveram bons resultados. Se alguém quiser absolutizar esses princípios ou copiar essas soluções, a única certeza que há é que vai errar em uma grande quantidade de casos;
- as empresas de base tecnológica criadas, via incubadora, são as empresas do futuro. Um dos grandes desafios empresariais do momento – principalmente nas empresas de base tecnológica – não é mais administrar a falta, e sim o excesso de oportunidades (fato inédito na história econômica); o quadro atual, de enormes transformações, criou para empresas de base tecnológica excelentes oportunidades de negócios;
- novos padrões tecnológicos, novos parceiros entrando no mercado, a terceirização ampla criando novos segmentos de atuação, a integração de mercados, integração de logística, a descoberta de sinergias entre empresas de segmentos diferentes – tudo isso contribui para enriquecer e complicar, extraordinariamente, o ambiente econômico;

- nessa conjuntura, a matéria-prima mais escassa é a visão da estratégia correta, a visão sistêmica, capaz de trabalhar e estruturar esse volume de transformações dispersas em um todo lógico e traçar um rumo que permita aproveitar as novas oportunidades sem perder o foco;
- é bom nunca esquecer que para as empresas de base tecnológica haverá sempre a necessidade de se agregar cada vez mais cérebros e maior flexibilidade, nessa busca de novas oportunidades de negócios;
- a Sociedade da Informação e do Saber está, assim, a criar uma enorme diversidade de novas oportunidades de empresas e de negócios em áreas onde, até bem pouco tempo, quase ninguém traçava cenários tão promissores. É o caso das empresas de base tecnológica, criadas via incubadora, que são indústrias de conteúdos multimídia, do audiovisual e do entretenimento, do software, da eletrônica e das telecomunicações, bem como da convergência de todas essas atividades, em termos tecnológicos e de mercado. E a emergência de novas formas de trabalhar, como o teletrabalho, permite também a criação de mais empresas e empregos, muitos deles de alta qualificação;
- na Sociedade da Informação e do Saber, será cada vez mais a valorização do fator humano o principal *input* do processo produtivo, ao transformar o conhecimento e a informação em capital, mas ao mesmo tempo que vem a excluir os menos qualificados;
- acabou a era da previsibilidade e, com ela, o apogeu do empreendedor especialista, criador de empresa inflexível e do candidato a dono de seu próprio posto de trabalho autossuficiente;
- na era anterior, na linha de montagem, nenhum trabalhador ia além da volta do parafuso; na média gerência, nenhum gerente avançava além do manual, e nenhuma decisão deixava de passar pelo empreendedor; agora vivem-se novos paradigmas.

Capítulo 14

O fenômeno do empreendedorismo: criando riquezas

A atividade econômica e seus ciclos têm sofrido mudanças rápidas e muito significativas nos últimos anos. É difícil deixar de reconhecer que a economia mundial entrou em uma fase distinta de tudo o que se havia visto no mundo anteriormente. A geração de riqueza por parte das novas empresas é verdadeiramente surpreendente.

O desenvolvimento pleno da economia de um país somente se alcançará via inovação. A inovação agrega valor. Um exemplo excelente de criação de valor sobre uma *commodity* é o do empreendimento desenvolvido por um bioquímico, este elaborou um dispositivo que permite estender significativamente a vida útil da uva, conseguindo por consequência melhores preços para este produto.

Para entender o impacto desta inovação, basta ter presente que se estimam em vários milhões de dólares as perdas do setor exportador de uvas que chegam ao destino com uma qualidade inferior à especificada nos contratos de compra.

Este caso é relevante, porque dele se desprendem ao menos duas grandes lições: em primeiro lugar que se pode e (deve) inovar em qualquer setor da economia, e segundo, que o processo de inovação poucas vezes é previsível, lógico e ordenado. Estamos diante de um caso de um inovador que teve atitude para fazer e correr riscos para obter um grande êxito na busca pela inovação.

Precisamos desenvolver modelos de inovação que sejam baseados em quatro fortes ideias. A primeira é centrar o propósito da inovação na criação de valor. Assim, entendemos por inovação o processo pelo qual os sistemas produtivos desenham e mantêm vigentes suas propostas de valor no mercado.

A segunda ideia central é que a inovação não é um luxo reservado às grandes multinacionais. Em uma era marcada pela mudança, inovar se tem convertido em um requisito para ser e permanecer competitivo, com independência para enfrentar as grandes empresas.

Se avaliarmos o valor de ter presente três fontes principais de inovação – como tecnologia, modelos de negócios e design – vê-se que cada uma destas fontes traz em seu bojo a criação, oportunidades e desafios próprios diferenciáveis de outras.

A inovação é um tema de empreendedores. É fundamental que a empresa que quer ser boa inovando gere competências laborais em seus próprios recursos humanos e seja capaz de construir redes com outras pessoas externas.

A tarefa de inovar obriga o empreendedor a observar e decodificar os desejos e necessidades do nosso público-alvo. É preciso gerar condições para que cada membro da organização se veja como um sensor da realidade, atento aos desajustes entre os produtos e serviços da empresa e as necessidades dos usuários.

É necessário gerar um clima propício à inovação. As organizações que se destacam por inovar mostram uma consistente capacidade em criar um clima fértil para a criatividade e a adaptação, confiando nas capacidades tanto de análises como de sínteses de seus membros.

Os seguintes exemplos atestam o ritmo e a intensidade do que muitos chamam de "a economia do conhecimento". Uma empresa como o Google, que não vende produtos tangíveis, foi fundada apenas uns dez anos atrás, e já alcançou ao final de 2007 um valor de mercado que supera os bilhões de dólares, e possivelmente apresenta-se atualmente como principal competidor da Microsoft.

Outra empresa como o Youtube foi iniciada somente 18 meses antes de sua venda, que se realizou em 2006 por 1,65 milhões de dólares. Enquanto o CEO do Facebook tem menos de 25 anos e dirige a dita empresa fundada por ele mesmo: o valor do Facebook já se calcula em vários bilhões de dólares. Aos 22 anos este jovem gerente geral tinha rechaçado uma oferta de compra de quase um bilhão de dólares por parte da Viacom.

O valor das ações da America Online, provedor de serviço de internet, cresceu 80 mil vezes em sua primeira década, e em plena bolha de internet a empresa fundiu-se com o gigante midiático Time-Warner. No ano 2000, a empresa Cisco chegou a ter um valor próximo aos 30 bilhões de dólares.

Outro gigante como a Amazon, que também tem pouco mais de uma década de existência, alcançou uma valorização no mercado de valores que ultrapassa os bilhões de dólares, e está se valorizando cada vez mais porque se encontra constantemente a inovar ao lançar a "plataforma Kindle", que não consiste apenas no leitor eletrônico da Amazon. É possível ler e baixar livros em *smartphones* (com sistema

Android, Apple, Blackberry), no iPad ou ainda em computadores, tanto com sistema operacional Windows quanto Macintosh. Há um programa específico para cada tipo de dispositivo.

Finalmente, o caso da Skype não é menos surpreendente: esta empresa foi criada na Suécia e é similar às anteriores citadas, foi vendida por mais de alguns bilhões de dólares, assim como o outro gigante, o eBay.

A marca mais valiosa do mundo já não é a Coca-Cola, como foi durante vários anos, agora o Google a supera. Este é outro sinal dos novos tempos em que vivemos.

O ressurgimento da Apple, retomada pela figura singular de Steve Jobs, não é menos surpreendente, e seu valor de mercado supera tantas empresas tradicionais. Tampouco podemos deixar de nos surpreender com a ideia de que seria uma empresa como Blyk a que pretende oferecer telefonia celular gratuita na Europa.

Todos estes exemplos apresentam várias características comuns entre as quais se destacam que: estão usando modelos de negócios que não existiam até 20 anos, a maioria foi fundada nos Estados Unidos ou Escandinávia, e também a maior parte surge de empreendimentos criados a partir das universidades, por parte de jovens empreendedores. Seus fundadores são tanto estudantes como professores, e inclusive profissionais muito próximos às universidades.

Os motores principais dessa transformação na economia e nas novas empresas são as novas tecnologias – em particular, as telecomunicações, destacando-se a internet, com mais de milhões de usuários atualmente – como a globalização, que aparece de maneira paralela ao surgimento das redes computacionais globais, e o espírito empreendedor que cria riquezas nos quatro cantos do mundo.

Em épocas recentes, particularmente a partir dos anos 1990, começou a se falar de uma "nova economia". As novas tecnologias da informação, as comunicações e o empreendedorismo estavam por detrás desta nova realidade. Aqui se podiam perceber, segundo muitos *experts*, como a economia predita por Peter Drucker, vinte anos antes, envolvia uma realidade, uma economia sustentada principalmente no conhecimento.

A equação a seguir sintetiza o discutido até agora:

Empreendedorismo + Conhecimento = Criação de riquezas

A aparição da internet foi o principal motor do desenvolvimento econômico que rompe com tudo que já tínhamos presenciado até hoje, e que permite a globalização dos negócios em uma escala e magnitude nunca vista na economia de mercado.

A chamada explosão da bolha das empresas ponto.com nos finais dos anos 1990 impôs um forte revés àqueles que acreditavam em um ciclo de crescimento de enorme duração e sem turbulências. Muitos bilhões de dólares investidos em empresas tipo xyz.com foram perdidos em poucos meses.

A partir destes acontecimentos, muitos passaram a prever que Amazon.com, um dos sites pioneiros no novo mercado, também podia desaparecer. Tornou-se mais difícil conseguir recursos para fundar, desenvolver ou fazer crescer empresas de internet. A explosão foi na realidade um filtro, que deixou somente as empresas com boa rentabilidade presente ou razoavelmente futura.

Nos anos seguintes reapareceram empresas muito importantes como Google, Skype, Blogger, Youtube, Facebook, MySpace e Wikipedia, esta última, não lucrativa, porém de grande impacto. Também é indiscutível que temos experimentado uma revolução nas comunicações em nível local, regional e mundial, tanto pelo surgimento dos telefones móveis e agendas eletrônicas, e sua posterior massificação, como o surgimento da internet e a atual mescla de ambos.

Esta revolução torna previsível um maior impacto na vida dos habitantes deste planeta que outras revoluções proporcionaram, inclusive a Revolução Industrial. Isto não implica, sem dúvida, que não haja ciclos de crescimento e decrescimento na economia mundial como alguns concluem.

Em meados dos anos 1990 surge, na Finlândia, um surpreendente esforço de colaboração mundial que gera o sistema operacional Linux, milhões de programadores de todos os cantos do planeta trabalham em conjunto, não por dinheiro, mas por gosto, pela necessidade de realização – a qual McClelland enfatizou em sua Teoria das Necessidades como realização, poder e afiliação – para criar o principal competidor do sistema operacional dominante, o Windows.

Esse esforço se repete posteriormente e com efeito igualmente impressionante, conhecido como Wikipedia. As novas tecnologias permitem a aparição de um trabalho em equipe, verdadeiramente mundial e voluntário, que surpreende os que consideram o mundo industrialmente desenvolvido individualista.

O emprego como conhecemos foi um artefato criado no século XX que acabou nesse início do século XXI. Nas últimas décadas o nível de empreendimento no mundo vem sendo incrementado substancialmente. É o fenômeno do empreendedorismo a criar riquezas de forma acelerada, acessando os sites das principais publicações no mundo inteiro, sendo evidente que a taxa de desemprego é um dos principais problemas e preocupações do mundo de hoje.

Os empreendimentos no mundo moderno têm que enfrentar os impactos da globalização. Esses efeitos se podem dividir em três grupos fundamentais: primeiro, uma concorrência mais intensa; segundo, a abertura de grandes mercados aos produtos e serviços; e terceiro, a rapidez das mudanças na tecnologia e nos negócios, que inclui os ciclos econômicos, tecnológicos, empresariais e de produtos ou serviços. A globalização é aprofundada rapidamente graças às mudanças substanciais proporcionadas pelas telecomunicações, entre as quais se destacam a aparição da internet e as comunicações sem fios.

A destruição criativa é uma das características particulares da globalização com importantíssimas consequências no mundo inteiro, e que apresenta enormes desafios, porém, por sua vez também gigantescas oportunidades de negócios via internet, por exemplo. Não temos hora, nem local para fazer negócios. Eles são feitos de um teclado de um laptop em uma praia.

Nesse contexto global e altamente dinâmico, a formulação das estratégias pelos novos empreendedores requer análises profundas. O êxito desses empreendedores depende de muitos fatores, entre os quais se encontra o seguinte: como esses empreendedores vão programar sua estratégia uma vez que precisam identificar e criar com muita competência uma oportunidade de negócio no mercado. Esta é a grande relevância dos modelos de negócios.

A maioria dos novos negócios entra em um mercado já existente. Sem dúvida, também é possível ver novas empresas que criam novos mercados, com os quais se posicionam automaticamente como monopólios naturais, porém também éticos e legais. Nesses casos, as capacidades de ingressos podem ser enormes já que não terão de repartir o mercado com outras empresas durante algum tempo.

Quando alguém empreende um novo negócio o faz porque encontra uma oportunidade. A maioria dos textos sobre empreendedorismo sugere que o empreendedor, uma vez que tenha detectado a oportunidade, eleja alguma das estratégias básicas tão em moda nos anos 1990: baixo preço, diferenciação, e segmento ou nicho de mercado. Porém, para levar a cabo a estratégia, o empreendedor deve considerar como fazê-lo. Uma maneira muito prática é usar um modelo de negócios.

Não deixa de se admirar que empresas criadas tão recentemente, como o Google, tenham um valor de mercado maior que a Ford e a General Motors juntas, é interessante destacar que o valor do Facebook.com se calcula similar ao do canal de televisão MTV, em cerca de oito bilhões de dólares.

Todas as estratégias se manejam implícita ou explicitamente por meio do modelo de negócios. Por ele é necessário saber bem de que se tratam, suas análises detalhadas podem descobrir antes dos olhos do novo empreendedor oportunidades fabulosas que pareciam ocultas.

Tradicionalmente, um modelo de negócios tem dois componentes: um de custos e um de ingressos. Os nomes dos componentes são explícitos e ajudam a definir claramente de que se tratam: o componente de custos abarca tudo o que implica gastos da empresa, por outro lado, o componente de ingressos abrange tudo o que produz recursos para a empresa.

Todas as empresas, mesmo as que não visam lucros, necessitam de ingressos para subsistir, e é assim que o modelo de ingressos abarca as diferentes categorias das fontes de ingressos de uma empresa. De forma que se pode ter ingressos por vendas, patrocínio ou doações.

Dessa maneira, a estratégia central tem a faculdade de tomar distintas formas e variantes nas diversas fontes de ingressos. Uma característica importante das novas condições econômicas deste novo século é a contínua aparição de fontes de ingressos que previamente não existiam.

Uma apropriada diversificação das fontes de ingressos de uma empresa, nova ou não, resulta um grande suporte para conseguir financiamento, porque a mencionada multiplicidade faz o negócio mais atrativo.

Um dos exemplos de diversificação das fontes de ingressos fácil de reconhecer é o caso das equipes desportivas modernas, em que as equipes obtêm recursos de muitas fontes: vendas de bilhetes de entrada dos jogos, direitos de transmissão pela TV ou por internet, venda do material desportivo do clube, venda de jogadores e venda de outros artigos que vão desde bandeiras, brindes até livros ou vídeos.

A diversificação de empresas importantes como IBM, HP ou Apple, e sobretudo GE, mostra como estas empresas requerem diversas fontes de ingressos para se manter competitivas. Por exemplo, IBM e HP que surgiram e se consolidam como fornecedores de equipe computacional agora obtêm mais de 50% de seus ingressos por venda de serviços, muitos deles não estritamente computacionais.

Os impactantes exemplos que apresentamos têm relação direta com as novas tecnologias e sua integração com o fenômeno do empreendedorismo. E, embora as maiores empresas do mundo sejam as petrolíferas, o valor total da riqueza gerada nas últimas três décadas pelas empresas de tecnologias de informação e telecomunicações supera com uma boa margem de diferença a soma das anteriores.

Aparte da Cisco, que é o principal provedor de infraestrutura para a internet, a maioria das novas empresas com alto impacto na internet são as que obtêm a maior parte de seus recursos por meios pouco comuns ou inexistentes até um par de décadas. O Google, por exemplo, vende publicidade, porém a publicidade que lhe deixam seus próprios sites não é tão significativa como a que lhe deixam os chamados "Ads by Google" em milhões de sites que não pertencem à empresa, porém são seus aliados.

Wikipedia, Youtube ou Facebook têm milhões de pessoas "não" empregadas produzindo para eles o material que se distribui pela internet. A oferta de valor de muitas destas empresas não está dirigida a quem lhes paga ou dá recursos, mas sim ao público em geral, de maneira que os ingressos provêm principalmente de "um terceiro".

Grande parte da criação de riqueza tem sido pelas vendas das empresas como um todo a outras já estabelecidas. O grande mérito de muitas das empresas mencionadas ter atraído dezenas ou inclusive centenas de milhões de usuários mostra um grande potencial, e é altamente valorado pelos gigantes de todas as áreas das comunicações e da publicidade.

A influência dessas novas empresas vai, sem dúvida, muito mais além da parte econômica, chegando a ter um grande e direto impacto sobre aspectos sociais e políticos.

A ideia original por trás dos fundadores do Skype era literalmente inovar de maneira radical o mercado das telecomunicações. Seu plano inicial surgiu da análise de mercado das oportunidades que a internet oferece.

Ademais, ajuda os fundadores a deixar claras as políticas e intenções da nova empresa, o que não é desprezível se levarmos em conta que muitas novas empresas fracassam por mal-entendidos entre os sócios fundadores.

Os modelos de negócios que fazem uso de internet têm gerado uma gigantesca riqueza, porém também sérias crises. É fundamental considerar que a "oferta de valor" que se dá aos clientes seja a correta, e no momento adequado.

O Youtube, antes de ser adquirido, estava gastando um milhão de dólares para manter servidores e de banda larga, sem vendas significativas. O modelo de negócios do Youtube era pouco claro e muito arriscado para muitos analistas, porém seu êxito ia mais além do comercial, e assim o percebeu seu comprador final: o Google.

A aparição da internet permite as empresas alcançarem um número de clientes ou usuários que antes somente estavam disponíveis para as maiores empresas do mundo. Esse nivelamento da concorrência leva ao surgimento de um novo mundo, chamado mundo "plano".

Graças a isso uma pequena empresa fundada em Portugal, Brasil, Chile ou Finlândia pode surgir como uma pequena multinacional. E desta maneira uma boa ideia pode crescer rapidamente atingindo valor de mercado de bilhões de dólares. Com ela as novas tecnologias são capazes de mudar de forma acelerada o ambiente econômico em pouco tempo. Diante dessa nova realidade, agora muitas regiões no mundo aspiram a converter-se em novos "Vales do Silício" do planeta.

A capacidade de milhões de pessoas que inovam e empreendem na Web mostra-se a partir da cultura de redes de colaboração de serviços gratuitos e de espaços massivos de negócio, com a possibilidade de mudar a vida de suas comunidades e a própria.

Na atualidade se tem massificado a capacidade de empreender negócios pequenos a partir da Web, de transparência, colaboração, serviços gratuitos, nos blogs, nas redes sociais, como MySpace ou Facebook, em ecossistemas de negócio como eBay e Amazon.com, ou de micropublicidade como AdSense do Google.

É a possibilidade, como nunca antes vista, de democratizar a capacidade empreendedora em nível universal, com poucos recursos e uma quase infinita capacidade de difundir ofertas na rede virtual. A Web antes que uma tecnologia é um espaço social, uma cultura, um espírito, um modo de interagir em redes globais de inovação.

A difusão dos megaempreendimentos inovadores – desde o invento do computador pessoal e o sistema operacional, até os espaços de interação multimídia massiva como Napster, Amazon, Google, Myspace ou Facebook – é feita com invisíveis milhões de microempreendedores que estão a ganhar a vida, criar negócios e identidade com uma imensa quantidade de pessoas no mundo por meio de poucos "recursos tecnológicos" como um PC e uma conexão banda larga, pertencendo, assim, a um ecossistema de negócios em que há condições de comerciar sua produção, seja artesanal, agrícola, de serviços, criação artística ou distribuição.

A aceleração da evolução da tecnologia digital assegura que rapidamente todas as pessoas acessem as interações sociais, comerciais, científicas e políticas via Web. Durante quarenta anos se tem confirmado a Lei de Moore, em que a cada 18 meses a capacidade informática se duplica e seu custo baixa pela metade: aparelhos mais poderosos e mais baratos. Desde 1990 se confirma a lei de aceleração contínua, em que a cada seis meses se liberam novas ofertas na Web.

A diferença se fará pela apropriação e uso criativo/inovador/produtivo das tecnologias, mais que o acesso técnico ou econômico, é um desafio cultural apropriar-se das tecnologias para criar valor com elas. Existem zonas da África, Ásia e América Latina que terão diretamente telefonia e internet, sem haver passado por ter telefone fixo.

Todavia, os formuladores de políticas públicas, educadores e dirigentes de empresas veem as tecnologias digitais como um aliado da sua atividade. Para os jovens (próximos cidadãos, consumidores, criadores e competidores), os aparelhos tecnológicos e as interações são tão parte de sua vida como passear pela cidade em veículos motorizados ou utilizar sapatos.

O telefone móvel é um bom exemplo de como se incorporam em nosso mundo as tecnologias digitais, no nível de estarmos conectados em todo momento e lugar – fato que não nos surpreende de forma alguma.

Todos os atributos da tendência Web, redes de colaboração, identidade, blogs, compartilhar, seduzir audiências, são complementos da capacidade empreendedora entendida como capacidade de se fazer negócios também como transformação da cultura em outros âmbitos.

Uma disposição básica da inovação e do empreendimento na rede é a capacidade de apaixonar-se pela possibilidade de se criar algo do nada. Longe de ser um espaço de planificação científica e cálculo racional, a rede tem-se constituído um espaço de aventura tão desafiante como as viagens dos navegantes exploradores do século XVI.

A capacidade empreendedora está atrelada à aptidão de inovar, no sentido de trazer ofertas novas de satisfação, porém a supera no sentido de construir um espaço de massificação da nova oferta de acumulação de capital, como empresa ou outro tipo de organização de acordo com o tipo de empreendimento.

Os inovadores têm a capacidade de identificar insatisfações, desejos e necessidades das pessoas sintetizadas em novas ofertas significativas, inesperadas, contudo, instantaneamente imprescindíveis. Os empreendedores passam da inovação a um compromisso de instalar e massificar a nova oferta nas comunidades.

Empreendedor e empresário nem sempre são a mesma figura, pois existem empreendedores que não são empresários, porque empreendem no mundo social, cultural ou político. Também temos empresários que não empreendem, porque preferem permanecer com seu negócio sem muitas mudanças, sem inovações.

A Web social torna evidente que o básico da comunicação, os negócios e toda interação humana ocorre a partir de conversações, que as interações humanas ocorrem em redes sociais, permitindo às pessoas construirem identidades, que as inovações de novas ofertas sempre ocorrem remodelando o passado, que a novidade não faz uma diferença se não está comprometida com preocupações e tradições, que a operação das promessas do empreendedor ocorre em redes de compromissos, que sempre somos comparados a particularidades do ambiente que nos cerca e que podemos aprender com os outros que o êxito do empreendimento depende finalmente de construir e manter relações de colaboração com os clientes.

A configuração da Web social ou colaborativa potencializa o espaço das habilidades dos empreendedores, ao inserir no centro os modos sociais de interação em rede. Parte do mesmo fenômeno humano, todavia, o catalisa, amplifica globalmente e acelera.

Há três tópicos relativos à internet que obstruem a visão das oportunidades de empreender: entender a rede como circulação de informação sem vê-la como rede social de conversações, ficar preso aos mitos da rede como fonte de enganos, supor ou defender que é um espaço para *experts* iniciados e ter-lhe como um espaço desumanizante de isolamento e exclusão.

A condição de gratuidade e baixo custo de quase todos os recursos da rede é uma oportunidade para apropriar-se da cultura digital e reinventar os negócios sob uma ótica virtual, instantânea e global, tornando-se também uma ameaça porque a vantagem será para os que a adotarem mais rápido e com maior criatividade.

As redes, ecossistemas ou mercados, como Amazon ou eBay, apoiadas pelo motor de busca, são um espaço privilegiado de milhões de microempreendimentos viáveis, que democratizam o empreendimento e o acesso ao comércio.

Qualquer artesão ou pequeno produtor pode ascender a um mercado mundial de milhões de clientes interessados pela oferta.

Esta rede visibiliza os novos empreendimentos e os conecta a capitais de risco e bancos virtuais de microcrédito que têm vida somente na mesma rede.

A cultura de trabalho e negócios na era digital se identifica com a ética (inovadores), em que se predomina a curiosidade, a aprendizagem contínua, o entusiasmo, o gosto de experimentar, o jogo, a alegria e a paixão. É o que se requer na complexidade e aceleração do século XXI. Os modelos abertos de planificação, gestão e inovação são os que alcançam o êxito.

No mundo acelerado e complexo, é necessário superar a dificuldade da aprendizagem e focalizar o conhecimento adquirido. O tempo se acelera, porém, com liberdade de uso.

O trabalho importa porque é uma fonte de ingressos, também por ser fonte de sentido e identidade. Deve-se alinhar a paixão de viver à paixão por trabalhar como inovador permanente.

A paixão por um projeto ou horizonte é um recurso prático porque com ela somos sensíveis, descobrimos soluções, conseguimos persistência ante os fracassos, seduzimos os clientes com nossa determinação em atender seus desejos e necessidades. Porém a paixão é o que não salva da apatia, da falta de sentido e diferença, do satisfeito que já o logrou e do frustrado que fracassou.

A revolução da Web tem uma raiz social, porque a inovação já está instalada na colaboração massiva. A transparência e colaboração são as fontes principais da inovação. O modelo aberto é necessário para o desenvolvimento de países e empresas. O desafio é alinhar a cultura de trabalho e negócios às possibilidades da revolução da Web.

A quantidade de riqueza que se tem gerado em nível mundial na última década ao usar o empreendedorismo, as novas plataformas tecnológicas, e os novos modelos de negócio é impressionante.

No aspecto tecnológico todos os países onde tiver o uso de internet terão de crescer a uma taxa muito elevada nos próximos anos, pelo que os novos empreendedores podem aproveitar as oportunidades oferecidas.

Por outro lado, novas tecnologias seguem aparecendo, e isto abrirá novas oportunidades de negócios. Uma área até agora pouco desenvolvida é a biotecnologia, porém seu crescimento e impacto econômico podem ser algo muito mais admirável que o que temos visto com as tecnologias da informação e as telecomunicações.

O mundo está mudando e vale a pena aproveitar as oportunidades. O número de desafios que enfrentam as empresas é maior que antes, seus competidores são geralmente formidáveis, e podem vir de qualquer local do mundo. Porém as oportunidades são fabulosas.

É bem sabido que o ser humano nunca deixa de pensar. Isso nos indica que podemos e devemos aproveitar nossas capacidades mentais para melhorar nosso nível de vida. Porém, na realidade, trata-se verdadeiramente de gerar "riqueza" indo além do dinheiro e alcançando um bem-estar social em um mundo verdadeiramente sustentável.

As bases, as necessidades e os exemplos de êxito já se apresentam a todos nós: desde os casos do Google, o Youtube, Wikipedia ou mesmo o Grameen Bank, o "banco para os pobres", onde apareceu o conceito de microcrédito. Busquemos então um mundo melhor por meio de empreendimentos lucrativos e não lucrativos que tragam benefícios ao mundo inteiro.

As tendências que tornaram a última década tão dinâmica para as empresas em todo o mundo não mudaram. A tecnologia continua a evoluir, e a produtividade continua a aumentar. A tendência do mercado mundial de se transformar em uma economia baseada no conhecimento está em plena atividade. Novas oportunidades de negócios continuam a emergir.

A chave que possibilitará o aproveitamento de todas essas oportunidades está no investimento em inovação. Basicamente, a inovação é a capacidade de transformar novas ideias em produtos e serviços capazes de gerar lucro.

Esse processo emerge da experiência, do conhecimento acumulado e da visão das pessoas. Isso significa que a base da inovação reside em investir em pessoas: são investimentos que ampliam o acesso às oportunidades de educação e às ferramentas da tecnologia da informação que favorecem todo o potencial da inovação.

São tendências como essas que estabelecem a base para a disponibilidade de uma força de trabalho com as necessárias aptidões e conhecimentos capazes de sustentar as empresas brasileiras que baseiam seus negócios na inovação. E são essas as empresas que, por sua vez, representam a base de um crescimento econômico sustentável e de novas oportunidades.

Os países que continuarem a criar condições para que a inovação prospere estarão bem posicionados para enfrentar problemas econômicos, e terão um crescimento mais rápido, assim que a situação econômica global melhorar.

Há ainda outra razão que reforça a importância de investir em inovação neste momento: estamos no meio de um processo em que algumas tendências tecnológicas vitais – dispositivos eletrônicos com crescente mobilidade; o advento do *Cloud Computing* (ambientes de computação com a conexão de centenas de milhares de máquinas, sob a tecnologia da virtualização); aperfeiçoamentos na tecnologia de vídeo; interfaces para a interação por toque e gestos – estão convergindo de forma a revolucionar o papel da computação em todo o mundo.

Em conjunto, tais tendências abrirão portas para novas experiências, que permitirão a interação mais fácil entre as pessoas e os temas que lhes são mais relevantes.

Países e empresas que tiverem uma participação ativa na criação de novas experiências e na abordagem direta dessas questões certamente terão grande vantagem em relação a outros. Com os investimentos certos, as empresas poderão desempenhar um papel de destaque no desenvolvimento da próxima geração de inovações tecnológicas.

Para tornar isso possível, os setores público e privado devem trabalhar em conjunto e investir em educação, no acesso à tecnologia e em infraestrutura, criando as condições mais adequadas para a viabilização dessas inovações.

No caso de um cenário econômico mais complexo, o setor público também terá que demonstrar sua coragem para dar continuidade a investimentos de longo prazo, sem deixar de tomar as medidas necessárias para enfrentar as incertezas do momento.

A informação está disponível, e podemos conseguir recursos se sugerirmos boas ideias. Apesar dos efeitos negativos do capitalismo moderno e os perigosos problemas ambientais, o futuro da humanidade nunca foi tão promissor como agora.

Os empreendedores são hábeis na movimentação, na ação, na busca constante de satisfazer os desejos e necessidades da humanidade e na expansão de novos horizontes. Nos mais diferentes âmbitos, as escolas e tendências de empreendedorismo aqui apresentadas se destacam por seus carismas, inteligência e por terem superado a barreira do estabelecido para inovar de maneira criativa em suas respectivas áreas. Sabem com maestria lidar com os 3I's – invenção, inovação e imitação.

Empreendem visando à melhoria da qualidade de vida com o desenvolvimento de empresas ecologicamente corretas, e ao criarem empresas com responsabilidade social, estabelecem vínculos entre os mais privilegiados e os que se encontram à margem dos benefícios econômicos, quando apoiam e arrancam com empreendimentos sociais, têm a finalidade de alcançar um crescimento sustentável e harmônico utilizando novas tecnologias a favor de um ambiente de negócios mais humano.

É a incessante busca de mentes e espíritos inovadores, empreendedores sem dúvida que nos conduzirá a um mundo cada vez mais empreendedor.

Referências

ACKOFF, R. *Redesigning the future*. New York: John Willey & Sons, 1974.

ADIZES, I. *Os ciclos de vida das organizações*. 2. ed. Trad. de Carlos Afonso Malferrare. São Paulo: Pioneira, 1990.

ADLER, Charles. Entrepreneurship in Japan. *Fortune*, n. 120, p. 66-67, Aug. 22, 1984.

ALBRECHT, Karl. *The northbound train*: finding the purpose, setting the direction, shaping destiny of your organization. New York: Amacom, 1994.

ALBRECHT, Steve. Marketing. *Fortune*, n. 140, p. 50-51, Jan. 23, 1986.

ALDERSON, Albert. Small Business. *Forbes*, n. 120, p. 40-42, July 4, 1994.

ANSOFF, H. Igor; DECLERK, Roger P.; HAYES, Robert L. *Do planejamento estratégico à administração estratégica*. Trad. de Mário Ribeiro da Cruz. São Paulo: Atlas, 1981.

AQUINO, C. *História empresarial vivida* – depoimentos de empresários brasileiros bem-sucedidos. São Paulo: Gazeta Mercantil, 1986. v. II.

AQUINO, C. *História empresarial vivida* – depoimentos de empresários brasileiros bem-sucedidos. São Paulo: Gazeta Mercantil, 1988a. v. III.

AQUINO, C. *História empresarial vivida* – depoimentos de empresários brasileiros bem-sucedidos. São Paulo: Gazeta Mercantil, 1988b. v. IV.

ARCHIER, Sam. High-tech. *Fortune*, n. 80, p. 44, Oct. 3, 1983.

ASTLE, R. M. *The commonsense MBA*: the seven practices of enduring businesses for the entrepreneur. New York: St. Martin's Griffin, 1994.

ATCHISON, S. D. *Enterprise*. Business Week, p. 104-112, [s. d.].

AUDRESTSCH, D. *Innovation and technological change*: an international comparison. London: Harvester, [s.d].

BALDWIN, N. *Edison inventing the century*. New York: Hyperion, 1995.

BATTLE, Carl. *Smart maneuvers*. New York: Aliworth Press, 1994.

BAUMBECK, C. M.; MANCUSO, J. *Entrepreneurship and venture management*. Englewood Cliffs: Prentice-Hall, 1987.

BECKER, Garry S. Human capital. In: HENDERSON, David R. (Eds). *Encyclopedia of economics*. New York: Warner Books, 1992.

BELL, Daniel. O advento da sociedade pós-industrial. Trad. de Élcio Gomes de Cerqueira, *Diálogo*, 11(02), p. 1-15, abr./maio, 1978.

BHIDÉ, Amar. How entrepreneurs craft strategies that work. *Harvard Business Review*. 150(2), p. 150-157, March/April 1994.

BIRCH, D. *Job creation in America*. New York: Macmillan, 1987.

BIRCH, D. Where the schools aren't doing their homework. *Business Week*, n. 140, p. 84-86, Nov. 28, 1988.

BIRLEY, S. New ventures and employment growth. *Journal of Business Venturing*, 2(2), p. 155-166, 1987.

BIRLEY, S. The role of the new firms: births, deaths, and job generation. *Strategic Management Journal*, 7(4), p. 361-376, Jul./Aug. 1986.

BOLTON W. The enterprise paradigm. In: *Latin Seminar on the Development of Technology-Based Enterprise*, Rio de Janeiro, May 1993, p. 15-20.

BOTKIN, James W. *Winning combinations*: the new wave of entrepreneurial partnerships between large and small companies. New York: John Wiley & Sons, 1992.

BOWER, J. L.; CHRISTENSEN, C. M. Disruptive technologies. *Harvard Business Review*, n. 155(3), p. 43-53, Jan./Feb. 1995.

BOYD Jr., H. W.; WESTFALL, R. *Pesquisa mercadológica*: textos e casos. Trad. de Elcio Sá. Rio de Janeiro: FGV, 1979.

BRAND, Steven. *Entrepreneurship*: the ten commandments for building a growth company. New York: New American Library, 1982.

BRIDGES, W. *Um mundo sem empregos*. Trad. de José Carlos Barbosa dos Santos. São Paulo: Makron Books, 1995.

BROCKHAUS, R. H. Entrepreneurship research: are we playing the correct game? *American Journal of Small Business*, 12(3), p. 55-61, Winter 1988.

BROCKHAUS, R. H.; HORWITZ, P. S. The psychology of the entrepreneur. In: SEXTON, D. L.; SMILOR, R. W. (Eds). *The art and science of entrepreneurship*. Cambridge: Ballinger, 1985.

BUARQUE, Aurélio. *Dicionário Aurélio*. São Paulo: Publifolha, 1994.

BURCH, J. G. Profiling the entrepreneur. *Business Horizons*, 29(5), p. 13-16, Sept./Oct. 1986.

BURCH, J. G. *Entrepreneurship*. London: John W. & Sons, 1986.

BURNES, B. *New technology in context*: the selection, introduction and use of computer numerically. Controlled machine tools. London: Avebury Aldershot, 1989.

BURNHAM, D. *The rise of the computer state*. London: Random House, 1983.

BURROUGHS, Helen J., THOMPSON, M. Kay. Small business is America's future. *Business America*, 110(9), p. 2-10, May 8, 1989.

BURRUS, D. *Technotrends*. New York: Harper Business, 1994.

BYGRAVE, William D. *The portable MBA in entrepreneurship*. New York: John Wiley & Sons, 1994.

BYNE, John A. Is your company too big? *Business Week*, p. 46-47, March 27, 1989.

CALLON. M. The dynamics of techno-economic networks. In: COOMBS, R.; SAVAIOTT, P., WALSH, V. (Eds.). *Technological change and company strategies*: economic and sociological perspectives. London: Avebury Aldershot, 1992.

CANTER, L. *How to make a fortune on the information superhighway*. New York: Harper Collins, 1994.

CANTILLON, R. *Essaie sur la nature du commerce en général*. London: Macmillan, 1931.

CANE, All. Information technology. *Financial Times Review*, (100), p. 1-2, May 3, 1995.

CARDOSO, Fernando Henrique. Entrevista concedida a Revista *Exame*. n. 209, p. 208, 5 maio 1996.

CARDOSO, Fernando Henrique. *Empresário industrial e desenvolvimento econômico no Brasil*. São Paulo: Difusão Europeia do Livro, 1964.

CARLAND, J. W. et al. Differentiating entrepreneurs from small business owners: a conceptualization. *Academy of Management Review*, 9(2), p. 354-359, April 1984.

CARLAND, J. W. et al. Distinctions between entrepreneurial and small business ventures: an empirical investigation. *International Journal of Management*, 5(1), p. 98-103, 1988.

CARLAND, J. W. Who is an entrepreneur? Is a question worth asking. *American Journal of Small Business*, 12(4), p. 33-39, Spring, 1988.

CARREY, J. The gene kings: two scientsts are changing how DNA is mired and drugs are discovered. *Business Week*, n. 200, p. 36-42, May 22, 1995.

CARROL, P. *Big blue*, the unmarking of IBM. Boston: Crown, 1993.

CASSON, M. Entrepreneurship. In: HENDERSON, David R. (Eds.). *The fortune encyclopedia of economics*. New York: Warner Books, 1993.

CASTRO Janice. Big versus small. *Time*, n. 131, p. 44-46, Sept. 5, [s.d].

CHAMPY, J.; NHORIA, N. *Fast forward*: the best ideas on managing business change. Cambridge: Harvard Business Press, 1996. p. 50-75.

CHANDLER, Colby H. Eastman Kodak opens windows of opportunity. *The Journal of Business Strategy*, 7(1), p. 5-8, Summer 1986.

CHANDLER, Alfred D. *Scale and scope*. Cambridge Harvard University Press, 1990.

CHANDLER, Alfred D. *The visible hand*. Cambridge: Belknap Press, 1977.

CHANDLER, Alfred D. *Strategy and structure*. Cambridge: The MIT Press, 1969.

CHAGANTI, R. A profitable and not so profitable small business. *Journal of Small Business Management*, 21(4), p. 45-50, 1988.

CHEESBROUGG, H. W. When is virtual? Organization for innovation. *Harvard Business Review*, 96(6), Jan./Feb. 1996.

CHIN, Dae Je. High tech is not for older people, the implication is clear: brainpower, youth, hard wird, huge capital will triumph. *Business Week*, n. 204, p. 36-37, July 31, 1995.

COLLINS, F.; MOORE, D. *The organization markers*. New York: Apleton, 1970.

COLLINS, James. High Stakes Winners. *Time*, n. 190, p. 36-41, March 26, 1996.

COLLINS, J. C.; LAZIER, W. C. *Beyond entrepreneurship*. New Jersey: Prentice Hall, 1992.

COOPER, A. C.; DUNKELBERG, W. C. Entrepreneurial research: old questions, new answers and methodological issues. *American Journal of Small Business*, 11(3), p. 11-23, Winter, 1987.

COOPER, A. C. The entrepreneurship-small business interface. In: KENT, C. A. et al. (Eds). *Encyclopedia of entrepreneurship*. Englewood Cliffs: Prentice Hall, 1982.

CORCORAN, E. *Trends in industrial research*: redesigning research. New York: Scientific American, 1992.

COSSMAN, E. J.; COHEN, W. A. *Making it!* wealth-building secrets from two great entrepreneurial minds. Englewood Cliffs: Prentice Hall, 1994.

COY, Peter. Entreprise. *Business Week*, p. 15-16 (edição especial, sem data).

CRESSEY, P; DIMARTINO,V. *Agreement and innovation*. London: Prentice Hall, 1991.

CRONIN, M. *Global advantage on the Internet*: from corporate connectivity to international competitiveness. New York: Van Nostrand Reinhold, 1996.

CUSUMANO, Miguel; SELLIBY, Richard. *Microsoft secrets*. New York: Free Press, 1995.

CYERT, R.; MOWERY, D. *The impact of technological change on the employment and economic growth*. Cambridge: Ballinger, 1988.

DAVIDOW, W. H. *Marketing de alta tecnologia*. Trad. de Dalton Alencar. Rio de Janeiro: Campus, 1991.

DAVIS, Stan. *Visão 2020*. Trad. de Tereza Lemos. Rio de Janeiro: Campus, 1993.

DEGEN, R.; MELLO, A. *Como empreender o seu negócio*. São Paulo: McGraw-Hill, 1988.

DIAS, A. *Alta tecnologia*: reflexos, reflexões sob a óptica periférica com vistas ao nordeste. Tese de Livre Docência, UFPE, Recife, p. 190-191, out. 1989.

DIXON, R. B-schools try to churn out entrepreneurs. *Business Week*, n. 100, p. 78-79, March 5, 1984.

DOSI, G. *Technical change industrial transformation*. London: Macmillan, 1984.

DRUCKER, Peter F. *Administrando em tempos de grandes mudanças*. Trad. de Nivaldo Montingelli Jr. São Paulo: Pioneira, 1995.

DRUCKER, Peter F. Dois profetas de nossa época. Trad. de Salvyano Cavalcanti de Paiva. *Diálogo*, 12(2), p. 61-79, mar./maio, 1979.

DRUCKER, Peter F. *Innovation and entrepreneurship*: practice and principles. New York: Harper & Row, 1985.

DRUCKER, Peter. Information executive trully need. *Harvard Business Review*, 74(3), p. 54-62, Jan./Feb. 1995.

DRUCKER, Peter F. *Inovação e espírito empreendedor*. Trad. de Carlos Malferrari. São Paulo: Pioneira, 1985.

DRUCKER, Peter F. *Managing the non profit organization*: practices and principles. London: Butterworth Heineman, 1990.

DRUCKER, Peter F. *Management*: tasks, responsabilities and practices. New York: Harper & Row, 1974.

DRUCKER, Peter F. *Management and society*. New York: Harper & Row, 1970.

DRUCKER, Peter F. *Managing for results*. New York: Harper & Row, 1964.

DRUCKER, Peter F. *People and performance*: the best of Peter F. Drucker on management. New York: Harper & Row, 1997.

DRUCKER, Peter F. Small business. *Fortune*, n. 121, p. 66-72, Dec. 30, 1991.

DRUCKER, Peter F. *The coming of new organization*. Harvard Business Review, 70(2), Jan./Feb. 1988.

DRUCKER, Peter F. *The practice of management*. New York: Harper & Row, 1954.

DRUCKER, Peter F. *The effective executive*. New York: Harper Row, 1976.

DRUCKER, Peter F. *The age of discontinuity*. New York: Harper & Row, 1969.

DRUCKER, Peter F. *The landmarks of tomorrow*. New York: Harper & Row, 1959.

DUAILIBI, R.; SIMONSEN JR., H. *Criatividade & marketing*. São Paulo: Makron Books, 1993.

DUCAN, W. Jack et al. Intrapreneurship and the reinvention of the corporation. *Business Horizons*, 31(3), p. 16-21, May/June, 1988.

DUKELBERG, William C. Entrepreneurial research: old questions, new anwers and methodological issues. *American Journal of Small Business*, 11(3), p. 11-23, Winter 1988.

DUNN, T.; HOLTZ-EAKIN, D. What makes an entrepreneur parental example is a big factor. In: KORETZ, Gene. Economic Trends. *Business Week*, (3510-820), p. 13, Dec. 9, 1996.

EISENHARDT, K. M.; FORBES, N. Technical entrepreneurship: an international perspective. *The Columbia Journal of World Business*, 19(4), p. 31-38, Winter 1988.

EL-NAMAKI, M. S. S. Encouraging entrepreneurs in developing countries. *Long Range Planning*, 21(4), p. 98-106, Aug. 1988.

EMMOTT, Bill. Nobel. *The Economist*, n. 300, p. 2-3, Oct. 15, 1994.

EUROPEAN COMISSION. Livro Verde da Inovação. 20 dez. 1995 – Directorate XIII/D, Luxemburgo.

FARRELL, Larry. *Entrepreneurship*: fundamentos das organizações empreendedoras. Trad. de Paula Nascimento. São Paulo: Atlas, 1993.

FERRO, J. R; TORKOMIAN, Ana Lúcia. A criação de pequenas empresas de alta tecnologia. *Revista de Administração de Empresas*, 28(2), p. 43-50, abr./jun. 1988.

FISCHER, J. Are you creative? Research shows creativity can be taught – and companies are listening. *Business Week*, n. 125, p. 46-56, Sept. 30, 1985.

FLORMAN, Samuel. *Blaming technology*. New York: Martin's Press, 1982.

FORBES, C. Wichita. States: A leader in entrepreneurial education. *Entrepreneur*, 200(19), p. 91-97, Oct. 1989.

FORD, Henry. My life and work. New York: Doubleday & Company, 1922.

FOSTER, Richard N. *Innovation*: the attacker's advantage, New York: Summit Books, [s.d].

FREEMAN, C. *The economics of industrial innovation*. Cambridge: The MIT Press, 1982.

FREEDMAN, J. L. *Psicologia social*. São Paulo: Cultrix, 1997.

FREIRE, A. *Estratégia*: sucesso em Portugal. Lisboa: Verbo, 1997.

FREYRE, Gilberto. *Pessoas, coisas e animais*. 2. ed. Porto Alegre: Globo, 1981.

FLYMAN, J. Springtime for startup? *Business Week*, n. 210, p. 38-41, April 24, 1995.

GALBRAITH, J. K. *O novo estado industrial*. Trad. de Sonia Lima. São Paulo: Nova Cultural, 1985.

GALBRAITH, J. K. *O pensamento econômico em perspectiva*: uma história crítica. Trad. de Sérgio Santos. São Paulo: Pioneira, 1987.

GARTNER, W. B. A conceptual framework for describing the phenomenon of new venture creation. *Academy of Management Review*, 10(4), p. 696-706, Oct. 1985.

GARTNER, W. B. Who is an entrepreneur? Is the wrong question. *American Journal of Small Business*. 12 (4), p. 11-32, Spring 1988.

GAZETA MERCANTIL. Documento dos líderes (relatório). *Gazeta Mercantil*, São Paulo, p. 4, [s.d].

GAZETA MERCANTIL. Empreendedores franceses invadem os EUA. *Gazeta Mercantil*, n. 21300, p. C-8, 26 mar.

GERBER, M. E. O *mito do empreendedor*. Trad. de Gunter Altmann. São Paulo: Saraiva, 1990.

GILDER, G. *O espírito de empresa*. Trad. de José Ricardo Brandão Azevedo. São Paulo: Pioneira, 1989.

GILDER, G. *Microcosm: the quantum revolution*. New York: Simon & Schuster, 1990.

GILDER, G. The world's next source of wealth. *Fortune*, 180(500), p. 78-82, Aug. 28, 1989.

GILDER, G. A necessidade de fé. Trad. de Luiz Chagas, *Diálogo*, n. 80, p. 24-30, nov. 1981.

GILDDEN, A. *Beyond left and right*: the future of radical politics. London: Polity Press, 1994.

GOUVEIA, J. B. et al. *Parque de Ciência e Tecnologia do Porto*. Porto: Fundação Gomes Teixeira e Universidade do Porto, 1991.

GROVE, Andrew S. *Só os paranoicos sobrevivem*: como tirar proveito das crises que desafiam empresas e carreiras. Trad. de Carlos Cordeiro de Mello. São Paulo: Futura, 1997.

GRUENSTEIN, J M.L Targeting high tech in the Delaware Valley. *Business Review*, Federal Bank of Philadelphia, p. 3-14, May-June, 1984.

GUMBER, S. Born saved aid from U.S.A. now uses it to kick – start some small business. *The Wall Street Journal*, 12(253), p. 1-2, Jan. 26, 1995.

GUYON, J. The microbusiness alternative, *Fortune*, n. 200, p. 86-88, Oct. 24, 1988.

HAECKEL, S. H.; NOLAN, R. L. Managing by wire. *Harvard Business Review*, n. 158, p. 122-132, Sept./Oct. 1993.

HAGEDOORN, J. *The dynamic analysis of innovation and diffussion*: a study in the process control. London: Printer, 1898.

HAMMER, M. *Reengeneering the corporation*. New York: Harper Business, 1993.

HAMMONDS, K. What business schools doesn't teach you about startup. *Business Week*, n. 110, p. 63-64, July 24, 1989.

HANDY, Charles. *A era do paradoxo*. Trad. de Marta Vasconcelos. Lisboa: Editora CETOP, 1994.

HAX, A. Building the firm future. *Sloan Management*, 30(3), p. 75-82, Spring 1998.

HERREN, R. La revolución feminina. *Tiempo*, n. 87, p. 72-80, 4 nov., 1996.

HISRICH, R. Entrepreneurship and intrapreneurship methods for creating new companies that have on the economic renaissance of an area. In: HISRICH, Robert (ed.). *Entrepreneurship, intrapreneurship, and venture capital*. Lexington: Lexington Books, 1986.

HOLLAND, Philip. *Entrepreneur's guide*: how to start & succeed in your own business. New York: Putnam, 1985.

HOLT, David. *Entrepreneurship*. Englewood Cliffs: Prentice Hall, 1992.

HORMADAY, J D. Research about living entrepreneur. In: KENT, C. et al. (Eds). *Enclyclopedia of Entrepreneurship*. Englewood Cliffs: Prentice Hall, 1982.

IBRAHIM, A. B., GOODWIN, J. R. Perceived causes on success in small business. *American Journal of Small Business*, 11(2), p. 9-20 e 41-50, Fall 1986.

IRELAND, R. D.; VAN A. P. M. Entrepreneurship and small business research: an historical typology and directions for future research. *American Journal of Small Business*, 11(4), p. 9-20, Spring 1987.

JANOV, Jill. *The inventive organization*: hope & daring at work. San Franciso: Jossey-Bass, 1995.

JEREMY, D. *The transfer of international technology*: Europe, Japan and the USA in the twentieth century. Aldershot: Edward Elgar Publishing, 1992.

KANG, T. W. Korea: It could well become the first country to establish itself as an advanced industrial power since the emergence of Japan. *Business Week*, p. 32-38, July 31, 1995.

KANTER, R. M. et al. Driving corporate entrepreneurship. *Management Review*, 75(4), p. 14-16, April 1987.

KANTER, R. M. The new managerial work. *Harvard Business Review*, 105(02), p. 85-92, Nov/Dec. 1989.

KARLOF, Bengt. *Business strategy*: a guide to concepts and models. London: The Macmillan Press, 1989.

KARPLAN, J. *Startup*: a Sillicon Valley adventure. New York: Houghtton Mifflin, 1994.

KEATS, Barbara W.; BRACKER, Jeffrey S. Toward. A theory of small firm performance: a conceptual model. *American Journal of Small Business*, 12(4), p. 59-81, Spring, 1988.

KELLY , K. *Out of control*: the rise of neo-biological civilization. New York: Addison Wesley, 1994.

KELMAN, H. C. Attitudes are alive and the well and gainfully employed in the sphere of action. *American Psychologist*, 29(02), p. 310-24, 1974.

KENT, C. The rediscovery of entrepreneur. In: KENT, C. et al. (Eds.). *The environment for entrepreneurship*. Lexington: Lexington Books, 1984.

KENT, C.; WOOTEN, Sandra P. Privatization: the entrepreneurial response. In: KENT, C. (Ed.). *Entrepreneurship and the privatization of government*. New York: Quorum Books, 1987.

KETS DE VRIES, M. F. R. The dark side of entrepreneurship. *Harvard Business Review*, 63(6), p. 160-167, Nov./Dec. 1985.

KINGSTON, W. *Innovation creativity and law*. London: Kliver Academic Publishers, 1990.

KIRKPARTRICK, D. Breaking up IBM – big blue follow the leader. *Fortune*, 250(600), p. 115-117, July 27, 1992.

KIRZNER, Israel M. *Competencia y función empresarial*. Madrid: Unión Editorial, 1975.

KIRZNER, Israel M. *Perception, opportunity, and profit*. Chicago: The University of Chicago Press, 1979.

KILMAM, L. Entrepreneurship. *Business Week*, n. 185, p. 75-77, Oct. 9, 1989.

KLINE, S. J.; ROSENBERG, N. An overview of innovation. In: LANDYU R., ROSENBERG, N. (Eds). *The positive sum strategy*. Washington: National Academy Press, 1986.

KRECH, D. et al. *Individual in society*. New York: McGraw-Hill, 1966.

KUHN, Thomas. *The structure of scientific revolutions*. 2. ed. Chicago: University of Chicago Press, 1970.

LACEY, Robert. *Ford: the men and the machine*. Boston: Little, Brown & Company, 1986.

LAMBERT, W. W.; LAMBERT W. E. *Psicologia social*. Trad. de Luiz Passos. Rio de Janeiro: Zahar, 1966.

LEE, M. MBA? *Fortune*, n. 135, p. 30-32, Aug. 29, 1980.

LEEBAERT, D. *Technology 2001*: the future of computing and communications. Cambridge: MIT Press, 1991.

LEIRIA, J .S. *Terceirização*. Porto Alegre: Sagra de Luzazatto, 1993.

LEITE, Emanuel F. *O fenômeno do empreendedorismo*: criando riquezas. 2. ed. Recife: Bagaço, 2000.

LEITE, Emanuel F. *O processo de criação de empresas do setor de transformação da cidade do Recife*: um estudo do perfil do empreendedor sob a óptica de McClelland. Dissertação de Mestrado. Universidade Federal da Paraíba, João Pessoa, 1992.

LEMONICK, M. D. Futures teach is now. *Time*, n. 150, p. 42-62, July 17, 1995.

LEVITT, T. *A imaginação de marketing*. Trad. de Auriphebo Berrance Simões e Nivaldo Montingelli. São Paulo: Atlas, 1985.

LEWIS, J. *Alianças estratégicas*: estruturando e administrando parcerias para o aumento da lucratividade. Trad. de Pedro Viegas. São Paulo: Pioneira, 1992.

LINNEMAN, R. O mercado de massas está morto, *Exame*, n. 152, p. 48-59, 21 jul., 1993.

LODI, João Bosco. *A crise da organização*. Petropólis: Vozes, 1971.

LONG, W. The meaning of entrepreneurship. *American Journal of Small Business*, 8(2), p. 47-56, Oct./Dec. 1983.

MADIA, F. *Introdução à sexta geração do marketing*. São Paulo: Makron Books, 1994.

MAJORO, S. *Criatividade*: um passo para o sucesso. Lisboa: Publicações Europa-América, 1988.

MALECKI, E. *Technology and economic development*: the dynamics of local, regional and national change. Essex: Longman, 1994.

MANCUSO, J. *Entrepreneurship and venture management*. New Jersey: Prentice-Hall, 1987.

MARONE, J. The technolgy: essencial to strategy of the corporation. *Fortune*, p. 101, May 15, 1995.

MARTIN, M. *Managing innovation and entrepreneurship in techonology based firms*. New York: John Willey & Sons, 1994.

MARY, M. *Apoio à formação de empresas*. Spin-off – Anais da Conferência Internacional – Estratégias de Apoio à Inovação nas PME's. INETI – Campus do Lumiar – Lisboa, 27 e 28 abr. 1995, p. 1-10.

MATHEWS, William H. *Conceptual framework for integrating technology into business strategy*. Geneva: Interscience Entreprises, 1989.

MCCANN, J. E. *Doce sucesso*: como a NutraSweet criou um negócio de um bilhão de dólares. Trad. de Elizabeth Braga. Rio de Janeiro: LTC, 1991.

MCCLELLAND, David C. *The achieving society*. New York: D. Van Nostrand Company, 1961.

MCDONALD, M. H. B. *Planos de marketing*. Rio de Janeiro: Gráfica JB, 1993.

MCKENNA, R. *Estratégias de marketing em tempos de crise*. Rio de Janeiro: Campus, 1991.

MCKENNA, R. *Marketing de relacionamento*: estratégias bem-sucedidas para a era do cliente. Rio de Janeiro: Campus, [s.d].

MCKENNA, R. Marketing is everything. *Harvard Business Review*, p. 65-79, Jan./Feb. 1991.

MEDEIROS, J. A. *Polos, parques e incubadora*: a busca da modernização e competitividade. Brasília: CNPq, IBCT, Senai, 1992.

MILL, J. *Principles of political economy with some of them applications to social philosophy*. London: Parker, 1948.

MOKYR, J. *The lever of riches*: technological creativity and economic progress. Oxford: University Press, 1991.

MOORE, James. *The death of competition*: leadership & strategy in the age of business ecosystems. New York: Harper Business, 1996.

MUCHILAP, F. *The production and distribution of knowledge in the USA*. Princeton: Princeton University Press, 1962.

NAISBITT, J.; ABURDENE, P. *Reinventing the corporation*. New York: Warner Books, 1985.

NAISBITT, J.; ABURDENE, P. *Megatrends*. New York: Warner Books, 1985.

NEGROPONTE, N. *Being digital*. New York: Alfred Knopf, 1995.

NIETZSCHE, Friedrich. *Assim falava Zaratustra*. Trad. de Paulo Osório de Castro. Lisboa: Relógio D'Água Editores, 1998.

NUENO, P. *Empreendiendo*: El arte de crear empresas y sus artistas. Bilbao: Deusto, 1994.

NYSTROM, H. *Technological and market innovation*: strategies for product and company development. New York: John Willey & Sons, 1991.

ODIORNE, G. S. *Administração*: análise dos erros administrativos. Rio de Janeiro: Interciência, 1979.

OLSON, Philip D. Entrepreneurship: process and habilities. *American Journal of Small Business*, 10 (1), p. 25-31, Summer 1985.

ONELL, P. Now capital means brains, not just bucks. *Fortune*, p. 21-38, Jan. 14, 1991.

PAIVA, José Sucena. Os parques de ciência e tecnologia. *Expresso*, Caderno C, p. 11, 3 jul. 1993.

PALDA, K. S. *Determinação de preços e política mercadológica*. Trad. de Danilo Nogueira. São Paulo: Atlas, 1976.

PACKARD, D. The HP way: how Bill Hewlett and I built our company. *Success*, n. 75, p. 44-48.

PENZIAS, Arno. *Liderando organizações em ambientes high-tech*. Trad. de Cecília Gouveia Dourado, São Paulo: Amana-Key, 1990.

PENZIAS, M. Harmony: business, technology and life after. New York: Harper & Row, 1995.

PETERS, T. Who's excellente now? *Business Week*, 175(3), p. 46-55, Nov. 5, 1984.

PETERS, T. Putting excellence into management. *Business Week*, n. 90, p. 50-60, July 21,1981.

PETERS, T., WATERMAN, R. H. *In search of excellence*: lessons from America's best-run companies. New York: Harper & Row, 1982.

PETERS, T. Thriving on chaos: handbook for managerial revolution. New York: Excel, [s.d].

PETROSKI, Henry. *The evolution of useful things*. New York: Knopf, 1993.

PINCHOT, Gilford. *Intrapreneuring*: why you don't have to leave the corporation to become an entrepreneur. New York: Harper & Row, 1985.

PINO, Laurence J. *Encontrando o seu nicho*. Trad. de Débora da Silva Guimarães. São Paulo: Best Seller, 1995.

PINE II, B. J. *Personalizando produtos e serviços*: customização maciça. Trad. de Edna Emi Onoe Veiga. São Paulo: Makron Books, 1994.

PORTER, M. *Competitive advantage of nations*. London: The Macmilliam Press, 1990.

PORTER, M. E. Como as forças competitivas determinam as estratégias. Trad. de Adalberto da Silva Brito. *Negócios em Exame*, (202), p. 35-43, 9 set. 1979.

PORTER, M. E. *Competitive strategy*. New York: The Free Press, 1980.

PROKESCH, Steven E. Mastering chaos at the high-tech frontier: in interview with Silicom Graphic's Ed McCraken. *Harvard Business Review*, 67(2), p. 135-144, Nov./Dec. 1993.

QUESNAY, François. *Economia*. Trad. de Paulo Vaz. São Paulo: Ática, 1984.

QUINN, James Brian. Technological innovation, entrepreneurship and strategy. *Sloan Management Review*, 20(3), p. 19-30 , Spring 1979.

QUINN, James Brian. Empresas muito mais inteligentes. Trad. de Marisa Paro. São Paulo: Makron Books, 1996.

QUINN, James Brian. Managing innovation: controlled chaos. *Harvard Business Review*, p. 67-81. Sept./Oct. 1982.

RAO, Rajium. Cyberspace. *Fortune*, n. 140, p. 15-16, April 15, 1996.

REICH, R. B. A hand across the great divide. *Financial Times*, n. 190, p. 11, March 6, 1996.

REICH, R. B. *The next american frontier*. New York: Times Books, 1983.

REICH, R. B. *The work of nations*: preparing ourselves for 21st century capitalism. New York: Alfred Knopf, 1991.

REY, David E. *The vest-pocket entrepreneur*. Englewood Cliffs: Prentice Hall, 1995.

RICHERS, Raimar. *Surfando as ondas do mercado*. São Paulo: RR&CA, 1996.

RIFKIN, Jeremy. *O fim dos empregos*. Trad. de Ruth Bahr. São Paulo: Makron Books, 1995.

RIGDON, J. Microsoft to sell version of software on the Internet. *The Wall Street Journal*, n. 200, p. 32, June 24, 1994.

ROBERT. M. *Product innovation strategy*, pure and simple. New York: McGraw-Hill, 1995.

ROBERTS, E. B. *Entrepreneurs in high technology*: lessons from MIT and beyond. New York: Oxford University Press, 1991.

ROCHA, Ivan. *Curso de especialização de agentes de inovação tecnológica*. Brasília, 1993.

RONSTADT, R. *Entrepreneurship*: text, cases and notes. Dover: Lord Publishing, 1984.

RONSTADT, R. The educated entrepreneurs: a new era of entrepreneurial education is beginning. *American Journal of Small Business*, 11(4), p. 37-53, Spring 1987.

ROSE, Martin, *West of end*: the end of innocence at Apple Computer. New York: Viking, 1989.

ROSEN, F. *Innovation and creativity at work*. London: John Willey & Sons, 1990.

ROSENTHAL, D. *Capacitação tecnológica*: uma sugestão de arcabouço conceptual de referência. Texto para discussão, n. 34, Recife, PIME, Departamento de Economia/UFPE, 1993.

ROTHWELL; ZEGVELD. *Industrial innovation and public policy*: preparing for the 1980s and 1990s. London: Frances Pinter Publishers, 1981.

ROTHWELL, Roy; ZEGVELD, Walter. *Reindustrialization and technology*. Essex: Longman, 1985.

ROSE, Frank. A new age for business. *Fortune*, 150(12), p. 80-86, Oct. 8, 1990.

SAGAN, Carl. A ciência constrói os fundamentos do século XXI. *O Estado de São Paulo*, n. 3612, p. 6-8, 29 dez. 1996.

SANTOS, S. Aglomerado de empresas de alta tecnologia: uma experiência de *entrepreneurship*. *Revista de Administração de Empresas*, São Paulo, 24(1), p. 67-75, jan./mar. 1989.

SANTOS, Sílvio Aparecido dos. *Criação de empresas de alta tecnologia, capital de risco e os bancos de desenvolvimento*. São Paulo: Pioneira, 1987.

SCHILIT, W. K. *Dream makers and deal breakers*: inside the venture capital industry. Englewood Cliffs: Prentice Hall, 1991.

SCHREIBER, Jean-Lois. *Profissão patrão*. Trad. de Carlos Paiva. São Paulo: Cultura Editores Associados, 1990.

SCHLEH, E. Seis erros fatais de empresas jovens. *Exame*, n. 100, p. 87-94, jan./fev. 1974.

SCHUMPETER, Joseph Alois. *Teoria do desenvolvimento econômico*: uma investigação sobre lucros, capital, crédito, juro e o ciclo econômico. Trad. de Maria Sílvia Possas. São Paulo: Abril Cultural, 1982.

SCHUMPETER, Joseph Alois. *Capitalismo, socialismo e democracia*. Trad. de Sérgio Góes de Paulo. Rio de Janeiro: Zahar Editores, 1985.

SCHUMPETER, Joseph Alois. *Capitalismo, socialismo e democracia*. Trad. de Carla Santos. Rio de Janeiro: Zahar Editores, 1984.

SCULLEY, John. *Odyssey*: from Pepsi to Apple. Trad. de José E. A. do Prado. New York: Harper & Row, 1987.

SENGE, Peter. *The fifth discipline* – The art & pratice of the learning organization. New York: Currency Doubleday, 1990.

SEXTON, D. L.; BOWMAN, N. B. Entrepreneurship education: suggestion for increasing effectiveness. *Journal of Small Business Management*, 22(2), p. 18-25, April 1984.

SEXTON, D. L. *Entrepreneurship*: creativity and growth. New York: Macmillan, 1991.

SEXTON, D. L.; VAN AUKEN, P. M. (Eds.). *Experiences in entrepreneurship and small business management*. Englewood Cliffs: Prentice Hall, 1982.

SHAPERO, A.; SOKOL, L. Social dimensions of entrepreneurship. In: KENT, C. et al. (Eds.) *Encyclopedia of entrepreneurship*. Englewood Cliffs: Prentice-Hall, 1982.

SHEFSKY, Lloyd E. *Entrepreneurs are made not born*. New York: McGraw-Hill, 1994.

SMITH, Lee. Who has it why you need it how get it. *Fortune*, 175(96), p. 69-75, Nov. 28, 1994.

SMITH, Adam. *The wealth of nations*. London: Penguin, 1970.

SOROS, George. O julgamento do mercado. *Veja*, n. 1400(2), p. 5-7, 1 maio 1996.

SPENDOLINI, Michael. *Benchmarking*. São Paulo: Makron, 1993.

STEWART, Thomas. Brainpower. *Fortune*. 104(04), p. 42-4, June 3, 1991.

STEWART, Thomas. *Intellectual capital*. New York: Doubleday/Currency, 1997.

STEVENSON; GUMPERT. The heart of entrepreneurship. *Harvard Business Review*, p. 85-90, March/April 1985.

STUMPE, Warren R. Entrepreneurship in R&D – a state of mind. *Research Management*, 25(1), p. 13-16, Jan. 1982.

SULEIMAN, Ezra. Uncommercial, risk-averse, and antientrepreneurial people show an extraordinary bent for industry, they also managed to get their political house in order. Adieu, the golden age? *Time*, n. 200, p. 60, Dec. 4, 1995.

TAPSCOTT, Don. *Networked intelligence*. New York: McGraw-Hill, 1996.

TAPSCOTT, Don. *The digital economy*: promise and peril in the age of networked intelligence. Toronto: McGraw-Hill, 1995.

THUROW, L. *Head to head*: the coming global battle among Japan, Europe and America. New York: Marrow, 1992.

THUROW, L. *The future of capitalism*. New York: William Morrow, 1996.

TOFFLER, A. *A empresa flexível*. Trad. de Paula Cunha. Rio de Janeiro: Record, 1985.

TOFFLER, A. *A terceira onda*. Rio de Janeiro: Record, 1980.

TOFFLER, A. *Creating a new civilization*. Atlanta: Turner, 1995.

TOIT, R. Derek du confessions a successful entrepreneur. *Harvard Business Review*, 40(2), p. 140-144, Nov./Dec. 1980.

TREACY, M.; WIERSEMA, F. The discipline of market leaders. New York: Addison Wesley, [s.d].

TWAIN, Mark. *Pudd'nhead Wilson*. London: Penguin Books, 1986.

UTTERBACK, J. *Master of dynamics of innovation*: how companies can size opportunities in the face of technological change. Boston: Harvard Business School Press, [s.d].

VESPER, K. *New venture strategies*. Englewood Cliffs: Prentice Hall, 1980.

VESPER, K. Introduction and summary of entrepreneurship. In: KENT, C. A. et al. (Eds). *Encyclopedia of Entrepreneurship*. Englewood Cliffs: Prentice-Hall, 1982.

WARSHAW, M. 10th annual great comebacks. *Success*, n. 250, p. 36-46, July/Aug. 1995.

WATTERMAN, R. H. *The renewal factor*. New York: Bantam, 1987.

WEBER, Max. *The protestant ethic and spirit of capitalism*. Trad. de Talcott Parsons. New York: Scribner, 1930.

WHEELWRIGHT, G. Teleworks: gains more flexibility. *Financial Times*, 159(5), June 7, 1995.

WILLIAM, F. *Technology transfer*: a communication perspective. London: Sage Publications, 1990.

WILKENS, J. *A mulher empreendedora*: como iniciar seu próprio negócio. Trad. de Maria da Cruz. São Paulo: McGraw-Hill, 1989.

YATE, M. *Keeping the best*. Massachusetts: Holbrook, 1991.

ZACCARELLI, S. B.; FISCHMANN, A. A.; LEME, R. A. S. *Ecologia de empresas*: um estudo do ambiente empresarial. São Paulo: Atlas, 1980.

ZACHARY, G. *Showsoper*. New York: Free Press, 1994.

ZOGHIN, G. *From executive to entrepreneur*: making the transition. New York: Amacom, 1991.